HUAIHE
WENHUA
LUNCONG

主编　于世勋

淮河文化论丛

（第一辑）

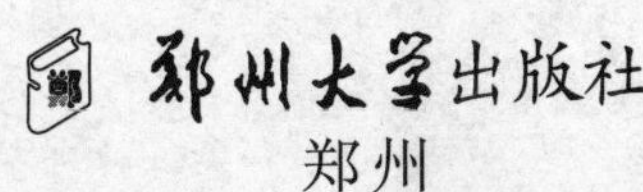

郑州

图书在版编目(CIP)数据

淮河文化论丛. 第1辑/于世勋主编. —郑州:郑州大学出版社,2014.10
ISBN 978-7-5645-2054-0

Ⅰ.①淮… Ⅱ.①于… Ⅲ.①淮河-流域-文化史-文集
Ⅳ.①K295.4-53

中国版本图书馆 CIP 数据核字（2014）第236845号

郑州大学出版社出版发行
郑州市大学路40号　　邮政编码:450052
出版人:王　锋　　发行电话:0371-66966070
全国新华书店经销
郑州文华印务有限公司印制
开本:787 mm×1 092 mm　1/16
印张:23.25
字数:556千字
版次:2014年10月第1版　　印次:2014年10月第1次印刷

书号:ISBN 978-7-5645-2054-0　　定价:46.00元
本书如有印装质量问题,请向本社调换

编委名单

主　编　于世勋

编　委　朱光耀　胡　飞　李　清

　　　　谢政伟　胡业生　职　亮

前言

本书是安徽省蚌埠学院淮河文化研究中心编辑出版的淮河文化研究论文的第一辑，是2004年学院成立以来教师们倾心研究淮河文化的代表之作，是蚌埠学院淮河文化研究中心数年来工作的成果之一。

蚌埠学院在成立之初，就十分重视地域文化的研究，认为淮河文化研究是发掘淮河流域中华古代文明的需要。淮河历史古老，文化悠久，9000多年前的新石器时代就有了农业文明的曙光，加强淮河文化研究，充分发掘其历史文化内涵，彰显中华文明，是一项十分迫切而意义重大的工作。学院领导认为：在淮河干流中心区域的蚌埠学院建立淮河文化研究中心，开展淮河文化研究，繁荣安徽地方文化，是本学院的历史使命，义不容辞。进行淮河文化研究是加快淮河流域经济文化建设的需要。淮河流域在隋唐北宋时期，是中国社会经济发达之地，有"天下以江淮为国命"之说。现在，淮河流域的经济文化发展仍是国家关注的重点，淮河流域文化研究尤显重要。淮河文化研究是为地方经济文化发展提供高水平智力支持的需要。淮河流域历史文化资源丰富，双墩文化、大禹文化、朱元璋文化、花鼓灯和五河民歌等在全国有重要影响。近年来，地方政府高度重视文化研究工作，大力发展文化产业，急需高校文化研究工作者的智力支持。

近几年来，蚌埠学院的淮河文化研究已经逐渐显现自己的特色——百花齐放、协同交响、自成一格、服务社会。淮河流域历史文化积淀丰厚，内容丰富，对区域文化研究有兴趣的学者，都可以在这里找到研究内容，而且，学院的学科专业比较齐全，他们以自己的专业为基础进行淮河文化的研究必然是百花齐放；对于主要研究方向和一些有影响的综合性课题，研究中心组织各方面人才协同攻关，就像许多音乐家共同演奏的交响乐，会取得震撼人心的效果；淮河的地理位置决定了它是南北东西文化的交融地带，对于中心的学者来说，汲取各家所长，应用于研究淮河文化研究，综合分析集成创新，必然自成一格；文化是血脉，经济是命脉。经济与文化的交融互动、相互促进、共同发展是大势所趋。

蚌埠学院研究淮河文化有其自己的优势，主要为：①区域内容丰富。本中心所在地蚌埠古迹众多、名人辈出、民间艺术颇具特色，是淮河文化中的一颗璀璨明珠。②社科学者众多。蚌埠学院社科教师占教师总数40%以上，包含文学、历史、哲学、经济、音乐、美术诸学科。且本地区周围有众多的淮河文化爱好者，早就自发开始淮河文化的研究，如蚌埠市的郭学东先生、固镇县的丁玉群先生、五河县书法家邓凡训先生、怀远县旅游局李焕俭先生，以自己的研究成果证明了这一点。③硬件设施完善。蚌埠学院高度重视淮河文化研究中心建设工作。配备有条件良好的办公设备，图书资料阅览室和多功能会议室。④政府社会认同。政府部门的有关地方文化的会议、驻蚌单位的文化讲座、广播、电视等在进行淮河文化的宣传工作时，都会邀请淮河文化研究中心人员参加。

建院以来，学院教师共承担各级别淮河文化研究项目100余项。其中2011—2013年104项，包括教育部社科基金2项、省社科基金2项，省教育厅社科项目26项，蚌埠市社科规划项目16项，学院社科项目18项、教材立项3项，企事业单位委托项目7项，中心面向淮河流域五省公开招标院级淮河文化研究专项重点课题6项、一般项目24项。成功申报中心课题的人员，除本校教师外，还有中国社科院考古所、山东临沂大学、河南许昌学院、江苏江阴工学院、解放军汽车管理学院、安徽财经大学的专家和教授。此外，中心人员参与国家重大自然科学研究项目（中国古代文明）1项，国家自然科学一般项目（中国古代文明）1项，世界非物质文化遗产申报项目1项（已成功）；研究会会员取得国家重大社会科学招标项目1项，国家社科基金项目1项。

资助出版《淮河文化导论》《尘封的绝响》等4部专著，其中《淮河文化导论》被评为2013年蚌埠市社科一等奖第一名；参与出版《蚌埠禹会村》《蚌埠双墩》等著作9部。淮河文化研究会会员出版和集结出版《怀远石榴》等专著29部。在学术刊物发表《春秋钟离国墓的发掘收获》《凤阳花鼓非物质文化遗产属性探究》《略论民间生殖信仰主题剪纸的艺术形式与文化内涵》等论文238篇。在论文集发表的淮河文化研究论文40余篇。辅导学生编排的花鼓灯和凤阳花鼓舞蹈在安徽省文化厅、省教工委、教育部组织的演出中连续获奖。

现阶段中心的重点研究方向有两个，今后将根据社会经济文化发展的需要进行逐步的调整。其一，淮河流域历史文化研究方向。主要研究内容为先秦考古和历史名人两个方面。其二，淮河流域民间艺术研究。主要研究内容为民间音乐和民间美术两个方面。两个方向的设置与学院的研究力量和中心附近的研究资源有关。

本研究中心的建设目标是根据淮河流域经济文化的发展的需求，结合专兼职研究人员的科研资质、经费保证能力和软硬件基础，通过本中心已有的淮河流域历史文化、淮河流域民间艺术两个研究团队的优化组合，与学校周边高校、科研院所、政府部门加强合作、协同创新，利用5~8年的时间，为皖北地区及整个淮河流域打造出一支淮河文化研究的领军队伍，使安徽省淮河文化研究的总体水平和成果达到国内较为先进的水平。

本书收集了50余篇本院教师近几年在学术刊物上发表的淮河文化研究论文，包括淮河流域的考古、历史、哲学、文学、美术、音乐、舞蹈、经济等内容，以人文学科为主，也有一些自然科学的内容，体现了“上古以来淮河流域先民所创造的物质财富和精神财富的总和”的淮河文化定义，亦体现了蚌埠学院淮河文化研究的特色。

蚌埠学院淮河文化研究中心

2014.6.12

目录

综合研究篇

历史与考古篇

民间音乐篇

民间美术篇

经济文化篇

综合研究篇

淮河流域的道家思想浅析

于世勋①

摘　要：淮河流域内的老子、庄子、孔子、孟子、管子五大文化巨匠的思维、理念远远超越时空，作为中国古代的文化精髓影响世界。老庄文化成为本土道教的源头，管子的民本思想是和谐社会的依据之一。在淮河文化研究中，思维的差异性、文化语境的差异性、方法的差异性导致文化研究呈现碎片化趋势；协调理论间的差异，重点是在淮河文化本体性研究中探底，在方法上互补，在价值观上求同存异。

关键词：淮河流域；道家文化；方法论；价值观

淮河流域的思想文化是儒道文化源头汇聚、集大成的区域性文化，涵盖了商周时代的东夷（包括淮夷）文化、涡淮两岸产生的老庄文化、先秦时期荆楚文化、吴越文化以及两汉和北宋之后南移的中原文化、明清之际兴起的淮扬文化。因此，淮河文化的本质可以约略界定为以流域内自然地理环境为生存条件，在淮河主干流地区内以楚、明文化为底蕴，兼容中原文化而形成的区域文化。淮河文化历经先秦哲学、两汉经学、魏晋玄学、隋唐佛学、宋明理学、清朝西学、现代新儒学的发展，形成了百家争鸣局面。

1　道家思想文化的内容与特性

在经济全球化的融合中，人们本能地进行文化寻根，对文化的反思本质上是人类深度认识自己、调适身心、寻求发展动力和方向。文化思想研究成为显学是安身立命在寻找价值定位，张载认为学者的使命是为天地立心，高青海认为，人生是不断奔向仁的过程。人如何成仁，从自然人变成仁人，如何处理人与人的关系问题一直备受关注。人成就仁是比较中存在，是厚德载物的考量，是自强不息的开始。为生民立命、立德、立言、立行，人开始为生存的意义、价值、目的寻找手段，为往圣继绝学，文化思想是民族发展的终极价值诉求。在物质丰富时，人类需要精神层面的愉悦，对未知的探索、好奇与作为工具人、经济人、自然人的意识、需求，这些都使文化与经济、生存方式、社会变化、价值取向相互调整、融合，因而在构建和谐社会的环境下，需要文化这个心灵鸡汤来滋补因发展不平衡引发的社会矛盾和身心疲惫。

---

①　作者简介：于世勋（1955-），男，安徽蒙城人，蚌埠学院党委书记，主要从事思想文化的教育与研究。

无论是修养身心还是科学发展,作为心灵调节的润滑剂,文化成为生存意义建构和解说依据以及时代发展避免风险的智慧。淮河文化是地方的也是民族的、世界的,是人类文明进程中积累下来的瑰宝。思想是在规律探索中形成的,对规律的理解体认。淮河流域思想是淮河流域的民众在生活中形成的认识和体悟,这种认识是对生存体验的投射。这种意识的形成、心智的提升、个人思悟启蒙是反求诸己和文化教化反思的结果。

在中西方文化比较研究中,有的学者认为中国文化是直觉型、伦理式的修身蓄德之学,少有对自然知识、规律的逻辑分析,原因是农耕文明中,致用的生产方式内化导致中国哲学主要是做人"实践"而少有思辩[1]。治国安邦主要是如何教化民众绝圣弃智,克己复礼,安贫乐道。思想是思维面对矛盾冲突,通过分析、反思形成的条理化的科学、理性的决策和应对办法。金耀基认为:思想文化包括器物技能层次、制度层次、思想行为层次三个方面[2]。本文拟从淮河文化思想形成的社会环境、变迁、区位特点、社会制度、文化传承变化等方面分析思想形成的历史逻辑,为探究、分析淮河流域的思想做方法上的准备。

2 老子思想研究与发展

老子首先提出了"道"这一最高的哲学概念,以道为天地万物存在的本原,对于历代的思想家都产生过深刻的影响。战国末年的韩非,利用并改造了老子关于"道"的学说,认为"道"是万事万物的总法则。战国时期形成到汉初盛行的道家学派的黄老之学,也利用老子的"道"缔造自己的学说体系,将道和法家思想直接联系起来。导源于老子的黄老自然主义对无神论思想产生了很大的影响。东汉唯物主义者王充著《论衡》,亦取道家自然之说。

东汉时,道教形成;魏晋以后,引道入儒,儒、道合流,老子思想对后世儒家特别是革新派、改良派如王安石、魏源、严复等产生一定影响。2 000 多年来,对老子哲学,历代有各种各样的解说和注评,有的接近原著本义,有的不拘原著,肆意发挥。老子学说作为中国古代思想的重要遗产,在哲学、政治、人生诸方面,都曾发生过积极的或消极的重大影响。

对道的思考探究是老子成为思想鼻祖的关键,道的认识体现了人类关涉的视角从形下为德、为学、为仁、为命、为欲、为言、为政、为权开始转向对生命起源的追问,对人生价值的反思和对自然规律的探究。《道德经》关注的天、地、人起源,对进化的追问,对三者关系的追问,带出了老子思维逻辑和哲学思辩的路径。混沌初开,万物有命,老子看到生命的生成变化,把哲学做了"底"的思考。生命之底、哲学之底是"道";人法地,地法天,天法道,道法自然。在关系论中,把世界普遍联系的关系分析得明确清晰。老子的论断解决了事物发展的因果关系和逻辑上的悖论。道可道非常道的定性,把道的本体特性做了哲学范畴的论述,比起西方哲学"我思故我存"的思考要深刻,比起人为自然立法要先进,比起黑格尔"世界是人类意识的展开"等唯心主义而言要科学;对语言的局限性看得十分通透,比起培根的"四假象说"早约千年。哲学研究发现,老子定义 A 是什么的思考是科学的,定义是为了更好理解,但如果无法确切表达其内涵,可以从关系中找答案,这比西方的归纳法要高明,证伪理论和精致证伪理论以及康德的三大批判都是发现工具、方法、语言在认识中的局限性。老子对"道"论述的方法论价值分析,其中辩证思想是核心:事物是发展变化的,变化是一切事物奥妙所在,事物发展呈现的样态只是事物发展过程体现出来的特定时空条件下历史性的状态。既然变化是事物的特点,那么有和无就是特定的状态,两者相互依存转化。从知识论视角分析老子的思维方法,老子的逻辑起点是隐形知识,无法用逻辑证明,无法用语言表达,这是逻辑实证主义无法理解的,类似于西方反实证主义的萨特的存在主义,柏克森的生命哲学、巴门尼德、芝诺、波兰尼等人隐性知识观道通为一,老子被尊称为道家的鼻祖可能与此有内在关联。

事物是变化发展的,普遍联系的,思考总是逐本究源。要时刻清醒认识到事物变化的复杂性,人类认知能力的局限性,语言工具方法自身的局限性,坚持在实践中检验、认识真理,主观、片面、孤立观察问题是不科学的。其次,事物发展是从无到有的过程,人类只有认识到事物发展的规律,遵循规律,大胆实践创新才能推动人类的进步。道是奥妙无穷的,有与无相互转化。学无止境,因为学习的对象是变化的,任何时候都要保持一种虚空状态,保持永不自满的心境。老子辩证思维方法更是我们心智启蒙必须体悟的精髓要诣,在分析问题时,善于抓主要矛盾,善于分析事物现象之间的因果关系,寻找事物之间联系的条件、环节和发展变化规律以及"势"的发展方向是我们要用心去感受的。事物的妙,妙在生机活力,妙在变化。只有厘清我与世界的关系才能体验到成长的乐趣及自我的价值。探索的乐趣,存乎于心。在读老子时,要读懂老子的时代背景,老子的内涵。不要因为自己狭隘理解,妄下结论误导后人。读今人书,很多观点是限于时代理解的误区和功利心态,把老子的深邃简单化了。读圣人书,起码的敬畏和惶恐还是需要的,不妄加揣度经典,以战战兢兢、如如履薄冰的感觉去悟"道"。

3 庄子思想研究与发展

如何读庄子,除了熟悉庄子所处的时代语境外,还要比较思考老子对庄子的影响,搞清楚思想变化的特点和规律。构镜理论是鉴朴学方法,回到庄子,回到庄子内心读庄子,体悟庄子。庄子所在年代,战争频仍,民不聊生,苟全性命于乱世需要智慧和适应能力。庄子的思想是时代环境造就的生存性智慧,面对复杂的乱象,如何安身立命,如何保持内心的恬淡安宁,不被名利牵制,安时处顺,逍遥自在,是庄子为人的核心思想。学者认为,庄子是消极的、唯心的,可能缺乏时代体验,用今天的标准去衡量这种格义、比附、转换的研究是这个时代超越语境的思考。陈鼓应认为,一些学者在误读庄子。

有学者认为:道兼有无是天地万物之间的普遍联系,是物理学和形而上学的统一,是抽象的绝对的本体论概念。形而上学本体论在老子中还只是他哲学学说的一部分,在庄子中则成为庄子哲学的唯一逻辑线索[3]。庄子进一步地丰富和发展了老子的形而上学本体论思想,使道家在形而上学本体论上不断发展。从宇宙观分析,老子的道更具有方法论的宏观意蕴,庄子的道发展了老子的道的内涵,在外延上进行了拓展,是庄子哲学的唯一逻辑线索,认为道是转化。能不能把庄子分析问题的认识论根源归结为道法自然这一条线索是值得商榷的。

学者们有一种观点认为,庄子哲学的顶点是"矛盾"。儒家的思想体系是封闭的思想体系,道家的思想体系兼有封闭性和开放性的双重特点。

道家思想的开放性,是建立在心灵空灵的状态下,在动态的系统中,精神自由不被外物束缚的大智慧。精神的自由,人格的独立不被名缰利锁;看到万物的相对性和变化性是道家思想开放的关键。庄子在物质贫困的条件下,保持精神的富有,人格的独立,是大智慧。天下熙熙皆为利来,外求于物,就无法保持内心的独立,大智慧就会被蒙蔽。生活中被自己遮蔽心智而忘记自我的人与事比比皆是。读懂庄子要读懂庄子的博爱文化内涵,学会他的参照比较文化的内涵和祛蔽思维方法。庄子思想是建构性的,决定其思维的开放性。

庄子作为下层民众,身处乱世,能超然物外、安时顺势,道法自然,保持精神上的超越和内心的独立,不被名缰,不被利锁。在认识问题上,看到事物的相对性和动态转化性,是理性的、辩证的。在人与人、人与自然的关系上,主张善待万物、祛蔽、万物同源,博爱的自然观和本体论是天人合一的自然观和价值论。学习庄子的辩证法、和谐观,有利于休养生息,有利于社会的和谐。读庄子的精神超然,读庄子的大气磅礴,读庄子的理性思辩,读庄子的形象思维,学习庄子的"内在"思维[4]。庄子历来被视为小说的鼻祖,诗歌的源头活水,但当下社会,文化萎靡,令人扼腕。诗人北岛认为:"因为生活和伟大的作品之间总存在着某种古老的敌意……对于诗人来说,困难的是如何保持和生活的距离。如果里尔克安居乐业,挥金如土,他能写出像《秋日》《杜伊诺哀歌》这样的传世之作吗?如果卡夫卡从未生活在父亲的阴影中,而少年得志、婚姻幸福,他能写出《城堡》《审判》这样改变世界小说景象的作品吗?"在北岛的假设中,安居乐业与伟大的作品两者似乎就如鱼和熊掌,难以兼得。所以他认为:可怕的不是苦难与失败,而是我们对于自己的处境浑然不知。他认为比起生活的动荡与漂泊,精神赤贫才是最大的危机。正如司马迁《报任安书》所说:"古者富贵而名摩灭,不可胜记,唯俶傥非常之人称焉。盖西伯拘而演《周易》;仲尼厄而作《春秋》;屈原放逐,乃赋《离骚》;左丘失明,厥有《国语》;孙子膑脚,《兵法》修列;不韦迁蜀,世传《吕览》;韩非囚秦,《说难》《孤愤》。《诗》三百篇,大氐贤圣发愤之所为作也。"唐代韩愈说:"欢愉之辞难工,穷苦之音易好。是故文章之作,恒发于羁旅草野。"(《荆潭唱和诗序》)"悲愤出诗人",是现代社会对思想形成环境的考量。但是在商业经济日渐发达和物质主义的不断侵蚀中,寒门还能出贵子吗?真的还有这样的写作追求和心境吗?文坛到社会,人声鼎沸、喧嚣四起,娱乐化、商业化写作一唱一和。世俗的高频率曝光与出镜与虚荣的粉丝成群,都在背离古往今来伟大作品的写作背景。所以北岛直言"粉丝是商业化的阴谋",他把粉丝现象比作"小邪教",认为其中"充满了煽动性与蛊惑色彩。教主就是作者,骗钱、骗色;教徒就是粉丝,得到不同程度的心理安慰"。"这本来是娱乐圈的事,现在扩展到文学界和文化界,这和我们整个文化的低幼化倾向有关。""低幼化"后果与表现是:作家不再引导读者,而是一再地降低写作水准和标准,为了迎合更多的读者。这是一种恶性循环,由于作家与读者形成的共谋关系,导致我们的文化(严肃、娱乐)都不断地粗鄙化、泡沫化。当"卑鄙是卑鄙者的通行证,高尚是高尚者的墓志铭"成为普遍的价值认同时,文化人为天地立心的使命到了。北岛的批判是犀利的,他的批判精神具有一种独钓寒江般的绝世独立感。当追求快乐和充实的物质与心灵满足已经成为人类的本性,当人们在充裕的物质环境中,悠游自得,从容安逸地欣赏着风花雪月时,人的精神会不会也渐渐趋于贫乏?那些陷入蝇营狗苟、尔虞我诈的名缰利锁之中,内心被物欲和权欲彻底充满的人,还能纯白在胸,来作为思想和情感表达的空间吗?庄子没有朋友,也曾借粟河间侯。清贫孤独不坠青云之志,是庄子人格的魅力带给世人的启示。道家哲学直接从天道运行的原理切入,开展了以自然义、中性义为主的"道"的哲学。天道运行有其自然而然的原理,道的哲学即是解释此原理的内涵,从而得以进入自由空灵的世界空间。透过对此一世界运行秩序之无定限、无执着的认识,道家哲学发展出自迥然不同于儒家的社会哲学,社会只是一方存在的客体,在其中生存的人们,应有其独立自存的自由性,而不受任何意识形态的束缚。道家哲学基本上并不否定儒家的社会理想,但对于社会责任的态度依然鲜明,而能有更尊重人类自主性的态度与存在定位。道家重视人性的自由与解放。解放一方面是人的知识能力的解放,另一方面是人的生活心境的解放。前者提出了"为学日益、为道日损""此亦一是非彼亦一是非"的认识原理,后者提出了"谦、弱、柔、心斋、坐忘、化蝶"等生活功夫来面对世界。道家讲究"人天合一""天人相应""为而不争、利而不害""修之于身,其德乃真""虚心实腹、乘天地之正,而御六气之辩,以游无穷""法于阴阳,以朴应冗,以简应繁"。道家主张"齐物""逍遥",对万物的态度是"无所恃"。事物都需要凭借一定的外部条件才能活动。而他的最高境界是无所恃,这样才是真正的逍遥游。道家从维护个人利益的角度出发,在经济理论、社会实践方面创立了"人本"的思想观点,主张通过维护每个人的个人利益来达到社会的和谐繁荣。道家尖锐批判了以天下为根本的政治观点,认为这是悉天下奉一身的罪恶表现,在社会制度上主张以维护私有制的利益促进社会的大同。道家主张不损害个人利益,也不能侵犯个人利益,每一个人的利益得到应有保障,每一个人的个人利益不受到侵犯。道家把人的存在与社会、自然三者放在同等重要的位次,人格大同和谐不争,这种天赋人权的理念和天赋物权的理念是自然发展的逻辑秩序。"常无欲,以观其妙;常有欲,以观其徼"就是无为。

单纯以欲望驱动行为,那和动物没有区别。所以,要经常忘记动物性驱使的欲望进入理性淳朴的状态(道家这一点后来发展成为精深独到的养生术);但也不可完全脱离实际,常在欲望显然的时候,自我观察,体验无欲与有欲的义理,明白人之常态,这样才可以明白欲望的性质。老子主张出世,是为了让人们明白,学会出世才懂得入世;同样,入世才能懂得出世。以出世的心态,做入世的事情,功成而弗居,如同天地恩德。"道家使人精神专一,动合无形,赡足万物。其为术也,因阴阳之大顺,采儒墨之善,撮名法之要,与时迁移,应物变化,立俗施事,无所不宜,指约而易操,事少而功多。"道家的简约以无为是无不为的前提,无为是安时顺势,遵照自然规律[5-6]。

"道家者流,盖出于史官,历记成败存亡祸福古今之道,然后知秉要执本,清虚以自守,卑弱以自持,此君人南面之术也。合于尧之克攘,易之嗛嗛,一谦而四益,此其所长也。及放者为之,则欲绝去礼学,兼弃仁义,曰独任清虚可以为治。"(《汉书·艺文志》)在社会转型中,随着价值观念的逐渐多元化,生存方式的渐次融合,社会调控的均质渗透,群体性精神需求历史性变革正在悄然趋同。道家的思想已经成为家园的守望者被整体认同。

4 百家融通的逻辑路径

诸子百家的基本原则是共同的,所以才能有诸子百家归于一家的趋向。在汉武帝和董仲舒“罢黜百家,独尊儒术”的表象背后,实际上是儒学的僵化,是诸子学说归混于儒家和儒家兼容诸子。无论是儒家还是百家,较之于先秦开放环境下的状况都已经是名实各异了。

道家注重对宇宙万物的整体性探求,追求绝对,在对宇宙物质存在的理解上能够超出人的自然感官感觉,在思想体系上具有封闭性和开放性的双重特点,在形而上学抽象思辩和纯哲学本体论方面具有很高的认识水平。这是道家的长处。但道家的道论以抽象的形而上学内容为核心,并且具有开放性和超越人的自然感官感觉经验的特点,否定了人的独立存在,又主张先存诸己而后存诸人;在认识论上认为知者不言,言者不知,得意忘言,因而没有实用价值,不能作为政治和社会人生实践的理论而为历代汲取,在继承和发展上表现为一条虚线,这是道家的短处[7]。

梁启超认为:道家哲学与儒家有根本不同之处。儒家以人为中心,道家以自然为中心。儒家、道家皆言道,然儒家以人类心力为万能,以道为人类不断努力所创造,故曰:人能弘道,非道弘人。道家以自然界理法为万能,以道为先天的存在且一成不变。道家之论政治也,谓“民莫之令而自正”,此与儒家所言“子率以正孰敢不正”正相针对。梁启超从人和自然的对立关系上区别儒家和道家,认为儒道是对立而平行的两个不同的学说体系。钱穆《双溪独语·篇三》说:“故庄子言乘化,而孟子言尽性。”庄子乃主于自然中解消人文,孟子则本于人文而回归自然。此则孟庄之相异,亦即是儒道两家之相异。钱穆从自然和人文的线索上区分儒道的异同。不过儒道两家虽都讲论自然和人文,儒家讲论自然却是一种假借,道家讲论人文却没有成功。所以儒家就实际上倾向了人文,而并无自然;道家就实际上倾向了自然,而并无人文。牟宗三认为,“儒家哲学是道德形态的形而上学,老子哲学是实有形态的形而上学,庄子哲学是境界形态的形而上学。‘无’不是个存有论的观念,而是个实践、生活上的观念。‘无’没有存有论的意味,但当‘无’之智慧发展出来时,也可以函有一个存有论。那就不是以西方为标准的存有论,而是属于实践的,叫实践的存有论。中国的学问都是实践的。”“道家式的形而上学、存有论是实践的。儒、释、道三教都从修养上讲,儒家的实践是道德,佛教的实践是解脱,道家的实践是解脱。”[8]

先秦儒、道两家都在追求道,即在追求真理的目的上建立各自的理论学说的。尽管儒、道两家的学说主张很不相同,各自所理解的“道”和努力使之实现的途径很不相同,但是在明道、守道、有所为而发的性格上,是有着同样鲜明的传统的。荀子所以著书立说,是出于嫉浊世之政,不遂大道而营于巫祝。汉初司马谈作《六家要指》,是由于“悯学者之不达其意而师悖”[9]。庄子著书,自述其志说:“悲夫,百家往而不返,必不合矣!后世之学者不幸不见天地之纯,古人之大体,道述将为天下裂。”对于所谓道,既坚定、自信,又耽虑、悲悯,表现出献身于道、牺牲救世的性格。道只有一个,真理是唯一的,选择是唯一的,谁能出不由户,何莫由斯道也!所以庄子就再三强调古之人、古之道术、古人之大体,强调天地之纯,而沉痛于百家的不返、不合、将为天下裂。

庄子在天道观上是唯心主义、泛神论;在人道观上是相对主义、宿命论;在认识论上是相对主义、不可知论;在天人之辩和名实之辩方面是相对主义。对庄子哲学思想的评价褒贬不一。有人认为庄子的哲学思想反映了没落奴隶主贵族的意识,是主观唯心主义和相对主义。有人认为,庄子的思想代表自由农民的意识,具有唯物主义的倾向。还有学者认为庄子哲学宇宙观上是唯物主义、泛神论和自然主义,在认识论上是相对主义、怀疑主义、直觉主义和不可知论,在人生论上有宿命论的倾向[10]。

庄子哲学对于老子的道家学说是有所发展的。老子学说的政治倾向明显,庄子热衷于绝对真理的追求。庄子哲学是形而上学本体论,庄子代表着百家中理论思维的最高水平。

魏晋时期统治阶级借助老庄形而上学、抽象思辩的道论,以重新奠立儒家人道实践原则。自魏晋以后,庄子学说在学术上和社会实践上都具有广泛的影响,庄子本不承认人道,而后世有内圣外王。庄子本反对人情,而后世以庄子陶冶性情,对庄子的继承,同时也就是对庄子的改造。对于庄子哲学的本体论核心,后世学者既没能指明,更没能发展[11]。庄子与儒家平行发展,古代中国与现代世界当然有着较大的差距,中国古代传统文化思想的主流,其中儒、道体系分别与西方自然科学哲学传统中的经典物理学和现代物理学相对应而言,中国的传统文化与现代人类社会中先进的民主、科学、抽象的文学艺术形式、进化论、商品经济和经济开放的因素和观念,并不构成根本的矛盾与对立。

5 淮河流域思想本体是隐性知识

淮河文化呈平原文化特征,虽然有丰富的水资源,但平原地貌更具特色。从时段上看,淮河文化属于中古文化。受战争、文化传播由北向南、由西向东发展的总体趋势影响,淮河文化要比代表明清文化的徽州文化和代表近现代文化的安庆文化要早,古文化遗产丰富。又因淮河流域曾为殷商的发源地,在战国末年,一度成为楚国的首都,在三国、明等朝代,淮河流域几度成为政治、军事、经济发达区域,促进了淮河文化在中古时期的繁荣。从文化内核上看,淮河文化具有平原文化、中古文化、尚武重义等特征,表现在社会风俗上,民众多仗义豪爽,喜辣好酒等[12]。

淮河流域思想总体上解决矛盾方法是,退到底和根的隐性层面,从哲学视角看属于理性主张。但这种理性的表达形式和载体是内隐的,知识化过程表现为隐性知识。所谓隐性知识是指主体内隐、模糊、意会编码而存在的知识,对知识的解读是会意性、非逻辑性、反实证性的深度自我认同。隐性知识产生于显性知识形成前的显性知识未编码阶段,其形成是主体意识对事物要素、特征、分析、建构、重组。隐性知识能指和关切是自我内隐编码,关注思维对象的发展,预判发展规律、路径、趋势。淮河流域的思想基础是流动、变化、柔性的内省,在变化中寻找不变的稳定的联系。例如,儒家的克己复礼是寻找人伦的秩序以及人伦背后的人性;老庄哲学被割裂外在联系减少关系来复归外在和内心的简单化;墨家、法家均把矛盾的解决根源性归结为人性的贪婪。百家在对社会矛盾根源的思考中,内在遵循的逻辑就是"关系过程"论。

"关系性"是隐性知识形成的内因条件,关系是事物内在的本质的联系。联系包括多元的链式关系、必然的和偶然的联系。事物的普遍联系是思维发散的基础,是形成隐性知识的基础。联系是知识形成的核心,即时性对联系进行内在编码,形成内在的自我意会性的知识。关系同时是隐性知识显性化的路径。显性知识的可靠性、合法性依据外在评价标准。在这种思维模式下,隐性知识被强行显性化,思维收敛于显性知识。但隐性的思维、意识不断质疑、冲击着显性知识。当质疑合理时就成为莫顿所说的科学精神。正如苹果公司创始人乔布斯所言,“属于每个人自己的时间不多,人不能活在别人的理念中,要学会倾听自己内心的声音”。主体不断突破显性知识的边界和条件,形成显性知识隐性化,在两种知识转化中被附着道德、伦理等考量。

文化被解读的过程,是认知强行拆解原意的显性过程。对命题的形而上分析有两种目的:一是规律研究,从特殊到一般归纳;二是对精神、意识形态作价值论分析。淮河文化思想发轫于地主、封建主统治时代,研究的出发点和归宿点都依赖、服务于政治。哲学无法绕过政治,例如,儒家思想的历史命运,中世纪的经院哲学的异化。但哲学的求真本性与先入为主的目的之间分歧无法拟合,从而加速了哲学转向,从逻辑实证转向语言分析。分析哲学把命题分为分析和综合两大类。前期分析哲学把一切精神上的形而上学视为伪命题,后期关注语言分析,淡化了命题真伪的定性争执,哲学从逻辑实证向语言学的转变,丰富了哲学研究的视域,尤其在方法层面,中西出现格义对接。淮河文化在当代语境下,合法性的依据是:体验哲学、生命哲学、精神哲学与儒道哲学在本体论退隐;方法论上做出有原则性退让,以解决问题为中心;在价值论上对多元性的包容。

在知识来源的分类考察和本体性追问分析中,波兰尼认为知识的构成中有一部分知识不出场,它依赖信仰而存在,他认为知识与信仰的关系中,人类的知识可以分为隐性知识和显性知识。描述性知识通过图像编码意义建构成为书面文字、图表、公式。但主导人行为的更多体现为非语言性的内在意识,这种内在的主导无意识做某事的行动中所拥有的知识,称为隐性知识。显性知识是以一定符码系统(语言,公式、图表、盲文、体语、旗语等符号形式)的知识;隐性知识和显性知识是相对而言的,是指那种难以言述的知识。隐性知识的核心是“意”,形成的关键是“境”。

儒家、道家隐性知识具有默会性。知识本身特征复杂,知识各环节内在联系松散,缺乏必然的关联性,大量表现为偶然性的特征。知识模块很难通过语言、文字、图表、符号明确表述,知识的形成不是靠成熟的理性获得,其合法性也无法靠外在的评价系统考量,个性化的、靠体验悟性才能理解的知识,为了表达交流隐性知识需要对隐性知识做显性化处理,在两种知识间过渡、转化、演示和格义。转化的意境和相似性是两种不同知识能否顺利转化的关键,从这个意义上说,知识的本体论和方法论无缝对接。隐性知识一般很难进行明确表述与逻辑说明,很容易陷入认识上的不可知论和神秘论。但学界存在的多元理解往往是主体被认知的惰性、随意性遮蔽,导致不可知论、神秘论,这种故意的唯心,是可以控制的随意;所谓“创新”,大多是在虚名掩盖下的任意性解读,破坏性曲解,僭越了认识本身的实际价值。

分析哲学对知识来源、知识与信仰的关系分析中,认为隐性是人类非语言智力活动的成果,非逻辑性隐性知识最本质的特性。日常语言学派认为形而上学命题虽荒谬,但带有启发性,哲学家的任务是通过研究荒谬的形而上学命题了解概念系统的结构。道家的“道为根本”,儒家的仁学、礼治天下符合非逻辑表征。这里的逻辑是人工语言和形式逻辑,而道家的逻辑、道法自然是宇宙本体客观属性,逻辑本身超越主体认知的局限,是宇宙规律和人性本真的“大逻辑”,这种逻辑是主观与客观的一致性。

道家知识具有个体性、内隐性。隐性知识的形成,建立在自我经验基础之上,存在于个人意识中,承载主体是个人,非条理和自我验证性使得知识本身是不完整的,对于不同体验的受众可能无法认同甚至是排他性的,无法通过常规渠道进行传递,因为隐性知识的拥有者和使用者都很难清晰表达。隐性知识传递方式的路径有所依赖,例如通过"师传徒受"的方式进行。因为隐性知识结构中内涵了语言无法界定的关系,需要区别个体性与主观性在隐性知识中的机理。内在的本质性联系是隐性知识的核心和保护圈层。日常语言本身是完善的,哲学混乱之所以产生,是由于哲学家们背离了日常语言的正确用法,通过研究日常语言的用法,就能澄清或"医治"哲学中的混乱,因此没有必要建立特定范式和语境下自己的语言系统。

西方哲学的从本体性追问向语言学转向绕过隐性知识的黑箱。波兰尼认为主观心理状态局限于一己私人的感受。个体知识是认识者社会赋予主体特定的角色认同和内涵,在一定权利和责任心(responsibility)的工具理性和价值理性指导下,带着普遍的意图(universal intent),在接触外部实在(external reality)的基础上获得的认识成果。个体不同于主观的关键在于前者包含了一个普遍的、外在的维度。

波兰尼对个体的界定是把个体的外在评价作为个体合法性存在的依据。隐性知识具有非理性的特征:从知识发生学视角分析,显性知识是通过"逻辑推理"过程获得的,对知识的检验可以通过推理的合法性进行回溯,反思形成的严密性,因此它能够理性地进行反思。隐性知识是通过人们的身体的感官或者直觉、领悟获得的,因此不是经过逻辑推理获得。所以人们不能对它进行理性地批判。非理性地质疑和批判缺乏着力点而变得没有深度。这里需要界定一下理性与非理性的概念,因为只有在同一概念、语境下有效交流才有可能。

本文的理性吸收了社会学角度的观点:理性指能够识别、判断、评估实际理由以及使人的行为符合特定目的等方面的智能。理性通过论点与具有说服力的论据发现真理,通过符合逻辑的推理而非依靠表象获得结论、意见和行动的理由。非理性主要是指一切有别于理性思维的精神因素,如情感、直觉、幻觉、下意识、灵感;也指那些反对理性哲学的各种非理性思潮,如惟情论、意志论、生命哲学、无意识、直觉论、神秘主义、虚无主义、相对主义等。

隐性知识的形成路径的非逻辑性、主观性。内在的建构甚至是超验的,归纳过程靠内在的直觉、无意识、自觉。知识的形成局限于自我特定语境下的心理状态,与外在的基础性的存在和明确的归纳目标意图有本质的区别。隐性知识形成的语境性:隐性知识总是与特定的语境紧密相联的,它总是依托特定语境而存在和展开的,是对特定的任务和情境的整体把握。隐性知识的存在是一种场,特定的情景使得主体联想发散。

老庄思想情景性是文学创作的源头,魏晋玄学发展了老庄遗风,凸显在竹林七贤民胞物与的精神特质。淮河文化知识形成的情景不可或缺的要素为,情景是隐性知识产生的根源,因为隐性知识的创新依赖与主体的情感发挥主体性建构,建构的基础是联想,情景是联想的基础和创新的纽带。情景的差异会导致联想的差异和思维的差异。隐性知识的文化性表征:隐性知识根源于文化传统中人们所分析的特定概念、符号、知识体系。处于不同文化传统中的人们往往分享了不同的隐性知识体系,包括隐性的自然知识体系,也包括隐性的社会和人文知识体系。

老庄哲学思想形成的偶然性、随意性。隐性知识比较偶然、随意,很难捕捉,需要与知识形成嵌入的心智认知模式、悟性、精神气质。文化的差异是隐性知识交流的外在障碍,涉及不同背景、不同经验、不同视角下对知识的多元的理解。

隐性知识是特定文化要素被主体吸收之后在个体意识中的组合与理解。隐性知识的转化性:一是隐性知识是显性知识形成的根源和基础,在一定条件下转化为显性知识,二是知识本身具有显隐性特征。不同主体对知识的把握深度不一,凸显出隐性知识与显性知识转化的路径差异。

淮河文化思想的稳定性。与显性知识相比,隐性知识与观念、信仰等一样,与内在的文化语境、自决性嵌入,形成稳定的心理结构和思维模式,不易受环境改变的影响。隐性知识扎根于意识的最深处,成为无意识,不易消退遗忘,但时刻影响、支配人的行为。认识自己很难就是被自我遮蔽得太深,处于自我保护的本能,人对外界成熟的评价具有排他性,也就意味着个体一旦拥有某种隐性知识就难以对其进行改造。之所以难以改造,因为知识在形成过程中,缺乏显性的公理和逻辑推理作为基础,还原性和检验性差,缺乏验证常模和信效度检验的显性尺度,内省的内在尺度依据外在显性尺度内化。这意味着隐性知识的建构需要在潜移默化中进行。

隐形知识发展具有单向度的特点,这也是百家争鸣的根源性所在。因为隐性知识形成时不具备知识的本体性责任和明确的意图,所以难以接受外在的评价。知识与主体认知的能力、信誉融合,与人格形成整体,遭遇否定挑战时,很难把人格与非人格的要素区分,隐性知识固化为人格和心理结构。文如其人就是看到思维的隐蔽性和思维的自觉性和自决意识。

隐性知识的整体性:隐性知识往往显得缺乏逻辑结构,但它本身是个体内部认知整合的结果,是完整、和谐、统一的主体人格的有机自组织过程,对个体在环境中的行为起着主要的决定作用,其本身也是整体统一、不可分割的。淮河流域的文化结构中情景与内在的关联,扎根于特定的克己复礼、坐忘、心宅,把变化和相对性视为内在的逻辑规律,具有相对独立的发展体系。作为隐性知识、思想的发轫、流变、塑形都与特定文化语境嵌入。在分析和综合的过程中,我们的研究或缺的是:

首先,认识论上没有分析哲学的理论和逻辑框架,智慧、思想、文化、精神靠归纳、体悟、内省传承。所以,淮河流域的思想文化特质是一种隐性的结构和隐性的表征。

其次,研究淮河文化还没有建立起一套语言系统。解读语义、语用、语境时,缺乏统一的历时性、共时性的“会话合作原则”。研究者很难回归语境,建构语境,为述而不作和寓言式的隐喻背后的“理”做原点性解读。这里的语境包括交际的场合(时间、地点等),交际的性质(话题),交际的参与者(相互间的关系、对客观世界的认识和信念、过去的经验、当时的情绪等)以及上下文。语境直接影响着人们对话语的理解和使用。话语发生的环境,还包括文化和科学知识,常识,或者说是交际双方的精神、社交和物质三个世界。民众的文化语境不同,思维模式差异、联想差异、文化观差异、语用规则差异是多元性价值形成的根本原因。但研究者很难超越自己和文化障碍,对淮河文化的研究有共性的矛盾,也有个性的障碍。协调理论、背景、语境、知识等核心要素是研究的关键。

6 结论

道家思想作为中华文化(儒、道、佛)的核心源头,其最大的特点是思想形成土壤扎根于淮河本土,涵盖了淮河本土民众的智慧、思维、心理;其内生性、隐蔽性不但体现了淮河文化民胞物与的人文关怀,同时也把道法自然的科学精神、追求自由逍遥境界提升到的常人无法企及的空灵之境。道家安身立命的智慧、自性精神价值越发厚重,日久弥新。

参考文献

[1]张岱年,方克立.中国文化概论[M].北京:北京师范大学出版社,2004:46-48.
[2]金耀基.从传统到现代[M].北京:中国人民大学出版社,1999:48-49.
[3]程必定,吴春梅.淮河文化纵论[M].合肥:合肥工业大学出版社,2008:28-30.
[4]程必定,汪青松.皖江文化与东向发展[M].合肥:合肥工业大学出版社,2007:56-58.
[5]孔丘.论语[M].吴兆基,译.西安:三秦出版社,2009:58-59.
[6]司马谈.六家要指·论语[M].吴兆基,译.西安:三秦出版社,2009:121-123.
[7]叶志衡,点注.庄子[M].青岛:青岛出版社,2011:159-160.
[8]冯友兰.中国哲学史[M].北京:新世纪出版社,2004:106-107.
[9]徐醒民,李炳南.论语讲要[M].武汉:长江出版社,2011:9.
[10]国学经典书系·道德经[M].长春:吉林出版社,2010:19.
[11]左丘明.左传·昭公十一年[M].北京:中国商务出版社,1999:136-137.
[12]陈梦家.殷虚卜辞综述[M].北京:科学出版社,1956:38-39.

汉魏时期淮河流域作家群的分布及其文化阐释①

李艳洁②

摘　要:文章以淮河流域为地理中心,对汉魏时期该流域作家群的分布进行研究,梳理汉魏时期淮河流域作家群分布的轨迹,并结合淮河流域地域背景,分析作家群分布与地域政治、文化、经济、地理等多方面的密切联系。

关键词:汉代文学家;地理分布;淮河流域;重要意义;地域背景

1　文学的地域性及作家群的地域分布问题

袁行霈教授主编的《中国文学史》"总绪论"在谈到"中国文学发展的不平衡"问题时,提到了"地域的不平衡"这一现象。该书指出:"所谓地域的不平衡包含两方面的意思,一是在不同的朝代,各地文学的发展有盛衰的变化,呈现此盛彼衰、此衰彼盛的状况;二是不同的地域有不同的文体孕育生长,从而使一些文体带有不同的地方特色,至少在形成后相当长的一段时间内是如此。"[1]

"地理是历史的舞台,历史即地理之骨相。读历史如忽略地理,便失去其中许多精彩的真实的意义。"[2]由此,文学研究既要注重其时间关系,又要注重其空间关系,地域环境是文学家产生及开展文学活动的舞台,深入了解文学家产生的地域环境,有助于理解文学家的思想性格及其文学作品的内容,为从另一个角度解释我国文学史上一些问题提供了一定的思路。[3]

目前学界较为公认的淮河流域地理范围的界定为:淮河流域位于31°N～36°N,112°E～121°E之间,西界嵩山、伏牛山和桐柏山,东临黄海,北以黄河南堤和泰山、沂蒙山脉与黄河流域接壤,南以大别山及其向东延伸的皖山余脉与长江流域分界;流域面积约27万平方千米,包括今河南省的中部和南部、安徽和江苏两省北部及山东省的南部。淮河流域的西部、南部和东北部为山丘环绕,中部是自西北向东南倾斜的辽阔的黄淮大平原。

---

①　基金项目:安徽省高校省级优秀青年人才基金项目(批号:2009SQRS102);蚌埠学院淮河文化研究中心科研项目的阶段性成果(批号:BBXYHHWH2010C03)。

②　作者简介:李艳洁(1979—)女,吉林敦化人,安徽省蚌埠学院文学与教育系讲师,文学硕士,主要从事中国古代文学与地域文学研究。

2 汉魏时期淮河流域作家群的分布

淮河在宋代以前是独流入海的。汉魏时期，淮河流域辖今河南省的南部、安徽省北部、山东省的中部和南部以及江苏省的北部地区，地域广大。作家群体的生成是一个动态的过程，需要多方面的条件，淮河流域为作家群体的持续生成提供了适宜的土壤。

据学者曾大兴根据谭正璧先生所编《中国文学家大辞典》统计结果来看[4]，在上起春秋、下到近代的6 000多名文学家中，汉魏时期在文学家地域分布的基本情况见下列表1、表2所示：

表1 汉魏时期文学家地域分布情况

历史时期	地域分布
两汉时期	今陕西、河南、河北、山东、江苏和安徽等省，即当时的京兆尹、右扶风、南阳、陈留、河南、汝南、颍川、安平、北海、齐郡、沛国、会稽等郡国
三国西晋时期	今陕西、河南、山西、河北、山东、江苏和安徽等省，即当时的京兆尹、北地、颍川、梁国、陈留、汝南、河内、河东、太原、高平、琅邪、平原、广陵、吴郡、会稽、谯郡等郡国

表2 汉魏时期文学家地域分布数量统计

历史时期＼地域分布	河南	山东	江苏	安徽	陕西	山西	甘肃	河北	浙江	湖北
两汉	37	39	33	10	31	3	9	13	6	8
三国西晋	56	28	18	22	10	17	1	13	8	1
总计	93	57	51	32	41	20	10	26	14	9

由以上两表可知，汉魏时期淮河流经的河南、山东、安徽、江苏四个地域作家人数众多，已成为当时文学创作的重要集聚地，具体作家群分布如下：

2.1 两汉时期淮河流域作家群

两汉时期，淮河流域社会经济快速发展，人才辈出，文化发达。无论是从政治、经济、军事还是从文化来分析，淮河流域在全国的地位都是十分重要的，该流域人才辈出。

2.1.1 西汉时期围绕政权中心的政治与文学团体

西汉时期，淮河流域仍然保持着战国以来的优良传承，不仅皇帝刘邦起于淮北的丰、沛，而且名士辈出，诸如：生长或主要生活于淮河流域上游地区的张耳、陈余（大梁人）、栾布（梁——商丘南部人）、灌婴（睢阳——商丘南部人）、郦食其（陈留高阳——杞县人）、申屠嘉（梁——商丘南部人）等；生长或主要生活于淮河流域中下游地区即今苏皖北部一带的刘邦（沛县人）、项伯（下相——今宿迁人）、萧何（沛县人）、韩信（淮阴人）、曹参（沛县人）、审食基（沛县人）、英布（六安人）、卢绾（丰县人）、樊哙（沛县人）、周勃（沛县人）、王陵（沛县人）、彭越（昌邑——金乡西北人）、叔孙通（薛——滕县人）、夏侯婴（沛县人）、周昌(沛县人)、刘安(寿春人)、韦孟(彭城人)、朱浮(沛国——今安徽萧县人)、枚乘(淮阴人)等。这些名士围绕着中央政权和诸侯国地方政权在历史的舞台上活跃,形成了诸多以政治为重心、文学相辅的集团。其中淮南王宾客学术与辞赋群体在文学方面最为显著。淮南王刘安集宾客千人,大力倡导黄老道家学术,编修集大成著作《淮南子》。其罗致的人才中不乏优秀的辞赋家,而且他本人也是一个高产赋家,淮南王作赋 82 篇,淮南王君臣赋 44 篇。

2.1.2 东汉名士与学者群体

东汉初的开国功臣"云台二十八将"中,位于淮河流域的颍川一郡之人便占四分之一。龙亢(今安徽怀远)桓氏以经学起家,自桓荣以下,五世先后为 6 位皇帝或太子的老师,代代为高官,门生故吏广为分布。汝颍一带名士特别众多,例如汝南的戴凭、钟兴、许慎、周举、蔡玄,颍川的张兴、丁鸿等都是著名经师或学问家。

据学者王春芳统计,东汉一朝任命的三公有姓名可记者共有 226 人次,出自淮河流域的汝南和颍川的便有 33 人次。汝南袁氏四世居三公之位,门生故吏遍天下。东汉末年与宦官作斗争的士人楷模所谓"三君""八俊""八顾""八及""八厨"之中,汝南陈蕃列居三君,颍川李膺、荀翌、杜密列居八俊,汝南范滂、蔡衍名列八顾,颍川陈翔列名八及,35 位之中汝颍名士占了五分之一。[5]可见此时淮河流域士人之众多,文化之发达。

2.2 曹魏时期淮河流域作家群

2.2.1 魏初文官与武官群体

汉末魏初,曹魏政治集团中,由于曹氏家族起于沛国谯(今安徽亳州)地,所以其武官集团成员诸如曹仁、曹洪、许褚、夏侯等,多为淮河流域之人;而其文官集团中的名士则多为汝颍之人,如荀攸、荀羁、徐庶、陈群、枣祇等。还有相当多的名士,是通过荀羁等汝颍名士引荐来的。说明此时该流域的人才更加密集,在曹魏政权中的作用可谓举足轻重。[6]

2.2.2 魏末"竹林名士"中淮河流域的代表——以嵇康为中心

曹魏时期,名士如林。最著名的是"正始名士"与"竹林名士"两大集团。"正始名士"其主要成就在哲学方面;"竹林名士"又称"竹林七贤",其中最负盛名者为阮籍和嵇康。嵇康(223—262),字叔夜,谯郡铚(今安徽宿县西)人,是曹魏后期淮河流域文学成就最高的代表者。

3 汉魏时期淮河流域作家群分布的文化阐释

汉魏时期淮河流域作家群的分布,与以下几方面的因素有着密切的关系。

3.1 政治因素

在两汉时期,陕西的长安、河南的洛阳作为皇都是国家政治、经济、文化中心,聚集全国的文化精英,催生了大批文人学士。淮河流经的河南、山东、安徽等地域是仅次于陕西的政治文化中心,尤其是在东汉时期,黄淮之间的洛阳所在的河南作为政治中心的位置始终吸引政客和文人的移入,聚集了一批批的达官显贵、高士名流、闲散文人,形成了相对集中的文化圈。

3.2 历史因素

文化历史渊源的形成需要相当长的时间，一旦形成，就有相当的稳定性。中国古代的文化历史渊源，河南、山东地区成为中华文明的中心之一，具有较为凸出的文化优势。曲阜、临淄、济南、开封、洛阳等汉魏时期文化繁盛地区在淮河尚未改道而独流入海之时，或是淮河必经之地，或是处于淮河和黄河流域之间，明显地属于淮河流域广大的范畴。深厚的文化底蕴、悠久的文化传统、丰厚的文化积累都促使汉魏时期淮河流域涌现出大量的文学人才，形成为数众多的作家群。

3.3 经济因素

汉魏时期，淮河流域的经济得到快速的发展，人口增加很快。汉武帝时，先后从东瓯山东大规模徙民移居江淮一带，促进了这些地区的经济发展。在经济的刺激下，该流域的一系列城市也获得较快发展。东汉末年，淮河流域社会经济遭到了严重破坏，商业几乎停顿。曹魏初期，地处南北政权对峙形势下的淮河流域城市遭到了严重破坏。曹魏统一北方后，随着农业和手工业的恢复和发展，淮河流域的商业活动逐渐复苏。从宏观上看，历次战争以后，为适应政治、军事的需要，淮河流域恢复和重建的城市建设有较快的发展，经济成分明显增长。[7]

3.4 地理因素

从中国古代分裂时期各政权的割据形势来看，一般都形成了南北对峙这样一种局面。在南北对峙现象中，多以淮河为其分界线或准分界线，尤其是在魏晋南北朝时期。淮河作为南北交通的必经之路，就地理条件而言，地理上的开放得天独厚，交通的便利，是文化繁荣的前提。交通的发达，为文化的交流和建设提供了物质交流和人员往来的优势。物质交流的频繁促进了文化交流的活跃，人员交流的广泛与频繁推动了地域文化的建设，文化的繁荣便是接踵而来的结果。

4 总结

汉魏时期淮河流域分布着为数众多的作家群，丰富和促进了中国古代文化的繁荣与发展，而此时期该流域政治、文化、经济、地理等多方面的综合因素正是这一文化现象的最好注脚。

参考文献

[1]袁行霈.中国文学史·总绪论[M].北京:高等教育出版社,1999.

[2]王恢.中国历史地理·编著大意[M].台北:台湾世界书局,1975.

[3]段学会,张世禄.我国文学家地域分布特点及成因初探[J].重庆文理学院学报(社科版),2007,26(5):96-99.

[4]曾大兴.中国历代文学家的地理分布——兼谈文学的地域性[J].学术月刊,2003(9):88-94,24.

[5]王春芳.汝颖士人及其在东汉末年的流向[A]//;李修松.淮河流域历史文化研究[C].合肥:黄山书社,2000.

[6]李修松.先秦秦汉时期淮河流域的历史地位[J].安徽大学学报:哲学社会版,2003,27(6):1-7.

[7]王鑫义.淮河流域经济开发史[M].合肥:黄山书社,2000.

淮北地区开发利用民俗文化资源的基本对策[①]

谢政伟　胡　飞　王怀平[②]

摘　要:安徽淮北地区蕴含着丰富多彩的民俗文化资源,如何在保护中合理利用、在利用中有效传承这些优秀的民俗文化,是本地区目前面临的一大难题。要确保本地区民俗文化的可持续发展,就离不开政府的主导作用、公众的参与保护意识、对民俗文化适当地创新、科学合理适度地开发以及地区间开展的交流合作等因素。

关键词:淮北地区;民俗文化资源;可持续发展

民俗文化是我国优秀传统文化的重要组成部分。安徽淮北地区有着悠久的历史文明,文化底蕴十分深厚,蕴含着丰富多彩的民俗文化资源,其中不少在国内外都具有一定的影响,比如花鼓灯等三项已入选首批国家级非物质文化遗产名录,其中花鼓灯已入选中国民族民间文化保护工程试点项目。阜阳剪纸已入选第一批国家级非物质文化遗产扩展项目名录;五河民歌等七项已入选第二批国家级非物质文化遗产名录。王京胜、卢群山二人入选首批国家级非物质文化遗产项目代表性传承人名单,冯国佩等六人已入选第二批国家级非物质文化遗产项目代表性传承人名单,杨再先等五人已入选第三批国家级非物质文化遗产项目代表性传承人名单。其他诸如涂山禹王庙会等十二项已入选安徽省首批非物质文化遗产名录;淮北大鼓等三项入选安徽省首批非物质文化遗产扩展名录;涂山大禹传说等二十二项已入选安徽省第二批非物质文化遗产名录;王芹等二十三人入选安徽省首批非物质文化遗产项目代表性传承人名单。

近年来,由于经济全球化及现代文明的巨大冲击,本地区一些宝贵的民俗文化资源正濒临灭绝境地,抢救与保护形势不容乐观。尽管各地政府非常重视民俗文化资源的保护与开发利用,积极按照《国务院办公厅关于加强我国非物质文化遗产保护工作的意见》(国办发[2005]18 号)要求,认真贯彻"保护为主、抢救第一、合理利用、传承发展"的工作方针,大力宣传和扶持民俗文化,为保护民俗文化资源做了大量的工作。但如何在保护中合理利用、如何在利用中有效传承这些优秀的民俗文化,仍然是本地区面临的一大难题。本文就本地区在保护与开发利用民俗文化资源方面存在的问题试加探讨,进而提出

①　基金项目:安徽省教育厅人文社科研究项目"安徽淮北地区民俗文化资源的保护与开发利用"(编号:2009SK419)。

②　作者简介:谢政伟(1975—),男,湖南衡阳人,蚌埠学院讲师,硕士;胡飞(1969—),男,安徽蚌埠人,蚌埠学院副教授;王怀平(1968—),女,安徽巢湖人,安徽财经大学副教授,硕士。

相关对策以供参考借鉴,望有关专家教正。

1 政府应加强主导作用

近年来,随着人们对民俗文化的关注程度愈益高涨,淮北地区纷纷加强对民俗文化资源的保护与抢救工作,本地区的民俗文化事业取得了长足的发展,但仍然滞后于经济的快速增长。各地在对待民俗文化方面仍然存在诸多问题,比如重申报轻保护;重大项目轻小项目;在开发利用中重经济效益轻社会效益;重眼前利益轻长远利益等。要改变这些现状,各地政府应继续加强对民俗文化的主导作用。

1.1 要加强政策扶持力度

文化事业的繁荣历来离不开政府的主导作用,民俗文化的可持续发展尤其需要政策的支持。各地政府应转变观念,充分认识到保护民俗文化的重要性和紧迫性,应将民俗文化发展纳入每年的政府工作计划,要建立并完善民俗文化资源的保护机制,建立民俗文化保护专门机构,制定符合本地区实情的地方性民俗文化政策,使民俗文化资源的保护与开发利用有法可依、有章可循。比如蚌埠市政府2004年即出台了《蚌埠市保护和发展花鼓灯泗州戏艺术的规定》,值得各地借鉴。政府还要继续组织有关部门就民俗文化资源开展普查工作,摸清家底,必要时也可采取向民间有偿征集的办法,充分挖掘本地区的民俗文化资源,并做好申报工作,逐步建立市、县(区)级非物质文化遗产名录体系,且确定保护单位;要适时引导和充分利用社会力量参与民俗文化资源的保护与开发利用;要督促有关专家学者加快民俗文化研究步伐;要加强有关民俗的原生态保护区建设等。

1.2 要加大资金支持力度

民俗文化的保护与发展纷繁复杂,需要大量资金,如果没有政府的资金支持,这一工作就难以顺利开展。淮北地区经济历来欠发达,政府财政相对困难。近年来,各地政府虽然对民俗文化的保护与发展日趋重视,但在财政上时常有心无力,因此资金问题一直制约着本地区民俗文化的保护与发展。为体现对民俗文化的重视,确保国家有关政策落到实处,各市、县(区)政府应千方百计设立民俗文化保护与发展专项基金,并确保经费的逐年增加。当然,在资金数量尚有缺口的情况下,可以鼓励社会资源、民间资本积极参与其中,也欢迎个人捐款。

1.3 要加强宣传力度

公民对民俗文化缺乏了解甚至误解很大程度上源于政府的宣传不到位。有些民俗由于缺乏有效宣传,至今仍是"养在深闺人未识"。政府及有关部门可以"文化搭台、经济唱戏",借助民俗歌舞、民俗戏曲、大型庙会、灯会等既招商引资,又宣传民俗文化;既要利用传统的电视广播等宣传资源,又要充分利用网络资源,比如建立民俗文化资源专门网站等,对民俗文化保护与发展进行动态跟踪报道;可以推出一些不同类型的民俗文化定期免费展览,使公众切身感受民俗文化的独特魅力;可以出版发行与民俗文化有关的音像制品,使公众在娱乐中体会民俗文化。通过不同形式、不同途径的宣传,从而营造良好的舆论氛围,逐渐使本地区民俗文化深入人心。

1.4 要加强有效监管

在民俗文化资源的保护与开发利用过程中,各地政府要加强有效监管,将有关部门对民俗文化的重视程度、保护与发展措施、资金支持力度及落实到位情况纳入年度考核目标;要对诸如大型庙会、灯会、书会等民俗集会加强组织与管理;要对民俗艺术演出市场进行必要监控,防止不法分子打着弘扬民俗文化的旗号,表演一些格调不高、低级趣味的歌舞节目,破坏民俗艺术的声誉;要引导民俗文化市场有序健康发展,倡导良性竞争,防止恶性竞争,比如蚌埠玉器闻名全国,但多是家庭作坊式生产经营,经营者窝里斗现象较为严重,在一定程度上影响了蚌埠玉器加工技艺的声誉,有关方面应及时介入,加强疏导管理,寻求解决对策;此外,还应针对一些知名的民俗手工技艺制定标准,实行市场准入机制,比如国家标准化管理委员会2006年就宿州市埇桥区符离集烧鸡颁布了国家标准,对烧鸡加工制作工艺等方面做了非常明确的规定,避免以假乱真、以次充好,有效地保护了这一民俗手工技艺,有关部门应就界首陶彩烧制技艺、临涣酱培包瓜制作技艺等制定有关标准。

1.5 要建立民俗文化的传承制度,加速培养继承人的进程

民俗文化的存在和传承离不开传承人,许多民俗民俗文化依赖口传心授,但由于传承人得不到有效保护和应有重视,加上后备人才挖掘与培养不力,人才严重断层,一旦传承人去世,一些民俗文化资源随时都有可能消亡的危险。有关方面应尽快建立民俗文化的传承制度,加紧对濒危民俗文化继承人的选拔与培养工作,建立民俗艺术人才培训基地,蚌埠市在这方面起步较早,已于2004年建立了花鼓灯传承基地。要实施激励机制,对热衷传播民俗文化的民间老艺人予以一定的资助,对在培养继承人方面做出贡献的人或单位要予以奖励,要鼓励支持年青人投身民俗文化的传承与创新,要免除其后顾之忧。有些民俗手工技艺传承面过于狭小、方式过于单一,有的传承于家庭或家族内部,有的靠师生朋友相传,显然不利于其传承与发展。在培养继承人时,应走出单一的家庭或家族相传等方式,使大众感受民俗文化无穷魅力,共享本地区的民俗文化遗产,避免人为因素导致民俗文化失传。

2 公民应树立参与保护意识

随着经济全球化的到来,外来文化不断渗透,淮北地区人们的文化需求及审美趣味也在发生变化。尽管各地政府及有关文化部门在民俗文化保护与发展方面做了很多有益的工作,但人们对民俗文化仍然缺乏应有的了解,参与保护民俗文化的自觉性不足、积极性不高。广大青少年普遍对民俗文化知之甚少,有的觉得不够时尚新潮,甚至斥之为老土。

民俗文化的保护和抢救不单是政府的事情,也不仅是文化部门的事情,而应该是全民的事情。对公民普及民俗文化知识、使公民树立参与保护意识显然迫在眉睫。有关方面应继续加大工作力度,让群众与民俗文化“亲密接触”,可以定期免费开放博物馆让群众参观,可以经常性组织为群众喜闻乐见的民俗艺术表演,让民俗文化进社区、深入群众生活,促使人们改变对民俗文化的看法,深入感受本地区的灿烂文化,增强保护意识和自

觉性。

民俗文化保护与发展的未来要寄托在年轻一代,培育青少年的民俗文化保护意识尤其迫切。各地可以采取一些实际措施让民俗文化进校园、进课堂,可以在出版供中小学生使用的语文课外读物时,适当补充一些流传于本地的民俗故事、神话传说等,比如宿州流传的鞭打芦花这一故事传述孔子弟子闵子骞对其继母的宽恕及孝行,对当今青少年就具有很好的教育意义。在一些实践课中,可以邀请民间艺人指导学生适当学习民俗绘画、民俗剪纸等内容,加深中小学生对本土民俗文化的兴趣,增加认同感和自豪感。有关高校在服务于地方经济建设和社会发展的同时,也应关注当地的民俗文化,可以在当地文化主管部门的支持下,设立民俗文化研究基金,鼓励专业人员深入研究民俗文化;可以聘请民间老艺人担任客座教授,定期就有关民俗文化进行交流指导。令人欣慰的是,如何让民俗文化走进高校,有关方面正在做有益的探索,比如蚌埠市有关高校就开设了花鼓灯选修课,既在大学生中为花鼓灯艺术做了宣传、增强他们对民俗文化的保护意识,又能使一些人对花鼓灯等民俗艺术产生兴趣,为提供后备人才开辟一条新路。

公民是民俗文化保护的主体,一旦他们认识到民俗文化的重要性及保护的紧迫性,意识到自身应尽的职责与义务,就自然会投入到民俗文化的保护工作中去。

3 在保持原味的前提下,应对民俗文化进行创新

民俗文化要发扬光大,创新是必然的趋势,如果单纯依靠保护与继承而缺乏有效创新,则势必会影响其可持续发展,淮北地区的民俗文化同样面临着类似的发展瓶颈。本地区许多民俗文化历史悠久、根基深厚,故有时难免会故步自封、停滞不前,比如有的民俗舞蹈、民俗音乐、民俗戏曲多年来“吃老本”、少有新作,有的表演形式单一俗套、内容陈旧乏味,连上了年纪的老观众都提不起兴趣,更别说年轻一代。

优秀的民俗文化从来都是通过不断创新而求得生存与发展,比如泗州戏原本是一种即兴演唱的小戏,之后在说唱的基础上大量吸收花鼓灯、旱船舞、花灯舞等民俗舞蹈表演形式,从而发展成一种独特的民俗艺术,充满生机活力,散发着浓郁的乡土气息,逐渐为本地区群众所喜爱。因此淮北地区的民俗戏曲、民俗舞蹈、民俗音乐等不同类型的民俗文化要有机融合、相互借鉴、共同发展。

民俗文化的创新要反映社会的发展,要具有时代内涵、要符合大众的审美需求。民俗手工技艺应继承传统技艺,钻研开发新技艺;民俗文学要适当融入时代内涵,使现代人产生共鸣;民俗绘画、剪纸等创作要结合现代元素,反映当下群众生活;民俗舞蹈、民俗音乐、民俗戏曲等要考虑大众审美需求。民俗文化只有主动融入时代,关注现实生活,才会焕发出生机活力。各地政府及有关部门应尽快建立民俗文化创新机制和激励机制。

当然,在创新方面,不宜盲目开发、随意改编甚至篡改,不得为迎合少数人口味而降低民俗文化的独特内涵与品位、不得以创新为借口而丧失民俗文化的自然本真及地域特色,否则将会严重危及民俗文化的可持续发展。

4 在保护的前提下,科学、合理、适度地开发

对民俗文化资源进行科学、合理、适度地开发,从某种意义上来说,是对民俗文化资

源的最有效保护。保护和抢救民俗文化的根本出路还在于推上市场，既能有效防止民俗文化资源的浪费、闲置，又能形成新兴的民俗文化产业，成为文化事业发展的新的增长点。当前文化消费潜力巨大，民俗文化消费也日益成为热点。就目前国内其他地区的情况来看，民俗文化旅游方兴未艾，一些地区还取得了不错的经济效益和社会效益，例如著名导演张艺谋将民间流传的刘三姐故事与桂林山水巧妙融合衔接，打造出"印象·刘三姐"这一知名文化品牌，就是一次极其成功的开发。

淮北地区现有的旅游资源本来不多，旅游业发展一直相对缓慢，将民俗文化转化为旅游资源仍不失为一把金钥匙。在淮北地区大兴民俗文化旅游既可宣传本地区丰富的民俗文化资源，又可为民俗文化保护与发展筹措可观的资金，有利于民俗文化的可持续发展，还可带动周边餐饮业、酒店业等相关产业的发展。当前淮北地区对民俗文化资源的开发利用尚处于起步阶段，开发利用潜力巨大，各地显然大有文章可做。

淮北地区要严格按照国家制定的"保护为主、抢救第一、合理利用、传承发展"的工作方针，在开发本地区民俗文化资源之前，各地政府应加强宏观指导、统筹规划，有关部门必须事先相互协作、加强调研、深入分析、科学论证。开发不能以牺牲民俗文化为代价，既要借鉴省内乃至国内其他地区在开发民俗文化资源方面积累的有效经验，又要避免由于过度或不当开发带来的惨痛教训；要充分挖掘民俗文化内蕴，提升民俗文化旅游内涵和品位，避免内容单一肤浅、模式陈旧老套的开发；对各种资源的开发利用应本着循序渐进的原则，切忌一拥而上仓促开发；不要将目光总停留在花鼓灯、泗州戏等几种民俗艺术上，在重视大项目开发、做大做强时不应忽视小项目，要以大项目带动小项目逐步和谐发展；在开发时要尽可能与本地区山水名胜、人文古迹相结合；最为重要的是，要理清保护与开发的关系，将有效保护与合理开发利用有机结合，防止过度开发而给民俗文化资源特别是原生态环境造成破坏，各地政府在这方面要切实担当监管职责。

此外，要注重从民俗文化资源中挖掘诸如饮食、工艺品等物质产品，比如雪园小吃作为珠城（蚌埠）老字号，已入选市级首批非物质文化遗产，但一直是店面经营，主打汤圆、馄饨等早点，可以尝试开发新品种及改变营销方式，既开拓市场，又扩大其文化影响。

5 淮北地区应加强交流合作，共谋民俗文化的保护与发展

由于地缘因素，某些民俗文化在淮北地区各地广为流传，比如花鼓灯、花蝴等民俗舞蹈盛行于蚌埠、阜阳颍上及淮南凤台等地，泗州戏盛行于蚌埠、宿州两地，淮北梆子戏盛行于宿州、阜阳等地，花鼓戏盛行于淮北、宿州等地。近年来随着淮北地区经济联系日益紧密，文化交流合作也逐渐增多，但就民俗文化保护与发展这一议题进行交流合作的情况偏少。各地在保护与开发利用民俗文化资源时多"各自为政"，经常"单打独斗"，竞争居多而合作较少，比如蚌埠市定期举办"中国花鼓灯艺术节"，阜阳市每两年举办一次"民间艺术周暨花鼓灯艺术节"，淮南市也定期举办"花鼓灯艺术节"，大有你争我斗之势。

民俗文化资源的保护和抢救需要合作，开发利用同样需要协作。各地不可能"独善其身"，而应打破地域限制和行政壁垒，就民俗文化大保护与发展通力协作，共商保护与发展大计，分享保护与开发利用过程中的成功经验，避免走弯路。有关市、县应就花鼓灯、花蝴、泗州戏、淮北梆子戏、花鼓戏等民俗的保护与发展加强交流切磋。同时在宣传

民俗文化时，应通力合作，例如蚌埠、阜阳、淮南三市可联合轮流举办“中国花鼓灯艺术节”，既避免资源内耗及重复投资、使有限的资金发挥最大效益，又能较大程度提升花鼓灯艺术的社会影响；各方可以联合轮流举办学术研讨会，就民俗文化保护与发展中深层次的问题积极研讨，为政府制定相关决策提供参考依据。此外，地区间还可以强强联合，将本地区不同类型民俗文化资源加以整合，推出本地区民俗文化精品系列，通过招商引资加以整体开发，打造类似“淮北地区民俗文化二日游”这样的旅游模式。

先辈给淮北地区留下一笔宝贵的民俗文化财富，但如何保护与开发利用却是一项繁重而复杂的工程，需要集聚各方的智慧与力量。相信在各地政府的主导之下，全社会成员共同参与民俗文化的保护与发展工作，本地区一定会迎来民俗文化大发展大繁荣的局面，进而真正实现民俗文化的可持续发展。

淮河文化研究现状述评
——以淮河流域地域文学为中心①

李艳洁②

摘 要:近年来众多学者对淮河文化的探讨都取得了一定的成绩,涌现出大批围绕淮河文化为主题的研究性学术论文,主要涉及经济开发、自然灾害文化和历史地理方面。但淮河流域地域文学研究还是比较薄弱的环节,有待于继续加强研究。

关键词:淮河流域;文化研究;地域文学;现状述评

以往的中国文学研究,大多只注重以历史为线索进行编年排序,阐述文学的时代性和民族性,而不注重以空间为区域进行分布组合,考察文学的地域性。这种只注重其时间关系(时代性),而忽略其空间关系(地域性)的传统研究思维和方法,往往是一维的、单向的。因而地域文学研究已日渐受到人们重视,对文学的地域性研究也缓慢地发展起来。

自从1905年刘师培发表《南北学派不同论》、1906年王国维发表《屈子文学之精神》之后,直到20世纪90年代,除了极少数专家外,80多年间,似乎很少有人就文化或文学的地域性问题做过专题研究。袁行霈主编的《中国文学史》"总绪论"在谈到"中国文学发展的不平衡"问题时,提到了"地域的不平衡"这一现象。该书指出,所谓地域的不平衡包含两方面的意思:一是在不同的朝代,各地文学的发展有盛衰的变化,呈现出此盛彼衰、此衰彼盛的状况;二是不同的地域有不同的文体孕育生长,从而使一些文体带有不同的地方特色,至少在形成后相当长的一段时间内都是如此。90年代以来,一些博士论文就地域文学作家群的问题进行了研究,如陈建华博士的《中国江浙地区十四至十七世纪社会意识与文学》,徐永明博士的《元代至明初婺州作家群研究》,韩结根博士的《明代徽州文学研究》等,并且出现了一大批相关学术论文。这些研究成果大多是从以下两种途径入手研究的:

一是以文学史中的个案研究入手,探讨某一地域作家群在某一时间阶段之内的形成或某一作家在该作家群体中的地位和作用,如杨国学《陆游、辛弃疾在宋代武夷作家群的

---

① 基金项目:安徽省高校省级优秀青年人才基金项目(项目批号:2009SQRS102);蚌埠学院淮河文化研究中心科研项目(项目批号:BBXYHHWH2010C03)。

② 作者简介:李艳洁(1979—),女,吉林敦化人,安徽省蚌埠学院文学与教育系讲师,文学硕士,主要从事中国古代文学与地域文学研究。

地位与影响》认为陆游和辛弃疾都留下了若干首与武夷山相关的优秀作品，两位著名作家的加盟，壮大了武夷作家群的阵营，提高了武夷作家群的知名度，加重了武夷文学的分量，扩大了武夷作家群的影响。周明初《明清时期江南地区文学流派综论》认为明末清初开始产生的自觉型地域性文学流派集中于以环太湖流域为核心的江南地区，并具有以诗文结社为依托、以当地望族为支撑、以一种文学样式为主并诸体兼善、绵延的时间较长等特点。

即便是在作家群的研究中涉及地域文化，大多也只是涉及地域文化对文学产生的独具特色的影响，乃至形成了具有地域特色的文学风格，如韩大强《大唐之音和而不同——论唐代河南作家群体的文学特征及文学精神》认为河南文学与其他地域文学相比既有明显的共性特征，也有着显著的个性差异。唐代河南作家群体的文学活动呈现出主流意识强、地域色彩弱、敢于革新、样式多元化的特征，并且形成了具有儒家思想内蕴的爱国主义、忧患意识和追求审美的文学精神。陈未鹏《〈花间集〉与地域文化》从风格、常用物象、抒情范式、词调等方面分析了南方地域文化对以《花间集》为代表的晚唐五代词的显著影响，认为这是晚唐五代以来中国经济、文化中心逐渐南移的结果。赵维江《北方地域文化与辽金元文学》认为辽金元地域文化为北方游牧、半游牧民族的草原文化与中原传统的农耕文化的交汇与融合的产物，在这样的文化背景下的三朝文学，所体现的社会审美意识、文学观念及其创作的内容、形式和风格等方面也相应出现了一系列新的变化。徐永明《元末明初南方两个文学群体成员的交往及其差异》指出婺州作家群和吴中作家群是元末南方两个重要的区域文学群体，他们的思想和创作决定了明初以来文学走向的必然性，并且考察了这两个作家群的异同，分析了产生异同的各种原因，探究了文人与政治的关系问题等。

二是将文学外延扩展，将与文学相关的其他一些艺术门类同地域文化相联系进行研究。由于外延的扩展与视角的转换，这一方面研究也取得了可喜的成果。如梁珊珊《明代山东沂沭河流域科举人才的地理分布、特点、成因及其影响》认为明代沂沭河流域人才分布呈现出整体相对落后、区域差距明显等特点，造成这种分布格局的原因主要与自然地理环境、人文地理环境和人才地理系统行为有关系。蓝勇《中国古代美女的地域认同文化研究》指出中国历史上对美女的地域认同呈现出一个从北向南的空间发展过程，具体表现为南宋以前认同黄河流域为美女群体核心区向南宋以后认同长江流域美女群体核心区的转变过程；对美女的认同受区位条件、人类体质、生态环境、经济文化水平、移民背景的影响。张燕来《北京地名与地域文化》认为北京地名与北京早期的民族接触、移民历史、思想观念、世俗文化等方面密切相关。王洪瑞《清代河南书院的地域分布特征》通过对明清时期河南书院数目、分布密度等要素的比较研究，基本划定各府州书院发展水平的差异。胡安莲《河南女娲神话的演变及其意义》考察了女娲神话主要产生在河南省的北部、山西省南部、陕西省西部一带，随后沿黄河向东传播，与自东向西的伏羲神话在河南的东部地区交汇、融合，从而丰富、发展、变异，并产生新的神话与传说等。

值得注意的是，考古发现已经充分证明，古代人类总是喜欢选择沿河流域作为他们的主要活动区域，河流是衍生文明的重要区域之一。学者梅新林根据近几十年来的考古学发展，在《中国古代文学地理形态与演变》一文中阐述了水流域与古代文学的关系：一是流域为中国文学版图的形成与演变奠定了基本轴线，流域轴线的移动促使和推动中国文学地域空间的移动；二是舟行河流为文人群体的聚合以及作品的区域传播提供了天然信道；三是流水作为文化生命之源泉，激发了作家的创作灵感。水流域与文学审美、文学风格和文学群体性格及流向之间存在着密不可分的内在联系。

中国地理学上南北之分常以秦岭——淮河一线为界。淮河作为我国南北文化融合的交叉地带，其所独具的地域文化必将是中国整体文化中至关重要的一部分。一些研究者已经注意到作为地域文化中重要组成部分的淮河流域文化的重要性，并进一步大力挖掘研究，有可能成为一个地域文化研究的新视点。关于淮河文化的探讨和研究，近年来出现了一些相关方面的专著，如陈广忠的《两淮文化》和《淮河传》，前者从地域角度探讨了淮河流域文化概况，后者按年代顺序，综合历史、地理、文化、民俗等学科知识，展现了淮河流域的历史文化。李修松主编的《淮河流域历史文化研究》以确凿的史料详细地论述了淮河流域的史前文化、古国族、淮夷、道家文化、历史人物、淮系集团等。池子华在《中国流民史》中具体探讨了近代淮北流民现象。李景江等主编的《淮河文化概观》从宏观上论述了淮河流域历史文化的变迁。

除此以外，近年来还涌现出大批围绕着淮河文化为主题的研究性学术论文。总体看来。往往多注重于以下几个方面的研究：

第一，从学理方面探讨淮河文化的概念、范畴及其成因等宏观意义上的理论性问题，以期为淮河文化研究提供可借鉴性的理论依据和框架支撑，如陈立柱、洪永平《浅谈"淮河文化"概念》借助地方(区)历史文化资源促进当地社会发展的强烈意识让"淮河文化"概念破土而出，并就如何去说一种文化概念的成立是合适的和"淮河文化"概念可以成立的依据两方面问题探讨了"淮河文化"概念的提出对淮河流域的社会发展是一件有价值有意义的事情。李良玉《淮河文化的内涵及其技术层面的研究》认为从文明史或大历史的角度研究，对淮河文化做出定义是非常必要的，但需注意淮河文化的内涵随着时空的变化呈现出不同的特征。高时阔《分野与交融——安徽淮河地缘文化解读》认为南方文化与北方文化在安徽沿淮一带交融汇合，形成了独具特色的安徽淮河地缘文化，南方文化的轻灵阴柔与北方文化的雄浑阳刚在此有机地融为一体，体现出依恋故土、兼容并包和农本思想等基本人文精神。

第二，以历史性的考证研究淮河流域的历史变迁，包括各历史时期淮河流域经济、环境、灾害、人口、城镇、考古等诸多方面的考证，如吴海涛《简述宋元时期淮河流域商贸的变化》考察了宋元时期淮河流域经济社会的盛衰轨迹。张文华《淮河流域汉唐时期农业灾害发展的基本特征》通过对淮河流域汉唐时期农业灾害史料的搜集、整理与分析，概括出在不同阶段表现出周期性波动，灾害构成差异，灾害集中性、连续性发生等特点。郭琳《北宋时期淮河流域的城镇类型》认为北宋时期城镇的数量不仅远远超过了前代，而且其类型及职能、发展形态也日益多样化，并且分析北宋时期淮河流域的城镇的六种类型及其形成原因，指出这既是经济重心南移的征兆，也是南方经济繁荣的一个重要表现。方成军《淮河流域汉代墓葬形制研究》考证了淮河流城汉代墓葬广泛地分布于苏北、鲁南、豫东南、皖北地区，尤以江苏徐州、山东临沂等地分布最为密集，并且形制复杂多样。周怀宇《论隋唐统一对淮河流域手工业的促进》从区域经济史的角度，具体考察了隋唐时期淮河流域各种手工业生产的特点和发展情况,简要阐明了各种手工业生产的经济地位和发展的内在规律,着重论述了淮河流域手工业生产发展与社会统一之间的辩证关系等。

第三,以综述的形式总结近年来淮河文化的研究和发展状况,其中尤以安徽省社科联每两年举办一次的"安徽省淮河文化研讨会"为中心展开。如张金铣、周致元《第四届淮河文化研讨会综述》、马鸿雁《第三届淮河文化研讨会综述》对由安徽省社会科学界联合会主办的淮河文化研讨会进行综合性论述,主要就淮河文化的概念内涵、历史、地理、语言、文学、经济文化等学术问题展开了讨论。徐大立《涂山·淮河流域历史文明研讨会暨中国先秦史学会第七届年会学术综述》、陈立柱《"涂山·淮河流域历史文明研讨会"综述》对中国先秦史学会、安徽大学、安徽省社会科学院、安徽省文化厅、水利部淮河水利委员会和蚌埠市人民政府主办,安徽省水利科学研究院协办的"涂山?淮河流域历史文明研讨会暨中国先秦史学会第七届年会"进行综述,对涂山地望、大禹治水、涂山氏族与夏文化关系、徐淮夷以及淮河流域历史文化研究的相关课题的研究状况进行深入探讨。

第四,从地域差异的角度、用比较研究的方法探讨淮河文化与其他地域文化之间的差异与关联,尤其集中在安徽省皖南、皖北的三大文化——淮河文化、皖江文化、徽州文化之间的比较。在这一方面,近年来研究性的论文颇多,成果也颇为显著。如沈葵、洪永平《皖江文化的学术定位与发展契机——兼论淮河文化与徽州文化》认为安徽皖江地区内的文化呈各地域、多类型分布,未有内涵与价值上的统一性,属正在崛起的文化圈;淮河文化是农业社会鼎盛时期的历史文化,在当下社会无可传承;徽州文化则由于自身价值来源要素的超时代性,完全可能在经历外来冲击后,重新崛起。朱洪《皖江文化的特点——与淮河文化、徽州文化比较》认为与徽州文化特点(山文化、明清文化、崇理重信等)、淮河文化特点(平原文化、中古文化、尚武重义等)相比,狭义上的皖江文化(安庆文化)具有水文化、近现代文化、兴学重智等特点。安徽这三大区域文化具有内在矛盾,同时相互渗透、相互影响。

第五,从文学、艺术领域入手,对淮河流域周边相关的作家生平及其创作、作品形成及其特色,乃至于与文学密切相关的其他一些艺术现象进行研究。如李清、张莉《淮河流域传统民歌的过渡性与融合性探析》认为淮河流域传统民歌音乐审美特征与其他地区相比,在体裁、调式音阶、节奏节拍等方面存在多重风格并存的融合性与突显的过渡性,在传播中一方面完整完善着自身的曲调结构,一方面又随时空的转换、经过不同地域文化的滋养,不停地发生着由量变到质变的创新而最终融合孕育出众多新的曲体来。张雷《乡土医神:明清时期淮河流域的华佗信仰研究》认为明清时期淮河流域的生存环境和人们对华佗的乡土认同,使得华佗信仰主要集中在淮河流域;华佗信仰也以其自身的功能满足了人们的不同需求。

至于在中国古代文学领域结合淮河地域特征所进行的关注和研究,铜陵学院周秀林的科研究项目《南宋时期淮河两岸文化研究》中,涌现出一系列淮河流域南宋时期的文学研究成果,可以说是近年来淮河流域古代文学研究成果颇丰的系列成果,如《南宋淮水诗歌中的送别诗》以南宋诗歌中涉及淮水的作品为依据,在梳理前代送别诗发展脉络的基础上,分析南宋淮水送别诗直抒离别之情、借送别吐胸中块垒、劝勉激励之词等方面的主要内容,论述其多长篇铺叙少抒情写意等方面的写作特点及其历史地位。《南宋诗歌中的淮水地域风情》赏析了南宋诗歌中关于淮水风光的描写以及所透露出的淮水流域民俗。《南宋“淮水”诗词简论》认为淮水成为南宋诗词创作的中心意象,这些诗词抒发了当时文人士大夫抗金复国、眷恋故国山川的爱国情怀,表现出鲜明的时代特色。《南宋淮水诗词中的悲悯情怀》以南宋时期的淮水为参照物,分析南宋诗词作品中文人悲悯情怀的具体表现,并由此分析这一情绪所产生的时代之因。《南宋时期淮河流域词人的创作》分析了淮河这一意象在南宋诗词中大量出现并成为文人表达爱国情绪的主要媒介物,但淮河流域词人及其创作却极其有限,且作品多为骚雅的咏物之作这一现象。但这些研究也仅局限于淮河文化这一漫长流变过程中南宋那一短暂历史时期的局部面貌。除上述这些为数不多的研究成果以外,从中国文学领域入手对淮河文化所进行的梳理工作和研究探讨,还有待于进一步加强。在各不同历史时期淮河流域都涌现出大量的文学人才,甚至形成一些具有特色鲜明的作家群和文学流派,在中国古代文学史和地域文学的研究中,淮河流域的地域文化研究也必将是不可缺少的重要一环。而现见的专著与学术论文中,对于淮河流域特定历史时期作家群的研究还未多见。

综上所述,从整体上来看,淮河文化研究有其一定的必要性和科学性。近年来淮河文化研究,无论是成果的数量和质量,还是研究的深度和广度,都取得了一定的成绩。研究领域涉及经济开发、航运水利、自然灾害、文化和历史地理等方面,这将尝试文学、社会学、历史学、文化学等多学科的交叉研究,以期提供可借鉴性的尝试性研究。但淮河流域地域文学研究还是比较薄弱的环节,有待于继续加强研究。笔者相信通过研究者们不懈地努力和相关学科之间的合作,有关淮河文化研究方面的成果一定会更加丰硕。

参考文献

[1]梅新林. 中国古代文学地理形态与演变[M]. 上海:复旦大学出版社,2006.
[2]陈广忠. 淮河传[M]. 保定:河北大学出版社,2001.
[3]李景江等. 淮河文化概观[M]. 合肥:安徽文艺出版社,2000.
[4]李修松. 淮河流域历史文化研究[M]. 合肥:黄山书社,2001.
[5]刘德龙. 关于地域文化研究的几个问题[J]. 山东理工大学学报(社科版),2010(1):5-91.
[6]张春平,盛跃明. 流域视角下的中国古代文学研究[J]. 求索,2009(6):175-177.
[7]沈葵,洪永平. 皖江文化的学术定位与发展契机——兼论淮河文化与徽州文化[J]. 安徽师范大学学报:人文社科版,2009(3):337-341.
[8]武卫华,乔力. 论地域文学史学的架构基础与范畴界定[J]. 江苏社会科学,2006(6):157-160.
[9]吴海涛. 近十年来淮河流域历史研究述评[J]. 中国史研究动态,2007(5):24-30.
[10]乔力,武卫华. 论地域文学史学的研究方法[J]. 理论学刊,2006(12):118-120.
[11]曾大兴. 中国历代文学家的地理分布——兼谈文学的地域性[J]. 学术月刊,2003(9):88-94.
[12]朱正业. 近十年来淮河流域经济史研究述评[J]. 社会科学战线,2005(6):

255-259.

[13]陈立柱,洪永平.浅谈“淮河文化”概念[J].学术界,2006(4):183-188.

[14]李良玉.淮河文化的内涵及其技术层面的研究[J].安徽史学,2006(1):32-35.

[15]高时阔.分野与交融——安徽淮河地缘文化解读[J].淮南师范学院学报,2003(6):14-16.

[16]李修松.先秦秦汉时期淮河流域的历史地位[J].安徽大学学报:哲学社会科学版,2003(11):1-7.

[17]陈琳,陈丽丽.淮河文化的成因与特色[J].江苏地方志,2007(1):43-46.

[18]张金铣,周致元.第四届淮河文化研讨会综述[J].安徽史学,2008(2):127-128.

[19]马鸿雁.第三届淮河文化研讨会综述[J].阜阳师范学院学报:社会科学版,2006(3):130-131.

[20]段学会,张世禄.我国文学家地域分布特点及成因初探[J].重庆文理学院学报:社会科学版,2007,(5):96-99.

淮河文化中的思想政治教育资源及当代价值

李万里①

摘　要:淮河文化包含着艰苦奋斗的精神、热爱家乡的情感、深厚的哲学底蕴和高度的政治责任感等思想政治教育资源。这些资源在当下中国具有重要意义,它丰富了中华文化的精神宝库,有利于促进淮河流域经济社会发展和塑造淮河儿女良好的精神风貌。

关键词:淮河文化;思想政治教育;资源;价值

淮河文化作为一种区域文化在中国文化史上一直处于边缘化状态。自20世纪80年代末蚌埠市的学者们提出淮河文化概念以来,有关淮河文化的研究越来越引起人们的关注,并取得了相当丰硕的理论成果。据不完全统计,截至2011年底,收录于中国期刊网上的淮河文化论文有1000多篇,学术专著有20多部[1],由此可见淮河文化资源的丰富。而今,有关淮河文化的研究正在向纵深方向发展。

1　淮河文化的由来与概况

淮河流域与黄河流域一样是中国古文明的发祥地。但由于淮河横贯中国中部,历史上多次南北分裂对峙,绝大多数以淮河流域为界,形成拉锯式战场,加上连绵不断的农民起义,战争频仍,特别是自东汉以来黄河多次夺淮入海,水系和植被均受到严重破坏,使淮河流域地表文物、古代建筑几乎荡然无存。新中国成立后,毛泽东提出"一定要把淮河治理好"。蚌埠就是依托对淮河治理,随新中国一道成长起来的一座现代化城市。为了加快发展,推进"文化强市",蚌埠市的官员和学者们于20世纪80年代末首次提出淮河文化这一概念。所谓淮河文化,就是淮河流域人民在淮河为主体环境因素的自然条件下生存发展过程中所形成的一系列反映他们的生存方式、生活经验、观念、价值与思想的文化遗产。[2] 从地理范围上看,淮河文化地跨河南、安徽、江苏三省,是与齐鲁文化、楚荆文化、吴越文化并立齐名的区域文化。从形成历史看,淮河文化源远流长。河南新郑裴李岗遗址器物距今8 000多年,比黄河流域仰韶文化早1 000多年。在蚌埠怀远,则有禹文化的产生。涡河流域是道家发源地,而道家在先秦哲学史上居"主干地位"(历史学家、北大教授陈鼓应语)[3]。从春秋后至秦汉的诸子百家,很多产于淮河流域。从现实状况看,

① 作者简介:李万里(1971-),男,安徽固镇县人,讲师,硕士,主要从事思想政治教育和统一战线理论研究。

为了适应经济快速发展和人们对精神文化生活日益增长的需求,蚌埠市政府于 2002 年决定兴建一个现代化的文化、商务、休闲广场。广场上布置有荆、涂二山,与“人文之祖”“智慧之光”“华夏柱”“大禹颂歌”等四处极具淮河流域文化特色的雕塑交相辉映,传达着珠城的历史文化内涵。为了把文化资源转化为产业优势,转化为促进文化和社会和谐发展的动力,蚌埠市于 2010 年 5 月 14 日成立了淮河文化研究会。早在 2006 年 12 月 13 日蚌埠某高校就设立了一个专门的院级研究机构——淮河文化研究中心。它整合人文社科部、艺术设计系、文学与教育系、音乐与舞蹈系、经济与管理系等学术研究资源,同时积极与省内外致力于淮河文化研究的单位和专家学者合作,考察淮河流域文化发展的源流,推进多学科、多领域、多层次的淮河文化研究,对于区域经济、社会文化发展具有重要的学术价值和现实意义。

2 淮河文化中的思想政治教育资源

2.1 艰苦奋斗的精神

艰苦奋斗精神是思想政治教育的重要内容。淮河流域流传几千年的大禹治水三过家门而不入的英雄故事为我们进行艰苦奋斗教育提供了生动的素材。所谓艰苦奋斗就是一种不怕艰难困苦,奋发图强,艰苦创业,为国家和人民的利益乐于奉献的英雄顽强的斗争精神。它主要包括三层意思:艰苦奋斗是一种斗争精神,即不怕艰难困苦,英勇顽强去战胜困难;艰苦奋斗是一种创业精神,即在与艰难困苦做斗争中,奋发向上,锐意进取,辛勤创业;艰苦奋斗是一种献身精神,即为国家和人民利益乐于奉献、勇于献身。大禹治水就包含了战天斗地的精神、创业敬业的精神和忘我的献身精神。胡锦涛多次强调,历史和现实都表明:一个没有艰苦奋斗精神做支撑的民族,是难以自立自强的;一个没有艰苦奋斗精神做支撑的国家,是难以发展进步的;一个没有艰苦奋斗精神做支撑的政党,是难以兴旺发达的。在新的历史条件下,大兴艰苦奋斗之风,从根本上来说,是共产党人内在品质的体现,它折射的是一种奋发向上的人生态度,一种愈挫愈勇的革命斗志,一种锐意进取的精神状态,一种强烈的忧患意识,一种神圣的使命感。作为当代衣食无忧的大学生们,更需要发扬艰苦奋斗的精神。

2.2 热爱家乡的情感

教育学生热爱家乡、建设家乡是学校德育的一个主题。美不美,乡中水,亲不亲,故乡人。那么,如何充分开发和升华本土人文资源的育人功能,使德育事半功倍呢?首先要告诉学生淮河流域物华天宝,人杰地灵,有着悠久的历史和深厚的文化底蕴。其次就是组织学生就近游览家乡的自然风光和名胜古迹,亲身体会“家乡风景如画,我走不出这如画的风景”的美。这样学生热爱家乡,热爱自然的情感就会油然而生。俗话说:“走千走万,不如淮河两岸。”淮河是我国重要地理分界线,四季分明,五谷丰登,一直流传着《谁不说俺家乡好》的歌谣。《晏子春秋》说:“橘生淮南即为橘,生于淮北则为枳。”淮河以南属亚热带,淮河以北属暖温带,所以,我国历史上以淮河为界形成了“南稻北麦”的粮食种植大格局,也因此形成了“南人吃米,北人吃面”的生活习俗,进而留下“南人驾船,北人骑马”的说法。[4]一方水土养一方人。古往今来,从淮河流域走出许多大思想家、政坛巨匠和文化名人。喝颍河水长大的管子，是我国春秋时期著名的平民政治家和思想家，以其超人的智慧、独到的眼光和卓越的才能，辅佐齐王励精图治，终使齐国“九合诸侯，一匡天下”。出生在涡河岸边的道学家老子，曾骑一头青牛飘然而出函谷关，留下一本五千言的《道德经》，成为中国思想史上的不朽之作，至今仍令中外学者叹为观止。同样在涡水之滨吸足了日月精华的庄子，用哲学家的目光、诗人的语言，来解说道教理论，更是大气磅礴，汪洋恣肆。其浪漫主义的天才想象，成为后世取之不尽、用之不竭的灵感源泉，孕育了一代又一代文学英豪。还有集政治家、军事家和文学家于一身的曹操，以一介平民跻身皇帝之列的朱元璋，这些都是如雷贯耳、名冠古今的淮夷之后。

2.3 厚重的哲学底蕴

淮河流域是一个盛产思想家的地方，自古以来人才辈出。在灿若星河的文化名人中，老庄可谓是独树一帜，自成一家。老子的思想厚重博大，庄子的思想浪漫飘逸，二者结合相得益彰，彪炳史册。他们那道法自然、物与天齐的自然观；四海一家，不分彼此的天下观；崇尚自然、无为而治的政治观；常善救物，故无弃物的生态伦理观；推己及人，他人至上的社会道德观；循环运动、物极必反的辩证观等至今仍闪耀着无比的光芒，在照耀中国的同时也照亮整个世界。特别是老子，既是一位朴素的自然主义者，又是一位辩证法大师。作为最高实体的“道”是老子思考和探究世界的哲学基础。“道”表面上以天道自然为宗，但深究起来，本意仍在人生，即追求一种理想人格。也许是生长在淮河岸边的缘故，淮河的一脉佳水给了老子无尽的灵感，“水”成了老子哲学的主题特征之一。老子将具备天性的“水”与人性的心灵相结合，从哲学的高度指出理想人格的本质就是“上善若水”。老子曰：“水善利万物而不争，处众人之所恶，故几于道。”水具有种种美德，它滋润万物有利于它们生成，而又不和万物相争保持平静，处于低下的地方，所以水性最接近于大“道”。老子以水性比喻人性，认为崇高的圣人就好像水一样，具有水之所有善性。水能以其无所不容、无所不用而泽及万物，甘愿处于卑下的地位，始终如一的永远付出，最高尚的品德就犹如最平凡的流水。老子用他朴实无华的文笔，把最平凡的水写成一首感人至深的人性诗，旨在通过对水性的描写，达到对理想人格的追求。可见，任何文化都是一定时空的产物。没有千里淮河的佳声美水，哪来的道法自然、无为而治思想？又哪来的庄周化蝶、鲲鹏万里？

2.4 高度的政治责任感

政治责任感是人们从政治的高度，对自己本职工作热爱和负责的精神，是人们干好本职工作的前提和动力。古往今来，无数淮河中华儿女、仁人志士为了国家和民族的前途和命运，不惜自身安危，抛头颅，洒热血，把自己的一生献给了国家，这就是一种高度的政治责任感。夏启敢为天下先，建立我国历史上第一奴隶制国家。先秦时期，为了挽救岌岌可危的奴隶制国家，淮河流域的一些思想大家本着国家兴亡，匹夫有责的精神，提出了许多治国安邦的良策。正是有了诸子百家的思想做理论指导，强秦才能灭六国，一统天下，建立我国历史上第一个统一的多民族的中央集权的封建制国家。但秦朝实行暴政日益激起人民的不满，陈胜、吴广大泽乡揭竿而起，带着王侯将相宁有种乎的诘问，第一次提出“等贵贱，均贫富”的口号，开创了历代农民起义之先河。淮河凤阳英雄朱元璋成为我国历史上第一个成功的农民起义家,建立了大明王朝。600 多年后,安徽凤阳小岗村梨园生产队 18 户农民冒着极大的政治风险摁下了 18 个鲜红的手印,将集体经营的土地进行了“大包干”,由此掀开了改革开放的大幕。随后家庭联产承包责任制在全国范围内进行推广,极大地解放了农村生产力,迅速改变了农村贫穷落后的面貌,使全国人民过上幸福安康的生活。所有这一切,都体现了高度的政治责任感。

3 淮河文化中思想政治教育资源的当代价值

3.1 丰富了中华民族文化的精神宝库

文化是照亮人类前进的火炬,精神是提振人类毅力的灵丹。“根之茂者其实遂,膏之沃者其华晔。”一个没有文化的民族,必然为有文化的民族所同化,一个没有精神的国家,必然为有精神的国家所吞并。中国是一个有文化、有精神的国度,在几千年的历史长河中形成了一个巨大的民族文化精神宝库。民族精神是民族文化的灵魂与核心,是文化发展过程中的精微的内在动力,是指导民族文化不断前进的基本思想,是建设富强、民主、文明、和谐的社会主义现代化国家的精神力量。在中国文化的诸种地域形态中,中原文化占据着主导性的位置,它为中华民族精神的形成提供了基本的价值观念和思想源泉。淮河文化作为一种区域文化,地处中原,占尽天时地利人和之优势,汇聚四方文化之精粹,成为区域文化中的一朵奇葩,与其他区域文化共同构成了中华民族文化的百花园。淮河文化中所包含的丰富思想政治教育资源,是中华民族精神宝库的重要组成部分,为历代人民提供了源源不断的精神动力。《易经》曰:“天行健,君子以自强不息”;“地势坤,君子以厚德载物”。没有艰苦奋斗的精神、热爱家乡的情感、深厚的哲学底蕴和高度的政治责任感做支撑,是不足以成就泱泱大国上下五千年文明的。

3.2 有利于促进淮河流域经济社会的发展

经济社会的发展需要一种精神来支撑和维持。精神属于软文化的范畴,与法律、制度的刚性相反,精神的作用遵循一种柔性的原则,通过内心情感的调动、环境氛围的营造和文化活动的感染,激发人民参与经济社会发展的热情和积极性。马克思主义唯物论告诉我们,物质和精神是辩证统一的关系。在一定条件下,物质可以转化精神,精神也可以转化为物质。所以我们在建设社会主义现代化的过程中要坚持“两个文明”一起抓的方针,特别是在经济建设取得一定成就的基础上,更需强调精神文明对物质文明的精神动力和智力支持作用,以确保我国经济社会可持续发展。淮河流域经济社会要实现更好更快的发展,就需要淮河儿女重视精神文明建设,以艰苦奋斗的精神、先进的哲学理念、高度的政治责任感投身到家乡的建设之中去。老子曰:“常善救人,故无弃人;常善救物,故无弃物。”因此,在经济社会发展中,要尽量做到人尽其才,物尽其用。

3.3 有利于塑造淮河儿女良好的精神面貌

精神面貌是指人的意识、思维活动和一般心理状态,是用来形容一个人对待事物或事情的态度。改革开放以来,中国人的精神面貌发生了惊人的变化:务实意识、竞争意识、开放意识、权利意识、公共服务意识、消费意识等成为社会日常生活中的主导意识,人们的精神表现出奋发昂扬、进取拼搏、独立自主、紧张高效的时代风貌。这一系列的变化与党和政府重视精神文明建设、大力构建社会主义核心价值体系是分不开的。淮河文化中所包含的丰富思想政治教育资源,是社会主义核心价值体系的重要组成部分,对塑造淮河儿女优秀的精神面貌具有重大的意义。社会主义核心价值体系是社会主义意识形态的本质体现,是全党全国各族人民团结奋斗的共同思想基础。有了这个思想基础,全国人民就会表现出奋发向上的昂扬斗志。淮河人民在淮河文化的指引下,发扬艰苦奋斗的优良作风,以高度的政治责任感积极响应改革开放的伟大号召,全力以赴的投入家乡的建设当中去,充分体现了淮河儿女传承禹风,与时俱进,众志成城,人人担当的良好精神风貌。

参考文献

[1]朱光耀,杨业丰,邓士成,等.建设淮河文化资源数据库的设想[J].赤峰学院学报:自然科学版,2011(6):33-36.

[2]陈立柱,洪永平.淮河文化概念之界说[J].安徽史学,2008(3):95-100.

[3]邵小妹.论淮河地域文化的特点和发展[J].黄梅戏艺术,2007(2):15-17.

[4]邓士成,朱光耀,杨业丰.在高校普及淮河文化的实践与思考——以蚌埠学院为例[J].重庆科技学院学报:社会科学版,2011(21):151-152,177.

孙悟空形象溯源与淮河文化①

朱家席②

摘　要:学界关于《西游记》中孙悟空形象原型的探究一直存在着诸多分歧,本文以淮河文化研究为视角,对孙悟空形象进行分析后指出,孙悟空原型与淮河流域远古时期的石生人意象、"产翁制"文化遗存以及无支祁形象相互交织,众多研究者提出的"本土说""外来说""哈努曼"说、"无支祁"说和"中印混血"说等可资借鉴。鉴于中国古代传统文化的惯性所致,淮河文化与孙悟空人物形象最终的定型有着密切的联系,是其原型塑造的重要来源之一。

关键词:淮河文化;原型;石生人意象;产翁制;无支祁

关于孙悟空形象的原型,学界历来争讼纷纭,众多研究者提出了"本土说"、"外来说"、"哈努曼"说、"无支祁"说和"中印混血"说,力图解读孙悟空这样一个极富艺术魅力的神话英雄形象。胡适先生比较倾向于"舶来品"说,他在《〈西游记〉考证》中认为:"但我总疑心这个神通广大的猴子不是国货,乃是一件从印度进口的。"甚至认为"也许连无支祁的神话也是受印度影响而仿造的"。其主要证据即在于"《古岳渎经》不是一部可信的古书"。但是,胡适先生并没有完全否定无支祁传说的影响,并提出"或者猴行者的故事确曾从无支祁的神话里得着一点暗示,也未可知"③;再者,在考证中他把目光专注于《太平广记》和《太平寰宇记》这两部宋代类书,而多数学者认为是在宋代随着城市经济的繁荣、瓦舍勾栏的兴起,说话艺术才真正得以发展昌盛,恰恰在这个时候受印度说唱影响较大④。郑振铎先生《西游记的演化》也提到:"孙行者闹天宫的一部分,为《西游记》中最活跃、最动人的热闹节目,但其来历却最不分明,且也最为复杂。孙悟空的本身似便是印度猴中之强的哈努曼的化身。"⑤同时持此说者还有著名学者陈寅恪,其《西游记玄奘弟子故事之演变》也认为《罗摩衍那》中的猴神哈努曼为孙悟空原型之一。这些研究为孙悟空形象原型的考释积累了宝贵材料。然而,在中国古代传统文化中,带有神异色彩的猿

---

① 基金项目:本文系蚌埠学院淮河文化研究中心项目(项目编号:BBXYHH-WH2011B05)阶段成果。

② 作者简介:蚌埠学院文学与教育系

③ 胡适《〈西游记〉考证》,引自胡适《中国章回小说考证》,上海书店 1979 年版,第 337、337 页。

④ [宋]孟元老《东京梦华录》,伊永元笺注,中华书局 2006 年版,第 463、476 页。

⑤ 郑振铎《西游记的演化》,引自《中国文学研究》,人民文学出版社 2000 年版,第 268 页。

猴故事记载一直十分丰富，如先秦吕不韦《吕氏春秋·当赏》、汉赵晔《吴越春秋·白猿》、唐代李复言《续玄怪录·刁朝俊》等典籍中，已有大量关于本土猿猴神异故事的记载，且早在唐人李公佐传奇小说《古岳渎经》中，已经详细叙述了无支祁故事本源。这些对孙悟空形象的形成应当有很多的启示，成为其重要的基础，即使受到了哈努曼的影响，在时间上也相对滞后一些。

笔者以为，仅仅着眼于外国神话如印度神猴哈努曼形象或是唐代的《补江总白猿传》以及裴铏的《传奇·孙恪》等意象原型为线索，却是不够的。一个文学形象的产生、丰满、成熟需要多方面的合力作用，郑振铎先生所谓“但其来历却最不分明，且也最为复杂”，恰好说明了这一点。按照荣格的“集体无意识”及其“原型”理论，真正具有永久艺术魅力的作品是富有象征性的作品，其根源不在于意识，也不在于诗人或作家个体无意识，而在于超个体的集体无意识之中，是千百万年来人类种族心理及不断增添的变化甚微的人类社会共同认识的积淀。孙悟空形象的最终定型，离不开不同地区人们在流传过程中对它的不断增饰，使之最终以一个“综合体”的姿态出现在人们眼前。

按照小说中石猴自报家门的“乡贯”花果山即其“故里”，在“东胜神洲”。虽说中国目前叫作“花果山”的地名所在不少，但从中国地理、海岸线分布的角度分析，小说作者的生活区域及小说描绘的“东胜神洲”场景原型大致靠近东部沿海一带，应该不会有太大的争议。在2 400 多年前的地理著作《禹贡》中，就记载了“导淮自桐柏，东汇于泗、沂，东入于海”。12 世纪以前，淮河独流入海，尾闾畅通，淮河流域生活富足，故有“走千走万不如淮河两岸”之说。但在“黄河泛淮”的长期影响下，终于在清咸丰元年(1851 年)黄河夺淮，致使淮河干流由独流入海改道经长江入海。在《西游记》诞生前后的很长一段历史中，淮河东流入海的便利水道给人们的生活带来了深远的影响，因此，地处淮河流域中下游的广大地区如安徽蚌埠的禹会村、上下洪、荆山、涂山，江苏淮安、盱眙的竣城、大圣禅寺、龟山寺等地，至今仍然有大量的西游故事在流传，留存了许多的遗迹，这些地方作为神猴故事的重要源地之一还是能够得到许多学者首肯的。笔者在此并无意于从历史地理的角度进行考证，但作为可以与文学作品相互印证的历史文化资料，未尝不能从侧面显露出某些信息。因此，孙悟空生活于“东胜神洲傲来国花果山水帘洞”的虚幻世界，应该可以折射出作者的部分生活的现实存在。

1 吴承恩与淮河流域石生人文化

石生人神话作为中国神话的重要母题，不仅普遍存在于一些少数民族和汉族群众的口耳相传，而且在许多典籍文献中也时见记载。石头生人是一种十分古老的观念，其本质体现为石头是具有生殖力的，因而石头是母体的意象连绵不绝，始终在文化传统中占据重要位置。在淮河流域，石头作为先于人类而存在的原物及其神话十分丰富，隐藏着十分丰富而神秘的文化象征密码。据《山海经》载，开辟鸿蒙之际，女娲以石补天成，是各民族的创世神话。因此，石生人神话虽然广泛存在于中华民族的古老文化之中，在大禹文化的发源地淮河流域，石生人神话却是表现得尤为突出。淮河流域许多早期的英雄人物或曰神话人物都有出身于石头的记载，这对小说中孙悟空形象的影响不容忽视，二者有着密切的关系。

《淮南子·修务训》载:“禹产于石(纽)。”[①]《墨子·墨子后语》载:“禹产于昆石,启生于石(纽)。”[②]而《太平御览》卷五十一·地部十六《隋巢子》也同样记载有:“禹产于昆石,启生于石(王昭之云启生即母化为石)。”[③]而在《淮南子》中则更加详细地记述了石中生人的故事:

启,夏禹之子也。其母涂山氏女也。禹治鸿水,通轩辕山,化为熊。谓涂山氏曰:“欲饷,闻鼓声乃来。”禹跳石,误中鼓。涂山氏往,见禹方作熊,惭而去。至嵩高山下,化为石,方生启。禹曰:“归我子!”石破北方而启生。[④]

众多神话传说中夏族人始祖禹、启均生于石头,与石生人文化有着复杂的渊源关系。联系《西游记》中石猴“一日迸裂,产一石卵”,与“石破北方而启生”的情形何其相似。这既是女娲五色石补天神话的延续,更是对此传说的深化与发展——石头已经走向人世间,承载起繁衍人类的重任,直接进入人类生活。

在《绎史·禹平水土·吴越春秋》注引《遁甲开山图》中有着这样的记载:

古有大禹,女娲十九代孙,寿三百六十岁,入九嶷山,仙飞去。后三千六百岁,尧理天下,洪水既甚,人民垫溺。大禹念之,乃化生于石纽山泉。女狄暮汲水,得石子如珠,爱而吞之,有娠,十四月生子。及长,能知泉源,代父鲧理洪水。尧知其功,如古大禹知水源,乃赐号禹。[⑤]

以史家之眼光,对纯粹的神话进行改造和演绎,使之尽量符合历史的要求,这种做法屡见不鲜。按照张强先生的分析,在人类由蒙昧走向文明以后,上古神话因历史意识的强化成为“活化石”,然而,它创造的文化成果不但留存在种族的记忆中,而且它的话语方式还在新的语境找到了生存空间。具体地讲,当人类的第一个智慧之果——神话凝聚成原型后,它对后世文学艺术的干预,形成了借用神话进行叙述或表达思想的形式[⑥]。大禹古已有之,且为开天辟地的中华创世始祖“女娲十九代孙”;而“尧理天下”时的大禹则是古神话中大禹之“转世”,如同《红楼梦》中宝玉一样为石头所化。沿着这个逻辑推理,大禹为女娲的后裔,禹子启从石中而生,其身上被赋予的神性自然不难理解。这种附会本身意图可能是为帝王披上一层神秘的面纱,却是淮河流域先民石生人文化遗存的反映。在《西游记》中,这种转世的思想也很多,如唐僧本为如来座下的金蝉子转世,猪八戒为天蓬元帅转世等;而孙悟空是从石头中迸裂而生,后又因大闹天空被如来压在五行山下五百年后复出,恰恰也是“从石头中出”,可以视作孙悟空的再生。这种情形与远古传说中石生人的意象不谋而合,证明了孙悟空的由来与石图腾有着内在的不可分割的紧密联系。

在小说《西游记》的开篇,作者就以磅礴的气势渲染了孙悟空的横空出世:

---

① [清]何宁《淮南子集释》,中华书局 1998 年版,第 1326 页。

② [清]孙诒让《墨子闲诂》,中华书局 2001 年版,第 735 页。

③ [宋]李昉等《太平御览》,上海古籍出版社 2008 年版,第 163 页。

④ [东汉]班固《汉书·武帝本纪》,注引《淮南子》,中华书局 1962 年版,第 190 页。

⑤ [清]马骕《绎史·禹平水土》(卷十一),中华书局 2002 年版,第 125 页。

⑥ 张强《从神话到小说——兼论〈西游记〉的神话品质》,《明清小说研究》2003 年第 3 期。

那座山正当顶上,有一块仙石。其石有三丈六尺五寸高,有二丈四尺围圆。……四面更无树木遮阴,左右倒有芝兰相衬。盖自开辟以来,每受天真地秀,日精月华,感之既久,遂有灵通之意。内育仙胞,一日迸裂,产一石卵,似圆球样大。因见风,化作一个石猴。

在原始神话思维中,石头是神秘生殖力的象征和实体化,可以诞化生命。在原始人类的观念中,这些由石而生的人物都具有一些异于常人之处,有着不同于凡人的品质和能力。在淮河流域广泛流传着大禹、启出生与石头相联系的传说。作者独出心裁地构思了孕育孙悟空(石猴)的母体——仙石,它产于花果山,是绝对自由的大自然;而孕育了孙悟空的石头也是未和任何动物或人发生血缘关系的自然物,纯粹的"乃天地精华所生"。因此,在孙悟空诞生于天地间之处,被赋予非凡的品质,与远古传说中石生人的意象无缝对接,那么他的自然属性里天生具备了神异的色彩。接下来发生的龙宫借宝、学道闹地府、大闹天宫中,孙悟空具备非凡本领也就不足为奇了。

生活于淮河流域的吴承恩自幼喜欢读野言稗史,对于古代神话和当地的民间传说十分熟悉。在《禹鼎志序》里他自称:

余幼年即好奇闻。在童子社学时,每偷市野言稗史,惧为父师诃夺,私求隐处读之。比长,好益甚,闻益奇。迨于既壮,旁求曲致,几贮满胸中矣。①

同时,科场的失意,生活的困顿,加深了他对封建科举制度、黑暗社会现实的认识。青年时期儒家传统思想的内化和成年后落拓不遇的人生经历,使得吴承恩更加渴望实现修、齐、治、平的理想,呼唤一个英雄辈出、人尽其才的时代到来。《二郎搜山图歌》表达的正是壮志未酬的郁闷、对斩妖除魔实现社会升平的英雄的热切期望。吴承恩特别喜欢搜奇猎怪,爱看神仙鬼怪、狐妖猴精之类的书籍,《百怪录》《酉阳杂俎》之类的小说野史中呈现出来的五光十色的神的创作和人物形象塑造,对他有着重要影响。

由此推理,生活于淮河流域的吴承恩完全有着充足的理由成为《西游记》作者的重要备选人物之一:他对于淮河流域远古神话的熟知和酷爱,从某种意义上说,契合了他作为《西游记》作者的说法,也为孙悟空形象刻画的最终完成提供了很大帮助。石头本身具有坚硬、顽强的自然属性,可以说,孙悟空身上寄寓着作者的某些理想和信念,"虽然吾书名为志怪,盖不专明鬼,实记人间变异,亦微有鉴戒寓焉"。既然"野夫有怀多感激,抚事临风三叹息,胸中磨损斩邪刀,欲起平之恨无力",那么,吴承恩把这种愿望寄托在小说中人物形象上,也未尝不可:"救月有矢救日弓,世间岂谓无英雄?"②当然,这种推理如果按照历史考证的方法以真人真事去对号入座,或许只是一种无稽之谈。若是沿着作者生活的环境、艺术虚构的蛛丝马迹、艺术形象来源于生活的原型推理,虽难免不够切实和具体,未尝不可为仅备一说,并以此求教于方家。

如上所言,孙悟空是女娲炼石补天所遗的一块灵石所化的"天地之心",其"石"性特征在小说中得到十足的体现。《西游记》第七回中,孙悟空遭众天兵"刀砍斧剁,枪刺剑

---

① [明]吴承恩《禹鼎志序》,引自蔡铁鹰《西游记资料汇编》,中华书局 2010 年版,第 762 页。

② [明]吴承恩《二郎搜山图歌并序》,引自蔡铁鹰《西游记资料汇编》,中华书局 2010 年版,第 747 页。

刳",毫发无损;更"以雷屑钉打,越发不能伤损一毫",这是石头坚韧、顽强不屈的天性使然。即使在太上老君的八卦炉中,经过七七四十九天文武火的锻炼,也不能让孙悟空有所屈服和改变。在烈火升腾中反而练就了他的火眼金睛和一身的铜筋铁骨,最终他"将身一纵,跃出丹炉,呼喇的一声,蹬倒八卦炉,往外就走"。这个情节恰好暗合了道家以铅石炼丹的理论,道出了内丹修炼的法诀,描绘了心灵境界提升的过程:悟空以石之化身入炉锻炼,正是"倚天为炉",在锻炼中灵性得以升华的体现。后来孙悟空被压五行山下历经五百年不死,一方面固然因其自身具有神性,或许同时也隐含着孙悟空以石之本性,返归自然,与山融为一体而毫发无损①。在小说中,孙悟空与山石意象联系在一起进行描写比比皆是。人类幻想禹和启是石头所生,赋予这对父子以神奇色彩。我们有理由相信,作者在此是把孙悟空想象为灵石所诞,从而赋予他神异色彩、金刚不坏之身及顽强的生命力量、富于变化的生命形式,以成就其顽强的斗争精神形象,这与远古时期淮河流域人们的灵石崇拜、石生人信仰是高度一致的②。

2 产翁制遗存的影响

原始氏族社会中,生育是头等大事,人类自身的繁衍成为社会生存和发展的主要因素。恩格斯指出:"一定历史时代和一定地区内的人们生活于其下的社会制度,受着两种生产的制约,一方面受劳动的发展阶段的制约,另一方面受家庭的发展阶段的制约。劳动愈不发展,劳动产品的数量、社会财富愈受限制,社会制度就愈在较大程度上受血族关系的支配。"③生儿育女是妇女的一种特殊功能,但"男人生孩子、坐月子"民俗现象在不同的人类社会发展阶段也时有发生。人类学、民族学学者把这种奇特的习俗称之为"产翁制",即男子在其妻子生产期间,模拟妻子"分娩";或在妻子分娩以后,假装成产妇代替妻子"坐月子",称之为"产翁"。"产翁制"作为一种原始遗俗,在人类历史上并不是一种个别或偶然的现象,它曾在许多民族中普遍而长期地存在过。我国的壮族、傣族、仡佬族、藏族等都曾保留着这种古老的习俗,不少中外典籍对我国南方及西南少数民族曾经盛行的"产翁制"也都做了较为详尽的记载,如明代《百夷传》、清代《顺宁府志》乃至意大利人马可·波罗的著名游记都记载了盛行于傣族地区的"产翁制"。《太平广记》引尉迟枢《南楚新闻》说:

南方有獠,妇生子便起。其夫卧床褥,饮食皆如乳妇,稍不卫护,其孕妇疾皆生焉。其妻亦无所苦,炊爨樵苏自若。又云:越俗,其妻或诞子,经三日,便澡身于溪河,返,具糜以饷婿。婿拥衾抱雏,坐于寝榻,称为产翁。④

文中"獠"是旧时统治阶级对少数民族的蔑称,指分布在今贵州、广西地区的仡佬族的先人。这是男人产子的"产翁制"故事的详细记述,但是,从时间上看,关于产翁制记载

---

① 洪婧《〈西游记〉原型意象浅析》,《阜阳师范学院学报》2006 年第 5 期。

② 李珊珊《〈西游记〉中的神话原型解读》,《山东教育学院学报》2006 年第 5 期。

③ 恩格斯《家庭、私有制和国家的起源》,引自《马克思恩格斯选集》,人民出版社 1972 年版,第 23 页。

④ [宋]李昉《太平广记》(卷四八三),中华书局 1961 年版,第 3981 页。

最早的当为淮河流域的“伯鲧腹禹”神话传说。据《山海经》记载：

洪水滔天，鲧窃帝息壤以堙洪水，不待帝命。帝令祝融杀鲧于羽郊。鲧复生禹，帝乃命禹卒布土，以定九州。①

郭璞注引《启筮》云：“鲧死三岁不腐，剖之以吴刀，化为黄龙。”而龙作为夏民族图腾几乎已经成为不争之事实，“禹”从“虫”，“虫”与“鱼”“蛇”皆与龙相关而成为龙的意象之一，所以，“化为黄龙”即是“鲧复生禹”之意。相似的记载还可见于以下文献：

屈原《天问》：永遏在羽山，夫何三年不施？伯禹腹鲧，夫何以变化？（按：闻一多先生认为此处“伯禹腹鲧”应为“伯鲧腹禹”之倒，见《闻一多全集》第五册，湖北人民出版社，1974 年版）。②

以现代科学的角度分析，鲧是禹的父亲，是正宗的男儿身，体内并没有子宫，怎么能够生出禹来呢？如果用“产翁”习俗来解释，则不难推知鲧是在做“产翁”，因而生禹，“鲧复（即“腹”，下同）生禹”实际上反映了淮河流域古代氏族社会由母系制向父系制过渡中的一种习俗。

既然原始氏族社会中头等的大事是生育，生育权就会上升为氏族社会中诸多问题的核心，并成为决定性要素。所以，男子要向女子争夺生育权，就要证明自己养育孩子的能力。于是，他们在女人生完孩子之后，就把她们赶出产房，自己模仿女人的形象、特征做起了“产翁”。在《山海经》的“丈夫国”里，有男人不用娶妻而生子的记载，可资印证。

在《西游记》中，孙悟空从石头中破空出世，很容易让我们联想到“鲧复生禹”“石破北方而启生”的传说。孙悟空并非父母所生，是从“石头缝里迸出来的”，所以在成长过程中就不像正常人那样，自小接受诸多规范教育，身上背着养育之恩、教导之劳、光宗耀祖之希冀和责任。因而，孙悟空个性中的“赤条条来去无牵挂”，可谓达到了绝对的本真和自然。作者在孙悟空的出身上做这样处理，对于渲染他的战斗精神、无牵无挂的独立精神自然有很多方便之处，最终也就是要赋予孙悟空独立的人格意识，摆脱世俗社会的规范对他的约束，所以才会有后来取经过程的“求放心”。其次，在孙悟空出身的处理上似乎还隐有作者另外一层含义。根据江林昌先生的研究，“鲧复生禹”“石破北方而启生”之类的记载反映出维护母系制“感生图腾”习俗与争夺父系权的“产翁制”习俗之间的剧烈冲突，鲧反对的是实行母权制、“以天下让舜”，而旗帜鲜明地要求实行父权制，因而成为“方命圮族”的“四凶”之一，最终被诛死于羽山。鲧虽然失败了，但他虽败犹荣，以“复生”的方式延续了斗争的火种——禹的诞生。“石破北方而启生”则是向母权制公开提出了斗争的要求：“归我子！”③《屈原·天问》中的质问“何勤子屠母，而死分竟地”，即隐含着启积极配合其祖、父而争夺父系世系权的斗争结果④。孙悟空破石而出，正是其斗争精神的延续。他飘洋过海，求仙访道，长生不死，已达到了最高的本真、自然，宇宙同一，物我混同，世间本无高低贵贱之分，龙王、阎王、玉帝也就可以与之平起平坐了。“皇帝轮流

① 袁珂《山海经校注》，巴蜀书社 1993 年版，第 536 页。

② 姜亮夫《屈原赋今译》，云南人民出版社 1999 年版，第 129、223-234 页。

③ 姜亮夫《屈原赋今译》，云南人民出版社 1999 年版，第 129、223-234 页。

④ 游国恩《天问纂义》，中华书局 1982 年版，第 201、202、205 页。

做,明年到我家。”这是他不畏权势、艰难,顽强斗争的精神源泉,因而最终被封为“斗战胜佛”。

3 淮涡水怪无支祁传说的映射

神猴(猿)形象及其衍生的神猴文化在世界各国都有存留,在中国则更为丰富。较著名者如福建泉州大圣信仰①、西藏山南地区关于神猴与罗刹女结合而诞生藏民的传说、台湾原住民关于猴子的民间故事②、泗州大圣传说以及淮河流域的无支祁传说等。这些民间传说、故事中的神猴与《西游记》中的孙悟空都或多或少有着某种联系,其中,以无支祁传说最为引人注目,鲁迅先生甚至就认为“明吴承恩演《西游记》,又移其神迅奋变之状于孙悟空”。③

唐人李公佐传奇《古岳渎经》记载着一个极富传奇色彩的故事:

永泰中,李汤任楚州刺史,有渔人,夜钓于龟山之下。其钓因物所制,不复出。……锁之末见一兽,状有如猿,白首长鬣,雪牙金爪,闯然上岸,高五丈许。蹲踞之状若猿猴。但两目不能开,兀若昏昧。目鼻水流如泉,涎沫腥秽,人不可近。久,乃引颈伸欠,双目忽开,光彩若电。顾视人焉,欲发狂怒。观者奔走。兽亦徐徐引锁曳牛,入水去,竟不复出。④

其后,李公佐又杜撰了其“访古东吴,泛洞庭,登包山,入灵洞,探仙书,得《古岳渎经》第八卷,乃得其故”:

禹理水,三至桐柏山,惊风走雷……乃获淮涡水神,名无支祁。善应对言语,辨江淮之浅深,原隰之远近。形若猿猴,缩鼻高额,青躯白首,金目雪牙,颈伸百尺,力逾九象,搏击腾踔疾奔,轻利倏忽,闻视不可久。……颈锁大索,鼻穿金铃,徒淮阴龟山之足下,俾淮水永安流注海也。⑤

可见,无支祁原是个在淮河、涡河一带兴风作浪的精怪,他阻挠了大禹的治水工作,后来被大禹借助天神的力量制服,永镇于淮阴龟山之下。从这则传奇的文字描写中我们可以看到,无支祁外貌特征为“形若猿猴,缩鼻高额”,“蹲踞之状若猿猴”,形象与《西游记》中孙悟空先期的神态特征何其相似;其“力逾九象,搏击腾踔疾奔,轻利倏忽”,就是孙悟空的一个化身!可以说,无支祁即是孙悟空形象的雏形,至少对后者产生了重要的影响。在元人吴昌龄《西游记》杂剧中,甚至明确了孙悟空与无支祁的“血缘关系”:“小圣兄弟姊妹五人:大妹骊山老母,二妹无枝(支)祁圣母,大兄齐天大圣……”⑥据此,胡适先

① 胡小伟《走进宝山——福建顺昌县宝山大圣文化丛书》,海峡出版社 2008 年版;王枝忠,苗健青,王益民《顺昌大圣信仰与〈西游记〉》,《福州大学学报》2006 年第 3 期。

② [俄]李福清《神话与鬼话——台湾原住民神话故事比较研究》,社会科学文献出版社 2001 年版,第 291-293 页。

③ 鲁迅《中国小说史略》,人民文学出版社 1973 年版,第 69 页。

④ [唐]李公佐《古岳渎经》,引自鲁迅《唐宋传奇集》,齐鲁书社 1997 年版,第 49、50 页。

⑤ [唐]李公佐《古岳渎经》,引自鲁迅《唐宋传奇集》,齐鲁书社 1997 年版,第 49、50 页。

⑥ [元]吴昌龄《西游记》,引自王季思《全元戏曲》(第三卷),人民文学出版社 1999 年版,第 438 页。

生考证得出:“可见,宋代民间又有僧伽降无支祁的传说。僧伽为唐代名僧,死于中宗景龙四年(710年)。他住泗州最久,淮、泗一带产生许多关于他的神话,降无支祁大概也是淮、泗流域的僧伽神话之一,到南宋时还流传民间。”而“无支祁被禹锁在龟山足下,后来出来作怪,又有被僧伽(观音菩萨化身)降服的传说,这一层和《取经诗话》的猴王,和《西游记》的猴王,都有点相像。或者猴行者的故事确曾从无支祁的神话里得着一点暗示,也未可知”①。另外,袁珂先生《中国神话传说词典》中“无支祁”条也明确指出,“元吴昌龄《西游记》杂剧写孙行者有‘无支祁是他姊妹’语,后明吴承恩小说《西游记》叙孙悟空神变奋迅之状,或亦受其影响”②。

非但如此,小说中还特意设置一些有关无支祁的故事情节。《西游记》第六十六回“诸神遭毒手,弥勒缚妖魔”中提到:“功曹笑道:‘大圣宽怀,小神想起一处精兵,请来断然可降。适才大圣至武当,是南赡部洲之地。这枝兵也在南赡部洲盱眙山蠙城,即今泗洲是也。那里有个大圣国师王菩萨,神通广大。他手下有一个徒弟,唤名小张太子,还有四大神将,昔年曾降伏水母娘娘。你今若去请他,他来施恩相助,准可捉怪救师也。’”此处所言“泗州有个大圣国师王菩萨”,即泗州大圣。他听说孙悟空的来意后,明确表示自己不能前往而以徒儿小张太子代劳,原因就在于“奈时值初夏,正淮水泛涨之时,新收了水猿大圣,那厮遇水即兴,恐我去后,他乘空生顽,无神可治”。不论是“水母娘娘”,还是“水猿大圣”,都可以说是作为无支祁或者说孙悟空的“镜像”关系存在的,这在明清小说中是屡见使用的一种手法。据《宋高僧传》载:泗州大圣为唐代高僧,人称僧伽大师,葱岭北(今吉尔吉斯斯坦北部)何国人,俗姓何,在本土出家。唐朝龙朔二年从西域来游北土,至长安过洛阳入淮泗,居山阳龙兴寺③。《泗州志》载:“淮河水妖巫支祁屡为水患,僧伽大圣驻锡泗州,说法禁,制建灵瑞塔,淮泗乃安。”可见,这时候僧伽大师已被神化,甚至成为观音菩萨的化身。《宋高僧传》中明确指出僧伽是观音菩萨化身,他座下的三个弟子慧岸、慧俨、木叉,在《西游记》中已有此痕迹,慧岸与木叉合二为一成为观音菩萨座下的首席大弟子,在小说中多次出现。作为淮河流域的文人,吴承恩因兴趣爱好所致,完全有可能了解这些历史故事和传说,并将其化用于孙悟空形象的塑造上去。

尽管无支祁的故事仅仅限于传说,还是引起了后世学者们足够的重视:朱熹在《楚辞辩证》中驳斥了僧伽降伏无支祁之说为俚俗妄谈,罗泌在《路史》中有《无支祁辩》一文。其文其事之真假本无关紧要,但这些名人的参与在客观上起到了推波助澜的作用,使得无支祁形象逐渐深入人心,最终成为孙悟空形象原型的重要来源之一。

4 小结

明清时期是中国古代小说空前繁荣的阶段,《西游记》作为其间杰出的浪漫主义作品代表,蕴含着深厚而绵远的民俗文化特征。西游文化在《西游记》正式成书之前的口头流传阶段,并不会仅仅局限于某个特定的区域,其渊源关系可能在流传过程中变得越来越

① 胡适《〈西游记〉考证》,引自胡适《中国章回小说考证》,上海书店1979年版,第337、337页。

② 袁珂《中国神话传说词典》,上海辞书出版社1985年版,第58页。

③ [宋]赞宁《宋高僧传》(卷二十三),中华书局1987年版,第448、449、452页。

复杂,滋生出更多细密的枝蔓。因此,以淮河文化为视角观照这一特征,将会发现任何将西游文化限定于某一具体区域的做法都是欠妥的,充其量只能说故事中某个角色的出现或形象的演变、故事情节的变动、背景地的改变具有某个地区的特色,明显带有某个地区典型的风俗民情特征而已。宁稼雨先生总结说:"……然而争论的双方似乎都忽略了这样一个显而易见的事实,无论是来自中国,还是来自外国,这些主要角色都是由古代神话中的神变化而来。我们为什么不能将视野再扩大一些,把自己与这部小说的距离再拉远一些,从全人类和全世界的角度,来审视和观照这部小说所积淀的人类共有的精神元素呢?这正是原型批评所要求的'向后站'的视角。"①孙悟空形象原型众多,正体现出《西游记》这部作品的流传之广、影响之深,经过"世代累积型"创作,而吸收了中外历代、各地传统文化的精髓,最终成型,展现在人们眼前。吴承恩出生于淮河流域,其曾祖父、祖父都是读书儒士,做过学官,可以说具有深厚家学传统。正是淮河流域的历史文化浸润着吴承恩的创作,为其提供了丰富的创作源泉,并使得孙悟空形象在他手上最终成型,成为中国文学宝库中一颗璀璨的明星。

① 宁稼雨《孙悟空叛逆性格的神话原型与文化解读》,《文艺研究》2008 年第 10 期。

地方清真寺重建的文化思考①

陈　蕾②

摘　要：清真寺是伊斯兰文化最具代表性的建筑表现形式，也是传播伊斯兰文化、与“他者”文化交流的重要文化场域。地方清真寺的重建对于加深本地回族同胞的民族文化认同，整合地区伊斯兰文化资源，构建和谐社会有重要意义。

关键词：清真寺；文化场域；功能；文化身份

1　清真寺建筑的文化场域功能

建筑借助技术支持，以物质的形式表达文化意义。世界名城中总有一些见证了历史变迁，成为城市文化象征的建筑。建筑之所以能够被称为艺术，正是因为这种物质形态承载了一定的文化意义。从原始时代遮风避雨的简陋建筑到现代意义上的形态各异、功能齐备的建筑，在满足人们基本生存功能外，也因人类生活的介入产生新的意义。因而，建筑既是人类物质文明与技术进步的产物，又不能脱离人类的精神活动而存在。黑格尔曾表示，建筑是象征形式的最好代表。在对舒适、温暖、便利的需求中，一定交织着其他渴望象征和精神表达的动力。从埃及的金字塔到印度的泰姬陵，从梵蒂冈的大教堂到北京的故宫，无不体现了这种精神表达的渴慕与张力。清真寺独特的建筑形式即是伊斯兰民族文化的象征，是其信仰与生活方式的表达。美国著名阿拉伯—穆斯林专家希提曾以“伊斯兰同心圆”来比喻散落各地的清真寺奇观，认为“要想举例说明穆斯林与其邻居之间的文化交流，恐怕再没有比清真寺更明白的例证了”[1]。北京联合大学文理学院佟洵教授认为北京地区清真寺是穆斯林进行宗教活动、沐浴洁身、社会服务，接受教育的场所，兼具穆斯林行政管理机构的功能，是发展民族经济的纽带、中外文化的载体与对外交流的桥梁。[2]

“场域”这个概念最早由法国社会学家皮埃尔·布迪厄（Pierre Bourdieu）提出，布迪厄将一个场域定义为“各种位置间存在的客观关系的一个网络或一个构型”[3]。布迪厄的场域概念，不是被一定边界包围的领域，而是建立在个体间的关系是由个体间关系发

① 基金项目：蚌埠学院淮河文化研究项目资助（编号：bbxyhhwh2012B06）。

② 作者简介：陈蕾（1979—），女，汉族，蚌埠学院淮河文化研究中心，硕士，讲师，主要研究方向为区域文化，文化比较。

展成区域空间这一思想之上的。场域理论也为文化研究提供了新的视角,使文化研究更关注于文化持有者社会关系的研究。

穆斯林"围寺而居",历史文化"依寺传播"的传统决定了清真寺具有宗教号召和社会动员的力量,是教民学习与生活,传播与发扬穆斯林文化的核心文化场域。其宗教信仰与社会生活方式都通过清真寺构建与展现。上海大学中东研究所的马丽蓉教授表示,中国清真寺是伊儒文化融合的产物,是"弘扬爱国爱教传统的重要实践平台,也是穆斯林多重身份认同的整合场"[4]。清真寺作为文化场域满足穆斯林民众在精神依托上的需求,并帮助其实现自我文化身份的构建与认同。

2 蚌埠市太平街清真寺重建的文化价值

太平街清真寺位于安徽省蚌埠市太平街,占地面积约2 200平方米,是蚌埠市最早的寺院之一,也是安徽省著名的清真寺。1914年由旅居蚌埠的河南周口籍商人丁治甫倡建,聘请李复初阿訇任教长直到1930年逝世,此后有6位阿訇相继接位。1957年合并到天桥寺,原寺被改作工厂。1987年恢复。蚌埠市第三次全国文物普查中将太平街清真寺定为文物点。历经百年,寺庙已不能适应教众学习和礼拜的需求,房屋多处出现即将坍塌的迹象,在市宗教局及各界人士的关注与支持下修缮重建,自2012年3月动工至11月,清真寺经过拆迁、翻修,以崭新的面貌出现在世人面前。重建后的太平街清真寺保存了建寺的纪念碑座,寺内设有男女礼拜大殿、男女水房、接待室、讲经堂、学习室、办公室、教长室等,并有专门的清真女学。寺外清真特色的商铺林立,白根柱炒货、马老头烧饼、张记枕头馍等清真食品销售火热。可以看出,在新的时代语境下,清真寺正展现出从民间资源向官方民族民俗旅游资源转化的势头。

太平街清真寺拆迁与重建的过程中,充分展现了清真寺文化场域的宗教号召与社会动员功能。动工之初,宗教局的电话就变成了热线,当地的回民及许多普通民众质询,极力表示应该保护这一建筑群落。筹建的20余万元款项中,16万元多是教众自觉募集的。其中,安徽天洋集团、白根柱清真炒货等蚌埠回商的代表企业纷纷慷慨解囊。2012年11月20日,太平街清建寺100周年暨改建竣工仪式举行。蚌埠市政协副主席、市委统战部部长何洪江,全国政协委员、中国伊斯兰教协会副会长、安徽省伊斯兰教协会会长穆可发出席仪式。何洪江在致辞中表示:太平街清真寺多年来秉承"服务社会、造福人群"的宗旨,坚持追求进步、发挥自身优势,为促进蚌埠市民族团结、宗教和睦做出了积极贡献。太平街清真寺的落成为广大穆斯林提供了一个宽敞明亮、设施齐全的活动场所,希望广大穆斯林继续发扬爱国爱教优良传统,积极投身我市经济社会发展事业,促进宗教关系和谐,为维护民族团结、社会和谐发挥积极作用。[5]

事实上,在眼花缭乱的社会生活面前,老一辈人简单虔诚的信仰与守旧的生活方式难以在年轻人心中产生强烈共鸣。王申红在对皖北地区回族女性的遵循"五功"情况调查中发现,中青年女性对宗教教义知之甚少,很少实践宗教功修。[6]寺庙崭新、宏伟的建筑表象下存在着隐忧。回民的宗教信仰和其载体清真寺在新的时代语境里都同时面临着发展的悖论。官方从经济建设,拉动旅游资源的角度对清真寺的关注与利用,让清真寺脱离了原本意义上的信仰空间。从这个意义上说,清真寺的文化场域功能更急需加强。

建构主义认为,当一种观念成为共有观念(即文化)时,不仅能指导行为体的行动,还能建构行为体的身份,从而确定行为体的利益。[7]清真寺文化场域宣扬清真文化精神,倡导"爱国即爱教",传承穆斯林传统生活习俗,对于教民协调多重身份,加深本民族文化认同,成为有民族信仰的爱国的中国人,有无可替代的作用。在对寺庙及周边环境的调研中,笔者发现许多居住在老太平街的回民或已搬离的民众,纷纷前来一睹古寺新颜,争先恐后地购买重新开张的特色清真食品。与寺庙一路之隔的蚌埠市唯一一所民族学校——回民小学,接孩子的家长也对清真寺的重建表示了极大的欣喜与肯定。可见,清真寺在给予穆斯林精神引领、情感依托以及在民族文化传播与交流、和谐社会构建等方面都起到了举足轻重的作用。

除此之外,太平街清真寺翻修中还发现了蚌埠市回民迁徙的重要历史线索。2012 年 4 月 15 日,施工人员发现了两块墓碑和一块石碾。其中一块相对完好的墓碑上写着:清封奉直大夫李公上林之墓,落款日期为中华民国十六年。另一块剩余部分写有:显考、清封奉宪大夫李……太和县。据考证,"奉直大夫"是清朝从五品官员,"奉宪大夫"是古代高丽国堂上官正二品官职,"显考"是指父亲。从发掘现场看,两块墓碑和石碾可能是清真寺建成后修缮时当做石料使用的,墓主人都为太和县人。蚌埠市博物馆馆长辛礼学说,现在生活在蚌埠市的部分李姓回民,就是以前从太和县迁来的。这个新发现,为蚌埠市回民迁徙发展的历史提供了实物资料。[8]

3 余论

回族是蚌埠市少数民族中人数最多,宗教影响最大的民族。回民和伊斯兰教的传入可以追溯到明初,马村、黄庄、舞台街等老街区都曾是回民的聚居地,蚌埠地区的历史名人如怀远的常遇春、花云,定远的胡大海都是回族。蚌埠建市后,回族同胞也为社会建设与发展做出了卓越贡献。然而,由于历史上国民党统治时期实行大汉族主义,不承认少数民族的平等权利,不尊重其信仰,导致民族矛盾凸显。新中国成立后,党和国家推行各民族平等、信仰自由的民族政策,但本地老百姓中对回民"粗鲁、蛮横"的刻板印象仍然存在。借助清真寺文化场域给予穆斯林信仰和团体归属感的同时,也应该发挥其在回汉、伊儒文化交流与融通上的重要作用,消除某些刻板印象,建构和谐的民族与社会关系。

太平街清真寺的翻修是个良好的开端,体现了政府及宗教管理部门对清真文化的重视,也是整合民族民俗文化资源的契机。除太平街清真寺外,市区原存的清真寺中,黄庄清真寺已于 2011 年 11 月拆迁,与相关开发公司签订了重建协议;座落在天桥下花鸟市场内的天桥清真寺历经岁月洗礼尽显斑驳沧桑,但大殿、望月楼仍能看出当初庄严、壮观之貌。这座蚌埠曾经最大的清真寺,目前仍是市伊斯兰教协会所在地。2012 年 9 月 19 日又传来了好消息,蚌埠市辖五河县临北回族乡申报的"民族特色村寨保护和发展项目"得到省民委批准。省民委将连续 3 年,每年给予 100 万元资金扶持项目建设。该项目将建设占地 35 亩的民族文化广场,修建具有伊斯兰风格的清真寺和门楼牌坊,打造民族特色一条街。计划用 3 年时间,把临北回族乡政府所在地和周边 3 个民族村建成具有伊斯兰文化特色的民族乡村,着力发展民族旅游业。[9]这里需要政府和学界关注的是:如何既保持历史意义上伊斯兰文化的纯粹性,又能与现代意义上民族民俗旅游资源的开发利用和谐统一,在新时代语境下真正发挥清真寺文化场域功能,实现其无可取代的文化价值。

参考文献

[1][美]希提著.阿拉伯国家通史(上)[M].马坚,译.北京:商务印书馆,1995:300.

[2]佟洵.北京清真寺的职能与文化特征[J].北京联合大学学报,2003,17(1):51.

[3][法]布迪厄,[美]华康德.实践与反思——反思社会学导引[M].李猛,等译.北京:中央翻译出版社,

[4]马丽蓉."中国经验"与全球清真寺发展路径选择[J].回族研究,2008(2):

[5]资料来源自 蚌埠日报 2012 年 11 月 21 日

[6]王申红,皖北回族女性宗教信仰现状调查,第五届淮河文化研讨会论文选编,第 178-187 页

[7]秦亚青编.文化与国际社会:建构主义国际关系理论研究[M].世界知识出版社,2006:26.

[8]资料来源自 中安在线——新安晚报,2012 年 4 月 16 日

[9]资料来源自 蚌埠日报,2012 年 9 月 19 日

王安忆与淮河文化

袁　媛①

摘　要:王安忆创作了一系列淮河风情小说,这类创作因其迥异于上海的乡土特色而引起人们的兴趣,且因与淮河流域关联紧密,因此传递出鲜明的淮河文化气息。淮河生活触发了王安忆的创作,淮河文化中殷实的世俗伦理、生命哲学丰富了王安忆对日常生活的审美发现,促发她对城乡生活方式的思考,艺术观念进一步成熟。同时,这种文学记忆又切实地提高了这一地域的审美格调,并成为淮河文化的当代构成。她的这段淮河地域生活经历也为我们提供了一个从文本与淮河文化的关系入手来研究王安忆创作的可行的路径,能够更加细致探入她的个性世界,在更深广的背景中还原出她的文化图谱,探寻其文学风格形成的来龙去脉。

关键词:王安忆;淮河文化;审美;日常生活;生命哲学

王安忆曾说过上海是她唯一的材料舞台,她无时无刻不关注着这座城市,用大量的笔墨描绘了上海的城市历史变迁、市井生活的风土人情以及市民生活的点滴细节,展现出一个活色生香的上海,尤其自《长恨歌》后上海成为其小说的主题,这种对上海的偏爱使得她被视为"海派传人"[1]。

但在她的作品中还是能够看到上海以外的描写,那就是王安忆下放的安徽五河及淮河边的城市蚌埠,并且通过一系列的作品,如《蚌埠》《临淮关》《轮渡上》等构建了她曾经想诗意表达的"淮河畔"。

王安忆的这类创作因其迥异于上海的乡土特色而引起人们的新鲜兴趣,且因与淮河这段地域关联紧密,因此传递出鲜明的淮河文化气息,王安忆的创作在一定程度上也充实、丰富着淮河文化的内容。同时,她的这段淮河生活也为我们提供了一个从文本与淮河文化的关系入手来研究王安忆创作的可行的路向,使我们能更加细致探入她的个性世界,也可以在更深广的背景中还原出她的文化图谱,探寻其文学风格形成的来龙去脉。

1　淮河文化特征

地域文化是指在同一地域生活的人们在漫长的历史中,在不间断的物质和精神的生产实践中逐渐形成的具有地域特色的独特的文化传统和文化体系[2]。

---

① 作者简介:袁媛(1979-),女,安徽蚌埠人,讲师,硕士。

淮河文化正是这样的地域文化,指在淮河流域内产生的一种地方文化。这一概念是20世纪80年代由安徽蚌埠提出的,并在1998年8月发起首届淮河文化研讨会,至今已召开六届,第六届刚于2011年11月在蚌埠市召开。正如程必定先生所言,“淮河文化作为一个区域文化的概念提出了并得到广泛认可”[3]。而且,研究者的不断努力使得淮河文化研究内容日渐丰富,范畴已超越安徽区域向整个淮河流域辐射,淮河文化概念也因此扩大。

从广义上说,淮河文化是一种以淮河流域特殊的自然地理和人文地理为基础的具有认同性、归趋性的文化体系,是淮河流域文化特性和文化集结的总和。从其生存空间来说,流域西起桐柏山、伏牛山,东临黄海,南以大别山、江淮丘陵、通扬运河及如泰运河南堤与长江分界,北以黄河南堤和泰山为界与黄河流域毗邻,流经河南、湖北、安徽、山东、江苏五省。但由于淮河流域地理风貌的差异,又分为上游、中游、下游三部分,所表现出的文化不尽相同,且与外区域文化碰撞交流,因此,可以说淮河文化是一个时空交织的多层次、多维度的文化复合体。

总体而言,淮河文化具有其特定的文化特质,主要表现在以下方面:

从地貌层面来分析,淮河平原约占淮河流域面积的三分之二,淮河文化具有平原文化的特征。

从文化学派来分析,淮河文化是儒道交汇之地,尤其因为它是道家思想发祥地而形成以老庄思想为淮河文化的核心思想体系。

从文化交流层面来分析,淮河流域因地接南北,诸多文化交汇,形成宽容、谦恭的文化性格。

从群体性格来分析,淮河人尚武重义,慷慨刚烈,持重守成,平坦质实。

《陵县志·序》也说,“平原故址,其地无高山危峦,其野少荆棘丛杂。马颊高津,经流直下,无委蛇旁分之势。故其人情亦平坦质实,机智不生。北近燕而不善悲歌,南近齐而不善蒋诈,民醇俗茂,悃幅无华”。说的正是平原文化性格的特色。远古淮河,虽传说着大禹妻子涂山氏写的《候人兮猗》诗,但同时多出武人,讲义气,富有反省意识与批判精神,形成以追求自然质朴、道义为先、念慈守弱、古道是尚、反对“强梁”、崇尚平和等为主要特征的文化性格[4]。

从社会风俗来看,淮河文化在饮食、居住、礼仪等方面都有浓郁的地域色彩。而蚌埠这座城市,正好处于淮河流域的中心,它是中国南北景观的集中地。在这里,南方人说它是北方,北方人说它是南方,南米北面,南蛮北侉,南茶北酒,南甜北咸,都自然融为一体了,所以说“走千走万不如淮河两岸”。

2 淮河文化对王安忆创作的主要影响

19世纪的法国文艺批评家丹纳在《艺术哲学》中曾表示:“物质文明与精神文明的性质面貌都取决于种族、环境和时代这三大因素。”就环境而言,他说:“的确,有一种‘精神的’气候,就是风俗习惯与时代精神和自然界的气候起着同样的作用”;“不管在复杂的还是简单的情形之下,总是环境,就是风俗习惯与时代精神,决定艺术的种类。环境只接受同它一致的品种而淘汰其余的品种:环境用重重障碍和不断的攻击,阻止别的品种的发生”。[5]显而易见,丹纳所言的“环境”包括了自然环境(地理、气候等)和社会环境(风俗习惯、时代精神、社会结构等)。这里“环境”的实质正是地域文化,它对艺术主体有重要的影响,所以地域文化对艺术的影响是必然的。

毋庸讳言,对于王安忆而言,曾经的生活经历使她的创作受到淮河地域文化的影响,这在她的作品中表现得非常明显。值得说明的是,淮河流域是一个相当广阔的流域,其间风物人情多有不同,而王安忆所接触到的范围是相当有限的,主要就是安徽省蚌埠市及五河县一带,所以她在创作中所表现的也是这一带相应的文化风貌。同时,淮河文化的丰厚内涵又使她的创作带上浑厚而又潇洒的特色。

2.1 淮河生活触发了王安忆的创作并成为其创作的主要部分

在问及是否考虑过尝试超越现实或跨越地域的写作时,王安忆答道:这是比较困难的。我的写作是写实主义的,一般来说还是要写我自己了解的、熟悉的事物[6]。写上海如此,写淮河也是如此。

从心理角度来说,王安忆与淮河的接触是一种主动亲近。她在一篇自谈记中这样讲:

“学校里开展理想教育活动,要我们说出自己的理想。我毫不犹豫地说道:‘当一个农民。’其时正当大学邢燕子,农村既艰苦又充满希望,充满了神奇的色彩,呼应着我那一点小小的罗曼蒂克。”[7]

这时她十五岁,对农村充满了理想和憧憬,第二年,作为知青,她插队至安徽省五河县。从 1970 年 4 月到 1972 年 11 月考入徐州地区文工团离开农村,她在淮河边生活了两年半。这个时间并不长,但是它使王安忆积累了印象深刻的生活经验。1978 年调回上海后的第一篇短篇小说《平原上》就有淮河平原生活的气息,1984 年发表的《大刘庄》则干脆以她下放的安徽省五河县头铺公社大刘庄为名。返沪之后一段时间作品多以返城知青的视角来讲述个人生活,如《从疾驶的车窗前掠过的》写一个即将返程的女知青小方离开农村时,想起自己插队住户凤她娘的关爱,才发现了自己竟错过农村中许多美好的东西。

从 1996 年开始,王安忆连续发表了直接以淮河生活为素材的小说,它们分别是短篇小说《姊妹们》(1996 年)、《蚌埠》(1997 年)、《轮渡上》(1999 年)、《喜宴》(1999 年)、《开会》(1999 年)、《招工》(1999 年)、《姊妹行》(2003 年)、《临淮关》(2004 年)、《51/52 次列车》(2004 年)。从小说发表的时间可以看出,这类自 20 世纪 80 年代初以来的题材小说一直延续到 21 世纪初,成为王安忆小说创作历程中的一个贯穿性取材方向之一。

可见,王安忆的创作起点正是她曾经的知青生活,或者说正是淮河岸边的生活触动了她的创作思绪,为王安忆的文学创作提供了丰富的创作资源,并且持续于她的不同创作时期。

2.2 在淮河区域生活经验的基础上营造了除上海外又一地域风情

王安忆素来重视小说叙事的物质基础,她总是不厌其烦地构筑细节、追究现实依据。在她的淮河风情小说中,民俗描写夯实了她最为看重的小说基础,其本身成就了王安忆作品中的又一审美地域空间,极具淮河文化特征。

首先,历史悠久。

淮河之安徽段历史悠久,文化底蕴深厚,处于淮河流域中心城市的蚌埠曾是中华民族文明的发祥地之一,名胜荟萃,人杰地灵,7 300 年前双墩文化、4 000 年前夏禹文化、2 200 年前楚汉文化在这里皆有遗存,更不要说 300 多年前比比皆是的明文化踪迹了。

王安忆感染到这种浓郁的历史文化气息,在作品中屡屡涉及。

这一切都证明着我们庄具有饱年不忘饥的从长计议的思想,储备着历史的经验,是一个成熟的村庄。”(《隐居的时代》)

“我们庄以富裕著称。不少遥远的村庄向往着来看上一眼这“青砖到顶”的村庄。从文明史的角度来说,我们庄还处处体现出一个成熟的农业社会的特征。(《姊妹们》)

她还依据《辞海》《史记·孔子世家》考证县境内叫作“圩”和“反”的地名,既表明淮河平原低洼处围田防水的情形,也证实了当地庄人语言的源远流长。

其次,风俗伦理。

在这样一个历史悠久的地区,世俗伦理亦是源远流长且成熟的。这样的描写在王安忆的淮河风情系列小说中随处可见,此处略举几例。

礼俗:“谁家的燕子来了,大人小孩都出门去报信。谁家没燕子来,可不好,会被人戳脊梁骨,说是坏心眼的人。”(《隐居的时代》)

“她不和她娘顶嘴,只管自己拿了小兄弟的搪瓷碗盛好,再找张纸盖上,放进笆斗。心里却说;要我和那些爷儿们一同上桌伸筷子吗?心里还说:稀罕!”(《开会》)

饮食:“老杜女人的饭菜,是最家常的,可就是不凡。旋成螺旋形的黄瓜皮,糖醋渍了;整个儿的茄子,拉上几刀,浸了油,用火慢慢烤;缸里头一层白菜叶一层糟鱼煨成的酥鱼,终年满着;过节起就酱了的猪腿,片下透亮的肉页隔了水蒸。(《临淮关》)

民居:我们庄是坐北朝南,由西向东几排高台。台子下是村道,也叫“街”,还有几条南北的通道,人称巷道,而向南直通南湖的则是大路。……为什么说是固若金汤,主要是指我们庄的台子垒得又高又结实。多少回,水漫了街,家前家后全成了河,可我们的台子纹丝不动。(《姊妹们》)

最后,有意识地使用方言来描写“淮河畔”的生活。

方言是同一区域人群交往的媒介,是地域文化中最富有特色的因素。王安忆充分表示出她对于语言的敏感和驾驭能力,在小说中有意识地使用蚌埠地区方言词汇来描写淮河生活,它既出现在人物对话中,使得乡土人物栩栩如生,也大量地出现在叙述语言中,营造出浓郁的淮河风情。

“这老师长了一张方脸膛,浓眉,大眼,方下颏,中间有一道浅浅的凹槽,嘴略有点此地人说的“妈妈嘴”,但不是太典型,正好使他笑起来带了点孩子气。”(《喜宴》)(“妈妈”意为老太太;“妈妈嘴”意指嘴瘪。)

“脚跟与脚掌是同时落地的,这样,立足就稳。在泥泞的地里,可像撑船似的左一划右一划,乡里人叫做“岔泥”,从泥里越过去的意思。”(《隐居的时代》)

“她大也是个做庄稼的能人,她娘呢?特别神,和谁都拉得来。(《开会》)(“神”意为能,精明;“拉”意为聊天。)

在这开春不久的气候里,她这一身有些单薄了,可不要紧,连她大她娘也没说她“烧”

得慌。"(《开会》)("烧"也说"烧包",臭美。)

西头的井是甜水井,煮稀饭容易烂,和发面面好发,洗衣服最下灰,喝起来特别可口。(《姊妹们》)("下灰"意为去污力强。)

她的小说正因为这些极富表现力的方言词汇而显得活色生香。

2.3 通过乡土人物志传达出的生命哲学正是淮河文化的核心特质

在王安忆看来,这样漫长的历史其实是由一些固定的人物演义下来的,所以她写出了一个个不凡的乡土人物,比如《姊妹们》中小勉子遭遇军官男友的退婚时毅然上门争取,"她对自己的命运最有主动性;抱着积极进取的态度";《姊妹行》中分田在被拐后被解救回村,却遭遇家人和村民的怀疑猜测,未婚夫也退婚了,在争取无用的情况下她离开家去解救另一个被拐卖的姊妹,小说最后她斩钉截铁地说"去上海";《临淮关》中老杜言语不多,却极有人缘,这人缘得自他待人的豪爽心胸,而这种温煦的情义最终也让女儿得以改变命运。这些人物的经历各不相同,但却有着类似的生命哲学,那就是抗争与侠义,王安忆非常准确地把握住了淮河地域性格的核心特征。

淮河从政治腹地、王畿之地、文化发源地的辉煌走过,而黄河夺淮入海,泛滥 700 多年,给淮河流域和沿淮人民带来了深重的苦难。如何摆脱这种困境?淮河人既有物质上的努力,亦有精神上的思索,那就是化外在困境为内在自由。可以这样说,淮河岸边的人们面对生存性压力时形成了追求客观性和适应性的特点,看人看事都能看到好的一面,再以好的一面去对待,柔和地看待她们艰辛的生存环境,在这种艰辛的磨压中,培养了抗争的性情,产生了天性最好的果实:同情心,并以温良和善、自信达观的态度对待生活,淮河文化孕育而生的道家思想最契此意。王安忆感受到其中的深味,写道:"我们庄的魅力是在于智慧,他们深谙世道人心,且藏而不露,很会守拙,真有些大智若愚的意思。"(《姊妹们》)并毫无保留地表示出对生活其中的人的欣赏:"他们有着几千年的文明史,他们是极有教养的大国子民。……他们中间,真是有人杰";"喜欢那些生活在纯朴生活中的人们"。[8]这种欣赏、称颂源自王安忆发现了他们自然的人性正是现代生活所缺乏的,所以她以审美目光温柔注视这些不凡的乡土人物,为我们还原了这种简单而长久的美德的本来面目。

2.4 淮河文化中世俗伦理丰富了王安忆对日常生活的审美发现及对城乡生活方式的思考

不难发现,她对淮河生活的发现是有一个过程的:先有革命浪漫气质的想象、经历现实对想象的痛击、在逃离之后发现其中的审美价值,所以在离开蚌埠 20 多年后她写下了《蚌埠》《临淮关》等。正是离开使她获得一种平静的心态,距离使她产生一种审美的视角,这其实是有一个认识的发展过程,但在当时她是享受不到的:

我们又一次看见了淮河,这是一个全新的角度,背着这城市,面对淮河。要是个好天气,太阳就将这条泥沙泛起,浑浊暗淡的河流照亮了。柳树都有了年头,一棵棵都是合抱粗,柳丝拂地,绿意婆娑。我们不由惊异地发现这条河也是有着美丽的时光。可就是这样,我们也没有忘形到要浪漫地以为自己是生活在"淮河畔"。河面上粼粼地写满着两个字:生计,生计,生计。是的,生计压抑着我们,心里满是愁烦。(《蚌埠》)

在淮河边,王安忆冷却了原先的集体的盲目狂热和幻想,凭借有限的思想资源和深刻的生活体验,开始了独立思考。

……多少岁月从这河里流淌而去。说它浑浊,其实都是重重叠叠的岁月的影子。我们从来没有考究过它的历史,可我们所以那么沉重,那么抑郁,其实都是叫它的历史压的。历史化作了河上浓厚的阴霾,还有烟尘。它教育我们,生计的不堪重负又无可逃避,这一无浪漫可言,是日复一日的来临和逝去。(《蚌埠》)

临水而思,这多像孔子立在川上说:"逝者如斯夫!不舍昼夜。"思考亦随水的流逝而深入到生命哲学的角度,正如淮河流域走出的管子所说的:"水者何也?万物之本原,诸生之宗室也,美恶、贤不肖、愚俊之所产也。"

而这种临淮水而得的感慨,王安忆在《流逝》(《钟山》1982 年第 6 期)中更为明确地表述出来:"时间在过去,悄悄地替换着昨天和明天。他给人们留下了露水,雾。蓓蕾的绽开,或者凋谢。然而,它终究要留给人们一些什么,它不会白白地流逝。"在所有的流逝中不变的是内里的风情与人心。这"不变"正是王安忆小说的主题,所以她从来都不是为了写城市而写城市,只为写不变的生活伦理。

所以对小说中的知青来说,"生活的常规已经破坏殆尽。可是,不期然的,我们又与它邂逅相遇,就在这里,蚌埠"。他们邂逅的是他们曾经的温和的、整洁的、规矩的、安宁的生活。蚌埠实在是个温存的城市,这里有下班的骑自行车的人流,有迫切地想回家的行人,有文雅整洁的澡堂,有慷慨接纳他们的本地家庭,有城市生活的典型代表百货大楼,有心满意足的星期天,他们在蚌埠找到了家乡的最近似的形貌,那就是他们"所熟悉的、习惯的、深感安全的日常生活"。王安忆用强大的、汹涌的、殷实的世俗伦理消解了时代精神,乃至一切深刻的形而上企图,凸显出一个城市的基本精神和一种市民生活的柔韧品质。

"不识庐山真面目,只缘身在此山中",正是离开上海,来到蚌埠,使得王安忆收获了一个新视角——过客视角,使得她能够站在过客或他者的立场去审视上海生活,让我们看到上海繁华景象外的另一重景象,"别看上海那么繁华,在它中心的地方就会夹着一个大棚户区。可是现在的人往往会忽略他身边的世界,而去寻找梦幻的东西。很多人已经看不见另外的上海了"[9]。《临淮关》借小杜和海林的眼睛看到了上海的日常生活:

这个家在小杜和海林看来,是很奇怪的,壅塞得令海林和小杜都觉难堪。……总之是收缩着做人。这拥簇的环境令他们不知所措。

而生活其中的上海人却依然地倨傲:

……开头总是:我们上海人,接下去再如何如何。令小杜好气又好笑的是他们自己局促如此,可一旦听海林描述他们所住的平房院落时,他们竟是同情道:哦,原来是像庙一样的。在小杜他们看来,像他俩这样,在内省的小城镇长大,生活很单纯,内心其实是娇嫩的,这个城市对于他们太过剽悍了,他们都受了伤。

蚌埠和上海,有太多的不同,但王安忆却辨识出这两个城市在基本精神和市民品质上的共同之处,那就是在流逝的时间中,在浮泛的声色之下,其实有着一些基本不变的秩序,在它们的内里,潜伏着能量,以恒久不移的耐心积起来,不是促成变,而是永动的力……它们,便是王安忆领悟到的世界观并尽力要表现的。

因此,对王安忆说,淮河时期的生活不仅仅是一种经验性情节,而且使她获得一种他者观念,并由此才能穿透上海地域文化的厚壁,以世俗生活的精细刻写、塑造中国人素朴的人生,从而使小说创作获得崭新的审美意义;同时,对读者来说,理解和认识淮河文化的思想及观点,也将有助于更加深刻地理解和解读王安忆的创作。

3 王安忆对淮河文化的贡献

王安忆曾说:"农村对我作为作家来说是很重要的,它给我提供了一种审美的方式,艺术的方式。"[10]这样,在审美观念的指引下,安徽淮河地域文化在王安忆的笔下已经呈出新鲜与别致的特色。这就是:作为一种文化模式,淮河文化深入到社会生活的各个领域,表现出历史悠久、内涵充裕、丰饶多姿的特点。籍由王安忆的作品,我们可以瞭望到淮岸群体的生活方式和行为方式,这里丰富的乡土风俗,不凡的乡土人物,充满着鲜明的淮河文化气息,常会令有过淮河地区生活经历的人读之莞尔,也会吸引未曾到过这里的人们的兴致。可以说,王安忆的小说是在文学意义上保留住淮河文化的独特神韵。

但就淮河文化研究的意义而言,王安忆的创作显然不只是为我们还原了淮河文化景观,更为提升淮河文化的当代气质做出了不容忽视的贡献。王安忆曾说,文学精神很重要,一个城市有没有文学大不一样。文学会提高一个城市的格调。那么,在她为上海保留的繁华记忆之外,她也为淮河、为蚌埠、为五河留下温存的文学记忆,这文学记忆又切实地提高了它们的格调,并成为淮河文化的当代构成。

参考文献

[1]王德威.海派文学,又见传人——王安忆论[M]//张新颖,金理.王安忆研究资料.天津:天津人民出版社,2009:686.

[2]李慕寒,沈守兵.试论中国地域文化的地理特征[J].人文地理,1996(7).

[3]程必定.开拓淮河文化研究的新阶段[M]//淮河文化总论.合肥:合肥工业大学出版社,2008:4.

[4]陈立柱,洪永平.浅谈"淮河文化"概念[J].学术界,2006(4):188.

[5]丹纳.艺术哲学[M].张伟,译.北京:当代世界出版社,2009:37.

[6]丁杨.研习细节安守寂寞[N].中华读书报,2005-06-08.

[7]王安忆.我为什么写作[J].女作家,1985(2):102.

[8]王安忆.生活的形式[J].当代作家评论,2005(1):51.

[9]王安忆.城市与小说[J].文学评论,2006(5):77.

[10]王安忆.农村:影响了我的审美方式[M]//王安忆说.长沙:湖南文艺出版社,2003:107.

沿淮地名的文化意义阐释①

陈 珂 高 瑜 胡吉超②

摘 要:地名是地域文化的镜像和载体。安徽沿淮地名真实地反映了淮河流域的地理特征、水利发展和源远流长的大禹文化,具有丰富的文化底蕴。文章对安徽沿淮地名文化进行尝试性探索,以期挖掘出其中蕴藏的文化内涵。

关键词:地名;沿淮;安徽;文化内涵

淮河,古称淮水,又称东渎,位于我国长江和黄河之间,是一条古老且独具特色的河流。"淮"字最早出现在商周"甲骨文"中,战国时期地理著作《禹贡》对淮河已有详细记载。据《中国地名语源词典》载,"淮古为淮夷所居之地。淮夷之名从'隹'。据《说文》:隹'鸟之短尾总名也'。则淮夷为鸟夷之一,淮应以淮夷而得名"③。

安徽境内淮河属于淮河中游段。由于淮河上游支流多且干、径流较小,下游入海尾闾被塞,只能经洪泽湖改道入长江,所以,淮河的自然与人文特征主要体现在安徽境内淮河中游这一段[1]。地名是"文化的镜像"、"文化的载体"[2],地名的延续性和稳定性较好地保存了地域文化的特征,沿淮地名是反映淮河流域历史文化的活化石。安徽省境沿淮(不包括支流)地区包括淮河北岸的阜南、颍上、凤台、怀远、五河,淮河南岸的霍邱、寿县、凤阳以及淮南、蚌埠两市,共 10 个县市。下面,我们就以安徽省沿淮地名为分析研究对象,探讨其中蕴藏的文化内涵。

1 反映自然地理特征

淮河流经安徽省境内全长 401 千米,流域面积 6.69 万平方千米,占淮河流域总面积的 35.8%、全省面积的 48.5%,淮河两岸支流众多。安徽省境内,淮河北岸基本上为平原,南岸多为丘陵及山区,沿淮两岸多湖泊洼地,主要包括河流、平原、丘陵和岗地四种地貌[3]。这些自然地理特征直接体现在地名的命名上。

---

① 基金项目:安徽省教育厅人文社科研究项目(2011sk480);淮河文化研究中心科研项目(BBXYHHWH2011CO2)。

② 作者简介:陈珂(1979-),女,安徽怀远人,讲师,硕士。

③ 史为乐.中国地名语源词典[M].上海:上海辞书出版社,1995:15.

1.1 河流湖湾类

在安徽省沿淮10个县市的命名中有4个直接或间接与淮河相关。如淮南市,即"以在淮河南岸而得名"[①]。五河县,本泗州五河口,"以淮、漴、浍、沱、潼五河合流而名"(清《嘉庆重修一统志》卷134)[②]。颍上县,"以地枕颍水[③]上游为名。"(《太平寰宇记》卷11)。《旧唐书·地理志·颍上》载:隋大业二年(606年)以地跨颍水,兼怀管仲之意,取《史记》中颍上为县名。蚌埠市,原为淮河岸边的渡口,因蚌埠集而得名。据李诚《安徽省各县市名称考释》:"《尚书·禹贡》'淮夷虫宾珠'。虫宾系蚌的别名,此蚌出珠,淮夷贡之。相传古时曾采蚌取珠于蚌埠。船舶聚集之处曰埠头,亦曰步头,蚌埠旧属凤阳县,称蚌埠集,亦曰蚌步集。"[④]这四个县市的名称,或因与淮河或其支流的方位关系命名,或因境内淮河及支流的数量命名,或因淮河的物产水利而命名,表明"淮河"已融入到当地的文化。

除了直接以淮河命名的地名外,安徽沿淮地区还有大量因淮河支流命名的乡镇村名,如洪河桥乡[⑤](阜南),涡南村[⑥]、淝河乡(怀远),窑河村、泥河镇、架河乡(淮南),临淝村、港南村[⑦](凤台),浍南镇、沱河村[⑧]、漴南村(五河),龙河集、天河乡(蚌埠),润河镇、颍河乡(颍上),沣河村、找母河村、洪城(河)村(霍邱),小溪河镇、板桥镇[⑨](凤阳)。这些因淮河支流命名的地名,描绘了现今及历史上的淮河支流的分布与形态,反映了淮河的水系特征和发展。

此外,在安徽沿淮地区的地名通名[⑩]中,与淮河相关的还有:沟、塘、泉、滩、湾、洲、浅、嘴、溜、洼、凹、坑、屯、海、湖、桥、坝、堰、台等。这些地名虽不是直接以淮河及其支流命名,但直接或间接地反映了因淮河形成的水流地貌特征,体现了沿淮地区的水文环境。如"溜",指"迅急的水流"。怀远的河溜镇,据《水经注》卷23记载,濄水在经过今安徽省

---

① 史为乐.中国地名语源词典[M].上海:上海辞书出版社,1995:232。

② 过去漴、浍、沱、潼四河均为淮河支流。清乾隆年间,漴河因推黄交涨、南山冲圮、河已淤平,后逐渐变为良田。建国后浍、沱入淮处被人工堵死,沿漴河、潼河故道挖成漴潼新河,汇通沱、浍,由窑河入洪泽湖,从此与淮河分流,形成另一条水系(五河县志:http://61.191.16.234:8080/was40/detail? record=2&channeled=54481)。

③ 颍水又称颍河,为淮河最大支流。

④ 史为乐.中国地名语源词典[M].上海:上海辞书出版社,1995:232-233。

⑤ 该乡以境内横跨洪河修建一座大桥而得名(阜南县地名委员会办公室编《安徽省阜南县地名录》,内部资料,1987年,第279页)。

⑥ 因地处涡河南岸命名(怀远县地名委员会编《安徽省怀远县地名录》,内部资料,1986年,第179页)。

⑦ 临淝村:因临近淝河,故名。港南村:因北面紧靠港河,故名港南村(凤台县地名委员会办公室编《凤台县地名录》,内部资料,1987年,第71页、85页)。

⑧ 驻地位于浍河南岸而命名(五河县地名委员会编《安徽省五河县地名录》,内部资料,1986年,第122页。)浍河、沱河今已不是淮河的支流,详见注释③。

⑨ 因板桥河命名。

⑩ 本文"通名"特指去除"村""乡""镇""社区"等第一层通名后的第二层通名。

蒙城县和龙亢县故城南[1]后,“水又曲而南流,出石梁。梁石崩褫,夹岸积石,高二丈,水历其间”。石梁,在今安徽省怀远县河溜镇境内,涡河流经此处时因转弯急、河槽窄,从而形成“迅急的水流”,因该地居民多为何姓,久而久之“何溜”演变为“河溜”。此外还有颍上县的江溜孜村[2]等。

“洼、凹、坑、屯”指的都是地势低洼易积水的地方,如阜南县的于洼村、小凹村、刘坑村、颍上的后屯村等。“海”和“湖”,指的是一种因河流而形成的特殊地貌——湖地。湖地多分布于河流两边,地势空旷低洼,呈浅碟封闭状,大雨之后容易积水,犹如湖荡,故称湖地。[3] 如颍上县的王海孜村、宋湖村等等。台,是指将村庄的庄基垒土垫高而形成的庄台。淮河两岸多湖湾洼地,洪水季节常沦为泽国,为适应这一自然地理特点,沿淮居民堆土筑台并在台上盖房居住。安徽沿淮 10 个县市均有大量以姓氏加“台”命名的村落,体现了沿淮地区独特的“庄台文化”。

1.2 **岗地丘陵类**

安徽沿淮地区除了广阔的平原外,还有丘陵、岗地这两种地貌。在安徽沿淮 10 个县市中,有 3 个县是因山命名的。如霍邱县,“一称霍丘,以地处霍山北麓的丘陵地而得名”。[4] 凤阳县,“以在凤凰山之阳,故名”。[5] 凤台县,“以县北之凤凰山,名县曰凤台”。[6]

此外,在沿淮地名中还有一部分是以“山、岗、坪、冲、畈”等为通名的,如黄山村、王家岗村、许岗村(淮南),孙坪村(五河),李冲村、沙冲村、唐畈村、顾畈村(霍邱)等。“坪”,“泛指山区和丘陵区局部的平地或平原”。[7] “冲”,“指山区的平地”。[8] 如五河县的孙坪村、凤台县的李冲村、毛冲村等,村庄坐落于多山地区,山间的平地为村落所在。“冲”有时还指因岗地而形成的一种特殊的农田地貌——冲田,如霍邱的沙冲村、四冲村[9]等。我国南方丘陵山区农田按分布地形可分岗、塝、冲、畈四种类型,冲田是位于两岗之间地势最低处的田块,畈田为不同走向的冲沟交汇处的田块。霍邱地名中还有以“畈”命名的,如唐畈村、顾畈村、薛畈村等。

“山、岗、坪、冲、畈”类地名主要集中出现在淮河南岸的霍邱、寿县、淮南、蚌埠、凤阳五个县市,这一地名分布特点也与淮河流域岗地丘陵地貌分布于淮河以南的地理特征相契合。这些地名充分地体现了沿淮地区独特的地形、地貌,同时也显示出地名对于反映地理分布、地貌特征的功能。

---

① 濄水:今涡河。龙亢县故城南:今安徽省怀远县龙亢镇。

② 该村为江姓建,位于颍河一湾溜水口(颍上县地名委员会办公室编《颍上县地名录》,内部资料,1987 年,第 108 页)。

③ 陈珂.怀远地名文化透析[J].合肥学院学报,2011(6):76-78。

④ 史为乐.中国地名语源词典[M].上海:上海辞书出版社,1995:241。

⑤ 《明一统志》卷七。

⑥ 清嘉庆《凤台县志》卷一。

⑦ 辞海编辑委员会.辞海(1989 年版缩印本)[M].上海:上海辞书出版社,1990:605。

⑧ 中国社会科学院语言研究所词典编辑室.现代汉语词典[M].北京:商务印书馆,1996:172。

⑨ 沙冲村:以庄位于原沙姓冲田边而取名;四冲村:因庄周围有四道冲田而得名(霍邱县地名委员办公室编《安徽省霍邱县地名录》,内部资料,1987 年,第 216、412 页)。

2 反映淮河水利发展

淮河水利开发较早，淮河流域的许多古代水利工程在我国水利发展史上占有重要地位。在对沿淮地区地名的考察中，我们可以看到历史上淮河水利的建设、发展情况，看到淮河流域人民的治水技术经验以及在治水过程中取得的光辉业绩。

如寿县的安丰塘镇，因位于安丰塘畔而得名。安丰塘古名芍陂，是我国现存最早的古代大型蓄水灌溉工程。南朝梁析寿春县南部地置安丰县，芍陂在安丰县境内，故又称为安丰塘。① 芍陂建于春秋中叶楚庄王时期，《后汉书 · 王景传》载芍陂为“楚相叔敖所起”，《水经注 · 肥水注》亦云：芍陂“周一百二十里许，在寿县南八十里，言楚相孙叔敖所造”，多项史料记载芍陂“径百里，灌万顷”，可见其规模之大。从东汉至新中国成立，芍陂在各个历史时期历代均得到过不同程度的修治，建国后得到综合治理，至今发挥着灌溉效益。安徽沿淮与芍陂相关的地名还有寿县双门乡②和芍西村。

阜南县的富陂村，因村落位于东汉的富陂故城命名。两汉时期，淮河流域的农田水利灌溉工程得到了长足的发展，统治者整修且新建了大量的陂塘。东汉永元九年（97年）于汝阴（今安徽省阜南县境内）复置“富波（陂）县”，据北魏阚骃的《十三州志》载，因县内“多陂塘以灌稻，故曰富波县”。古代波、陂相通，富波即富陂[4]。由此可见当时这一带陂塘众多的特点。

三国时期，曹魏政权以两淮地区为重点开展了大规模的屯田事业，淮河水利也得到了很大的发展。魏国将领邓艾曾在钟离（今安徽凤阳县境内）以南，横石以西，直至淠河沿岸的四百里的范围内大兴军屯，对芍陂及其周围的水利工程进行修治和增建，大积军粮，为当时国家的军事战争提供了经济保证。今天淮南的屯头村③、蚌埠的曹山和曹老集④等地名较好地记录了这段历史。

隋唐至北宋，政府为恢复长期战乱后的农村经济，又在淮河流域兴修了大量的水利工程。这在当地的地名中有着明确的体现。如阜南县的焦陂镇，焦陂古称椒陂，传说春秋时为名将伍举的封地，清《颍州府志》曰“楚大夫伍举食邑于椒，又名椒举，即今之焦陂也”。椒陂之名始见于《唐书 · 地理志》“（汝阴）南三十五里有椒坡塘，引润河水溉田二百顷，永徽中，刺史柳宝积修”，北宋《九域志》载“汝阴有椒陂镇”（汝阴，今安徽阜阳市），至此椒（焦）陂镇已成为汝阴十大镇之一。

南宋绍熙五年（1194 年）后黄河长期夺淮，淮河水系和原有水利工程受到了严重的

---

① 寿县志：http：//61.191.16.234：8080/was40/detail？ record = 1&channeled = 34851

② 双门乡：因安丰塘泄水涵闸多是单门，唯此处泄水涵为双门，故名（寿县志：http：//61.191.16.234：8080/was40/detail？ record = 101&channeled = 13955）。

③ 屯头村：传说三国时为曹操屯粮之地，故名。（淮南市地名办公室编《安徽省淮南市地名录》，内部资料，1983 年，第 103 页）

④ 曹山：《凤阳府志》载，三国魏王曹操屯兵于此，故名曹山。（蚌埠市地名委员会编《安徽省蚌埠市地名录》，内部资料，1985 年，第 225 页）淮上区北部的曹老集，因传说为曹操屯兵之地而得名，至今还留有南营、北营、曹老营等地名。（高和平，徐德光. 曹老集：曹操屯兵之地[N]. 蚌埠日报，2011-10-21（A3））。

破坏,元明清三代仅在淮南受黄河泛滥影响较轻的区域修建过一些水利工程。如怀远马城乡的十二门塘,十二门塘旧名郭陂塘,清雍正《怀远县志》载:"郭陂塘在县南二十五里,即晋时镇城旧址,周围四十里,后改为塘,受南山诸水。东西有十二口门,以备蓄泄。可灌田数千亩,县之秋粮仰给于此,年久倾废。"自宋、元黄河夺淮以来,郭陂塘逐渐倾废。明万历三十二年(1604 年),怀远知县王存敬对包括郭陂塘在内的一系列蓄水工程加以修浚,重新发挥了它们的灌溉功能[5]。新中国成立后,安徽省人民政府于 1955 年批建十二门塘电力排灌站,是当时怀远县境首座电力排灌设施,至今仍在使用。

淮河流域人民依靠治水而生存、凭借治水而发展,他们治水、用水的历史体现出淮河流域人民的顽强与智慧,形成了以水利文化为核心的淮河文化。这些在历史上曾发挥过重要作用的水利工程和设施,随着时间的推移,现在多数已经废弃不用了,但这些因淮河水利命名的地名却保留了下来,突破时间的限制,为现代人们所认识,成为反映淮河水利史的活化石。

3 反映源远流长的大禹文化

大禹是华夏民族的治水英雄和夏王朝的奠基者,是中华民族优秀历史文化的创造者之一。其在治水过程中体现出的公而忘私、艰苦奋斗、勇于探索的大禹精神一直被视为中华民族传统文化和民族精神的化身,为历代人民传颂发扬。

相传"古禹、皋陶久劳于外……东为江,北为济,西为河,南为淮,四渎已修,万民乃有居"①。《孟子》《墨子》等古籍也记载大禹曾治理过淮河及其支流。在治水的过程中,禹"娶于涂山"②、"会诸侯于涂山"③的"涂山"即位于今天安徽省怀远县的淮河南岸,"涂山不啻成了禹的根据地"④。大禹文化在淮河流域留下了大量相关的历史遗迹和神话传说,这在沿淮地名的命名中也有着明确的体现。

例如淮河三峡中的第一峡——"峡山口"(位于今安徽淮南境内),古称硖石口,《水经注》载"淮水过寿春北,右合淝水,又北经山硖中,谓之硖石"。相传硖石山原是一座整体,因淮水被其阻塞泛滥成灾,后被大禹治水时凿开。淮河第二峡——"荆山峡",位于怀远县荆、涂二山夹淮相对处,传说也是大禹治水时开凿的山峡。《水经注》载:"荆山左,涂山右,二山对峙,相为一脉,自神禹以桐柏之水泛滥为害,凿山为二以通之,今两岸凿痕犹存。"《图经》云:"荆涂二山本相连属,淮水绕荆山之背,禹凿为二,以通淮流。"因传说大禹曾在荆山峡"锁镇"淮河上游破坏治水的部落领袖——无支祁,荆山峡"因而又名支祁川"。⑤

---

① 《史记·殷本纪》。

② 《尚书·皋陶谟》。

③ 《左传》哀公七年。史书所记载的涂山,应位于"寿春东北"(寿春:今寿县,位于寿春东北,见《左传》杜预注)。"钟离县西九十五里"(钟离县即今凤阳县临淮关,位于钟离县西九十五里,见《元和郡县志》)。

④ 吕振羽. 史前期中国社会研究[M]. 石家庄:河北教育出版社,2000:109。

⑤ 怀远县志:http://61.191.16.234:8080/was40/index_sz.jsp? rootid=37723&channelid=52734.

再如位于怀远涂山脚下的“禹会村”①。早在晋朝《太康地志》中对该村已有记载:涂山“西南又有禹会村,盖禹会诸侯之地”。明嘉靖《怀远县志》曰:涂山“上有禹庙,前有禹会村”。该村内曾有禹庙,也称禹帝行祠,现仍有台基可寻。《左传》载:“禹合诸侯于涂山,执玉帛者万国。”谭其骧教授在《关于涂山的谈话》里指出:大禹在涂山大会天下诸侯时,已经成了“部落联盟的头头”,有了“天子之位”。在禹会诸侯的会议中,防风氏部落领袖“后至,禹诛之”。② 传说防风氏死后尸倒九里,骨拉千车,血流上下洪(红),于是有了后来的“上洪村”和“下洪村”[6]。③

此外,淮河流域与大禹相关的地名还有很多,例如怀远涂山上的禹王宫、启母石、台桑石、卧仙石、歇马亭、凤凰坡、鲧庙遗址,以及荆山上的启王庙遗址等,凤台的禹王山、禹王庙遗址、寿县的禹临④、阜南县的火树庄⑤、霍邱的娥眉州⑥、凤阳的禹塘村等,皆记录了久远的人类历史和优美动人的故事传说,彰显出淮河流域大禹文化的丰厚内涵。如今,以大禹文化为中心的地名仍在发展。新中国成立后命名的怀远县城主干道——禹王路,2010 年怀远县政府命名的新城区道路及广场如禹都大道、启王路、涂山路、大禹广场,蚌埠市 2004 年将西市区更名为禹会区等,都显示出沿淮居民对大禹文化这一宝贵文化资源的珍视传承,大禹文化在新时期里仍充满生机和活力。⑦

总之,安徽沿淮地名蕴含了丰富的文化内涵,它描述了淮河流域的自然地理特征,再现了历史上淮河水利工程的建设和发展,反映了源远流长的关于大禹治水的历史遗迹、神话传说。通过本文的考察,我们不仅看到了沿淮地名命名的自然和人文理据,更透视出淮河流域人类文明发展的历史,揭示出该区域人民在长期社会生活中创造出的“物态”与“精神”两个层面的水文化面貌,彰显淮河文化的“水文化特质”[7]。这对于我们认识淮河文化的内涵到了一定的帮助作用。

参考文献

[1]高时阔.分野与交融——安徽淮河地缘文化解读[J].淮南师范学院学报,2003(6):4.

[2]牛汝辰.中国地名文化[M].北京:中国华侨出版社,1993:5-6.

[3]安徽地方志编纂委员会.安徽省志[G].[2012-01-05].http://61.191.16.234:

① 原属怀远县马城乡,现因行政区划调整划归蚌埠市禹会区。

② 《述异志》。

③ “上洪村”和“下洪村”均在今怀远县城关镇内。

④ 禹临村,因境内禹临寺命名,相传大禹治水曾在此避雨,后人建庙纪念(寿县迎河镇人民政府网:http://sxyh.shouxian.gov.cn/include/web_content.php? id=363)。

⑤ 火树庄:相传禹王治水路过此处,杀树钻木取火,留下火种,故名(阜南县地名委员会办公室编《安徽省阜南县地名录》,内部资料,1987 年,第 113 页)。

⑥ 娥眉州:位于霍邱县洪集镇,相传,禹王治水前曾率众路过此地,见这里清流环绕,百草丰茂,酷似美女弯弯的秀眉,便召令所部修建城池,休养生息,并美其名曰“娥眉州”。(安徽同文文化网络平台:http://www.twwh.net/forum.php? mod=viewthread&tid=677&page=1)

⑦ 陈珂.怀远地名文化透析[J].合肥学院学报,2011(6):76-78。

8080/was40/index_sz. jsp? rootid = 29430&channelid = 32649.
[4]水利部淮河水利委员会《淮河水利简史》编写组. 淮河水利简史[M]. 北京:水利电力出版社,1990:65.
[5]康圣复. 淮河流域古代农田水利[J]. 古今农业,2004(4):22-29.
[6]沈叶鸣. 源远流长的涂山大禹文化[J]. 江淮文史,2000,(3):142-144.
[7]曹天生,朱光耀. 淮河文化导论[M]. 合肥:合肥工业大学出版社,2011:75-79.

庄子与柏拉图美学观之比较

孙 强①

摘 要:柏拉图与庄子分别以理念和“道”诠释美,把美从艺术欣赏领域引入世界观。他们对美的本源性特征的表述有相近之处,然而也存在巨大的不同。本文从理念与“道”、对象与通融、真实与自由三方面进行分析,试对二者的美学观加以比较。

关键词:庄子;柏拉图;理念;道

从柏拉图的理念说可以看出,其最高境界的美是不能用感觉器官感知的一种真实存在,美的理念是美的事物的本源,对美的追求是人们不断思索的过程;庄子所倡导的审美人生也是对世界的本原——“道”的把握,而“道”却是一种虚无状态下的真实存在,“唯道集虚”[1](P17)。他们的美学观既有相同之处,也存在很大的差异。

1 理念与“道”

在柏拉图的眼里,美是一种超感官的抽象物体。他认为,通过感觉器官感知的美是不真实的,真正的美不可通过人的感觉器官感知。现实中美的事物只是美的“仿影”,美可以通过回忆来认识,并非所有人的灵魂都能进行回忆,具备回忆灵魂的只有哲学家[2]。柏拉图的美的理念由现实中美的事物抽象出来,但同时又是与现实处于隔离状态的体验。“感性事物的美在柏拉图那里只起到引人思维反省而逐步回忆美本身的作用。”[3]

从追求知识出发,通过理性来把握对象是柏拉图美学的特征,这一点在他的《理想国》中已有体现。柏拉图弘扬的美是理念的具体化,与虚无相对。这种美的理念建立在柏拉图自己的哲学之上,是一种独立于世界之外的绝对精神实体。一方面,理念具有本源性特征,是万事万物的根本。理念世界先于现实世界而存在,是现实世界感性事物的模式,是唯一真实的,是真理。而现实世界变化无常,只是理念的“摹本”或“影子”,理念产生万物,理念产生美,某个具体事物之所以美,是因为“它分有了美的本身”[4]。另一方面,理念是至真至美的,是一切美的事物的源头,即美的理念。“并不是表现于某一个面孔,某一双手,或身体的某一部分;它也不存在于某一篇文章,某一个学问……它只是永恒的自存自在;一切美的事物都以它为源泉,有了它,一切美的事物才成其为美。”[5](P168)由于理念具有至真至美且永恒存在的特性,“美真同一”思想理所当然成为柏拉图理论的

① 作者简介:孙强(1977-),男,安徽蚌埠人,讲师。

核心,这正是合规律合目的体现。

永恒且完美的理念怎样才能被人们所认知呢?柏拉图认为,为了追寻美的理念,人必须经历一个求知与思索的漫长过程,达到自身的完满才可以豁然贯通这种独特的学问。在这种美的理念实现之时,人们“得到丰富的哲学收获。如此精力弥满之后,他终于一旦豁然贯通唯一的涵盖一切的学问,以美为对象的学问。”[5](P272) 美是一门学问,对美这种学问的研究过程也就是探求绝对真理的过程。柏拉图“美的理念”的思想体现了他对学术与真理的追求。

“不同于柏拉图将事物的共性通过理性思维方式抽象出来,并将其推向终极本体的地位。”[6] 庄子追求的美体现于“道”中,“天地有大美”[1](P152),“道”“生天生地”“覆载天地,刻雕众形”[1](P57)。从本原性特征看,“道”与柏拉图的理念确有相似之处,但也存在很大区别。首先,“道”并非是一种学问,不能通过对知识的索求而得到。庄子指出,“道”是无限的,人是有限的,有限的人不能通过思辨把握无限的“道”。所以,他坚决主张摆脱世俗功利和知识的束缚,以出世的心态达到精神的绝对自由,进入“道”的境界。其次,庄子的“道”并不像柏拉图的理念那样,属于某种与人分离的精神实体,能够成为被人感知的对象。“道”是一种与自然、与人紧密相连的生命体,“夫道,有情有性”[1](P52),人只能够以本真的灵性与之合而为一,达到所谓“天人合一”的境界。

由此可以推断出,柏拉图把“审美理念”建立在个体精神原本自由的论断之上,人可以凭自己的意志自由选择是否寻求对审美理念的把握;庄子认为个体生命始终处在人类文明带来的痛苦和束缚之中,以“道”为终极尺度,反异化,搁置崇高,从无意义的现实中求取有意义的价值生命,最终与“道”同享自由,从而达到审美人生的理想境界。综上所述,在审美理念上,二者虽都承认形而上的美的概念,但实现方式是不同的:前者主张主动通过回忆去寻找客观存在的美的本质;后者更注重在人反异化的过程中,美的本质——“道”与人相遇,在某种程度上讲,是有情有性的“道”在呼唤和找寻人,而人必须对这种呼唤做出回应。

2　对象与通融

柏拉图认为,美是明确的思维对象,无论是绝对的美的本质还是符合美本质的事物,都属客观存在,与“无”相对。对美的理解也是一个不断思考和追求知识的过程。在《会饮篇》里,他提出了对美的认识的步骤:“第一步应从只爱一个形体开始,第二步他应了解此一形体与彼一形体的美与一切其他形式的美是贯通的……再进一步他就会把心灵的美看作比其他形体的美更可贵。”[7] 通过这些步骤,最终把美的理念作为自己认知的对象,这是审美的最高境界。由此可以看出,美作为一种人可以思辨理解的对象,经历从低级到高级、从具象到抽象的过程。同时,知识在整个过程中起到了至关重要的作用,《会饮篇》中描述的这些步骤实际就是思维与知识的运作过程,美是最高的知识,知识则是思维的产物。

庄子说:“道可传而不可受,可得而不可见。”[1](P54)“不可闻”“不可见”并不意味着“道”无法被认知,而是指“道”并不能通过知识的积累或逻辑推理的方式认知。庄子提出了独特的通过体悟来认知“道”的方式。他在《人世间》中用形象的比喻来说明这种独特的认知方式:“闻以有翼飞者矣,未闻以无翼飞者也;闻以有知知者矣,未闻以无知知者也。”[1](P35)需要知识参与的认知方式如同有翼而飞。“道”的体悟不需要知识参与其中,虽无翼,却通过虚无之境感受一切,翱翔于一切之上。为什么人无法用知识积累的方式来认识庄子所说的“道”呢?他的“道”的理论继承了老子的思想,老子说:“万物生于有,有生于无。”[8](P86)“无中生有”的论断大致道出了“道”的特性,在某种程度上,现实世界本没有“道”这个物体,它是“无”,而万物都从“无”中产生,“无”怎么能产生“有”?这本身就是处在人类理解力之外的问题。不禁让人们联想到,在现代科学宇宙大爆炸理论中那个维度无限小、却爆炸产生了宇宙的“奇点”,在这个神奇的数学点中,一切科学法则都不再生效,显然也是处在人类理性之外的。诸如此类玄妙之处还有许多。例如,“天人合一”这种人与自然的诗化关系的提出,让人们在科技如此发达的今天不得不以谦卑的态度向先贤们仰望和叹服。不得不承认,老庄的许多思想内涵在他们的时代不被理解,在过去的历代、甚至现代的人们看来也很难被接受,但随着人类发展,在某一时刻必将会给人带来丰富而神秘的意涵。“吾言甚易知,甚易行。天下莫能知,莫能行。言有宗,事有君。夫唯无知,是以不我知。知我者希,则我者贵。是以圣人被褐而怀玉。”[8](P148)

通过以上分析可以看出,柏拉图美的理念是“有”,是思维的对象;庄子的“道”是一种真实存在的“无”,人只能用体悟的方式与“道”圆融为一体,从而达到至善至美之境。柏拉图对美的理念的追寻有着明确的时间观念,它是一种漫长、遥远、抽象的本体思辨过程。庄子注重的是当下瞬间的感受,感受“大道”对人类至善至美的关怀,并没有时间参与其中。

3 真实与自由

尽管柏拉图本人只承认理性的真实存在,但在其作品中,仍然能够找到感性真实与理性真实这两个层面的观点,这些构成了柏拉图美即真实的理论框架。他在《理想国》中指出,客观存在的东西是真实的,客观上不存在的东西是不真实的,人的感官所留有的印象则处在真实与不真实之间,不像美的理念那样真实,但也可以避免绝对的虚无。“这种以感官获得的感性实在性是人们日常生活得以成立的前提,虽然这种感性层面上的真实在理性认知层面显得缺乏确定性和恒久不变性,以致被视为不真实。但它却有助于人们在日常生活层面肯定生命体存在的真实性而不至陷入绝对的虚无之中。”[9]除了指出感性真实的短暂性和不确定性,更指出理性真实之永恒与绝对。柏拉图的理性真实是指理性认知能力与理性认知对象相符合的状态。在他看来,相对于不停变化的可见的现实世界,不可见的理性世界显得更加稳定与绝对。“但那些永久的实体,你们无法感觉到,而只能靠思维去把握;对我们的视觉来说,它们是不可见的。”[10](P82)“我们在讨论中建立的绝对实体是否总是永久的、单一的?绝对的理式、绝对的美,或其他任何真正存在的独立实体会接受任何种类的变化吗?”[10](P81)柏拉图认为,现实中的事物不存在绝对的诞生和灭亡,那是因为存在于事物本质的理念是永恒且绝对真实的。在某种程度上,这种本质上绝对的理念就是绝对的真实,为了通过回忆去拾取被肉体蒙蔽了的理念,人们必须努力思考与修炼。

庄子把美与自由紧密结合在一起,用“逍遥游”来表达精神自由,“若夫乘天地之正,而御六气之辩,以游无穷者,彼且恶乎哉!”[1](P17)这里,“游”是自由的象征。庄子的“道”虽然是“无”,但是一种真实存在的“无”,为了进入“道”的境界,人必须获得灵性上的自由,摒除感性——肉体欲望;批评理性——相对知识的追求。“无用”是庄子追求自由的最基本要求,“今子有大树患其无用,何不树之于无何有之乡,广漠之野,彷徨乎无为其侧,逍遥乎寝卧其下。不夭斤斧,物害无者,无所可用,安所困乎哉!”[1](P18)庄子的“无用”是针对注重肉体欲望和追求理性知识的俗人而言,其实,“无用”之中有“大用”,能够摆脱束缚人的贪欲,从而使人的灵性得以彰显。“无用”正是“无目的的合目的”的体现[11]。

不仅如此,庄子进一步指出要自由,能“游”,需通过“心斋”“坐忘”来实现。在孔子阻止颜回救世的寓言中,庄子表达出“心斋”的意涵,“回曰:‘敢问心斋?’仲尼曰:‘若一志,无听之以耳而听之以心;无听之以心而听之以气。听止于耳,心止于符。气也者,虚而待物者也。唯道集虚。虚者,心斋也。’”[1](P35)“心斋”是“体道”的途径,“一志”指的是摒除心中杂念,集中心思才能够达到“心斋”状态。“无听之以耳而听之以心,无听之以心而听之以气。”说的是在“心斋”的状态下,人用极其纯净的心灵屏息倾听“道”的气息。庄子说:“虚者,心斋也。”又说:“唯道集虚。”可见,“心斋”是“道”赖以存在的环境。然而“心斋”并非可以坐享其成的,怎样达到“心斋”?庄子载:“颜回曰:‘回益矣。’仲尼曰:‘何谓也?’曰:‘回忘仁义矣。’曰:‘可矣,犹未也。’他日复见,曰:‘回益矣。’曰:‘何谓也?’曰:‘回忘礼乐矣。’曰:‘可矣,犹未也。’他日复见,曰:‘回益矣。’曰:‘何谓也?’曰:‘回坐忘矣。’仲尼蹴然曰:‘何谓坐忘?’颜回曰:‘堕肢体,黜聪明,离形去知,同于大通,此谓坐忘。’仲尼曰:‘同则无好也,化则无常也,而果其贤乎!丘也请从而后也。’”[1](P57)“坐忘”是一种通过调节心理以使自己全身心思考的方法。从坐忘仁义开始,到礼乐、肢体、聪明,层层深入,通过身体的静坐和杂念的忘怀,人的思绪不仅不会和身体共同静止,反而会向外飞驰扩张,从而达到庄子所说的“坐驰”。这也就是庄子“游”,即“自由”的最初的目的和最终的落脚点:一切顺应自然,不为物役,不为情扰,充分享受生命的淡然与超脱——一种将个人融入真实而整体的存在——“道”,获得的无限实在且无任何精神羁绊持久宁静的感受,一种自我觉醒,追求审美人生的最终目标。由此看来,他的美与自由是以诗化的方式建立起来的,目的在于还原人与自然的本来面貌,从而实现人与自然“道”的复归。

参考文献

[1]庄子.庄子[M].胡仲平 编注.北京:燕山出版社,2009:17-152.

[2]李季萍.庄子、柏拉图美学思想之比较研究[J].包头职大学报,2004,3(1):27-29.

[3]祖国华,祁海文.庄周与柏拉图美学思想比较三题[J].松辽学刊:社会科学版,1990(4):58-64.

[4]北京大学哲学系外国哲学史教研室,编译.西方哲学原著选读[M].北京:商务印刷馆,1983:73.

[5]柏拉图.柏拉图文艺对话集[M].朱光潜,译.北京:人民文学出版社,1963:

168,272.

[6]吴根友.《大宗师》篇“且有真人而后有真知”命题的现代诠释[J].中国哲学史,2007(1):61-67.

[7]朱光潜.朱光潜全集:第12卷[M].合肥:安徽教育出版社,2000:232.

[8]宋洁 编注.道德经[M].北京:北京出版社,2005:86,148.

[9]韩艳.从生存论的角度看柏拉图的“理念论”[J].江汉论坛,2002(3):35-36.

[10]柏拉图.柏拉图全集[M].王晓朝,译.北京:人民文学出版社,2003:81-82.

[11]米盖尔·杜夫海纳.美学与哲学[M].孙非,译.北京:中国社会科学出版社,1985:7.

淮河文化研究的文化学思考①

吕春瑾②

摘　要:本文从文化学视角对“文化”进行界定,在理解文化本体意义的基础上,思考淮河文化的时空属性、淮河文化研究的推进及重点难点,并进一步对淮河流域传统文化研究的现代方向进行文化学视域下的思考。

关键词:淮河文化;文化学;本体;传统文化

在我们通常讲的文化研究中,事实上包含了“对‘文化’的研究”“文化研究”“文化学”这三个方面。各门学科从自己学科的需要出发,主要应用本学科的视野对文化的研究,称为“对‘文化’的研究”。各科学者相结合,联系和协调各学科的方法和成果进行一种跨学科的综合研究,称为“文化研究”。对“文化”进行科学界定,以统筹和沟通诸学科各自对“文化”的研究,则是“文化学”的中心任务。[1]淮河文化正式展开科学研究的短短十几年,取得了可喜的成绩。在丰富的研究成果中,绝大多数的研究属于“对‘文化’的研究”,也就是以淮河流域为研究领域,在尚未形成完整的文化学的理论方法论的前提下,以流域内某一种或若干文化现象为研究对象,借用各学科的视野,即概念和方法论来加以研究。在这些研究相互影响、冲突和融合的同时,必须同时进行文化学的研究,以自觉地协调各种对文化的研究,既为文化研究领域提供总体方法论,又能及时吸收其成果,使之上升为更普遍性的东西。在当前淮河文化研究的这一背景下,本文尝试从文化学视角探讨淮河文化研究的若干问题。

1　文化的本体意义

中国现代文化学是在20世纪三四十年代的东西文化论战推动下创建的。现代文化学创始人之一的陈序经说:“我们应当对于文化本身上有充分的了解;因为假使我们对于文化本身上尚没有明白是什么,而去研究东西文化问题,正像不懂得哲学是什么,而要谈谈东西哲学的问题一样。”[2]在他看来,对“文化本身”进行研究,是文化学研究的任务。文化学是自有其研究对象,自有其题材的一种学问,对“文化”的理解和界定则是文化学

①　基金项目:蚌埠学院淮河文化研究中心2013年项目“蚌埠历史与中国大一统进程”(项目号:bbxyhhwh201308)。

②　作者简介:吕春瑾,女,1976年生,博士,讲师,主要从事中国哲学、美学、文化学等方面的研究与教学工作。

理论的要点。

文化与文明,通常是对人类而言的,都基于文,即人之文,“文化”侧重人之文的化成,“文明”则偏指人之文的显现,化成和显现各有侧重使这两个语词含有不尽相同的意味。“文化”强调文对于人的教化,隐含着一个变化的过程;“文明”则强调人之文的彰显,即显见的成绩。甲骨文中,“文”字形是一个纹身的人体。“文化”是人的“文”化。“文”与“人”的字源学关系即说明了“文”与“人”有着先天的联系。考察中国最早的典籍《尚书》,“文”多用于赞美圣人的“文”化。《尚书》称尧曰“文思安安”,舜曰“浚哲文明”,禹曰“文命敷于四海”,又“帝乃敷文德,舞干羽于两阶。七旬,有苗格”。尧、舜、禹等上古圣王皆为有“文德”之人,是“文”化了的人,是“文”明之人。“文”的意义,从起初人的“文身”之义推演,引伸为文字、文学、制度、文物,而终极其义,以止于“文化”。

事实上“文化”一词正是源于中国文化之本《周易》中的“观乎天文,以察时变;观乎人文,以化成天下”。这里隐含着一个问题:“天文”与“人文”有无联系?进一步要追问的是人的“文德”由何而来?人类的文字文学、典章制度,乃至于整个文化何以能够创生不息?对此,近代国学大师马一浮依据《周易》的《系辞》传做出了一段鞭辟入里的解释:“观天之文与地之宜,非如今言天文学或人文地理之类。天文即谓天道,人文即谓人道。阴阳消长,四时错行,天文也;彝伦之序,贤愚之等,人文也。”[3] 以人文化成天下,就是使全部人类的生活普遍遵循人类一切变化之理,也即造成全部人类理性地生活,有道的生活。因此,天文即天道,人文即人道。天道是人道之体,从而规定了何为真正的人文、文化、文明;人道是天道之用,故实现真正的人文、文化、文明即是实践天道。显然,文化是具有本体意义的。但是本体意义上的文化,不是一个固定的、已然的物事,而是遍天下、通古今,始终发展变化着的文化。

2 淮河文化的时空属性

作为本体的文化,空间上是致广大又尽精微的。世界文化与中华文化之间、中华文化与淮河文化之间都是整体与部分的关系。中华文化自身是一个变化不息的连续体,它与外界其他文化间、其内部各元素间持续着复杂的相互作用,而又保持着中华文化的独特性,即其自身一贯以区别与其他文化的性格或思维方式,也就是前述中国文化对于“文”的独特理解。人们通常以水系来划分和命名文化,作为文化地域性的重要标识。淮河文化是中华文化的部分,当然也就是世界文化的部分。因此,它既有地域差异带来的自身个性,又有中华文化的共性,并且与中华文化的其他部分如黄河、长江文化持续着复杂的相互作用。在全球化的今天,淮河文化不仅是属于中国的,而且是属于世界的。因此,在淮河文化的研究工作中,需要认识“淮河文化/中华文化/人类文化”的结构性,促进与西方文化形态学说互补的有中国特色的文化形态理论的形成。

作为本体的文化,时间上是亘古亘今,尽未来际的。现存的中国文化是在历史的变迁中逐渐化成的。微观而论,其中因果联系精微万化难以尽述;宏观地来看,变通莫大乎四时则分明可见。中国文化在数千年的历史中四季相推般地变化着气象,正是中国人文精神自身的生、长、收、藏,驱策着中国的文化生命从春到夏,秋到冬尽气象的次第演变。一个国家文化的兴衰成毁,根本在于其人文精神,地域文化亦然。淮河文化作为中国文化整体中的部分,兴衰是同步的。淮河文化与中华文化乃至人类文化都在不断向前发展着,都是面向未来的。因此,淮河文化的研究者,应当胸怀一种承古开新的文化使命感,联系中国和世界的现实境遇,为淮河文化的发展提出建设性意见和远景设想。

淮河流域的文化是中华文化重要的有机组成部分,中国地域文化研究是中国文化复兴大业的具体落实和区域部属。文化是民族的血脉,是人民的精神家园,文化实力是一个区域乃至国家实力的重要标志。在现代化的过程中,学界承担着挖掘和建构地域文化,保持地域文化的可识别性和特殊性,形成淮河流域人民文化认同感、促进精神家园的建设的重要责任。对淮河文化进行广泛深入的研究,促进中华文化的伟大复兴,是时代的强烈需要。因此,应运而生的淮河文化研究工作,肩负着重要的历史使命。

3 淮河文化研究的推进

淮河文化的研究工作,可以从局部化研究和整体性研究两个维度来推进:前者体现在淮河文化专题研究工作的开展,后者是指对于淮河文化根本精神、核心价值、总体特色的研究;专题研究要保证研究的细密和深入,全局研究应当确保研究的概括与高度;前者是对淮河文化微观的、分门别类的考察,后者是对淮河文化宏观的、统摄全局的把握。具体来说,分门别类的研究又可以从三个维度开展并与宏观研究同时推进。

第一,按地区划分,分别研究。比如:淮河是中国的南北分界线,语言的地方性和自然环境的差异是造成文化地域特殊性的重要因素,对于某类文化现象,可以分别从淮河流域的淮河以北地区、淮河以南地区取样研究、综合比较,得到的研究结果将会有助于我们辨析中国文化的南北差异问题,认识中国文化南北同一的普遍性,深入对于淮河文化乃至中国文化根本精神、核心价值、总体特色的理解。通过对于淮河流域文化从地理维度开展的考察,掌握文化的方位特征,异域文化的碰撞、融合、合谐共存等文化学原理和发展规律。

第二,按时期划分,分别研究。①文化溯源:如贾湖文化、双墩文化等淮河流域的史前文明研究,大禹文化和夏商周文明时期的研究,楚文化、道家文化等春秋战国时期的研究,道教文化的形成等秦汉时期的研究。②东汉以后直到清末淮河文化的流变,如宋代亳州陈抟的思想及其对于中华文化三教合一趋向的影响,明清之际的淮扬文化等。③近代淮河文化的研究,如道教生命科学研究的先驱明光陈撄宁、新文化运动先锋陈独秀、胡适等的研究。④通过对淮河流域文化进行历史维度的考察,发现其兴衰的规律、演变的方向等,论证淮河文化在中华文化发展过程中的地位影响和价值贡献,并为淮河文化今天的定位、未来发展的方向,提出建设性意见和远景设想,以期促进淮河文化的传承与创新、中华文化的全面复兴。

第三,按文化分类展开,分别研究。如从语言文字、哲学宗教、艺术民俗、政治军事、农业水利、文化遗产保护利用等各方面展开研究,再广泛深入地开展多学科学术对话,进行综合的系统的整合工作,进而概括提炼出统摄整个淮河流域文化的根本精神、核心价值和总体特色,使淮河文化的研究成果不是死板的知识碎片,而是获得形成对于淮河文化兼总条贯、博文约理的一个体系化认识。如此,我们才能进一步将淮河文化核心精神贯注于新时代淮河文化的体系建构中,使淮河文化作为一个活的有机生命体生长发展、繁荣复兴。

加强淮河文化的理论研究工作，是创新发展和推广繁荣淮河文化的基础。因此，要借助各方面的力量，整合各方面的资源，加强淮河文化的理论研究工作，来进一步弘扬淮河文化、发掘淮河文化、凝炼淮河文化。首先，研究以开放的模式兼容并蓄八方人才、各界文化精英，共同努力实现淮河文化的传承与复兴、文明的创新和发展，提升淮河文化的对内凝聚力和对外影响力。在淮河文化研究方面有一定的成果、经验的各大学、研究所之间，可充分利用现有资源进行优势互补，进一步确立合作交流项目，在资源共享、学术研究、人才培养等方面深入对接，携手推进淮河文化研究与交流。合作不仅可以在淮河流域内，而且可以尝试跨区域合作，如道家文化可以与港台乃至西方关注道家文化的国家地区，合作双方应进行认真详细地规划，尽早确定合作交流项目，形成长期有效的交流机制，为培养淮河文化研究人才、促进两岸文化交流、国际文化交流尽一份力。除了合作交流与资源共享以外，还应当团结淮河流域人民共同弘扬淮河文化，共同推进淮河文化的创新与发展，与周边文化相互促进、相互补充，并以文化促经济，来推进淮河流域的文化繁荣、提升淮河文化的整体实力，同时为淮河流域经济社会的全面建设贡献力量。

4 淮河文化研究的重难点

20 世纪哲学大师、存在哲学巨擘卡尔·雅斯贝斯指出，人类发展已经经历了四个阶段。第一个是史前，第二个是古代文明，第三个是轴心期，第四个是科学技术时代。雅斯贝斯的轴心期理论认为，公元前 800—200 年发生的精神过程标志人类正处于一个轴心时期，在此阶段，众多的哲学家在中国、印度和西方首次涌现，反映出人类意识的觉醒。轴心期产生了我们至今仍在思考的各种基本思想，创立了人类赖以不断生存的世界宗教，人类进入统一的第一步完成了。在此后人类历史的每一次新飞跃前，人类都要回忆这一时期，从中获得希望。回忆和重新认识轴心期总是提供了精神原动力，带来新的文化繁荣和文艺复兴："直至今日，人类一直靠轴心期所产生、思考和创造的一切而生存。每一次新的飞跃都回顾这一时期，并被它重燃火焰。"[4] 从这点上看，淮河文化的发展兴衰是与中华文化乃至世界文化同步的，淮河文化思想的颠峰也是在轴心期。因此，轴心期淮河文化，如老庄等诸子的哲学思想当然是研究的首要重点，它们不仅是淮河人民精神财富和骄傲，而且是全中国、全人类永远的精神原动力。

淮河流域的一些重点文化遗产也应该作为淮河文化研究的重点，如贾湖文化与中国礼乐起源的问题，双墩文化与中国文字起源的问题，禹治水中天地人三才之道的哲学智慧，从政治学、历史学角度对禹会万国诸侯的研究，黄帝内经的形成问题，楚汉相争与垓下的问题，淮南王与《淮南子》的问题，朱元璋与元明朝代更迭、夏夷之辩的问题，花鼓灯与先秦中国文学转型的问题，老庄思想与淮河文化的关系等问题的研究，以及研究以上问题对中华文化发展的影响。在新时代研究淮河文化，需要把地区文化放在淮河流域的范畴中考察，再进一步把淮河文化放在中华文化的整体中考察。黄河文化与长江文化以其刚健和阴柔的对比仿佛中国文化的阴阳两仪，淮河位于南北交会处，得其环中以应无穷的地理位置，造就了是极高明而道中庸的淮河精神。因此，淮河人民以其中和之质，生发出一体多面的文化来，可谓横看成岭侧成峰。

淮河流域的文化包罗宏富:大禹的内圣外王之道、老子对自然变化的终极哲思、庄子恢弘自由的艺术精神、道教仙学的玄秘隐逸、中医文化的博大精深……这些应当作为淮河文化研究、传承、创新的重点,进而得出淮河流域人文精神复兴的战略规划,并逐渐形成水文化、药文化、仙文化等在全国乃至世界有竞争力的文化产品,提升淮河流域的文化实力和影响力,促进淮河流域的学术、经济、旅游等方面的发展。论证淮河流域文化的特色、在中华文化中的历史地位和贡献,在全球化视野下的普世性和终极价值,并在欲望主义、技术主义、虚无主义横行的时代,激发出大禹文化为生民立命的新的生命力,让道家文化的生命关怀为现代人的生存困境提供解决之道。

5 淮河流域传统文化研究的现代方向

淮河文化是在经济全球化和中国现代化的时代背景下提出来的,由于经济全球化和工业化的冲击,东方文化大国的文化地域特征和民间文化正在消失。近代以来全球的技术化过程,同时也是一切民族中的个人生活与历史传统相脱节的过程,它把一切事物都置于技术——这个新基础之上。因此,中华文明和其他古老的东方文明一样,被迫去经历一次改造,否则将会消逝。这个改造的过程需要通过历史的回顾,这种回顾不单是关于过去的知识,那样它就只是不计其数的考古材料的堆集而已;这种回顾也不能仅停留于无动于衷的理智观照,而是必须采取汲取的形式,形成在对历史的尊崇中的当代人的现实。这样,古老文明的精神才能被保存,智慧才能被传承。因此,回顾的方式决定了某种文化是否具有当代的生命力,也就是说某种文化是否仍然可能。因此,考察古代历史,不能停留在经验史观的表面和肤浅,而是要让中国悠久源远的文化历史,通过哲学的深思和心灵的体悟,成为当下生活世界的智慧。

作为一种汲取式的回顾,必须认识到文化的"传统"与"古典"是不同的。古典指的是古代经典,它来自古代,通过人类世世代代的检验,从而成为经久不衰的典范,如同经过历史长河的淘漉而留存下来的金子,它可能被人们忽略,却超越时空地闪烁着永恒的光芒;传统不仅包含金子,还囊括了沙子,更为关键的是,传统主要是那些一度流传的、具有统摄性的文化事实。近代以来在中西文化碰撞的背景下,学界对于传统文化出现了墨守成规和急攻近利的两种心态,对传统或者全部照搬、或者统统摒弃,其实都是缺乏理性和不负责任的文化态度。我们只有从传统中把经典的、优秀的东西提炼出来,把教条的、糟粕的东西抛弃掉,才能在传统的基础上真正实现创新和发展,这才是有文化责任感的学者应当从事的理性的文化研究。

对淮河流域传统文化汲取式的回顾和理性研究,需要对淮河文化进行历史形态的分析,这将有助于建构区别与西方文化形态学说的中国特色的文化形态理论,从而力图为建设和发展社会主义的文化提供新的理论依据,为认识和继承优秀的传统文化,吸收其他民族和国家的先进文化,寻找和建立一种科学的标准,具有重要的文化学理论意义。同时,对淮河文化进行历史形态的分析,再把对淮河文化出路的探索置于对当下中国和世界现实境遇的思考,实际上是为了得到对于现实的指引,从而为淮河文化今天的定位、未来的发展方向,提出建设性意见和远景设想,而这直接与如何正确认识制定贯彻改革政策有关,若能实践,则有助于改变目前淮河文化碎片化的研究状态,促进当代淮河文化的体系建构，让淮河文化魂兮归来，成为一个活的有机生命体生长发展、繁荣复兴，对于推进社会主义文化强国建设具有现实意义。

要激活淮河文化，实现淮河流域传统文化的现代转型，最重要的是上溯淮河文化的大本大原，找回淮河文化的源头活水，来浇灌淮河新文化的万紫千红。在淮河流域传统文化的研究过程中，应当密切结合当地的教育教学和社会实践，让淮河文化从印在“纸”上的文化，真正变成“人”的文化，从陈列在博物馆里的文化，创变出当下生活世界的新文化，从而实现淮河流域人文精神在新时代的化成，这才是“文化”的本义。

参考文献

[1]顾晓鸣.文化研究的若干理论方法论问题[J].上海社会科学院学术季刊，1985(4).

[2]顾晓鸣.文化研究的若干理论方法论问题[J].上海社会科学院学术季刊，1985(4).

[3]虞万里等，校点.马一浮集[M].杭州：浙江古籍出版社与浙江教育出版社，1996:118.

[4][德]卡尔·雅斯贝斯著.历史的起源与目标[M].魏楚雄、俞新天，译.北京：华夏出版社，1989:14.

新中国成立以来淮河文化研究历程

曹天生[①]

摘　要:新中国以来的淮河文化研究经历了酝酿、催生到正式展开科学研究三个阶段。酝酿阶段时间从新中国成立到20世纪80年代中期;催生阶段时间从20世纪80年代中期到1998年安徽省首届淮河文化研讨会召开前;正式展开科学研究阶段时间从1998年至今。淮河文化研究的繁荣局面正在形成。

关键词:新中国以来;淮河文化研究;历程;展望

淮河流域有着自身特点且包容广泛的文化,这被学术界称为"淮河文化"。对淮河文化的研究,经历了酝酿、催生和科学研究三个阶段。新中国成立以后,淮河文化研究持续升温,现在已经不仅仅是专家学者的事,而且有越来越多的实际工作者乃至党政职能部门的工作人员参与。按照学术研究的一般规律,学术研究需要普及与提高相结合,一方面要有扎扎实实的分析研究,打探井、钻深井式的研究,一方面要有不断地总结研究,不断理清思路的研究,犹如人们走路,走了一段,需要回望回望历程,思考思考前程,打点打点行程,然后选出一条似乎更加明晰的路再走。基于这样的认识,我们这里做一点回望性、思考性的工作。同时,向相关部门提出若干意见和建议,以就教于学界方家。

1　判断"淮河文化"研究起始的学术标准

淮河文化在全国已成为引起注意和形成影响的一门学问。间或有人问起淮河文化研究从何时开始?对这个问题的回答,应该有几条必须同时具备的判断标准。学术界通常判断是否形成一门学问的标准是:第一,从研究者的研究目的来说,应当十分明确,从一开始的研究就要有预设的目的。如果没有一个预设的研究目的,只是出于某种自由爱好而写作发表了一些文字就不应视作研究某种学问的开端。因为如果那样,对于淮河文化的研究,似乎就追到了开始有文字记述淮河的年代。第二,从研究者的研究起点和水平来说,其出发点主要不是事实研究,而应当侧重于探索事物发展变化规律性的研究,尽管事实研究是探索事物发展变化规律的基础,但由于时空的阻碍,我们面前的历史事实显现出片段的、支离的、散乱的表象,对于历史事实的描述几乎和历史事实的发生都是同时的,那些历史上的私家笔记等都是作者自己眼中的历史事实。记载者或描述者并不是

① 作者简介:曹天生(1953—),男,安徽泾县人,安徽财政大学教授,博士。

研究者,研究者的研究是拼接历史的碎片,是企图研究历史事实的完整性以及企图从中找出规律性的认识,所以,研究起点和研究水平应是一门学问研究起始的标志之一。第三,作为一门学问、某种文化的研究起始要有代表性作品,代表性作品的特征:一是要有分量,即要有一定的文字表述量,三言两语固然可以出精品,但作为一种文化的全面理解和表述又绝非三言两语所能表达;二是要有理论研究的力度,即要有理论分析的穿透力;三是研究成果要被学术界公认;四是研究的内容必须是所研究事物的核心问题或主要方面。如果说这样几条判断标准能够成立的话,我们就可以以之来研究淮河文化研究的起始。如果用如上判断标准来衡量学问构成与否是适当的话,那么,我们认为,学术界关于淮河文化的研究最早可以追述到20世纪50年代。

2 “淮河文化”研究的发展进程

从我们所掌握的材料和判断来看,淮河文化研究经历了一个酝酿阶段、催生阶段和学科式全面研究阶段这样三个阶段。

2.1 淮河文化的酝酿阶段

时间从新中国成立到20世纪80年代中期。淮河文化研究酝酿阶段的起始,是以新中国初期的两个重大事件作为标志。

第一件大事是毛泽东题写了“一定要把淮河修好”。其历史背景是,1950年七八月间,淮河流域发生了特大洪涝灾害。河南、安徽两省共有1 300多万人受灾,4 000余万亩土地被淹。中共中央接到的一封电报中说:有些灾民,因躲水不及,爬到树上,有的被毒蛇咬死。毛泽东主席看到此处,不禁流下了眼泪。7月20日,毛泽东批示:“除目前防救外,须考虑根治办法,现在开始准备,秋起即组织大规模导淮工程,期以一年完成导淮,免去明年水患。”在全国人民的支援下,治理淮河第一期工程于1950年11月底开工。数十万民工和工程技术人员奋战在治淮工程的工地上。1951年5月,中央治淮视察团把印有毛泽东亲笔题词“一定要把淮河修好”的四面锦旗,分送到了治淮委员会和三个治淮指挥部,极大地鼓舞了治淮大军的士气。到1951年7月下旬,第一期工程全部完工。这期工程共完成了蓄洪、复堤、疏浚、沟洫等土方工程约1.95亿立方米(其中沟洫工程土工约1亿立方米),石漫滩山谷水库一座,板桥、白沙两处山谷水库的一部分,润河集蓄洪分水闸一座,其他大小涵闸62处,谷坊155座。[1]

1951年冬,淮河两岸人民又投入了治淮二期工程的战斗中。1952年7月,治淮二期工程结束,1953年的治淮工程又开始了紧张的筹备。经过8个年头的不懈治理,到1957年冬,国家共投入资金12.4亿元,治理大小河道175条,修建水库9座,库容量316亿立方米,还修建堤防4 600余千米,极大地提高了防洪泄洪能力。自那以后,在毛泽东的号召下和历代党、国家领导人的关怀下,经过60多年的治淮,淮河得到了很好的治理,一条“幸福河”“生态河”正不断显现在人们的面前。

从我们今天架构淮河文化研究的认知体系来看,当年毛泽东发出的号召涉及淮河文化中最核心的淮河治理问题。我们主张淮河文化是淮河流域文化,其特质是水文化,而水文化中的水利文化又是特质中的特质,作为淮河文化的研究者,我们应当将之作为一个标志性事件来看待。[2]

第二件大事是周恩来为《治淮》杂志题写刊名。1952 年 4 月,在轰轰烈烈如火如荼的治淮高潮中,《治淮》杂志应运创刊。自那以后,《治淮》杂志是国家水利部淮委机关刊物,是淮河流域指导治淮工作的综合性刊物,杂志的宗旨是紧紧围绕治淮中心工作,把握正确的宣传舆论导向,关注流域水利发展的重大问题,综合介绍和探讨水利政策、法制建设,流域管理、水利经济、工程建设等方面的新问题、新经验,宣传治淮取得的伟大成就,鼓舞治淮职工和淮河儿女齐心协力,治好淮河,为推动治淮事业的发展,发挥了良好的作用,是治淮宣传的重要阵地。

周恩来题写《治淮》的文化史意义在于:和毛泽东的题词一样,将治淮作为一个时代任务,体现了社会主义社会的本质,治淮成为建国以后最大的一项水利建设,也是淮河儿女在治理淮河中的一项新文化的创造活动。《治淮》创办至今数十年的历程中,为我们今天研究淮河文化积累了丰富的研究资料,其本身也成为了一项十分重要的反映淮河流域变化发展的文化宝库。

新中国成立以后至 20 世纪 80 年代中期的治淮事业无疑为后来唤起淮河文化的研究起到酝酿的作用,治理淮河的活动本身就是淮河文化研究的重要内容,以《治淮》刊物创办和各方面资料的积累,客观上也成为后来淮河文化研究的材料。除《治淮》按期刊载论文、时论、资料等外,这一时期还出版了诸多著作,其中代表性的有:海默撰《同心协力治淮河》(中南人民出版社 1951 年版)、东庄等编辑《淮河诗歌(第一辑)》(安徽人民出版社 1952 年版)、胡焕庸编著《淮河水道志:一九五二年初稿》(水利电力部治淮委员会淮河志编纂办公室 1986 年版)、胡焕庸著《淮河》(开明书店 1952 年版)、王树人著《纵横话淮河:报告》(新文艺出版社 1953 年版)、窦懋芳撰《治理淮河唱功劳》(北新书店 1953 年版)、胡焕庸著《淮河的改造》(新知识出版社 1954 年版)、安徽省水利厅编《1958 年淮河流域水文资料》(安徽省水利厅 1959 年印制)、编写组编《淮河新篇》(人民出版社 1975 年版)等。

自所以说这一阶段仍为酝酿阶段,是因为新中国成立后这一阶段的淮河治理和毛泽东、周恩来的题词、题刊这样标志性的事件虽然涉及淮河文化的主要问题,但限于历史条件和文化条件,其时尚未有人明确提出淮河文化的学术概念,尤其是当时也不可能将淮河治理活动提到文化的层次。

2.2 淮河文化的催生阶段

时间从 20 世纪 80 年代中期到 1998 年安徽省首届淮河文化研讨会召开前。这一阶段使淮河文化得到催生的条件主要有两个方面。

第一,根据我们有限的学术考察,在我国,将淮河文化作为一门学问加以研究的酝酿于 20 世纪 80 年代中期。其时,我国兴起了一个文化研究热,首先是工作和生活在淮河流域的一些世纪工作者主要是宣传工作者和理论研究者面对文化研究的热潮,也开始关注起淮河文化,于是就在一部分文化研究者那里出现了“淮河文化”的话语词表达。这在当时既是探索,也是对当时全国兴起的文化热的一种追随性探索。根据我们的经历和了解,这种开始于是时的探索,越到后来就越激起人们探索和讨论的兴趣,人们便开始对“淮河文化”的学理性展开了研究。

第二,其时也出现了一批涉及或切入淮河文化正题的探索性著作和关于淮河水利建设的学术性较强的著作。代表性的有:水利部淮河水利委员会著《淮河水利简史》(水利电力出版社 1990 年版)、朱庆亮著《淮河流域名胜印谱》(学苑出版社 1990 年版)、安徽省内河航运史编写委员会编《安徽省淮河航道志》(安徽人民出版社 1991 年版)、吴宗越、李宗新编选《历代诗人咏淮河》(学林出版社 1991 年版)、张义丰等主编《淮河地理研究》(测绘出版社 1993 年版)、陈广忠著《两淮文化》(辽宁教育出版社 1995 年版)、蔡葵著《楚汉文化概观》(南京师范大学出版社 1996 年版)、张义丰等主编《淮河环境与治理》(测绘出版社 1996 年版)等。

2.3 淮河文化正式展开科学研究阶段

时间从 1998 年至今。到 20 世纪 90 年代中后期,关于淮河文化的思考推动着学术界和实际工作部门要将其推向理论舞台和学术前台,于是就有了 1998 年由安徽省社科联、水利部淮委、蚌埠市政府联合在安徽省蚌埠市召开的"安徽省首届淮河文化研讨会",这可视为淮河文化研究证实开始期。此次参加会议的代表来自淮河流域的四省(皖、豫、鲁、苏)①专家学者,大家就为探讨和研究"淮河文化"而来。我们不是说淮河文化是从该时起步的,而是认为淮河文化作为一种学理性探讨,并将之推向学术前台,那次会议是界碑性的、标志性的,完全符合以上关于淮河文化研究起始的几个判断标准,也正如时任安徽省委宣传部副部长、省社科联第一副主席刘苹指出的,"首届淮河文化研讨会","一方面具有开创性的意义,另一方面也是近年来大家研究基础上'水到渠成'的结果。……我们希望以这次研讨会为契机,推动淮河文化研究跃上新水平、新高度。"[3] 以后安徽省又召开了第二至第六届淮河文化研讨会,安徽省这六届淮河文化研讨会,第一,第二届会议论文分别以《学术界》增刊形式汇集发表了会议论文的主要成果,第三至第五届会议论文分别集辑由合肥工业大学出版社出版。② 第六届会议论文也即将出版发行。这几次会议所主导的安徽省为主的淮河文化研究构成了淮河文化研究的主流,这些会议上所表达出来的观点和会后所发表的论著,基本上可以代表淮河文化研究的整体水平。

1998 年以来的淮河文化研究,成果十分丰富。历次专门学术会议可见朱正业《近十年淮河流域经济史研究术评》[4]、吴海涛《近十年来淮河流域历史研究述评》[5]、陈立柱《第二届淮河文化研讨会综述》[6]、马鸿雁《第三届淮河文化研讨会综述》[7]、程必定《开拓淮河文化研究的新阶段》[8]、陈立柱、纪丹阳《第五届淮河文化研讨会综述》[9]、汪立星《第六届淮河文化研讨会综述》[10]等综述性文章;这一期间还出版了一批研究专著,主要有陈广忠《淮河传》(河北大学出版社 2001 年版)、王鑫义等《淮河流域经济开发史》(黄山书社 2001 年版)、李修松《淮河流域历史文化研究》(黄山书社 2001 年版)、郭学东《风情淮河》(安徽人民出版社 2009 年版)、胡阿祥等《淮河》(江苏教育出版社 2010 年版)、曹天生等《淮河文化导论》(合肥工业大学出版社 2011 年版)等;此外,水利部淮河水利委

---

① 淮河流域还应包括湖北省的极小部分地区,通常人们将之忽略不计,通常称 4 省,实为 5 省。

② 分别见:《学术界》1998 年增刊;《学术界》2004 年增刊;《淮河文化新探——"第三届淮河文化研讨会"论文选编》,合肥工业大学出版社 2006 年版;《淮河文化纵论——"第四届淮河文化研讨会"论文选编》,合肥工业大学出版社 2008 年版;《皖北崛起与淮河文化——"第五届淮河文化研讨会"论文选编》,合肥工业大学出版社 2010 年版。

员会还组织编写出版了《淮河志》系列资料性书籍。读者可从中大体领略到自1998年以来淮河文化研究及其成果的大体情况及其水平。

3 期待与展望

新中国以来,特别是自1998年以来,淮河文化日益成为人们关注和研究的文化。但由于各种原因,淮河文化研究还存在种种不足。如全国全域协同研究不足,亦即域内各省份协同研究不足。我们认为,凡涉及淮河流域的古往今来的一切人物和事物均属淮河文化的范畴。但在实际上,由于大家对淮河文化的认知还存在差异,各省的学术研究和工作者都在有目的打造和推宣本地的实在或潜在强势文化,因此,有意无意地避开这种文化称谓。由于至今没有一个全国性的(或谓五省的)淮河文化研究组织和机构起组织协调作用,淮河文化碎裂化现象比较严重。这些,都需要我们在新的历史条件下努力加以克服。

在文化大发展、大繁荣的的新的历史条件下,从与时俱进的时代要求来看,催促我们要在既往研究的基础上创新、发展、深入,用学术研究成果为社会现实服务。具体说来我们认为应朝如下方面努力:一是用科学发展观指导淮河文化研究,在先进文化的引领下,褒扬淮河文化中的精华,摒弃淮河文化中的糟粕,进一步打造淮河文化研究精品。二是发扬开放式研究的大气派,克服隐形的学术割据的局面,更不能在淮河文化圈内自说自话,搞自我封闭。三是加强整体研究和个案研究、理论研究和事实研究的配合,全面推动淮河文化研究。四是打通淮河文化和其他学科连接的通道,用跨学科思维加强研究淮河文化。五是推动淮河文化研究成果的社会化,使之成为广大民众的公共文化产品,为社会主义文明建设服务。

参考文献

[1]新华网.共和国的足迹[DB/OL].

[2]曹天生.关于淮河流域文化定义问题的探讨[J].学术界,1998(增刊):

[3]刘苹.进一步加强淮河文化研究[J].学术界,1998(增刊):1.

[4]朱正业.近十年来淮河流域经济史研究述评[J].社会科学战线,2005(6).

[5]吴海涛.近十年来淮河流域历史研究述评[J].中国史研究动态,2007(5).

[6]陈立柱.第二届淮河文化研讨会综述[J].学术界,2004(增刊).

[7]马鸿雁.第三届淮河文化研讨会综述[J].阜阳师范学院学报:社会科学版,2006(3).

[8]程必定.开拓淮河文化研究的新阶段——在“第四届淮河文化研讨会”闭幕式上的讲话[M]//淮河文化纵论.合肥:合肥工业大学出版社,2008.

[9]陈立柱,纪丹阳.第五届淮河文化研讨会综述[M]//皖北崛起与淮河文化——“第五届淮河文化研讨会”论文选编.合肥:合肥工业大学出版社,2010.

[10]汪立星.第六届淮河文化研讨会综述[J].淮北师范大学学报:哲学社会科学版,2011(6).

论《淮南子》道胜思想与启示

王硕民①

摘　要:兵学思想是构成《淮南子》思想的重要部分,而道胜观较为突出。《淮南子》道德观念不专守一家,其道也非完全皈依老庄,其德更非苟同孔孟,而将道德视为应遵循的客观规律,顺应人心的精神,强调道胜与德胜的正义性、时代性与灵活性;治国用兵要遵循规律,文武兼备,唯义所在。因此,要求君主与将帅应重道修德,行仁义之师。《淮南子》认为,道胜为用兵的最高境界,道胜必须以德胜来实现,德胜实现应有具体方略,一是君主与将帅要修身行德,二是善用兵者要布德使惠,三是用兵打仗要以诛暴禁乱为目的,四是进攻敌国必须把握好适度。兵学思想是构成《淮南子》思想的重要部分,而道胜观较为突出。

关键词:《淮南子》;道胜思想;现实意义

《淮南子》亦称《淮南鸿烈》,是西汉淮南王刘安招引宾客,并由其主持集体编纂而成。据《汉书·艺文志》载:"淮南内二十一篇,外三十三篇。"颜师古注:"内篇论道,外篇杂说。"全书内容庞杂,将道、阴阳、墨、法和儒等思想杂糅起来,因此,《汉书》则将它列入杂家,但全书主要贯穿道家思想。据高诱叙,"鸿,大也,烈,明也,以为大明道之言也"(《淮南子注》),言此书包含广大而光明的道理。《淮南子》还含有深刻的军事思想,主要集中于《兵略训》《主术训》等篇,主要有对战争的看法,主张慎战,倡导战争的正义性,且认识到战争与诸多相关因素的关系,如战争与政治的关系、战争与经济的关系、战争与自然条件的关系等。其兵学思想是构成《淮南子》思想的重要部分,而"道胜"观较为突出,迄今学界多不论及,有必要加以深入研究,这对于弘扬中国传统军事文化,加深世界对中国主流战争理论的认识,以及加强当前军队建设,搞好新时期军事斗争准备与战争指导具有启示意义。

1　道可用于指导军事活动

《淮南子》通篇贯穿"道"的精神,"道"字626个,其中《要略》35个,道德连用27个。"道"是《淮南子》思想的起点,也是其思想的其核心,弄清"道胜"的意义,必须从分析道开始。书中道的名称很多,有太上之道、大道、至道、清道、治道、天道、地道、战道、主道,

① 作者简介:王硕民,总后勤部汽车管理学院基础部教授,硕士生导师。

臣道、公道、私道、教道,王道、人道、技道、圣道,还有衣食之道、道术等。道,有的是具体的,有的是抽象的,内涵丰富深刻。

“道”统运一切。《淮南子》主要阐发道家思想,认为“道”是宇宙的本原,也是统治宇宙中一切事物运动的法则,无所不统。《原道训》开篇即明:“夫道者,覆天载地,廓四方,柝八极,高不可际,深不可测,包裹天地,禀授无形;原流泉浡,冲而徐盈;混混滑滑,浊而徐清。故植之而塞于天地,横之而弥于四海;施之无穷,而无所朝夕。”“道”展开来可以“幎于六合”,而小起来则“不盈于一握”。约而能张,幽而能明,弱而能强,柔而能刚,“横四维而含阴阳,纮宇宙而章三光。甚淖而滒,甚纤而微;山以之高,渊以之深;兽以之走,鸟以之飞;日月以之明,星历以之行;麟以之游,凤以之翔”。总之,道是统揽一切的,时间上无有穷尽;空间上无所不包,无所不含;作用上以其无所不能,而能使万物无所不能。以现代科学观审视,这正是宇宙的概念及其间事物运行的规律。

而这一认识则是对老子“道”的发挥。老子云:“有物混成,先天地生。寂兮寥兮,独立而不改,周行而不殆,可以为天下母。吾不知其名,字之曰道,强名之曰大。”在天地剖判之前,有个混然寂寥的东西,循环往复而无终始,这就是产生天地万物的根源,名之曰道,勉强才可称之为“大”。《淮南子》又引老子曰:“大曰逝,逝曰远,远曰反。天大、地大、道大、王(傅奕作人字)亦大,域中有四大,而王处其一焉。”(《老子》第二十五章)世间万物都从道中孕育,道大无边,实际“以言其能包裹之也”。(《道应训》)其中的道与《易·乾》中《彖》辞所描述“乾道”之道又有类似之处:“大哉!乾元,万物资始,乃统天。云行雨施,品物流行。大明终始,六位时成,时乘六龙以御天。乾道变化,各正性命,保合太和,乃利贞。首出庶物,万国咸宁。”都把大自然看成是支配一切的东西,具有无比的威力,整个天下都从中出。所以,《淮南子》认为道与德都是“大”的,“夫观六艺之广崇,穷道德之渊深,达乎无上,至乎无下,运乎无极,翔乎无形,广于四海,崇于太山,富于江河,旷然而通,昭然而明,天地之间无所系戾,其所以监观,岂不大哉!”(《泰族训》)道包揽一切,既包括自然运行,也包括社会运作。“道至高无上,至深无下,平乎准,直乎绳,圆乎规,方乎矩,包裹宇宙而无表里,洞同覆载而无所碍。”(《缪称训》)在人类社会的动作中,“道”可以指导办一切事情,可以修身、可以齐家、可以治国。“道者,物之所导也”,就是喑者不言,聋者不闻,也为“人道不通”。(《泰族训》)因此,“道者,一立而万物生矣”。(《原道训》)

但不是所有的人都能够得道精义的。《原道训》说“曲士不可与语至道”,如果“不知道者,释其所已有,而求其所未得也”,不得要领;而且“苦心愁虑以行曲,故福至则喜,祸至则怖,神劳于谋,智遽于事,祸福萌生,终身不悔,己之所生,乃反愁人。不喜则忧,中未尝平”,即为“狂生”。因而《淮南子》将道的最高境界称作“至道”,“至道无为”(《俶真训》),还有“达于道者”(《原道训》)与“真人之道”(《俶真训》)。所以,得道已定,而不待万物之推移。得道者,就能穷而不慑,达而不荣,处高而不机,持盈而不倾,新而不朗,久而不渝,入火不焦,入水不濡;“形神气志,各居其宜,以随天地之所为”(《原道训》)。

2 道胜为用兵的最高境界

《淮南子》“道胜”出现4次,主要论述道胜的作用,道胜可以收到各种理想效果。一是批评儒家以礼乐仁义堵塞人欲，违背人性，反而达不到治国目的，称赞"先王之道胜，故肥"(《精神训》)。二是《主术训》中对"人莫得自恣，则道胜；道胜而理达矣，故反于无为"。如此，道就占据主动，取得主导地位，道胜，事理就通畅；如是，便可无为而治。"无为者，非谓其凝滞而不动也，以其言莫从己出也。"三是不管法治也好，德治也罢，都要符合天道，"唯体道能不败"，一旦得道，就不会受到外界浸渍，永葆本色，"至道之人，不可遏夺也"(《缪称训》)。"无以名之，此之谓大通"，无所不通，臻于"道胜"，"道胜，则人无事矣"(《诠言训》)。

治国、用兵道理本同。《淮南子》不但将道运用在对自然的认识，指导人类进行以上活动，当然也用于军事。《兵略训》谈以"道"用兵："兵失道而弱，得道而强；将失道而拙，得道而工；国得道而存，失道而亡。"《俶真训》指出，"是故举事而顺于道者，非道之所为也，道之所施也"。道胜自然是最高明与理想的。而"地广民众，主贤将忠，国富兵强，约束信，号令明，两军相当，鼓錞相望，未至兵交接刃，而敌奔亡"，此用兵之次也。最不足取的是，"知土地之宜，羽险隘之利，明奇正之变，察行陈解赎之数，维枹绾而鼓之，白刃合，流矢接，涉血属肠，舆死扶伤，流血千里，暴骸盈场，乃以决胜"(《兵略训》)，此用兵之下也，实不足取。

"道胜"可以达到不战而胜的理想境界。战争指导上，得道者能超越一切，《兵略训》分析："凡物有朕，唯道无朕。"之所以无朕，"以其无常形势也"，就像车轮无穷转动，日月之运行，春秋代谢，终而复始，没有穷尽。在用兵上就能够达到，"制刑而无刑，故功可成；物物而不物，故胜而不屈。刑，兵之极也，至于无刑，可谓极之矣。是故大兵无创，与鬼神通，五兵不厉，天下莫之敢当"，"大兵"，就是得道之兵。这是老子兵学思想的继承，意在全胜。所谓庙战能够取胜，就是"法天道也"。"道之浸洽，滒淖纤微，无所不在，是以胜权多也。"如此，能够无所不为，无所不通，始终握持战争主动权，稳操胜券。故得道之兵，"车不发轫，骑不被鞍，鼓不振尘，旗不解卷，甲不离矢，刃不尝血，朝不易位，贾不去肆，农不离野。招义而责之，大国必朝，小城必下。因民之欲，乘民之力，而为之去残除贼也"。这就是"道胜"。"道胜"是用兵的理想境界，与孙子"不战而屈人之兵"异曲同工。

西汉太史令司马谈《论六家要旨》说："道家使人精神专一，动合无形，赡足万物。""其术以虚无为本，以因循为用。无成埶，无常形，故能究万物之情。不为物先，不为物后，故能为万物主。"《淮南子》正把握住了这一军事规律的精髓。

3 道胜必须以德胜为基础

《淮南子》通书强调无为而治，但不是无所不为，"无为者，非谓其凝滞而不动也"，精要是"块然保真，抱德推诚"，天下从之，"如响之应声，景之像形，其所修者本也"(《主术训》)。用当代科学发展观看，一切活动都要按照自然与社会发展规律运行。因此，"道胜"不是虚无的，而是通过具体的德行来实现。

"德"的内涵是丰富的。《淮南子》中的德也频繁出现，计 312 个，且有其特殊意义。《俶真训》释义："闭九窍，藏心志，弃聪明，反无识，芒然仿佯于尘埃之外，而消摇于无事之业，含阴吐阳，而万物和同者，德也。"德，既是超然的，又是现实的；既是抽象的，又是具体的，能够使万物和谐相处，与"道"义同中有异。《齐俗训》提出："率性而行谓之道，得其天性谓之德。”不管道也好,德也好,都应尊重率然的天性,用于人类即人性。“故制礼义,行至德,而不拘于儒、墨。”此德显然不同于儒家之德,主要是从约束人们行为规则产出的结果立论,以逆向思维论述彰显德性的作用。“性失然后贵仁,道失然后贵义。是故仁义立而道德迁矣。”(《齐俗训》)从这方面说,道与德又密切联系,异名而同实。“德者,性之所扶也;仁者,积恩之见证也;义者,比于人心而合于众适者也。故道灭而德用,德衰而仁义生。故上世体道而不德,中世守德而弗坏也,末世绳绳乎唯恐失仁义。”(《缪称训》)指明了道德仁义之间的关系,道处于最高,德派生于道,仁义则是德走向极端,是道德的终极与归宿。道德仁义是一个网状的大系统,彼此联系,但是不可逆转。(《俶真训》)

《淮南子》有时还将“道”与“德”合而为一。道德连用主要集中于《览冥训》《本经训》《齐俗训》《氾论训》《要略》等篇。篇中对“道德”的意义没有解释,多是阐发其作用:“国之所以存者,道德也;家之所以亡者,理塞也。”(《氾论训》)运用于治国理家,“是故体太一者,明于天地之情,通于道德之伦,聪明耀于日月,精神通于万物,动静调于阴阳,喜怒和于四时,德泽施于方外,名声传于后世”(《本经训》)。将道德连用,二者义近,略有区别,德有德泽,可以布施,而道是人们应该遵循的客观规律。“夫天之所覆,地之所载,六合所包,阴阳所呕,雨露所濡,道德所扶,此皆生一父母而阅一和也。”(《俶真训》)道德对自然万物的作用有时等同。“逮至当今之时,天子在上位,持以道德,辅以仁义,近者献其智,远者怀其德,拱揖指麾而四海宾服,春秋冬夏皆献其贡职,天下混而为一,子孙相代,此五帝之所以迎天德也。”道德是天子治理天下的根本,批驳法家申、韩、商鞅的治国,“乃背道德之本,而争于锥刀之末,斩艾百姓,殚尽太半,而忻忻然常自以为治,是犹抱薪而救火,凿窦而出水”(《览冥训》)。究其原因,“道德定于天下而民纯朴,则目不营于色,耳不淫于声,坐俳而歌谣,被发而浮游”(《本经训》),一旦定于道德,天下治理就如此简易!

君主与将帅要修身行德。“君人之道,处静以修身,俭约以率下。静则下不扰矣,俭则民不怨矣;下扰则政乱,民怨则德薄;政乱则贤者不为谋,德薄则勇者不为死”;其主之义德厚而号令行。(《主术训》)“德义足以怀天下之民,事业足以当天下之急,选举足以得贤士之心,谋虑足以知强弱之势,此必胜之本也。”德性需要长期养成,正如荀子所讲“积善成德”(《劝学》)。“故善为政者积其德,善用兵者畜其怒;德积而民可用,怒畜而威可立也。故文之所以加者浅,则势之所胜者小;德之所施者博,而威之所制者广;威之所制者广,则我强而敌弱矣。故善用兵者,先弱敌而后战者也,故费不半而功自倍也。”汤之地方圆仅七十里而王,主要在于“修德也”;反之,智伯虽有千里之地而亡,原在于“穷武也”。因此,千乘之国,行文德者,王;万乘之国,好用兵者,亡。

对将帅的要求,以士卒为本。《兵略训》要求将帅要以诚对待下属:“故将以民为体,而民以将为心。心诚则支体亲刃,心疑则支体挠北。心不专一,则体不节动;将不诚心,则卒不勇敢。故良将之卒,若虎之牙,若兕之角,若鸟之羽,若蚈之足,可以行,可以举,可以噬,可以触。强而不相败,众而不相害,一心以使之也。故民诚从其令,虽少无畏;民不从令,虽众为寡。”这正如孔子教导的:“其身正,不令而行;其身不正,虽令不从。”所以,人君将帅要“内修其政,以积其德;外塞其丑,以服其威;察其劳佚,以知其饱饥。故战日有期,视死若归”。同时,将帅必须与士卒同甘苦,在艰苦危难下,“必以其身先之”:暑不张盖,寒不被裘;险隘不乘,上陵必下;军食孰然后敢食,军井通然后敢饮,合战必立矢射之所及。如此,“其死可得而尽也”。故良将之用兵也,“常以积德击积怨,以积爱击积憎,何故而不胜”。

4 道胜所表现的主要方面

《要略》指出:“故言道而不言事,则无以与世浮沉;言事而不言道,则无以与化游息。”要实现符合道的理想用兵境界,还需要“修政于境内,而远方慕其德;制胜于未战,而诸侯服其威。内政治也”(《兵略训》)。同时,理政治军要合法度,要行仁义之师,诛暴禁乱。

首先,道胜之本在于政胜。从战争观念上说,道胜与德胜之间的联系则是“政胜”,“政胜”可以把道所追求用兵理想落在实处。《兵略训》指出:“兵之胜败,本在于政。政胜其民,下附其上,则兵强矣;民胜其政,下畔其上,则兵弱矣。”因此,“修政庙堂之上,而折冲千里之外,拱揖指捴,而天下响应”。又揭示“兵有三诋”。“诋”,高诱注“要事也”。“三诋”为“治国家,理境内,行仁义,布德惠,立正法,塞邪隧”,以达到群臣亲附,百姓和辑,上下一心,君臣同力,诸侯服其威,而四方怀其德。而且用德要均,孔子早就说过,“不患寡而患不均”(《论语·季氏》),只有“德均则众者胜寡”。《兵略训》还指出,“地广人众,不足以为强;坚甲利兵,不足以为胜;高城深池,不足以为固;严令繁刑,不足以为威。为存政者,虽小必存;为亡政者,虽大必亡”。秦二世,纵耳目之欲,穷侈靡之变,不顾百姓饥寒穷匮,戍卒陈胜,兴于大泽,攘臂袒右,天下为之云彻席卷,一人唱而天下应之者,积怨在于民也。早期商纣王为周所取代也是这样。

其次,用兵打仗应顺应民心。《兵略训》明确指出,得道之兵应因民之欲,乘民之力,而为之去残除贼也。就可以同利相死,同情相成,同欲相助。顺道而动,天下为之响应;因民而虑,天下为之奋战。还要使人们认识到共同利益,“猎者逐禽,车驰人趋,各尽其力,无刑罚之威,而相为斥闉要遮者,同所利也”。故明王之用兵也,为天下除害,而与万民共享其利。一旦人民之为用,就像子之为父,弟之为兄,同心尽力;就能形成强大威势,若崩山决塘,敌孰敢当!故善用兵者,用其自为用也;不能用兵者,用其为己用也。用其自为用,则天下莫不可用也;用其为己用,所得者鲜矣。“是故善守者无与御,而善战者无与斗,明于禁舍开塞之道,乘时势,因民欲,而取天下。”这就是用兵之上策。

再次,用兵打仗旨在诛暴禁乱。《淮南子》主张战争“所以禁暴讨乱也”,“炎帝为火灾,故黄帝禽之;共工为水害,故颛顼诛之”。不问谁,只要他做了有害于人民的事,都应该讨伐,诛灭。首先教之以道,导之以德,而不悔改,则临之以威武;临之威武而不听从,则以兵革制裁。因此,圣人用兵,“若栉发耨苗,所去者少,而所利者多。杀无辜之民,而养无义之君,害莫大焉;殚天下之财,而澹一人之欲,祸莫深焉”。夏桀、殷纣、晋厉公、宋康王,此四君有小过而不讨伐,“故至于攘天下,害百姓,肆一人之邪,而长海内之祸”,此大伦之所不取。“所为立君者,以禁暴讨乱也。”淮南子批评:“晚世之兵,君虽无道,莫不设渠堑,傅堞而守,攻者非以禁暴除害也,欲以侵地广壤也。是故至于伏尸流血,相支以日,而霸王之功不世出者,自为之故也。”反之,为了扩充疆土的侵略战争是达不到目的的,为了个人利益而战的也成不了气候:“夫为地战者,不能成其王;为身战者,不能立其功。”为民而用兵,众助之;自为而举事,众去之。众之所助,虽弱必强;众之所去,虽大必亡。“兵之所加者,必无道国也。”(《兵略训》)

最后,用兵打仗须行仁义之师。《淮南子》认为就是攻伐敌国也不能过分,而要把握好分寸。“故霸王之兵,以论虑之,以策图之,以义扶之”,而不能赶尽杀绝,“非以亡存也,将以存亡也”。所以听到敌国之君,有加虐于民者,则举兵以临其境,“责之以不义,刺之以过行”。当大兵压境之时,告诫诸军要保护好敌国一切财产,不要砍伐树木,不要挖掘坟墓,不要焚烧粮食,不要焚烧积聚,不要抓捕百姓,不要没收牲畜。今天看来,这“六不”的约法就是文明之师之举。同时列举敌国之君的不义罪状,违背天道之行,于是发号施令:“其国之君,傲天悔鬼,决狱不辜,杀戮无罪,此天之所以诛也,民之所以仇也。兵之来也,以废不义而复有德也。有逆天之道,帅民之贼者,身死族灭!”事先做好广泛的道义宣传。占领敌国后,一定要善待老百姓,“克国不及其民,废其君而易其政”。尊重并重用品德高尚与有才干的人,赈扶孤寡贫穷,释放图圄囚犯,封赏有功之人。这样肯定受到人们的拥护,百姓开门而待之,唯恐其不来。“故义兵之至也,至于不战而止。”(《兵略训》)这种仁义之师之举在《诗经·小雅·六月》早就有体现。此诗最后写西周王朝讨伐猃狁入侵的结果:“薄伐玁狁,至于大原。”诗人用意正如《毛传》理解:“言逐出之而已。”《汉书·匈奴传》亦云:“欧之而已。”尽管猃狁寇边很猖獗,但是周兵仅对其严厉打击,并狠狠地教训了一番,却没有置于死地。行仁义之师是中华民族的悠久传统,《淮南子》将其发扬光大,且对后世兵学思想产生深远影响。

5 结束语

《淮南子》军事思想蕴含丰富,值得深究。其道胜与先秦兵家的道有联系,也有区别。如,《孙子兵法》的“道”是“令民与上同意”,强调士卒、人民与君主将帅同心同德,生死与共;《尉缭子·战威》明确提出“道胜”:“凡兵,有以道胜,有以威胜,有以力胜。”道胜就是“讲武料敌,使敌之气失而师散,虽刑全而不为之用”。《淮南子》继承发展了先秦这些思想,是集大成者。而《淮南子》的道德观念不专守于一家,将道看成用兵的法则,强调道胜与德胜的正义性、时代性与灵活性。《要略》指出:“《兵略》者,所以明战胜攻取之数,形机之势,诈谲之变,体因循之道,操持后之论也。”又强调,“所以知战阵分争之非道不行也,知攻取坚守之非德不强也”。道德二者缺一不可,还要文武兼备,并重申孙子思想,“兵之所以强者,民也;民之所以必死者,义也;义之所以能行者,威也。是故合之以文,齐之以武,是谓必取”(《兵略训》)。其道也非完全皈依老庄,其德更非苟同孔孟,而将道德视为应遵循的客观规律,顺应人心的精神,治国用兵在于文武兼得,唯义所在。因此,要求君主与将帅应重道修德,行仁义之师。这些对于加强当前军队建设,搞好新时期军事斗争准备与战争指导无疑具有重要的意义。

历史与考古篇

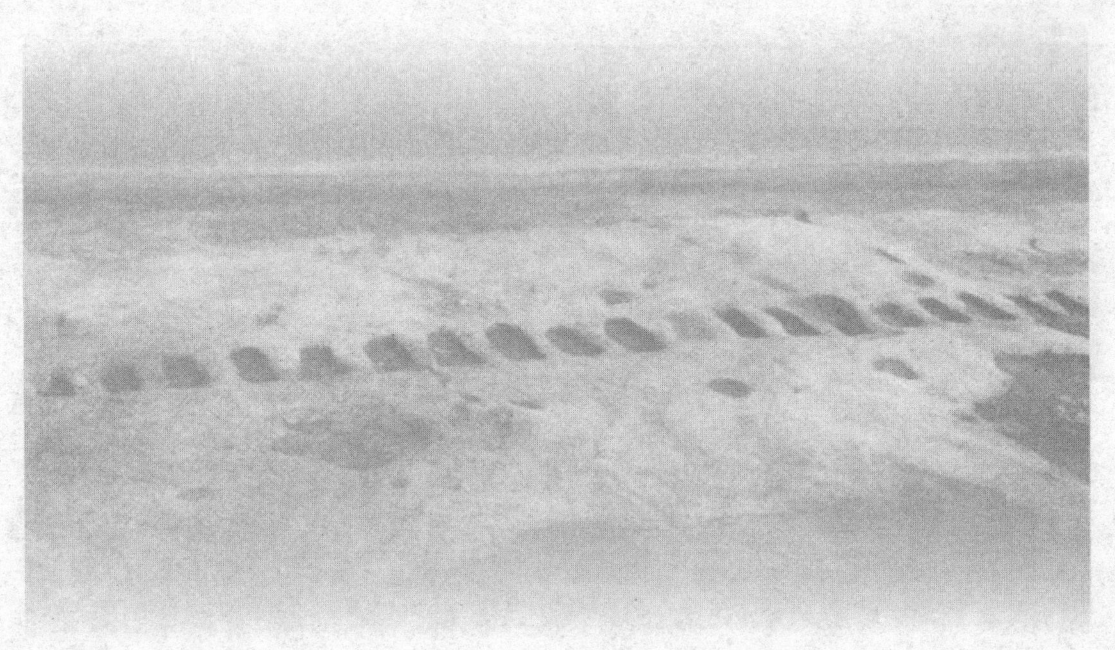

安徽省新石器和夏商周时代遗址时空分布与人地关系的初步研究①

朱光耀 朱 诚 凌善金 王吉怀 杨晓轩②

摘 要:安徽省新石器早期遗址有淮北的小山口和江南的沟汀,其位置皆有取水、避洪、渔猎、采集、种植之利。新石器中期,考古发掘的野生动物骨骼和孢粉分析表明,聚落周围是一个河湖密布,森林草原并存的生态环境;出土的器物及陶器上刻画着设网捕捞和伏击野猪的图案真实地反映了先民的渔猎生活。新石器晚期聚落分布表明,古人已能分辨土壤的优劣并很可能会利用环境条件改善土壤的不良特性;蒙城尉迟寺遗址的剖面分析表明,环境只是古聚落分布和数量变化的基础因素,生产力的因素也在起作用;皖南沿江平原的遗址农业发达,山区的采集和渔猎活动则占有重要的地位。夏商周时期全省聚落总数增加,但淮北平原聚落大规模缩减。其原因是长时间的持续降温和夏初的大洪水侵袭。皖中和皖南的丘陵山地地貌使那里所受洪灾较轻,灾后这些地区因热量条件较好使聚落迅速发展起来。新聚落大多建在了既有利于农业生产又能躲避洪水的地方。皖、苏、浙、沪四省区缺少早于7 000 aB. P. 的新石器遗址与全区经历的全新世早期海侵有关。

关键词:安徽省;新石器和夏商周遗址;时空分布;人地关系

随着近几十年我国大量文化遗址的发现与发掘,众多的新石器文明已呈现在我们面前。这段超越历史的时期自然环境是如何演化的?人地关系是怎样发展的?科学家们正在进行艰苦的探索[1~8]。位于江淮流域的安徽省经过几代考古工作者的努力,新石器时代文化遗址考古发掘成绩斐然,但该时期人地关系研究甚少。作者认为,且不说大量被发掘出来的自然和文化遗存的海量内涵,即使是遗址本身所属的时期、出现的地点,延续的时间,就是先人留给今人的宝贵遗产,记录着该地区的人地关系及环境演变。因而本文尝试对安徽省新石器时代各时期文化遗址的时空分布做人地关系的初步解释与研究。

1 本文主要遗址的时空分布状况

本文作者查阅了该省1949年以来新石器时代的考古资料,并于2003年实地调查了安

---

① 基金项目:国家自然科学基金(编号:40271103)项目和南京大学现代分析中心测试基金项目。

② 作者简介:朱光耀(1957—),男,安徽省蚌埠市人,副教授,主要从事自然地理教学与研究。

徽省 15 个城市与各县区。选取了安徽省文物志[9]中记载的县级保护以上级别现有的典型遗址 178 个,还收集了近几年列入各地区重点保护的 76 个遗址,总计为 254 个。在这些遗址中,有新石器时代各时期遗址 152 个,夏商周时期遗址点 102 个。需要说明的是,夏商周的纪年问题虽已在中国“九五”计划的“夏商周断代工程”中做了初步研究,但由于这一时期的文字记载极少,故本文也将该时期西周以前的遗址分布的人地关系列为探讨内容。文中考古遗址的时期划分采用了张之恒[10]的考古学年代体系。并根据遗址的地理位置和年代制作了前后时期相连的安徽省新石器时代文化遗址分布演变图(图 1 ~3)。

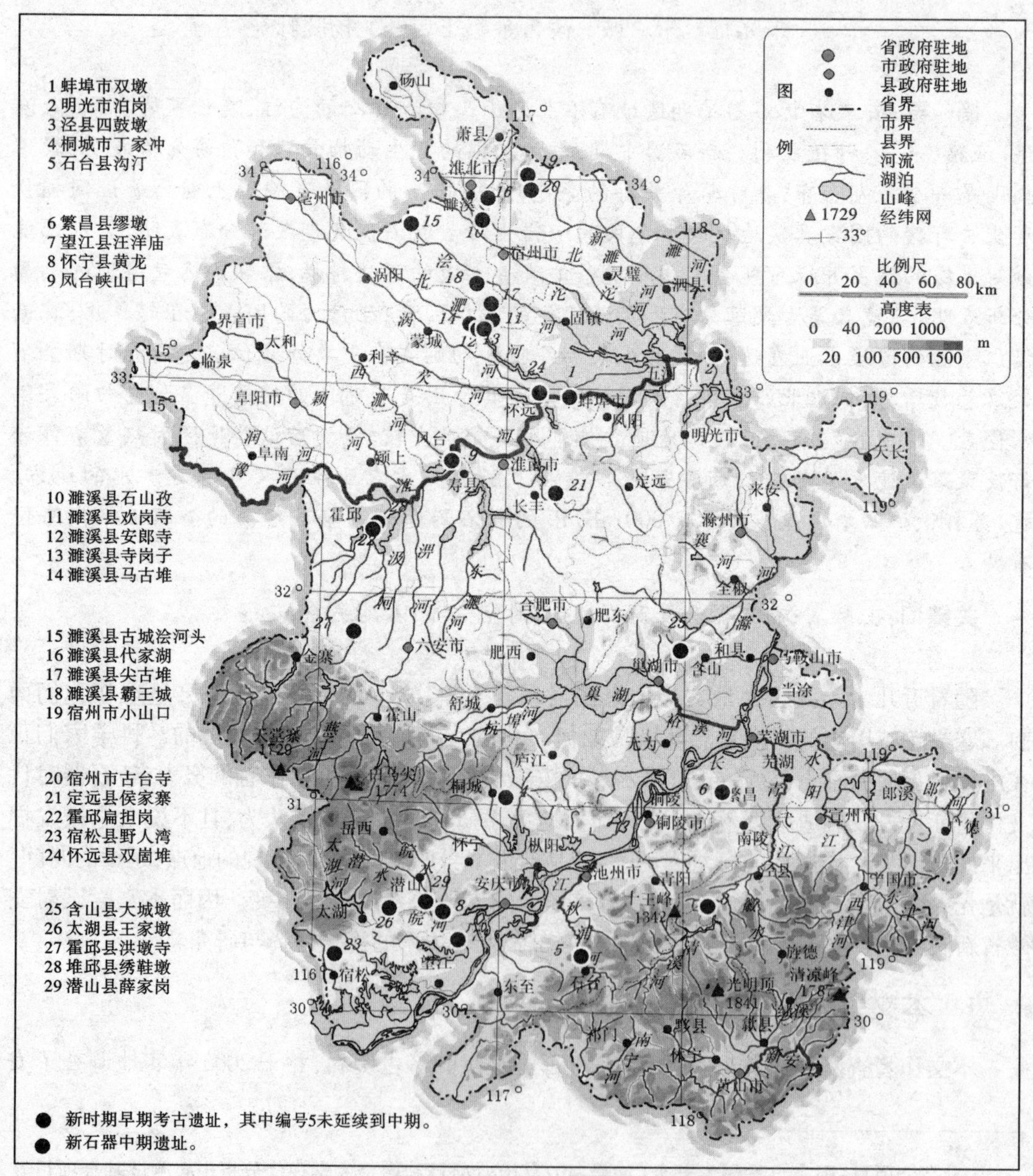

图 1 安徽省新石器早、中期遗址分布图

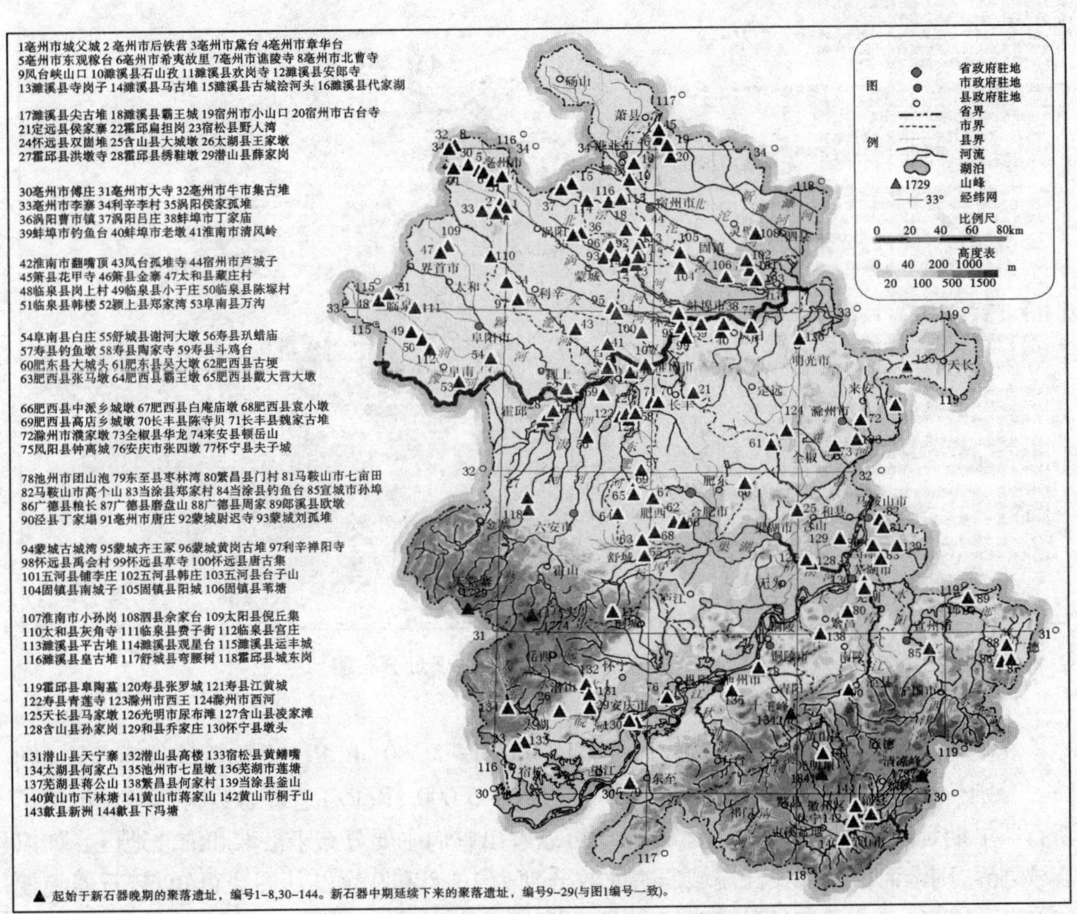

图2 安徽省新石器晚期考古遗址分布图

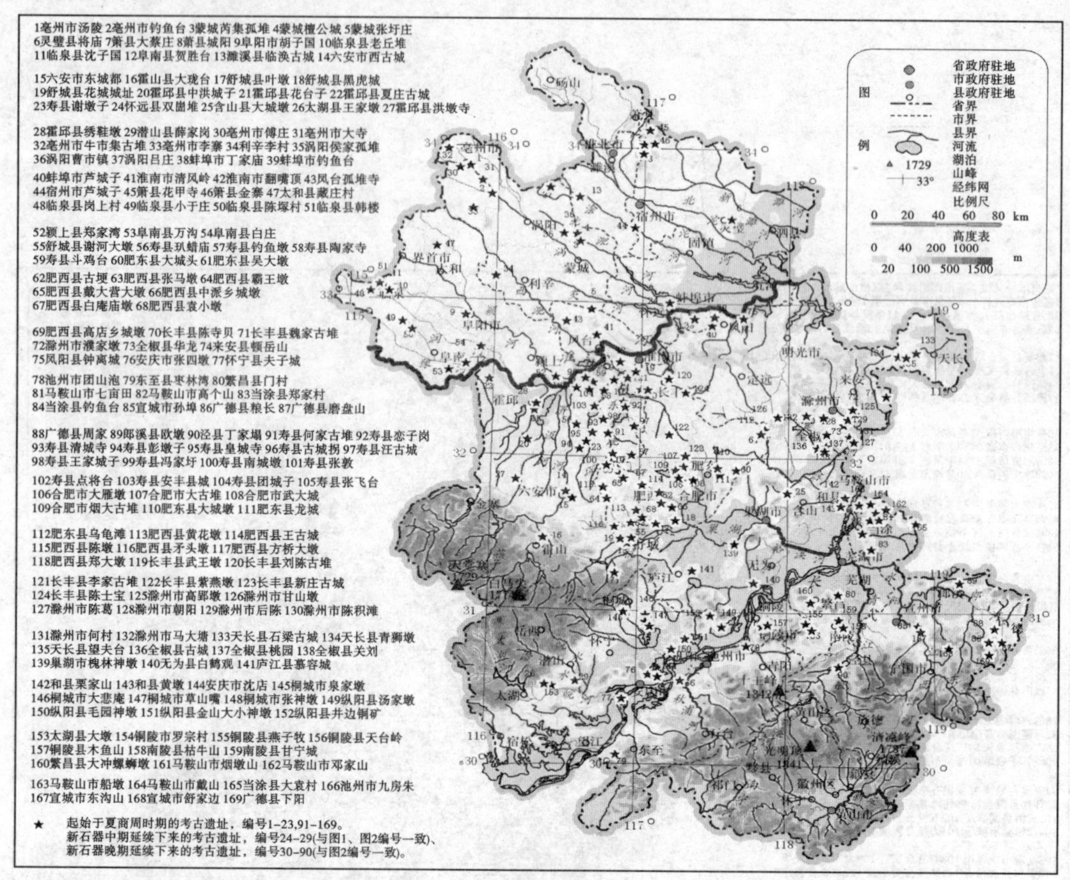

图3 安徽省夏商周时期考古遗址分布图

在上述安徽省新石器文化遗址中，早期(10 000 ~7 500 aB. P.)文化遗址仅有2个(图1)。分别位于淮北北部和长江南岸。中期(7 500 ~5 000 aB. P.)遗址总数为28个，包括了新石器早期延续下来的1个遗址。从图1可以看出它们主要分布于沿淮和淮北地区。如以流域划界，则淮河流域与长江流域的遗址数分别为19个和9个。从图2可知，新石器晚期(5 000 ~4 000 aB. P.)遗址数量骤增，范围扩展。此时期遗址数为143个，其中有21个为早期和中期延续下来的，该时期淮河流域遗址数量有94个，长江流域46个，新安江(属钱塘江水系)流域4个。夏商周时期(4 000 ~2 800 aB. P.)文化遗址数增加更为显著，从图3可见有169个，包括新石器晚期延续下来的67个。从以上主要遗址时空分布变化看似有较大变化：即淮河流域北部遗址群急剧萎缩，沿淮及低洼地区更加稀疏；长江以南山麓平原地区遗址数量增加，但山区数量减少；江淮之间遗址群连片扩展。

2 遗址时空分布与环境演变的联系性分析

2.1 新石器早期文化遗址分布与人地关系

安徽省新石器早期的遗址稀少，仅有江南的沟汀和淮北的小山口。小山口遗址约8

000 aB. P.[11],沟汀遗址则略早于此[12]。石台县沟汀遗址位于矶滩镇秋浦河的右岸阶地上,坐落于圈椅状小盆地内,三面靠山,一面靠水。小山口古聚落位于宿州市北部,低矮残丘环绕,遗址略高于周围地区,南部是海拔100m以上的高丘,西北部是东北流向的倒流河,东部、北部是平原。沟汀出土的打制石器比小山口多并粗糙。磨制石器有石锛、石凿、石斧、石铲、石刀和独特的四缺口石网坠,其中石网坠的数量超过了其他磨制石器数量的总和[12]。小山口的磨制石器有石锛、石斧、石磨盘、石磨棒及用各种兽骨制作的角锥、骨管[11]等。

它们虽相隔数百千米,然而从建设古聚落所选的位置看却皆有取水、避洪、渔猎、采集、种植之利。从生产工具看,此时期已都已有了农业生产。地貌平坦且时间稍晚的淮北小山口农业用具成熟一些,渔猎工具以猎器为主。而位于江南,山环水绕的沟汀的渔猎工具则以渔器为主。体现了环境的差异和古人顺应自然,求取生存的变通性。此时期遗址分布位置及匮乏的原因,可能与以下几个方面有关:一是时代久远,人烟稀少;二是从晚冰期到新石器初期这一阶段处于升温期,但低温仍可能对该地区的人类活动有一定的限制作用。三是10 000 ~8 000 aB. P. ,因气候转暖,北半球大冰流崩溃融化,海面迅速上升引发了全新世第一次大洪水,主要泛滥于华北地区[13],该省北部地区所受影响较大。

2.2 新石器中期文化遗址分布与人地关系

安徽省新石器中期的主要古聚落遗址有28个,分布遍及全省。经考古发掘,在石山孜、侯家寨、薛家岗等遗址都发现了大量野生动物骨骼。如分布于江淮之间,起始于7 000 aB. P. 的定远县侯家寨[14],出土了鹿、猪、狗、马、牛、羊、豹、鱼、鳖等动物骨骼和蚌壳、螺壳;同时期分布于淮北的濉溪县石山孜[15],出土了梅花鹿、水鹿、四不像、獐、麝、麂、狗獾、猪獾、猪、牛、鱼等动物骨骼和蚌壳、螺壳。从这些动物的生活习性看,当时聚落周围是一个河湖密布,森林草原并存的温暖湿润的生态环境。这些遗址中还出土了许多陶网坠、石镞、石矛和骨、角、牙器[14,15],起始于7 330 aB. P.[16]分布于淮河干流北岸的蚌埠双墩遗址还出土了一些有刻划纹的粗糙陶器,陶器上刻画着设网捕捞、鱼叉等花纹和伏击野猪的图案[17],反映了渔猎是此时期先民的重要生活方式。孢粉分析[18]表明,直到5 100 aB. P. 左右,淮北北部的萧县仍拥有青冈、胡颓子、栲属等常绿阔叶树种,众多的亚热带阔叶树种及喜湿湿润的水青冈属和栗属树种,年均温比现在高1.2 ℃[18]。现在安徽省的年均温约为14 ℃ ~16 ℃[19],因而当时安徽省北部的气候条相当于现在北亚热带,中部和南部则更暖一些。该分析印证了上述的考古发现。

优良的生存环境使该省的古聚落逐步发展起来。与长江流域相比,该时期淮河流域北部聚落较多。除个别遗址分布在海拔40 ~100 m外,其他都在海拔40 m以下。从淮河流域考古发掘出的大量的石质、骨质及蚌壳所制的锛、斧、刀、镰、铲等生产用具[16,20]看,农业生产兴旺。从石山孜和侯家寨出土的猪和鹿的骨胳皆占出土动物骨骼总量的80%[14,15]看,此时期可能已有了饲养业。人口的增长和饲养业发展需要种植业的支撑。淮河北部地势平坦(图1),由西北向东南略有倾斜,众多的支流平行向东南流入淮河,淮河南部的遗址则主要分布于河谷平原。这些地貌条件都利于发展农业生产。

在长江流域,遗址大部分分布在海拔100 m以下的平坦地区。北岸的望江汪洋庙[21]遗址位于沿江平原,出土了磨损严重的弧顶宽刃石斧、方形和梯形有刃口的石锛、扁平梯形弧刃有孔石铲及大量的石镞;江南泾县四鼓墩和繁昌缪墩遗址出土的多种石器、骨器及网坠、陶纺轮[22]。说明那里除农业外,同时还有纺织、采摘、渔猎等多种生产活动。

2.3 新石器晚期文化遗址分布与人地关系

从图 2 可见,新石器晚期遗址的数量大增,该区域人口的发展进入高速发展时期。研究发现,图 1 中新石器中期的 28 个遗址有 21 个延续至晚期,占 75%,其中淮北地区新石器中期的 14 个遗址有 13 个延续到新石器晚期,比例最高。

我们在国家重点文物保护单位皖北蒙城尉迟寺遗址剖面采集了土样,在南京大学分析试验中心做了 ICP 测试,使用负责尉迟寺发掘的中国社会科学院考古研究所提供的^{14}C测年并经树轮校正的数据,绘制了剖面 Ti、V、Co、Se、Fe 等化学元素的剖面垂向变化曲线(图 4)。根据关有志[23]的研究,地层中这些元素在温暖湿润的条件下富集,含量相对较高,在干冷环境条件下相反。图 4 中元素曲线的状况是,在新石器中期上述元素含量较高,然而在新石器中期结束前,元素含量突然下降,并在新石器晚期部分恢复后波动较大,总体呈缓慢下降趋势。因此该曲线可解释为:尉迟寺地区新石器中期温暖湿润,但在末期有一个强烈的冷干事件。新石器晚期恢复的温湿水平已不如中期,5 000 ~4 600 aB. P. 该地的温湿状况波动较大,4 600 ~4 000 aB. P. 以后趋向平稳,总体向干冷方向缓慢发展。而尉迟寺遗址文化堆积层中出土的动物骨骼的变化[24]也表明,从大汶口文化晚期到龙山文化阶段,尉迟寺周围沼泽地带的范围在缩小,与上述元素变化曲线的意义一致。

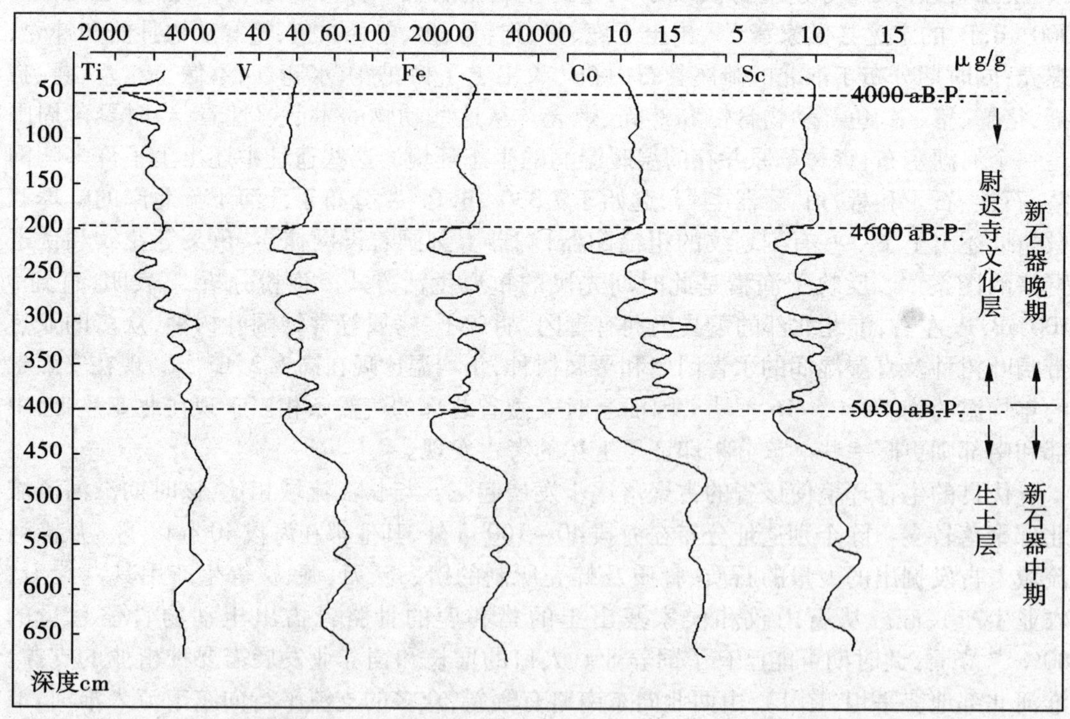

图 4 安徽蒙城尉迟寺遗址地层剖面 Ti,V,Fe,Co 和 Sc 等化学元素变化曲线

对古人来说,这种环境变化对生存发展并不理想,但代表人口数量状况的聚落数为什么会大量增加呢?尉迟寺遗址探方剖面植物硅酸体的分析[24]表明,新石器晚期开始时该地区的种植业以粟类作物为主,稻类较少,但到后期,稻类作物明显增多。稻类是高产作物,可以缓解人口的压力。这从一个方面说明,环境状况只是古聚落的数量变化的基础因素,还有生产力水平的因素在起作用,在一定限度内它可以避免和改善环境的不利因素。

淮北地区此时期的聚落大多分布于河流沿岸或河间洼地。实地考察发现把聚落建在这里除近水的共性外,还有其他的原因。如西淝河、涡河、浍河等主要支流的两岸分布的古聚落,与这里条带状分布的潮土有关,此种土壤广泛分布于我国东部长江流域及其以北地区的河流两侧[25]。本地区该土壤的母质为黄土类物质,由于含有丰富的苛性钾、磷与石灰,一旦加入适当的水分,就成为极肥沃的土壤[26]。近河岸的潮土土属为两合土和部分沙土,肥沃疏松,易于耕种,适合当时简陋的蚌铲、石铲等农具进行生产。又如在涡河与浍河之间聚集的遗址(图2中编号为11~14,17,18,35,36,92,93,96,104,113等遗址)的区域为河间洼地,该地貌是平行于河流或与河流交汇处易于积水的洼地,类似的聚落遗址淮北还有一些。洼地的土壤多是淮河北部分布最为广泛的砂姜黑土,此土易渍易旱,耕性不良。现代对砂姜黑土的改良方案是注意培肥、适时排灌或改作水田。聚落集中在这里极易让人联想到,古人很可能是在利用易于积水的洼地种水稻,或在其附近种粟以改善土壤的不良特性。从尉迟寺遗址周围宽25 m,深4 m的环状围沟看,古人已有能力建设一些简单的灌溉设施。有关水稻开始种植的时间和来源问题王象坤[27]的研究做了回答:中国栽培稻在8 000 aB. P. 前首先在长江中游和淮河上游驯化成功,在7 000~6 000 aB. P. 已扩展到长江下游和淮河中下游。

淮河以南的聚落大都建于现在肥沃的潴育水稻土区,遗址发掘尚未见有粟类遗存的报道,与北部的作物有显著差异。根据潴育水稻土的一般分布位置以及和地下水的关系,可知先民对种植条件的选择已有了丰富经验。本时期长江沿岸及皖南山区的聚落出土的生产用具很有特色。如沿江平原北部潜山薛家岗[28]出土的背部有钻孔的弧刃石铲,单面刃的石锛,9孔、11孔石刀等,表明了种植和采集同等重要。皖南山区新安江流域的歙县新洲遗址出土了长方形有孔石刀、半月形有孔石刀和大量的石质网坠,黄山蒋家山出土了磨制精细的双把牛头形石刀,双翘角石刀等[23],相对于平原地区,出土的石锛、石铲等农具较少。从其所在的区位看,应比该省北部气候条件优越,其生态条件可以提供较多的天然食品,一些聚落的采集和渔猎经济可能因此占有特别重要的地位。

2.4 夏商周时期文化遗址的分布与人地关系

夏商周时期是社会发展从蒙昧走向文明的重要过渡时期。发展到这个时期,人类的活动范围和规模应比昔日更大,聚落更多。考古发掘表明,这个说法在淮河以南地区是成立的,但皖北夏商周时期聚落数量大规模缩减。从聚落的延续性看,图2中淮河北部新石器晚期的68个遗址延续到了夏商周时期仅有22个,江淮之间新石器晚期的53个遗址有32个延续到了夏商周时期,江南新石器晚期的23个遗址有13个延续到夏商周时期。本文资料中上述三个地区新石器晚期聚落延续到商周之后的比例分别是32%、60%和57%。该时期新增的聚落(图3)有102个,其中江淮之间的河谷平原、岗地缓丘和沿江地区有79个,淮北平原仅有13个,长江以南的山地地区较少,主要分布在沿江平原和低矮丘陵地区。

探其原因,首先是长时间的持续降温。它在上述新石器晚期环境分析中已有明显趋势。而其后在4 000 aB. P. 左右的降温在世界各地都有表现,是历史时期以来最具影响力的一次小冰期[3]。中国在 4 000 ~ 3 500 aB. P. 和 3 000 aB. P. 左右是全新世的低温期[29,30]。因而皖北的农业生产和渔猎经济会逐渐变得比较困难,它可能会促使部分聚落南迁。第二是夏初的大洪水侵袭。古籍《孟子·滕文公上》记载:“当尧之时,天下犹未平,洪水横流,泛滥于天下……”《史记·夏本纪》亦云:“禹之时,天下大雨,禹令民聚土积薪择丘陵而处。”夏正楷[31]的调查表明,4 000 aB. P. 前后是中国北方异常洪水多发的时期,黄淮海流域这一时期普遍出现不同形式的异常洪水事件,与当时的降温事件有密切联系,气候变冷引发的湿度加大和降水量增多可能是异常洪水事件的主要原因。中国中原地区在3500a B. P. 前后有异常洪水事件[32]。朱诚[33]的研究表明在4ka B. P. 左右长江三角洲地区普遍存在特大洪水,该洪水使马家浜文化与近现代文化间断。淮北平原除萧县、怀远等少数地区的低缓残丘外,大部分地区海拔高度在 40 m 以下,坡度为1/5 000 ~ 1/12 000[20],河道宽而浅,使居住在不高的河间平原(当地人称台地)与河间洼地(当地人称湖地)的古人在大洪水的泛滥中无法生存。

本文作者根据图 2 和图 3 对安徽省淮北地区和江淮丘陵地区延续到夏朝以后的新石器晚期聚落遗址变化进行了统计。从表 1 可见,以平原地形为主的淮北地区的古聚落延续状况明显比江淮丘陵地区和江南山地丘陵地区差;同一地区海拔较低地区聚落遗址延续状况比海拔较高聚落遗址差。表现出与洪水灾害较强的相关性。

表 1 安徽省淮北地区、江淮之间和江南地区新石器晚期遗址延续到商周以后的状况统计表

地区	遗址海拔(m)	新石器晚期遗址数(个)	延续到商周以后的新石器晚期遗址数(个)	延续比率(%)
淮河以北	0 ~ 20	7(101-103,105,106-108)	0	0
	20 ~ 40	55(1-7,9-18,24,30,31,33-37,41,43,44,47-54,91-100,104,109-116)	19(24,30,31,33-37,41,43,44,47-54)	35
	40 ~ 100	6(8,19,20,32,45,46)	3(32,45,46)	50
江淮之间	0 ~ 20	14(28,55,63,66,74-77,119,126-130)	8(28,55,63,66,74-77)	57
	20 ~ 40	31(21-23,25,26,29,38-40,42,56-59,62,65,68-73,120-123,125,131-134)	19(25,26,29,38-40,42,56-59,62,65,68-73)	61
	40 ~ 100	7(27,60,61,64,67,118,124)	5 (27,60,61,64,67)	71
	100 ~ 200	1(117)	0	0
长江以南	0 ~ 20	8(78,80,84,85,89,136,137,139)	5(78,80,84,85,89)	63
	20 ~ 40	5(81-83,88,90)	5(81-83,88,90)	100
	40 ~ 100	4(86,87,135,138)	2(86,87)	50
	100 ~ 200	6(79,140-144)	1(79)	20

注:括号内斜体数字为图 2 中相应聚落遗址的编号。

江淮之间丘陵地貌使那里躲避洪水的条件要优于皖北，所受洪灾较轻。灾后此地区因热量条件较好使古聚落迅速发展起来。由于农业生产和躲避洪水的需要，图3中新聚落大多位于海拔20～100 m的河间平原与低缓丘陵区，既利于农业生产又能躲避洪水。从另一个方面说明了表1中皖南山区和大别山区海拔100 m以上地区因地貌条件不利农耕而使聚落发展受抑和废弃的原因。

3 结论

3.1 安徽省新石器早期的遗址仅有淮北的小山口和江南的沟汀，它们虽相隔数百千米，而古聚落所选的位置却皆有取水、避洪、渔猎、采集、种植之利。该时期已有了农业生产，但环境的差异使得淮北小山口的渔猎经济以猎为主，而沟汀的渔猎则以渔为主。

3.2 安徽省新石器中期的古遗址分布遍及全省。考古发掘的野生动物骨骼和皖北的孢粉分析表明，当时遗址周围是一个河湖密布，森林草原并存的生态环境。出土陶器上刻画着设网捕捞、鱼叉等花纹和伏击野猪的图案真实的反映了渔猎是此时期先民的重要生活方式。该时期淮河流域的遗址较多，与其地貌条件利于发展农业生产有关。长江流域也已有了发达的农业，同时还有纺织、采摘、渔猎等多种生产活动。

3.3 新石器晚期聚落遗址迅增。淮河北部沿河分布的遗址与肥沃疏松的潮土有关，它适合当时简陋的农具进行耕种，而建立在河间洼地的聚落，很可能表明是先民已会利用洼地积水来改善砂礓黑土的不良特性。蒙城尉迟寺遗址的剖面分析说明，环境只是古遗址数量变化的基础因素，还有生产力的因素在起作用。淮河南部的遗址大都分布于现在的潴育水稻土地区。长江沿岸农业发达，皖南山区的采集和渔猎活动占有特别重要的地位。

3.4 夏商周时期全省遗址总数增加，但淮北平原遗址大规模缩减。其原因，一是长时间的持续降温，二是夏初的大洪水侵袭。该时期新增的遗址主要集中于江淮之间和沿江平原，丘陵岗地地貌使那里所受洪灾较轻。由于农业生产和躲避洪水的需要，新聚落大多位于海拔20～100 m的地方。

3.5 安徽省与邻省新石器遗址时空分布的联系性分析

由上述可知，安徽省新石器早期的遗址只有8 000 aB. P.左右的小山口遗址和略早于此的沟汀遗址，从海拔上看，它们均分布在海拔100 m以上的地区。若回顾多年来学术界对相邻的江苏省、浙江省和上海市新石器遗址时空分布研究结果，可发现以下特点：①相邻的江苏省和上海市境内迄今未发现7 000 aB. P.以前的新石器时代遗址[5,34]；②浙江省境内只在近年才发现年代早于7 000 aB. P.的萧山跨湖桥遗址；③安徽、江苏、浙江和上海四省市新石器遗址从时空分布上看大多出现在7 000 aB. P. ～4 000 aB. P.，而且在时代上基本连续，遗址数量除新石器晚期向夏代初期过渡阶段部分地区有减少外，总体上是逐渐增多的。结合本文作者之一[5]近年对长江三角洲新石器遗址地层有孔虫等海相微体古生物的鉴定分析，可以认为，皖、苏、浙、沪四省市缺少早于7 000 aB. P.的新石器遗址与四省市在全新世初经历的大规模海侵有关[5,34]，当然，有关这次海侵的确切时代和持续的时间还有待从年代学和地层学上做进一步深入研究。

参考文献

[1]周昆叔.环境考古研究(第二辑)[M].北京:科学出版社,2000:1-209.

[2]Alexandyu Mihail Florian Tomescu, Valentin Radu, Dragos Moise. High Resolution Stratigraphic Distribution of Coprolites within Eneolithic Middens, a Case Study: Hârsova-Tell (Constanta County, Southeast Romania) [J], The journal of human palaeoecology, 2003, 8(2):332-339.

[3]吴文祥,刘东生.4 000 aB.P.前后降温事件与中华文明的诞生[J].第四纪研究,2001:21(5),:443-451.

[4]夏正楷,杨晓燕,叶茂林.青海喇家遗址史前灾难事件[J].科学通报,2003,48(11),1200-1204.

[5]Zhu cheng, Zheng Chaogui, Ma Chunmei, et al. On the Holocene sea-level highstand along the Yangtze Delta and Ningshao Plain, East china [J]. Chinese Science Bulletin, 2003, 48(24):2672-2683.

[6]朱诚,宋建,尤坤元,等.上海马桥遗址文化断层成因研究[J].科学通报,1996,2:148-152.

[7]Yu Shiyong, Zhu Cheng, Song Jian, et al. Role of clemate in the rise and fall of Neolithic chltures on the Yangtze Dalta[J]. Boreas, 2000(29):157-169.

[8]Yu Shiyong, Zhu Cheng, Wang Fubao. Radiocarbon constraints on the Holocene flood deposits of the Ning-Zhen Mountains, lower Yangtze River area of China[J]. Journal of Quaternary Science, 2003, 18(6):521-525.

[9]安徽省志编撰委员会.安徽省志(59)文物志[M].北京:方志出版社,1999:1-65,838-870.

[10]张之恒.中国考古学通论[M].南京:南京大学出版社,1991:59,70,79,92-96,204-207,94.

[11]中国社会科学院考古研究所安徽队.安徽宿县小山口和古台寺遗址试掘简报[J]考古,1993,(12):1075,1063-1075.

[12]黄宁生.皖南沟汀遗址文化遗物分析及相关问题讨论[J].考古与文物,1999(6):31-33.

[13]杨怀仁.古季风、古海面与中国全新世大洪水[A]//.《杨怀仁教授论文选集》编辑组.环境变迁研究[C].南京:河海大学出版社,1996:366-373.

[14]阚绪航.定远县侯家寨新石器遗址发掘简报[A]//.《文物研究》编辑部.文物研究:第五辑,合肥:黄山书社,1989:157-170.

[15]安徽省文物考古研究所,安徽省濉溪县石山孜遗址动物骨骼鉴定与研究[J].考古,1992(3):253-262.

[16]中国社会科学院考古研究所安徽工作队.安徽淮北地区新石器时代遗址调查[J].考古,1993(11):961-974.

[17]徐大立,蚌埠双墩新时器时代遗址陶器刻画初论[A]//.《文物研究》编辑部.文物研究:第五辑[C].合肥:黄山书社,1989:246-258.

[18]唐领余,沈才明.江苏北部全新世高温期植被与气候[A]//.施雅风,孔昭宸.中国全新世大暖期气候与环境[C].北京:海洋出版社,1992:80-93.
[19]中国自然资源丛书编撰委员会.中国自然资源丛书(安徽卷)[M].北京:中国环境科学出版社,1995:231,319,395-402.
[20]叶润清.安徽省宿州市芦城子遗址发掘简报[A]//.《文物研究》编辑部.文物研究:第9期[C],合肥:黄山书社,1994:101-119.
[21]安徽省文物考古研究所.望江汪洋庙新石器时代遗址[M].考古学报,1986:43-60.
[22]张宏民.皖南地区经济文化的源头[M]//.《文物研究》编辑部.文物研究:第十一期.合肥:黄山书社,1991:29-35.
[23]关有志.萨拉乌苏河地区第四纪地层中的元素分布于古气候[J].中国沙漠,1986,6(1):32-35.
[24]中国社会科学院考古研究所.蒙城尉迟寺[M].北京:科学出版社,2001:313-316,442-448.
[25]中国科学院《中国自然地理》编辑委员会.中国自然地理土壤地理[M].北京:科学出版社,1981:87-88.
[26]冀朝鼎.中国历史上的几本经济区与水利事业的发展[M].北京:中国社会科学出版社,1981:17.
[27]王象坤,孙传清,才宏伟,等.中国稻作起源与演化[J].科学通报.1998,43(22):2354-2363.
[28]安徽省文物工作队.潜山家岗新石器时代遗址[J].考古学报,1982,43(22):283-324.
[29]Hameed S,龚高法.中国历史时期温度的变化[A]//.张翼气候变化及其影响[C].北京:气象出版社,1993:57-69.
[30]施雅风,孔昭寰,王苏民,等.中国全新世大暖期的气候波动与重要事件[J].中国科学(D辑).1992,22(2):1300-1308.
[31]夏正楷,杨晓燕.我国北方4kaB.P.前后异常洪水事件的初步研究[J].第四纪研究.2003,23(6):667-674.
[32]夏正楷,王赞红,赵青春.我国中原地区3500 aB.P.前后的异常洪水事件及其气候背景[J].中国科学(D辑),2003,33(9):882-888.
[33]朱诚,张芸,张强,等.江苏江阴祁头山新石器时代遗址考古地层研究[J].地层学杂志.2003,27(4):314-317.
[34]朱诚,程鹏,卢春成,等,长江三角洲及苏北沿海地区7000年以来海岸线演变规律分析[J].地理科学,1996,16(3):207-214.

淮河中游新石器时代遗址出土石器的演变所反映的人地关系
——以双墩和尉迟寺遗址为例①

朱光耀　朱　诚　马春梅　王吉怀　阚绪杭　马彩霞②

摘　要:本文以淮河中游新石器早期的双墩遗址和中晚期的尉迟寺遗址的出土石器为主线,辅以其他遗存和遗址地层剖面的环境磁学、元素地球化学证据,探讨了石器工具的演变所反映的人地关系。研究表明:双墩古人最主要的生产活动是砍伐树木和狩猎,而尉迟寺则是谷物生产和狩猎。双墩古人使用投掷和其他多种狩猎方式,在猎物充足的全新世大暖期获取了大量的肉食资源。尉迟寺时期狩猎水平虽有所提高,但剧烈波动的气候和迅速增加的人口,使猎获量下降。双墩时期人们砍伐的树木较为细小,木料之间的结合以捆绑为主。而尉迟寺时期人们砍伐的树木比较粗大,木器和房屋已使用榫卯结构。双墩时期已有了水稻种植,但采集农业占有较大比例。尉迟寺时期的农业以种植为主,采集农业为有益的补充,该时期的出土石器和农业类型与环境演变有明显的相关性。

关键词:淮河中游;新石器遗址;出土石器;演变;人地关系

在以往的新石器时代环境考古中,前人通过搜集和使用考古遗址剖面的年代学、沉积地层学、元素地球化学、微古生物学和环境磁学等学科的有关证据,探讨了灾变事件对新石器文化的影响[1~3]、史前农业与环境的关系[4~6]、新石器时代人类对环境变迁的响应[7~10]等人地关系的课题。但尚未见以出土石器的演变为主要证据的新石器时代人地关系的研究。笔者认为,以"新石器"命名的时代,石器是广泛使用的体现生产力水平的劳动工具,其类型、数量和功能会随着环境的演变而变化,它是人类对环境演变的响应,并反作用于环境,反映了新石器时代的人地关系。

本文作者选取了位于安徽省北部淮河中游的双墩和尉迟寺遗址(图1),尝试着以出土石器为主线,辅以遗址中其他遗存和遗址地层剖面的环境磁学、地球化学的证据,并参考了淮北地区新石器时代人地关系的已有研究成果[11~14],对出土石器的演变所反映的人地关系进行探索。

---

①　基金项目:国家自然科学基金中重大研究计划项目(编号:90411015);安徽省教育厅自然科学研究资助项目(编号:2006 KJ107B)。

②　作者简介:朱光耀,男,1957 年生于安徽蚌埠,蚌埠学院人文社科部副教授,1982 年毕业于安徽师范大学地理系,主要从事地理环境的教学与研究。

图1 双墩遗址和尉迟寺遗址在安徽的位置

1 双墩和尉迟寺遗址的位置及其出土石器的组合特征

双墩和尉迟寺新石器时代遗址相距 67 km,均属淮河中游地区。双墩遗址位于安徽省蚌埠市淮河北岸双墩村北侧的台地上,经纬度位置为 32°59′14″N,117°19′9″E,面积约 20 000 m^2。该遗址发现于 1985 年,安徽省文物考古研究所和蚌埠市博物馆先后进行了 3 次发掘,通过 ^{14}C 标本测定并经树轮校正,其年代为 7 300 ~ 6 500 aB. P. ①,是淮河中游地区新石器中早期文化遗址之一。尉迟寺遗址位于安徽省蒙城县许町镇毕集村东部,经纬度位置 33°21′26″N,116°45′13″E,面积约 100 000 m^2。该遗址是 1989 年全国十大考古发现之一,中国社会科学院考古研究所对其进行了 13 次大规模发掘,是一处 5 0000 ~ 4 0000 aB. P. ②的新石器晚期文化遗址,其中大汶口文化时期和龙山文化时期各约 500 年。考古发掘中,两个遗址除出土了大量陶器、骨角器和动物骨骼外,还出土了各种石器(表 1)。

① 中国社会科学院考古研究所实验室所测定双墩遗址 5 个 ^{14}C 标本的编号为:ZK-2614 ~ ZK-2618。

② 中国社会科学院考古研究所实验室所测定双墩遗址 10 个 ^{14}C 标本的编号为:ZK-2561 ~ ZK-2563,ZK-2597 ~ ZK-2598,ZK-2688 ~ ZK-2692,文中年代数据已经树轮校正。

表 1　双墩遗址和尉迟寺遗址出土的各种石器数量统计

石器名称 遗址名称	砍砸器	石锤	石球	石丸	石钺	石镞	石斧	石楔	石凿	砺石	石铲	石锛	石刀	石镰	石饼	研磨器	石雕	小计
双墩遗址	4	11	17	2	3	0	28	0	2	47	1	0	0	0	2	15	2	134
占出土石器的百分比	3	8.2	12.7	1.5	2.2	0	20.9	0	1.5	35.1	0.7	0	0	0	1.5	11.2	1.5	
尉迟寺遗址	0	0	3	0	42	63	39	73	24	86	9	132	8	1	0	1	0	481
占出土石器的百分比	0	0	0.6	0	8.7	13.1	8.1	15.2	5	17.9	1.9	27.4	1.7	0.2	0	0.2	0	

从表 1 可见,双墩遗址磨制类工具有砺石 47 件,砍伐类工具有石斧 28 件,狩猎类工具有石钺、石球和石丸计 22 件,锤打类工具有砍砸器和石锤计 15 件,谷物加工工具研磨器有 15 件,木器工具有石凿 2 件,谷物生产工具有石铲 1 件,另有艺术石雕 2 件和不知功能的石饼 2 件,各类组合所占比例依次为 35.1%、20.9%、16.4%、11.2%、1.5% 和 1.5%。尉迟寺遗址的谷物生产工具有石锛、石铲、石刀和石镰计 150 件,狩猎类工具有石钺、石球、石丸和石镞计 108 件,木器工具有石凿和石楔计 97 件,磨制类工具有砺石计 86 件,砍伐类工具有石斧 39 件,所占比例依次为 31.2%、22.4%、20.2%、17.9% 和 8.1%。

如以出土的石器的功能组合反映古人的生产内容,那么从新石器中早期的双墩遗址到新石器中晚期的尉迟寺遗址,先民在日常生产和生活中都有磨制工具、砍伐树木、谷物生产、狩猎和木料加工等内容。但如以各组合中石器的比例多少来表达内容的重要程度,则其先后次序有了较大变化。双墩的次序是砍伐树木、狩猎、研磨谷物、木器加工和谷物生产。尉迟寺的次序则是谷物生产、狩猎、木器加工、磨制工具和砍伐树木。此外,双墩先民尚未使用石楔、石锛、石镞、石刀和石镰等工具,尉迟寺的先民则放弃了使用古老的砍砸器和石锤。

2　狩猎类石器工具演变所反映的人地关系

两个遗址中出土的狩猎类石器在以上的组合排序中都占有重要地位,但石器类型和数量差别较大。双墩遗址发掘出石球 17 个,石丸 2 粒。该遗址中石球和石丸的并存说明该时期投掷狩猎和射猎是并存的。相对于用手臂投掷石球来说,用石丸射猎延长了人们的手臂,有很好的隐蔽性和突然性,因而有更大的杀伤力。遗址中未发现更强有力的石镞,但发现了少量骨镞。石丸数量较少可能是因为其形体小,使用后不宜寻回;也可能因为难以制作而较少磨制。这些狩猎工具表明当时先民已经在使用骨镞射猎,并且更习惯于使用投掷狩猎方式,遗址中发掘出的大批方便抓握、形状近似橄榄、类似于石球作用的陶球也证明了这一点。除此之外,遗址中出土的一些陶器上刻画着设网捕捞、鱼叉等花纹和伏击野猪的图案[15],反映了其他多种狩猎的方式。在双墩遗址已发掘的 300 m^2 的地层中,出土了 1 种牛类、8 种鹿类、2 种猪类和包括虎、豹在内的 9 种食肉类等哺乳动物骨骼 1 238 块,平均 4.12 块/m^2。其中饲养的猪类骨骼占 30%。此外还有少量的爬行类、鸟类等动物的骨骼,可见猎获颇丰。根据施雅风[16]研究:8 500 ~ 3 000 aB. P. 是全新世的大暖期，其中 7 200 ~ 6 000 aB. P.，是新石器大暖期中稳定的暖湿阶段，即大暖期的鼎盛阶段，气候温暖湿润，是华北平原湖沼的大发展时期。可见双墩古聚落生存时期淮北地区植物生长繁茂，动物资源丰富。在那个气候湿热，森林草原并存，河沼众多，猎物充足的生境中，人们可以通过狩猎获取较大比例的肉食资源。

尉迟寺遗址的石球和石丸仅发现 3 件，在陶器中亦未发现陶球和陶丸，可见此类狩猎工具已逐渐退出历史舞台，磨制规整的大量石镞和骨镞成为狩猎的重要武器，人们狩猎水平在新石器时代后期有了较大的提高。据 1985—2003 年连续 13 次总面积超过 10 000 m^2的发掘统计[17]，尉迟寺出土的大汶口文化时期哺乳动物骨骼有 2 153 块，平均 0.21块/m^2。共有 2 种牛类、4 种鹿类、2 种猪类和包括虎、熊在内的 4 种食肉类，其中家猪骨骼占 35.8%，此外还有鸡、鸟、兔、鳖、鱼等骨骼 58 块；龙山时期除缺少熊外其他与大汶口文化时期相同，哺乳动物骨骼有 1 014 块，平均 0.10 块/m^2。其中家猪骨骼占 35.9%，比重与大汶口文化时期相当。

从发掘的石器看新石器晚期人们的狩猎能力增强了，但饲养动物提供的肉食资源比新石器早期增大。从两个遗址发现的哺乳动物骨骼与发掘的面积的比例看，新石器晚期猎获的肉食资源总量在下降。为探讨其原因，本文作者在尉迟寺遗址剖面采集了土样，在南京大学地理与海洋学院、南京大学中心实验室进行了质量磁化率和 ICP 的测试，对所测数据进行了环境 C 值、Mg/Ca、Zr/Sr 及 Ti/Sr 值分析（图 2）。分析表明，在地层深度 3.9 m 以下，环境 C 值、Zr/Sr、Ti/S 均呈高值，说明 5 050 aB. P. 以前气候为湿热多雨时期；深度约 3.9 ~ 1.9 m 的地层，形成于 5 050 ~ 4 600 aB. P.，为大汶口文化阶段，磁化率值和元素比值均指示气候环境强烈波动，暖湿和冷干交替变化；深度约 1.9 ~ 0.5 m 地层，形成于 4 600 ~ 4 000 aB. P.，即大汶口文化末期的 100 年和龙山文化阶段，磁化率值和元素比值均指示一个水平低于 5 050 aB. P. 以前的较为稳定的湿热条件。因而在尉迟寺古聚落续存的约 1 000 年的时间里，至少有 400 年的气候剧烈波动期，即使在龙山文化时期气候条件趋向平稳，但其总体温湿水平比双墩文化时期已有较大的下降。野生动物的生境受到一定的破坏，动物种群的数量在下降。而更重要的原因是此时期的淮北古聚落已是星罗棋布，超过了以前所有的时期和以后的夏商周时期[13~14]，因而该时期环境的演变尤其是人口的迅速增加，使得淮北地区野生动物资源大量损失，表现在狩猎水平的提高而猎获量却迅速下降。

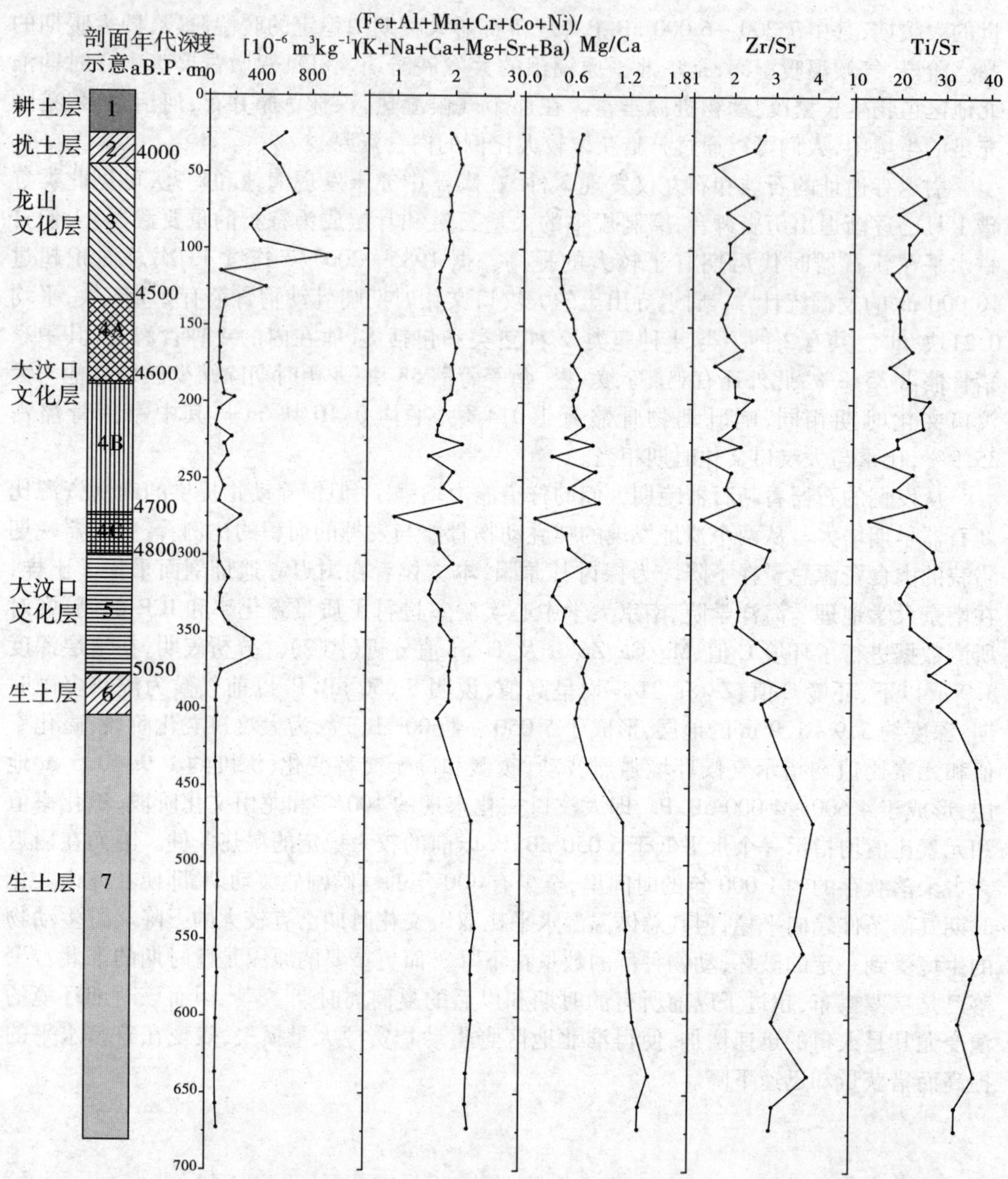

图 2 尉迟寺遗址剖面质量磁化率与环境 C 值、Mg/Ca、Zr/Sr 及 Ti/Sr 值比较

3 砍伐和木器工具的演变所反映的人地关系

同为与树木打交道的工具，双墩遗址出土的石斧较多，但未发现石楔，石凿也仅发掘出 2 件。在双墩遗址的发掘中我们发现数量较多的红烧土和陶器遗存，可见石斧多是当时燃烧、建设等项目所需木材的量较大，砍伐任务较重。没有石楔则可能是砍伐的树木不够粗大，也有可能是当时聚落较少，周围易于砍伐的细小树木已经够用，不需要砍伐粗

大的树木,所以无需石楔等工具去劈开和断裂。因为据统计,至今为止,双墩遗址周围 100 km 范围内发现的同时代遗址只有安徽宿州市小山口、濉溪县石山子和定远县侯家寨[14](图1)。石凿少说明该时期先民可能对榫卯结构的优势知之不多,木料之间的结合以捆绑为主,甚至所建房屋也因此而结构简陋,很可能类似于该遗址出土陶器刻画中的尖顶窝棚形状(图3-A),所以对石凿的需要不多,同时也证明了该时期先民砍伐的树木主要是供燃烧所用的,建筑所用木材有限并且不需要粗大的木材。

新石器晚期遗址尉迟寺的此类石器与双墩遗址的出土石器相比变化极大,出土了大量的石楔和石凿,表明该时期人们所伐树木中许多比较粗大,或需要粗大的树木,它们须借助于石楔等工具劈开方可使用。图3-B 所示的大石楔长 16 cm,重近 1 kg。此时期的燃烧量巨大,中国科学院考古研究所在 2003 年对尉迟寺遗址的考古发掘中,在深 3.5 m 处,约 4 900 aB. P. 的地层中曾清理出令人震撼的厚 30 cm,面积约 1 300 m^2 由红烧土铺垫的广场。该时期木器和所建造的房屋已经使用卯榫结构,尉迟寺遗址房屋的还原图说明了这一点[11]。尺寸齐全、磨制精细的石凿在此发挥了巨大作用(图3-C)。新石器晚期人口的迅速增加和居住水平的提高,加之此时期气候的强烈波动,人们需要砍伐更多的树木,因此该时期是淮河中游地区森林大量损耗的时期,结合上述的猎获量的变化,可以说该时期是人们对淮河中游的自然环境负面影响较大的时期。

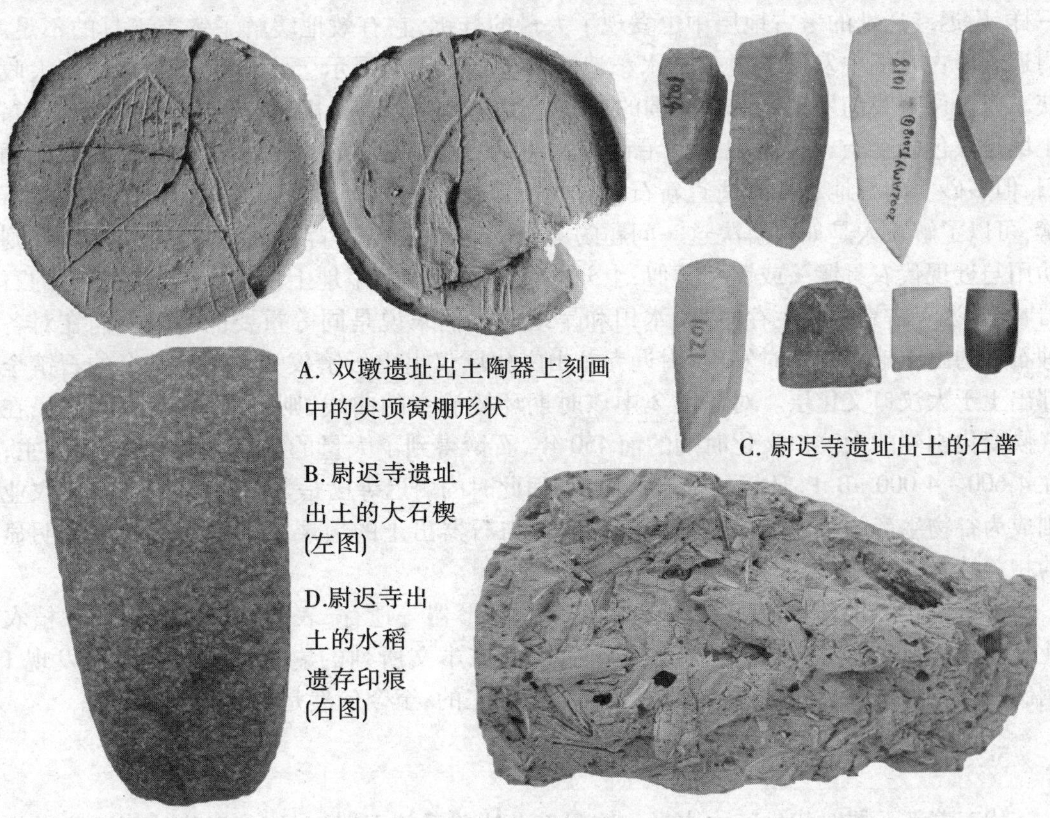

A. 双墩遗址出土陶器上刻画中的尖顶窝棚形状

B. 尉迟寺遗址出土的大石楔(左图)

C. 尉迟寺遗址出土的石凿

D. 尉迟寺出土的水稻遗存印痕(右图)

图3 双墩遗址和尉迟寺遗址出土的部分遗存

4 谷物生产和加工工具演变所反映的人地关系

双墩遗址的石器中用来进行谷物生产的种植工具不多,仅发现1把石铲,但双墩遗址中有数量较多的加工谷物所用的研磨器。如仅以出土的石器为线索,则双墩文化时期对谷物的利用可以表达为:以采集和加工野生谷物为主,种植的谷物微不足道。但考古发掘中我们从双墩遗址的地层中发现了12个稻壳印痕,在可以辨认的已驯化的9个稻类印痕中,2个为粳稻,4个为籼稻,3个为中间型。在中国科技大学所做的对遗址中出土的夹炭陶器进行搀和物的植硅体及拉曼光谱分析时也均发现为稻壳。由此可知,当时双墩已有了水稻农业。在双墩遗址的发掘中我们发现了先人解决欠缺铲类工具的办法。遗址的地层中出土了大量磨损的蚌壳,不少是多年生的老蚌,贝壳宽厚、坚韧,有些至今仍然刃口锋利,它们是天然的铲类农具,如绑上木把,就成了远优于石铲的耒耜。加之遗址靠近淮河,附近多为含沙量较大的冲积沙土,非常适合此类农具。所以综合而论,双墩遗址时期的农业是采集和种植农业并存的时期,但采集农业占有较大比例。时处大暖期的优良气候和较少的人口条件为双墩的采集农业和种植农业提供了良好的自然条件。

尉迟寺时期比双墩时期的农具数量和品质有了较大的提高,出现了石刀、石镰和大量的石锛,但石铲也仅发现9把。作为谷物生产必需的工具数量依然欠缺。与双墩遗址一样,尉迟寺遗址的考古地层中也发现了大量的蚌铲,它有效地缓解了铲类工具的不足。尉迟寺考古发掘中发现了更多的水稻遗存(图3-D),它展示了水田生产带来的巨大收获。但经调查我们发现尉迟寺周围的地形是浅碟形的洼地和相对较高的岗地相间分布,土壤是黑色砂姜土。根据现代整治砂姜黑土的办法,浅碟形的积水洼地易于改造成稻田,但多砂姜的旱地却并不适宜新石器时代石铲或蚌铲的使用。研究一下出土的大量石锛,可以了解古人是如何解决这一问题的,石锛窄长、秃刃、厚背,如绑上“7”字形木柄,则功用与近现代农具镢头或镐头类似,十分适合在砂姜多的旱地上使用。因此从出土的石器看,尉迟寺古聚落的生存时期,水田和旱地对人们来说是同等重要的。但我们在对各种石器的出土地层调查时发现,尉迟寺龙山文化层仅出土石锛仅为14块,其余的石锛全部出土于大汶口文化层。对照图2中该时期环境演变的曲线,则可以说,尉迟寺先民在气候变化剧烈的大汶口文化时期的前450年,石锛得到了大量的应用,以旱作农业为主;在4 600~4 000 aB. P.环境转为平稳暖湿,而此时的尉迟寺已是龙山文化时期,水田农业则成为谷物生产的主力。该时期的主要农业与石器出土的地层时代的环境状况有明显的相关性。

需要说明的是,尉迟寺出土了数量较多的靴形器等遗存,表明该时期虽然以种植农业为主,但采集农业依然是有益的补充。此外,在本文所列的尉迟寺出土石器仅发现1例研磨器,那么尉迟寺时期生产的谷物是如何加工的,至今依然是一个待解之谜!

5 结语

代表着新石器时代生产力水平和体现着人地关系的石器工具,在以往的新石器时代人地关系的研究中没有受到足够的重视。因而作者以淮河中游新石器早期的双墩遗址和中晚期的尉迟寺遗址的出土石器为主线,辅以其他各学科的证据,尝试着探讨了石器工具的演变所反映的人地关系。研究表明:如果依据石器功能的组合和数量的多少来表达生产内容的重要程度,那么新石器早期双墩的次序是砍伐树木、狩猎、研磨谷物、木器加工和谷物生产。而新石器中晚期尉迟寺的次序则是谷物生产、狩猎、木器加工、磨制工具和砍伐树木。从出土的狩猎工具看,双墩时期使用投掷和其他多种狩猎方式,在全新世大暖期猎物充足的生境中获取了较大比例的肉食资源。尉迟寺时期狩猎水平虽有提高,但猎获量下降,其原因是剧烈波动的气候和迅速增加的人口,使野生动物的生境受到破坏,动物种群数量下降。从木器工具看,双墩时期人们砍伐的树木较小,对榫卯结构的优势知之不多,木料之间的结合以捆绑为主,所建房屋很可能为尖顶窝棚形状。而尉迟寺出土的大量石楔和石凿说明该时期人们砍伐的树木中许多比较粗大,木器和房屋已使用榫卯结构。该时期是古人对淮河中游的自然环境负面影响较大的时期。从农业生产工具看,双墩的采集和种植农业并存,但采集农业占有较大比例。双墩已有了水稻农业,就地取材的蚌壳弥补了石铲的欠缺。尉迟寺遗址时期的农业以种植为主,采集农业为有益的补充,该时期的石器类型和主要农业与环境演变有明显的相关性。

参考文献

[1] Weiss H, Courty N A, Wetterstrom W, et al. The genesis and collapse of third millennium north Mesopotamian civilization[J]. Science, 1993, 261(20): 997-1006.

[2] 夏正楷,杨晓燕,叶茂林. 青海喇家遗址史前灾难事件[J]. 科学通报, 2003, 48(11): 1200-1204.

[3] 朱诚,于世永,卢春生. 长江三峡及江汉平原地区全新世环境考古与异常洪涝灾害研究[J]. 地理学报, 1997, 52(3): 268-276.

[4] Diamond J. Evolution, consequences and future of plant and animal domestication[J]. Nature, 2002, 418: 700-707.

[5] Denham T P, Haberle S G, Lentfer C - Origins of agriculture at Kak swamp in the highlands of New Guinea[J]. Science, 2003, 3: 189-193.

[6] 连鹏灵,方修琦. 岱海地区原始农业文化的兴衰与环境演变的关系[J]. 地理研究, 2001, 20(5): 623-628.

[7] Nunez L, Grosjean M, CartajenaI. Human occupations and climate change in the Punade Atacama, Chile. . Science, 2002, 2: 821-824.

[8] Polyak V J, Asmerom Y. Late Holocene climate and ultural changes in the out hwestern United States[J]. Science, 2001, 294: 148-151.

[9] 吴文祥,刘东生. 4000 aB. P. 前后降温事件与中华文明的诞生[J]. 第四纪研究, 21(5): 443-451.

[10] 黄赐璇. 黄土高原全新世环境变化与人地关系[J]. 地理研究, 1997, 16(增刊): 115-121.

[11] 唐经余,李民昌,沈才明. 江苏淮北地区新石器时代人类文化与环境[M]//. 周昆叔,巩启明. 环境考古研究:第一辑. 北京:科学出版社, 1991: 164-172.

[12] 宋豫泰. 磨制石器制造的沉积岩利用[M]//. 周昆叔,宋豫泰,主编. 环境考古研

究:第二辑.北京:科学出版社,2000:195-197.

[13]黄润,朱诚,郑朝贵.安徽淮河流域全新世环境演变对新石器遗址分布的影响[J].地理学报,2005,60(5):743-750.

[14]朱光耀,朱诚,凌善金等.安徽省新石器和夏商周时代遗址时空分布与人地关系的初步研究[J].地理科学,2005,25(3):346-352.

[15]徐大立.蚌埠双墩新石器时代遗址陶器刻画初论[M]//.《文物研究编辑部》.文物研究:第五辑.合肥:黄山出版社,1989:246-258.

[16]施雅风,孔昭宸,王苏民,等.中国全新世大暖期气候与环境的基本特征[M]//.施雅风,孔昭宸,主编.中国全新世大暖期气候与环境.北京:海洋出版社,1992:1-18.

[17]中国社会科学院考古研究所.蒙城尉迟寺[M].北京:科学出版社,2001:66,112-312.

从蚌埠双墩墓器物纹饰探古淮夷地区蛇图腾形成因素[①]

马 彦[②]

摘 要:在蚌埠双墩春秋墓出土的青铜器和具有特殊的含义的金箔上,出现了繁复和突出的蛇的造型和纹样,从实物上证明了把蛇作为图腾崇拜的对象是上古时期淮河中游地区文化的独特现象,反映了古淮夷地区"夷"族氏族文化特征。其形成因素,是环太平洋地区原始宗教及太阳崇拜的一种表现,是淮河中游地区原始生殖崇拜的物化表现,是本地区地理、自然环境造成的自然禁忌崇拜作用的结果。多种因素共同形成了古淮夷地区具有地域特色的蛇崇拜的文化现象。

关键词:双墩墓;纹饰;淮夷;蛇图腾

蚌埠双墩春秋墓位于蚌埠市区淮河以北,隶属淮上区小蚌埠镇双墩村,于 2008 年进行抢救性发掘。墓葬发掘中发现的形制、结构各方面极具特点,反映了先秦时期安徽淮河流域独特而神秘的文化现象,特别是器物纹饰中蛇纹样的繁复地出现,具有明显地域特点。

1 蚌埠双墩春秋墓器物的纹饰现象

在双墩出土的青铜器上,蛇纹除了以春秋时期常见的四方连续的构成方式组成大面积的器壁表面装饰外,在器物的各部位如柄、足部以及配件上都有大量的和反复的出现,很多地方以突出的、立体的形式出现,双墩墓器物上的蛇纹饰具有三角形或圆三角形的头部和一对突出的大圆眼的明显特点,形象非常突出。其中特别引人注目的是在墓中出土的具有特殊的含义的金箔上,印有精美花纹并同时出现了蛇和鸟的纹样。双墩出土的金箔,其精美程度和象征意义使之具有不同一般的考古意义,可以说是四川金沙文化出土金箔的延续。双墩金箔呈正圆形,上面布满了刻画印制的神秘纹饰,纹饰大致可分为内、中、外三圈,最外面是一圈锯齿三角折状花纹,放射状极像太阳的光圈,鸟纹出现在第二圈纹饰中,共六个鸟头形象,每个鸟纹具有短喙、圆眼和鸟冠,鸟纹都面向圆心放射状

---

① 基金项目:安徽省教育厅 2011 年度人文社科项目"淮河中游春秋战国时期器物造型及纹饰研究"成果(编号:2011SK481)。

② 作者简介:马彦(1971—),女,安徽阜阳人,蚌埠学院艺术设计系讲师,艺术硕士,主要从事美术学研究。

分布。而在最中心的部分霍然出现两个三角桃心的图案,在桃心对称的两边是两个圆圈形的眼睛,是明显的蛇头图案。蛇头处在最内层的方向相反的不同方位,身体纠缠在一起,形成适合圆形。春秋时期的蛇纹即蟠螭纹与蟠虺纹,个体一般较小,大都排列组成大面积的装饰,在青铜器表面组成繁密平面的图案,很少有凸起主纹,而为何在双墩出土的这批文物中蛇的形象和纹样却以立体突出的形式繁复分布在各种不同的物体上?其形象具有明显的特征,已形成一定形式感和稳定性,并且出现在对于当时的双墩人来说具有特殊象征或巫术意义的金箔的最中心,其中肯定具有某种的特殊的含义。

2 蚌埠双墩春秋墓器物纹饰的表象表明了蛇是上古时期淮河中游地区文化的图腾及崇拜的对象

在中国古代,由于洪水泛滥,海水倒灌,海岸线要远远比现在更加深入到中国东部地区[1],而双墩所处的地区实际上是靠近沿海的沼泽地带,东部沿海一直是古老的族群“夷”的生活区域。夷又称东夷,东夷联盟的为首领太昊。据史料记载“夷分九种”,其中淮夷是东夷的一支,分布在淮河中下游。在郭沫若主编的《中国史稿地图集》中,夏代、商代、西周在淮河洪泽湖等地都标注了“淮夷”。周代史籍把淮河中下游一带的夷族统称徐夷或淮夷。蚌埠双墩位于淮河流域的中下游,距当时的钟离国只有 20 千米,正是属于“淮夷”地区。

那么在远古时期,淮夷地区的部落是否真的以“蛇”为图腾并繁衍生息吗?这里我们可以从太昊的姓氏来进行考证,太昊也叫伏羲氏,晋皇甫谧《帝王世纪》云:“伏羲氏,风姓也。”《竹书纪年·前编》:“太昊伏羲氏,以木德王,为风姓。”关于“风”字,在《说文解字》中有“风动虫生”的解说,在甲骨文的卜辞中,“虫”和“巳”为同一个字,而“巳”就是蛇,《山海经·海外南经》中也有“虫为蛇”之说。由此可见,风与蛇之间的关系非常密切。

从姓氏的起源来看,上古时期人们的姓氏大多与部落的图腾有关系,有些姓氏就直接来自于部落图腾。而根据后世人们描绘的太昊伏羲氏的形象来看,腰身以上是人形,穿袍戴冠,腰身以下则是蛇躯,则也可能与东夷民族的蛇崇拜有关,伏羲的“人首蛇身”形象就是从风姓部落的图腾“蛇”演化而来。据记载,在伏羲部落中有飞龙氏、潜龙氏、居龙氏、降龙氏、土龙氏、水龙氏、赤龙氏、青龙氏、白龙氏、黑龙氏、黄龙氏等 11 个氏族,可能是分别把不同蛇作为其图腾的氏族。另外是东夷部族中有一个重要部落,即蚩尤氏,“蚩”字在《说文》专指蛇,而“蚩”与“螭”同音,都是蛇虫之类,所以从其名称字意上看其与蛇联系紧密,而“尤”字从“虫”即为“蚘”,与蚩是同义复词,所以“蚩尤”应是蛇部族。《左传·昭公十七年》中记载:“昔者黄帝氏以云纪,故为云师而云名;炎帝氏以火纪,故为火师而火名;共工氏以水纪,故为水师而水名;太皞(即太昊)氏以龙纪,故为龙师而龙名。”《左传》明确指出东夷联盟的首领太昊是以龙为名的,而蛇是中华民族的象征“龙”的原型,龙以蛇身为主体,在古代,蛇龙是可以互化的,所谓龙是一种大蛇,蛇加以神化,变成图腾物,就是龙。所以从文献和名词上推断出古淮夷地区可能盛行蛇崇拜,但是一直以来考古发掘并无实物验证,而位于古淮夷地区的双墩墓出土的器物的蛇纹饰的异常丰富性,为淮河中下游地区一直保持着对蛇的特别的关注的文化传统提供了实物证明。

3 蛇为何成为淮河中游地区文化的图腾及崇拜的对象，我们可以从本地宗教习俗、原始文化遗留、地理自然环境造成的禁忌崇拜等方面做细致的探索

3.1 蛇图腾是环太平洋地区原始宗教及太阳崇拜的一种表现

在环太平洋沿岸地区，石器时代就已出现和流行一种古老而神秘的宗教——萨满教。蛇因其具有较强的繁殖能力，在林莽草丛中穿行自如的本领深受先民的崇敬。生育需要阳光的温暖与照耀，才能繁育兴旺，所以在萨满教中把蛇敬为送来温暖的太阳神。郭淑云在《原始活态文化》一书中，记述属阿尔泰语系的《锡伯族萨满神图》："立于神桌上的萨满神像，左手托着一面鼓，上绘蛇形图案……"[2]"蛇是萨满神鼓、鼓槌上常见的图案……"[2]同样位于环太平洋地区的日本列岛上的阿伊努人和美洲玛雅人也崇拜蛇，并称其为"太阳神"。美洲俄亥俄州的长达300米、高1.7米口衔圆日的巨大蛇丘造型，正是美洲玛雅人尊奉的大神——太阳神羽蛇库库尔坎。西方学者史密斯的《早期文化的移动》一书中阐述到包括中国的太平洋沿岸的日石文化的特点之一就是"蛇和太阳的宗教文化"。而作为夷部落的一支，淮夷部落明显具有太阳崇拜的信仰，这一点可以从双墩春秋墓出土的种种现象得以验证。双墩墓独特的圆形墓葬形制，五色土成放射线的分布以及出土的圆形金箔本身都具有明显的太阳崇拜特征，而盘踞在金箔圆面中心圈两条蛇的纹饰，极有可能是作为太阳神的形象出现的，蛇崇拜可能是原始宗教传承的结果，双墩地区的人们把蛇作为自己图腾的映像并使之与太阳崇拜有机地联系在一起。

3.2 蛇图腾是原始生殖崇拜的物化表现

众所周知，在原始崇拜中，原始人的生殖崇拜是占据绝对重要地位的，这是因为原始人的生产劳动力较低，无法抵御自然灾害，种族的延续也处在不确定的状态中，人口的增殖极为重要，所以鱼纹、蛙纹作为中华民族古老的生殖崇拜的象征，大量出现在原始人民的宗教与生活之中。[3](39)而最终将对生殖的崇拜确定在蛇与人的混合体上，是中华民族的一大充满想象力的发明。蛇之所以象征生殖和繁衍其一是因为蛇本身具有顽强的生命力和旺盛的生殖力。其二是人们观察到了蛇其外形与男性的生殖器相似，从而生成"蛇一性"文化，具有有象征男根的涵义。据《路史・后纪》注引《宝椟记6》："帝女游于华胥之渊，感蛇而孕，十三年生庖牺。"所谓感蛇而孕，是谓与某男子交媾而孕。蛇在这里由象征男根发展出象征男性的意义。在中国文字中，蛇对应"巳"字，《说文解字》释"巳"为蛇的形象，而在更早的甲骨文干支表中，"巳"字皆作"子"字，代表子孙之意。[4]众多的古典文献和出土文物也描绘了伏羲与女娲人首蛇身的形象。《列子》中记载："疱牺氏、女娲氏、神龙氏、夏后氏，蛇身人面……"王延寿《鲁灵光殿赋》亦云"伏羲鳞身，女娲蛇躯"。河南南阳、山东嘉祥等地出土的汉代砖墓中的伏羲、女娲形象，都呈现腰身以上是人形，穿袍戴冠，腰身以下则是蛇躯，尾端亲密地交缠在一起。他们特有的蛇特征形象代表了人类通过交合而不断繁衍的意义。

3.3 双墩的地理、自然环境造成的自然、禁忌崇拜

蛇的神话意象产生于上古东夷部族的猜测，也是建基于淮夷部族独特的生活环境的

考察之上的。淮夷部族活动的区域主要是在淮河中下游地区,这片地方在上古时代,河网密布,洪水泛滥,而环境考古揭示了中国自旧石器时代晚期至新石器时代晚期的天候情况分为五个时期,即干燥期、洪水期、波动期、第二个洪水期、平稳期,洪水期延续时间最长。从早期的蛇神传说看,明显的特征就是与原始先民最为恐惧的洪水有密不可分的关系。作为一种同水有着密切关系的生物,蛇往往会逐水而居,在水中自由穿梭生活,甚至有着能够提供一定的预警的能力,为当时对自然不甚了解的人们提供保护,《山海经》中记载了蛇的出现同水旱的关系,或许正是人们对于日常生活的一种观测。先民们多把蛇奉为水神,掌管着河流湖泊和风雨雷电。所以,对自然灾害的惧怕把对水神祭祀作为自然崇拜一部分,蛇信仰的原始意义实质上是对自然力的崇拜,成为自然崇拜意识延续的载体。另外,淮夷族群在特定的自然环境下生存,蛇是当地人们最为常见的可怕动物。蛇具有强大而杀伤力,《神异经·西北荒经》记载“西北荒有人焉,人面、朱发、蛇身、人手足,而食五谷禽兽。贪恶愚顽,名曰共公”,又有《山海经·大荒北经》记载“相柳者,九首蛇身,自环食于九土。其所欤所尼,即为源泽,不辛乃苦,百兽莫能处之”[5]。

关于蛇的邪恶形象在《山海经》和其他古籍中也有较多描述和记载。可见在上古时代,自然条件恶劣,生产力低下,人们也无法抵御攻击能力很强的毒蛇对人的伤害,从而产生了一种惧怕的心理。弗洛伊德在《图腾与禁忌》中指出:“崇拜是由禁忌转化来的。”[6] 上古时代的初民认为,对神秘强大的力量进行祭祀崇拜,可以使之转化成为自己的的能量,于是,人们开始对蛇的灵魂抚慰和祭祀,开始产生蛇的崇拜,这种信仰不断得到发展强化和丰满,一直到最后浓缩成伏羲、女娲神话形象。

总之,一种文化现象的形成,往往不是单方面原因造成的,可能包含着众多错综复杂原因并在历史的长河里相互作用形成的,古淮夷地区的蛇崇拜现象也不例外,是长期文化、宗教、地理环境共同作用的结果,形成具有区域特色的文化现象。

参考文献

[1]巫鸿.礼仪中的美术[M].北京:三联书店,2005:30.

[2]郭淑云.原始活态文化[M].上海:上海人民出版社,2001:560,240.

[3]沈敏华,程东.图腾——奇异的原始文化[M].上海:上海辞书出版社,2003:39.

[4]张瑞芳.鸟、蛇图腾与氏族过渡的文化遗迹——《搜神记·羽衣人》的文化解读[J].古籍整理研究学刊,2010(1):98-101.

[5]赵生军.中国古代蛇图腾崇拜刍议[J].思茅师范高等专科学校学报,2007,23,(4):59-62.

[6]弗洛伊德.图腾与禁忌[M].北京:中央编译出版社,2005:119.

怀远地名文化透析①

陈　珂　朱光耀②

摘　要:地名是一种综合性的文化现象,是反映社会历史的活化石。怀远地名真实地反映了怀远的地理特征、经济生活、宗族观念、历史变迁以及源远流长的大禹文化,具有丰富的文化底蕴。基于对怀远地名文化进行尝试性探索,以期挖掘出怀远地名中蕴藏的文化内涵。

关键词:地名;怀远;文化内涵

地名是一定的社会群体为特定的地域所约定的专有名称。它既是约定俗成的符号,又是"文化的镜像""文化的载体"。[1]"不同民族或不同地域的文化,最初大都是互相隔离各具特色的,这些特色包括语言或方言的差异,也体现在作为语言的特殊成分的地名上"。[2]地名的延续性和稳定性较好地保存了地域文化的特征,它是反映历史文化的活化石。

怀远隶属于安徽省蚌埠市,位于安徽省北部,淮河中游。据《宋史地理志》《方舆纪要》载,怀远县名始于南宋宝祐五年(1257 年)于此设立的"怀远军"③,元朝至元二十八年(1291 年)改怀远军为怀远县,遂县名沿用至今。怀远县总面积 2 396 km^2,辖 19 个乡镇、399 个村,内有平原和残丘两种地貌。[3]下面就以怀远地名为分析研究对象,探讨怀远的地域文化内涵。

1　反映地理特征

1.1　河流湖湾类

怀远境内河流众多,雨量适中,水资源丰富,全县河湖总面积为 197.18 km^2,占总土地面积的 8.3%,享有"淮北江南"的盛名。[4]这一水文特点在怀远地名命名上有着直接

---

①　基金项目:安徽省教育厅人文社科研究项目"安徽省境沿淮地区地名文化研究"(2011sk480),蚌埠学院淮河文化研究中心

科研项目"蚌埠地名文化研究"(BBXYHHWH2011C02)。

②　作者简介:陈珂(1979—),女,安徽怀远人,蚌埠学院文学与教育系讲师,硕士,研究方向为社会语言学;朱光耀(1957—),男,安徽蚌埠人,蚌埠学院淮河文化研究中心主任,副教授,研究方向为中国古代史。

③　怀远军,取"怀念远方、不忘收复中原"之意。

的体现。在全县418个行政区划乡镇村名中,与水相关的有124个,占统计总数的30%。从构成来看,这类地名大致可以分为两类。

一类是反映自然地貌。在构成怀远县地名的通名①中,反映与水相关的自然地貌的有:河、沟、塘、泉、淮、淝、溜、洼、浅、嘴、海、湖、湾。这些地名或直接以境内水域名称命名如淝河村、乳泉社区、金沟、村、茆塘村,或在地貌通名前加姓氏来命名如黄洼村、莫湖村、姚湾村、吕浅村②,或以境内水域数量命名如双沟村。这些都体现出怀远的水文环境,地名也显示出地理分布、地理特征的功能。

"溜",指"迅急的水流"。据《水经注》卷二十三记载,濄水③在经过今安徽省蒙城县和龙亢县故城④南后,"水又曲而南流,出石梁。梁石崩褫,夹岸积石,高二丈,水历其间"。石梁,在今安徽省怀远县河溜镇境内,涡河流经此处时因转弯急、河槽窄,从而形成"迅急的水流"。因该地居民多为何姓,"何、河"同音,久而久之"何溜"即成为"河溜"。

通名"海"和"湖",指的并不是真正的"大海"和"湖泊",而是一种因河流而形成的特殊地貌——湖地。这类地貌主要分布于县内淝、涡、淮、茨、天、泥黑五河两边,地势空旷低洼,呈浅碟封闭状,大雨之后容易积水,犹如湖荡,故称湖地。以"湾"和"嘴"为通名的地名一般位于河流弯道岸边或河流交叉口,由河水泛滥的泥沙沉积而成,自然地形或呈现嘴状。以"海、湖、湾、嘴"为通名的地名虽不是直接因水域命名,但反映了因河流形成的水流地貌特征。

一类是反映人工地貌。在怀远地名中,反映因水而产生的人工地貌的通名有:圩、坝、台、堰、桥。如陈圩村、方坝村、苗台村、庄堰村、刘桥村。怀远境内水系发达,河流众多,这固然给农田灌溉和人民生活带来方便,但历史上也常常发生洪水泛滥,淹没土地,造成水灾。为在这种环境下生存,人们选择较高自然地势聚居并且筑圩护田,或堆土筑台,或修建堰坝,在和自然长期斗争的过程中控制水、治理水、利用水,体现了淮河流域劳动人民的智慧。这类地名是人们长期和自然灾害作斗争的过程中产生的,从另一侧面体现了怀远的水文环境,显示出人们对当地地理环境的认识、利用和改造,反映了以治水为中心的淮河文化。

1.2 丘陵地貌类

怀远境内多山,在行政区划乡镇村名中含有山的有8个:山西社区、靠山社区、太山社区、涂山村、山后村、山前村、石山村、姚山村。除荆、涂二山外,其余丘陵海拔其均小于200米,具有海拔较低坡度缓和的特点。村落依山而建,或因境内山名命名、或因与山体的方位关系命名,表明"山"已融入到当地的文化。该类地名主要分布在县城的东南部,这也与当地丘陵地貌集中在县城东南的地理特征相契合。

① 本文"通名"特指去除"村"、"乡"、"镇"、"社区"等第一层通名后的第二层通名。
② 该村位于涡河沿浅滩处,居民多姓吕。
③ 濄水,今涡河。
④ 今安徽省怀远县龙亢镇。

2 反映宗族观念

在怀远地名中,有很多以姓作为专名部分构成的地名,即姓氏地名。怀远的姓氏地名大体可以分为两类:一类是姓氏和通名直接相加,如杨村、君王村①、唐店、徐湾、朱疃、常桥、苏集等;一类是姓氏加"家"再加通名,如尤家村、谢家巷、吴家圩、罗家河、年家庙等。在统计的418个行政区划乡镇村名中,姓氏地名共有213个,占统计总数的51%。

这些姓氏地名主要是依据早期居住民或移民后长期居住于此的宗族姓氏命名的。如褚集乡,据史料记载,早在宋代即为经贸交流的重要集镇,因居民多褚姓,明万历年间被皇上御赐"褚家集",后简称为褚集。常坟镇,《怀远县地方志》载:"常坟又名常家坟,明初大将常遇春祖坟在此故名。"现今仍有常氏后裔居此,且为当地望族。燕集村,据《怀远县燕氏族谱》记载,明末清初之际,涡阳燕氏从涡阳燕牌坊后长庄南迁怀远,后成一方旺族,本地集市始更名为燕集,沿用至今。至今世居于此三百余年,人口逾千。这些姓氏地名明显地反映了中国传统宗法制度的影响以及百姓重宗族的传统观念。在社会生产力低下的条件下,出于生存和安全的目的,同宗同族有血缘关系的人往往聚居在一起,团结协作,共同抵御自然及社会的生存斗争。对于新到一个地方的移民来说,则更需要借助宗族的力量,以姓氏为纽带,把一部分家庭、人群凝聚在一起,增强在异地他乡谋生的竞争力。因此,宗族的聚居地自然要以体现宗族特征的姓氏来命名。

3 反映源远流长的大禹文化

作为华夏民族的治水英雄和夏王朝的奠基者,大禹一直被视为中华民族的祖先,是中华民族优秀历史文化的创造者之一。大禹文化是中华传统文化的重要组成部分。其除了在怀远的神话传说、地方曲艺和民间风俗中有着诸多体现外,在怀远地名中也有着明确的反映。

著名历史学家吕振羽在《史前期中国社会研究》中说:"禹娶于涂山氏,禹常会诸侯于涂山,涂山不啻成了禹的根据地。"尽管有关"涂山"的属地仍有争议,但自20世纪80年代以来,经过专家的认真论证,认为史书所记载的涂山,应位于"寿春东北"②,"钟离县西九十五里"③,即今蚌埠市西怀远县境内。著名历史地理学家谭其骧教授也认为"怀远的涂山就是夏禹的涂山"。以怀远涂山为中心的涂山氏国是大禹治淮的基地,"禹娶"的妻子——涂山氏女就是该国的一位年轻领袖。[5]

在怀远涂山周围,留下了许多与大禹相关的地名。如荆山峡,位于荆涂二山夹淮相对处。《水经注》载:"荆山左,涂山右,二山对峙,相为一脉,自神禹以桐柏之水泛滥为害,凿山为二以通之,今两岸凿痕犹存。"《图经》云:"荆涂二山本相连属,淮水绕荆山之背,禹凿为二,以通淮流。"凿山导淮等治淮工程改善了涂山氏国的生存条件,治淮工程的成功也得益于该国人民的拥护和支持,涂山成为了大禹治淮的重要基地。因大禹曾在荆山

---

① 《怀远县地名录》载:"君王"为王氏一宗支。

② 寿春,今寿县。位于寿春东北,见《左转》杜预注。

③ 钟离县:今凤阳县临淮关。位于"钟离县西九十五里",见《元和郡县志》。

峡“锁镇”淮河上游破坏治水的部落领袖——无支祁,荆山峡“因而又名支祁川”[①]。

再如位于怀远涂山脚下的“禹会村”[②]。该村早在晋朝《太康地志》中已有记载:涂山“西南又有禹会村,盖禹会诸侯之地”。明嘉靖《怀远县志》载:涂山“上有禹庙,前有禹会村”。该村内曾有禹庙,也称禹帝行祠,现仍有台基可寻。《左传》载:“禹合诸侯于涂山,执玉帛者万国。”正如谭其骧教授在《关于涂山的谈话》里指出的:大禹在涂山会天下诸侯时,已经成了“部落联盟的头头”,有了“天子之位”。现禹会村内有一条路,叫走马岭,传说是大禹治水时到工地查看工程经常骑马所走的道路,路的尽头有一个池子,称为饮马泉。在禹会诸侯的会议中,防风氏部落领袖“后至,禹诛之”[③]。传说防风氏死后尸倒九里,骨拉千车,血流上下洪(红),于是有了后来的“上洪村”和“下洪村”[④]。

此外,怀远与大禹相关的地名还有很多,涂山上的禹王宫、启母石、台桑石、卧仙石、歇马亭、凤凰坡、鲧庙遗址等,以及荆山上的启王庙遗址等,皆记录了久远的人类历史和优美动人的故事传说,彰显出怀远涂山大禹文化的丰厚内涵。如今,以大禹文化为中心的地名仍在发展,新中国成立后命名的怀远县城主干道——禹王路,2010 年县政府命名的新城区道路及广场如禹都大道、启王路、涂山路、大禹广场等,都显示出当地居民对大禹文化这一宝贵文化资源的珍视传承,大禹文化在新时期里仍充满生机和活力。

4 记录手工业、商业活动情况

怀远地名中还有一种是以经济地理实体来命名的地名,即经济地名。郭锦桴先生在《汉语地名与多彩文化》中说:“带墟、店、集、市、铺等的,都与市场中的集市、店铺密切相关。”怀远乡镇有大量以“集、店”为通名的地名,如鲍集镇、双桥集镇、陈集乡、褚集乡、唐集乡、苏集村、小集村、赵集村、杨集村、唐店村、张店村等。在统计的 418 个行政区划乡镇村名中,以“集”为通名的 30 个,“店”有 2 个,共占总数的 8%,再现了怀远农村历史上活跃、繁荣的集市贸易。

还有些地名可以反映出历史上的商业、手工业状况。如轿拐街[⑤]、染坊村、酒坊村、油坊村、糖坊村、瓦坊村、弓弦李村[⑥]等就记录了当时为满足人们衣、食、住、行等需求而存在的各种店铺和手工作坊。随着时代的发展和社会的变迁,这些地名的性质发生了改变,由过去的“集市、店铺和作坊”逐步演变成了聚落的名称,这些带有商业因素的地名再现了当时的市场和行业状况,反映了历史上怀远的经济发展和区域分布情况。

5 反映历史遗迹和时代特征

怀远历史文化悠久,古迹较多,有一些地名是因旧邑、古城而形成的。龙亢镇,以西汉所设龙亢县得名,清嘉庆《怀远县志》:“龙亢故城,在县西北七十五里,今为龙亢集。”

---

① 见《怀远县志》。

② 原属怀远县马城乡,现因行政区划调整划归蚌埠市禹会区管辖。

③ 见《述异志》。

④ 今在怀远县城关镇内。

⑤ 因在清朝有出租轿子的店而得名。

⑥ 该村原有李姓村民制作弹棉花弓弦,故名。

马城乡,由马头县而得名。《怀远县地名录》载:“南北朝置马头县,晋安帝时因山似马头命名马头城。”古城乡,因古涡阳城得名,清嘉庆《怀远县志》十三《城戍考》云:“古城即涡阳城,在县北三十里。”葛山村以北魏所设葛城戍得名。

地名在记录社会历史的同时,有的还渗透着不同时代的政治色彩,反映出强烈的时代特征。新中国成立初期,部分怀远地名进行了重新命名,如城关镇街道“文兴街”①、劳动街和民主村②等;1958 年“大跃进”期间如永红村、东方红村、光明村、华光村、光明村等新地名大量产生;十一届三中全会后出现“新化村”③等地名。

总之,怀远地名蕴含了丰富的文化内涵,它描述了怀远的地理特征,再现了当地的经济生活、历史遗迹和时代变迁,反映了源远流长的大禹文化和淮河文化。通过本文的考察,我们看到了怀远地名命名的自然理据和人文理据,领悟到独具特色的怀远地方文化,这对于淮河文化的研究和探讨也起到了一定的帮助作用。

参考文献

[1]牛汝辰.中国地名文化[M].北京:中国华侨出版社,1993:5-6.

[2]周振鹤,游汝杰.方言与中国文化[M].上海:上海人民出版社,2006:123.

[3]怀远县地方志编纂委员会.怀远县志[DB/OL].[2011-06-20].http://61.191.16.234:8080/was40/index_sz.

[4]怀远县地名委员会.怀远县地名录[M].内部资料,1986:2.

[5]沈叶鸣.源远流长的涂山大禹文化[J].江淮文史,2000(3):142-144.

① 解放前名“复兴街”。

② 劳动街:解放前为“玉带街”。民主村:解放后经群众民主协商命名。

③ 1980 年命名,意为“现代化新农村”。

考窥古淮夷原始装饰与图腾符号①

万惠玲②

摘　要:蚌埠双墩遗址出土璜、陶泥塑、陶祖形支架等器物饰件,其中泥塑儿童像纹面形象以及仿动物造型的特殊器皿采用多种装饰纹样及塑造手法,装饰意识十分强烈,装饰造型已经有了一定的艺术性。在双墩器物装饰符号中有花、蚕、猪等动植物图腾,这些装饰符号说明双墩先民对图腾崇拜从真实模拟自然过渡到身体装饰再延伸到器物装饰上,无一例外地象征着某种特殊的神秘含义,以求得图腾对于氏族的庇护。

关键词:双墩遗址;古淮夷;原始装饰;图腾;象征

人类装饰物的出土,上限至旧石器晚期,但根据考古学的推测,时间开始于旧石器前期,人类利用自然物、果木、花草、羽毛做装饰应早于用加工物做装饰,如美洲印第安人的羽毛装饰(如图1)。欧洲的驯鹿时代已存在用驯鹿角雕刻的装饰品。我国发现最早的装饰品也在旧石器时代晚期,多采用角、骨、牙等多种材料通过钻孔、引线成串。安徽省蚌埠双墩遗址产生于新石器时代中期古淮夷地区,遗址出土距今7300年前的泥塑人面头像、璜、陶支架、骨饰等饰件,通过雕、琢、刻纹等人工成形。“装饰”(decoration)一词是现代人对人体固定装饰(如文身)、活动装饰(如身体悬挂的饰件)以及器物雕刻和描绘花纹的总称。从形式上看,原始饰件装饰与现代装饰很是相似,然而装饰目的具 有很大差别。[1](P32)概括地说,具有代表意义的双墩新石器时代遗址原始装饰有着神秘的象征(Sumbol)意义,这与人类当时淮河流域典型的古淮夷宗教观念有着密切关系。

1　装饰意识与装饰造型在双墩遗址饰件上彰显

双墩文化是淮河中游古淮夷地区发现年代最早的新石器时代文化遗存,从遗址出土600多件刻画符号看(如图2),很可能是中国文字起源的重要源头之一。也就是说双墩新石器时代文化在当时是先进的,原始装饰意识十分强烈。这种装饰意识主要表现:一

---

① 基金项目:蚌埠学院人文社科重点项目“淮河流域上古图腾崇拜艺术研究”(编号:2010SK01zd);安徽省教育厅人文社科项目“淮河中游春秋战国时期器物造型及纹饰研究”(编号:2011sk481);蚌埠学院淮河文化研究社科项目“淮河流域春秋青铜纹饰的图形符号学研究”(编号:BBXYHHWH2010C02)。

② 作者简介:万惠玲(1980-),女,安徽宿州人,蚌埠学院艺术设计系讲师,硕士,从事艺术设计、美术考古方面的研究。

是石制圆饼(制陶工具),通体磨光,一面为直边,一面为弧边,不但实用,而且形状的规则、表面的光滑度、材料的选择方面,超出实用需要,体现比较明确的审美意识;二是陶器、陶器支架等(如图3)的发明,以其形制的完美,功能完备齐全,装饰纹样有戳刺文、篦点文、乳丁文、弦文、镂空和彩绘等纹饰,为研究淮河流域新石器时期的装饰纹样提供重要的证据;三是由于器物与国内其他遗址一样都出土在文化地层中,许多器物残缺不全,对于这种现象有人认为是人在某种活动中有意弄碎,如祭祀、巫术等。[2](P419) 其出土饰物有璜、饰件(如图4、图5、图6)等艺术品;四是技术手法上与众不同,一般装饰在器物上部的口沿、肩部、折棱等部位上,还着重运用上下层次和凹凸结合的布局与不同的纹饰来组合体现装饰效果,有少数通体纹饰的陶罐残片与河南舞阳大岗满饰刺点纹的陶罐有过之而无不及,显得非常美观。少量的彩陶多在器物口、颈、肩部位施纹,有"红口"、连续交叉纹、重菱形纹和曲折纹。

除此以外,双墩遗址还遗留纹面的形象以及仿动物造型的特殊器皿。首先纹面泥塑儿童像(如图7)的装饰造型相对精细,儿童表情自然生动、五官清晰秀美。头像高6.3 cm,采用捏塑、堆贴、刻画等塑造手法,头形是细心打理,并戴有装饰品,两颊有圆窝点状纹样,应该是当时"纹面"或面部彩绘的反应,耳朵穿有耳孔,两条夸张连在一起的眉毛,这些征象说明了其人为装饰后的产物。对于这种独具特点的装饰造型,说明装饰意识的表达已经有了一定的艺术性。以至于把双墩儿童泥塑放在雕塑艺术历史的长河中,应是圆雕艺术的继续,也可以从另一角度见证双墩古淮夷地区的文明程度。格罗塞在《艺术的起源》中根据现代原始民族的考察,认为"用具装饰的发展程度,在较低文明阶段里,比人体装饰落后得多"[1](P34)。由此推断,在新石器时期之前,人类对身体的装饰,不但有利用装饰品的种种"活动装饰",还有直接画或刺、刻在肉体上的文身、纹面等"固定装饰"。这些装饰的动机无非心理的或者实际需要,实际需要,如崇拜需要;心理需要,如表达的需要。

图1 美洲印第安人的羽毛装饰

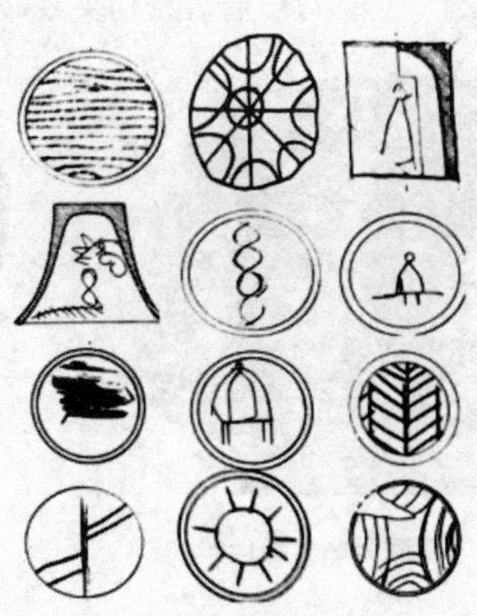

图2 双墩刻画符号

图3 双墩祖形支架

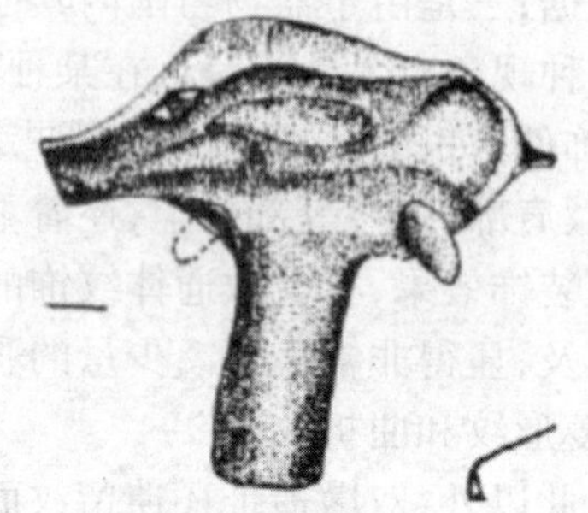

图4 双墩泥塑猪首形饰件

无论是原始装饰中的纹面、文身还是器物装饰,都是一种手段与桥梁,人类的心灵在与某些人所期望的力量沟通,然后,在消解力量的过程中,展现装饰与巫术宗教。实际生存活动也是如此。原始装饰、巫术等本来就是实际生存活动的一部分,不是“生活的反映”,而是生活的一部分。所以,原始装饰的地位和作用不可等闲视之,也是纹面艺术得以占有崇高地位的原因。这些特殊的装饰造型和装饰意识是淮河流域古淮夷人在艺术中的真实反映还是整个部落的灵魂和精神支柱呢?这并不仅仅具有装饰意义,其中肯定有着某种“特殊”的意义。巫鸿先生认为,“在一特定时期和文化体系中人们所创造的艺术与文学(包括口头文学)应互相平行,都反映当时人观察、理解和表现世界的特殊角度、观念”[3](P28)。双墩遗址原始装饰就是这种特殊意义下的特殊角度、特定观念的具体显现,很可能与“图腾崇拜”有着密切关系。

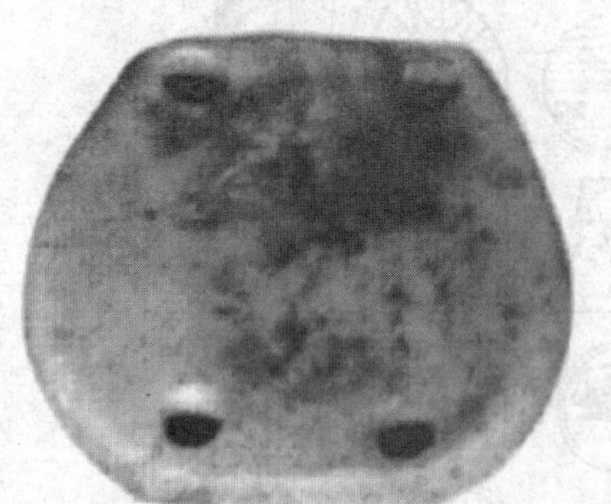

图5 双墩骨饰件饰件

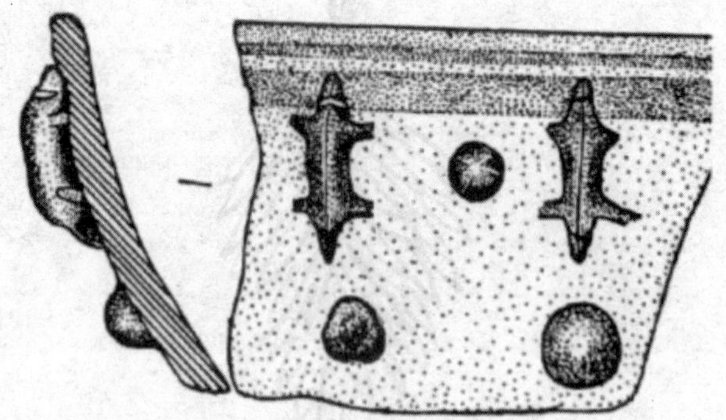

图6 双墩泥塑猪

图7　纹面泥塑儿童像

图8　花瓣刻画符号

图9　蚕丝刻画符号图

图10　鱼形刻画符号图

图11　家猪刻画符号图

图12　野猪刻画符号

2 原始装饰与图腾在双墩遗址造物艺术上的表征

图腾对体饰和器物装饰有很大影响,在原始装饰中表现尤为突出。图腾崇拜是攫取经济(采集和狩猎)生活的直接反应。弗洛伊德在《图腾与禁忌》中所说的:"崇拜是由禁忌转化来的。"[4](P119)双墩先民在自然经济阶段依靠采集植物、猎取动物谋生,以"禁忌"的方式来保护动植物的繁衍,这种保护措施演化为视保护对象为"亲属"的神秘观念。当然在捕杀或分食图腾物前后,必须进行某种仪式"谢罪"。分析了双墩器物上的图饰结构,与同时期文化类型的进行了比较,借鉴何星亮先生对于半坡类型彩陶纹样的研究成果,他认为:"彩陶上的鱼纹、蛙纹、鸟纹、鹿纹等都是图腾,或者是氏族、部落的图腾,或者是个人、家庭的图腾,也可能有一个氏族或家族奉两个图腾的现象。"[5](P63)在双墩器物刻画的装饰符号中有四叶花的植物图腾(如图8),花图腾崇拜在中国民间文化中广泛存在,有壮族花婆姆六甲的神话传说。苏秉琦在《华人·龙的传人·中国人——考古寻根记》中就提出:"华人即花人。中华民族之所以成为爱花的民族,植根于遥远过去氏族标记的族花,原始部落国家成立后在国花,在花的原野上,有众多的花神,在信仰与崇拜的高度去认识她们,就是象征了中华民族的起源。"[6](P134)花的符号概念可能在双墩先民看来就是神灵化象征。《易·卦传》说:"坤,地也,故称为母。"这就是我国古代和古希腊神话都把地神称为"地母",把花、植物称为"花神",大地生物,笔者认为:花是送给"地母的最好装饰崇拜物"。

蚕、蚕丝、蚕茧的单体符号在双墩陶器底部、腹部、喇叭形圈足内侧出现(如图9),在双墩先民眼里,蚕有蜕变死而复生、羽化成仙的神性。同时期浙江河姆渡遗址发现象牙盅刻有蚕纹,推测与蚕崇拜相关。其实在我国古代一直有着蚕神的传说,传说黄帝的元妃,后奉为嫘祖,为历朝历代皇后祭祀先蚕的对象,在民间有着蚕花娘子、马头娘等。我们从双墩器物蚕的图腾中可以看出双墩先民对蚕神的敬畏之心,表明在新石器时期蚕神就已经出现在双墩先民的意识形态领域。在中国古代,由于洪水泛滥,海水倒灌,海岸线要远远比现在更加深入到中国东部地区[7](P30),而双墩古淮夷所处的地区实际上是靠近沿海的沼泽地带,东部沿海一直是古老的族群"夷"的生活区域。沿河而居的古淮夷部落以鱼为图腾可以从双墩器物看到鱼图腾存在的痕迹(如图10),有单纯的鱼形、重线鱼形,还包括与十字、网形、箭簇形、枝桠形等结合的图腾符号,蔡运章在研究双墩刻画符号的资料中有《水经注·济水》说"鱼山即吾山也",可以为证。《易·观》:"观我生。"虞翻注:"坤为我。"鱼当是《坤》卦之象。[8](P311)可见鱼图腾在双墩古淮夷地区是存在的。在双墩器物装饰上同样出现了家猪、野猪的图腾符号(如图11、图12),我国江苏南京浦口曾出土以猪为图腾崇拜的部落遗址,红山文化出土了以玉猪龙为图腾的表现器物。而双墩陶碗上刻绘的孕猪,体态肥硕笨重,腹部下垂接近地面,给人以步履艰难的感觉。而野猪图腾则鬃毛倒立,呈现没有完全训化的野性。《易·说卦传》"坎为豕",当是《坎》卦之象,这一卦像是双墩先民"制器尚象"习俗的产物。[8](P314)这些双墩先民图腾崇拜从真实模拟过渡到身体装饰再延伸到器物装饰上,以求得图腾对于氏族的庇护。

图腾究竟从哪些方面影响了原始装饰呢?岑家梧在《图腾艺术史》中说:"图腾集团的组织,完全建筑于平等劳动的原则之上,成员的日常服饰、住所装饰、用具样式,也作划一的表现，即以模仿图腾动物为目的的施行“图腾同样化”（Assimilation of Totem）。”[9](P31)还有一些图腾形象已经由写实形抽象为一种符号或某种综合的神灵，我们不易分辨。双墩先民的这些图腾用于装饰远不是为了美观，深层的文化内涵，则是象征。

3 双墩图腾与原始器物装饰渗透出原始装饰的象征主义内涵

象征是“用具体事物表示某种抽象概念或思想情感”。美国人类学家莱斯利·怀特认为：“人类使用象征；没有一种别的生物是如此。一个机体，要么具有象征的能力，要么不具有象征的能力，中介的阶段是没有的”。[10](P243)象征无疑起源于人类的生产劳动，双墩先民就是通过这些无声的图像符号传达意思沟通交流的特殊方式。陶器上刻画的野猪、野鹿表明双墩祖先畏惧的对象，画在器物上象征不可战胜的力量。各式各样的图腾符号，其形状来源于大自然，象征一部落的公众观念，因而观念是产生象征的原因。[11](P24)双墩先民的装饰品多用动物骨骼和鹿角磨制而成，另有扁圆红褐色陶器璜、身饰猪首、陶祖前端等饰件。借鉴房龙在《人类的艺术》中说到原始的首饰：住在旷野里带着驯鹿打猎的人，可以说，也是一种开拓者。男人在寻找食物时，死亡率之高，也说明女人当时不太重要。项圈、小饰物等奢侈品，以及其他种种装饰用品，都是为部族中的男人准备的，而且只有男人用。[12](P31)以野兽的骨角皮毛做装饰，可以作为他的力量、勇气和灵巧的证明和标记。

从人类学家的研究成果分析双墩原始装饰可以看出：图腾、身体装饰和器物装饰在原始双墩先民眼中，无一例外地象征着某种特殊的神秘含义。原始装饰的象征内涵虽难以解读，但这种象征在文化传承中得到延续的时候，就可以找到它的根源。如双墩器物刻画符号中对有直接表现太阳崇拜的象征图形、还有圆形，包括圆形与十字结合、多圆组合、圆形与井状线、放射线组合等，类似的太阳崇拜图形在凌家滩文化、仰韶文化等都有发现，双墩圆形符号代表太阳崇拜的较早阶段，承载着原始宗教萌芽阶段的生命象征意义，同时随之产生四方意识，并有相关专家推测此时已经产生出原始太阳历法。[13]

双墩遗址器物装饰艺术对于研究原始装饰与图腾发展具有重要作用。其制作工艺及艺术性在新石器时代装饰方面具有很高研究价值，结合双墩器物刻画符号，我们会对双墩早期纹面装饰艺术与图腾崇拜的突出地位更加清晰，双墩新石器时代古淮夷原始宗教的产生、自然崇拜、生殖崇拜、图腾崇拜的发展交织并渗透到原始装饰艺术与原始图腾中。

参考文献

[1]诸葛铠. 设计艺术学十讲[M]. 济南：山东画报出版社，2006.

[2]安徽省文物考古研究所，蚌埠市博物馆编著. 蚌埠双墩——新石器时代遗址发掘报告[R]. 北京：科学出版社，2008.

[3]巫鸿著. 郑岩，王睿编. 郑岩，等译. 东夷艺术中的鸟图像[M]. 礼仪中的美术——巫鸿中国古代美术史文编[M]. 北京：生活·读书·新知三联书店，2005.

[4]弗洛伊德. 图腾与禁忌[M]. 北京：中央编译出版社，2005.

[5]何星亮.半坡鱼纹是图腾标志,还是女阴象征[J].中原文物,1996.
[6]李子伟."华婿履迹优羲"[A].张俊宗.陇右文化论丛[C].兰州:甘肃人民出版社,2004.
[7]巫 鸿.礼仪中的美术[M].北京:三联书店,2005.
[8]蔡运章.蚌埠双墩"刻画符号"略论[M].文物研究,1989.
[9]岑家梧著.图腾艺术史[M].上海:学林出版社,1986.
[10][美]莱斯利·怀特.象征[M].庄锡昌,等编.多维视野中的文化理论.杭州:浙江人民出版社,1987.
[11]居阅时,瞿明安,主编.中国象征文化(导论)[M].上海:上海人民出版社,2001.
[12][美]房龙著.人类的艺术[M].衣成信,译.北京:中国和平出版社,1996.
[13]李修松.上古时期中国东南地区的太阳崇拜[J].历史研究,2002(5):21.

论嘉庆时期漕政的腐败
——以通仓舞弊案为中心的分析①

袁 飞②

摘 要: 文章试图以嘉庆朝通仓舞弊案为中心,探讨嘉庆朝漕政腐败的实况,显示出漕政腐败的新特点和颓势,从中揭示出清朝由盛转衰的历史趋势。漕政的腐败是嘉庆朝官僚政治腐败的一个缩影。

关键词: 嘉庆朝;通仓舞弊案;漕运;官僚政治

漕运作为有清一代之大政,不仅是维持京师上至皇帝、官僚,下至平民百姓的生活来源,更是关乎国家经济命脉,赖以安邦定国的"国家大计"。乾隆晚期以后,漕运制度中长期积累的弊端开始全面暴露;至嘉庆朝时,漕务开始陷入危机之中。陷入困境后的嘉庆朝漕运,从最初的漕粮征收到最后的仓米发放,其间弊端重重,每一个过程、每一个环节都已被贪官污吏用来渔利。

京通粮仓作为漕运体系的最后一个关节,其机构非常庞杂,漕运官吏众多。除了大量的在籍官吏外,每个漕务机构下面还有难以计数的各种杂役胥吏,他们基本上都是依漕而活,以漕为利薮。漕粮抵通后,就要面临接踵而来的两个关键问题:漕粮的交仓及其日常管理(包括漕粮的发放)。而在这过程中所出现的问题,与州县收漕的情况一样也是弊端重重,无论漕粮的收进还是放出或者在仓存储都已成为个人谋取私利的渊薮。

1 通仓舞弊案的发生

嘉庆十四年(1809 年)五月二十三日,仓场满侍郎福庆和汉侍郎许兆椿向嘉庆帝密奏,揭露了通州粮库中漕粮白米大量亏损,有胥吏从中渔利。他们指出:"中、西二仓所贮白米多有亏缺,并查有积蠹高添凤,私用花押白票,装米出仓,兼令伊弟高二挂名大班番子,以为护符,种种弊混。"③嘉庆帝接到奏报后,深觉此事重大,立即特派侍郎托津、福庆,会同新任仓场满汉侍郎玉宁和戴均元前往中西二仓详细勘查。

不久,被派往通州调查的托津等 4 人向嘉庆帝回复,汇报了他们的初步调查结果。

---

① 基金项目:安徽省省级优秀青年人才基金项目(2010SQRW083);中国人民大学重大基础研究项目(10XNL013)。

② 作者简介:袁飞,蚌埠学院淮河文化研究中心教师,研究方向为清代漕运史、政治史。

③ 《清仁宗实录》卷 212"嘉庆十四年五月壬午"。

经过确查后,他们发现问题还很严重:“西仓地字、中仓法字二厫大有短绌,随将该二厫米石通行盘量,移贮附近,空出厫坐。地字厫计短米七百余石,法字厫计短米四百余石,此外厫座尚多,随即分起抽丈,与原贮数目多有不符,约计一厫或短百余石、数百石及千余石不等,米色亦多不纯,其中间有霉变。”[①]

最后,他们又抽查了其他一些存贮白米的仓库,其中从西仓 52 座厫中抽查了 13 厫,中仓 26 座厫中抽查了 5 厫。结果是,被抽查的西仓 13 厫共亏短米 8 500 余石,被抽查的中仓 5 厫共亏短米 1 100 余石。查明胥吏高添(天)凤是“积年在西仓经手事件之人”,是案件的核心人物。面对如此多的亏短米数,这还仅仅只是调查的开始,嘉庆帝十分震惊,立即表示:“天庾正供,岂容稍有亏短,乃竟有积蠹把持,奸胥舞弊,实出情理之外”;“必须彻底清厘,核实办理”。[②] 为了将此弊案彻底调查清楚,嘉庆帝接连调动了几拨人马,分批前往通州,相互轮换调查,“派侍郎托津同刘镮之、桂芳、副都御史秦瀛四人为头班,侍郎福庆同左都御史周兴岱、侍郎潘世恩、副都御史润祥四人为二班,自五月二十四日为始,五日一班,前往通州,递相更换,将所查情形五日具奏一次。玉宁、戴均元二人于验收新漕之暇,亦随时前往会查”。嘉庆帝命令这些官员不但要查清楚亏短仓米的数额,更重要的是要查清楚这些米石是如何短少的?特别是“积蠹高添凤兄弟父子如何在仓盘踞,以及其余甲斗赵长安、张连芳、花甲陈四等如何通同舞弊缘由”[③]。为了调查的慎重,嘉庆帝于五月二十六日又派出两班大臣前往通州,会同原派大臣一起调查,以“御前侍卫禧恩、乾清门侍卫永芹为一班,乾清门侍卫玉福、哈隆阿为一班”,“每班二人,分查西仓、中仓,自二十七日为始,四日一班轮替”[④]。经过嘉庆帝三令五申地催促和要求,整个案件很快就被调查清楚。从这一案件让我们看到了嘉庆朝漕运所面临的巨大困境和危机,尤其淋漓尽致地暴露出漕运腐败以及嘉庆朝政治腐败的种种特征。

2 舞弊数额的巨大

玉宁、戴均元等四人的调查从五月二十四日开始,二十八日结束,并于三十日向嘉庆帝进行了汇报:他们盘查过中仓生字、增字士厫后,查出漕米共计短缺 6 145 石;[⑤]盘查西仓能字等 7 厫,共亏短仓米 6 293 石。[⑥] 2 仓 9 厫,共短米 12 438 石。

第一批被派往通州进行调查的官员们于六月初五日向嘉庆帝汇报:截至六月初三日,他们共盘查了中仓中的平字、念字、雨字和贻字 4 厫,共短米 15 233 石;西仓中的覆字、吕字、日字、成字、绮字和以字等 7 厫,共短米 8718.0578 石,两仓所查厫座共计短米

① 《军机处录副》胶片,“户部左侍郎托津等:奏为遵旨查勘通州中西二仓米石情形事,嘉庆十四年五月二十三”,档号:03-1844-030。

② 《嘉庆道光两朝上谕档》“嘉庆十四年五月二十三日”。

③ 《清仁宗实录》卷 212“嘉庆十四年五月壬午”。

④ 《嘉庆道光两朝上谕档》“嘉庆十四年五月二十六日”。

⑤ 《军机处录副》“户部左侍郎托津等:呈盘过中仓米石数目清单,嘉庆十四年五月三十日”,档号:03-1844-045。

⑥ 《军机处录副》“户部左侍郎托津等:呈盘过西仓数目清单,嘉庆十四年五月三十日”,档号:03-1844-046。

23951.0578 石,[①]且以上各仓廒所屯之米,“白米甚少,黄色米约不及十分之一,而杂色及土米竟有一万一千余石之多,情弊显然”[②]。

六月初十日,第二班官员托津等人于初四日接替第一班官员继续确查,并向嘉庆汇报调查的结果:中仓盘过敦字等 6 廒,计亏短米数 17 122.5 石;西仓盘过廉字等 17 廒,计亏短米数 25 381.4 石,两仓共计短米 42 503.9 石。[③]

六月十五日,左都御史周兴岱等详细盘查的结果:中仓藏字等 7 廒共计短米 18 181 石;[④]西仓茂字等 14 廒共计短米 21 854.361 4 石,[⑤]其中“中仓圣字、广字、悦字三廒原报成色白米 403 石,西仓张字一廒原报成色白米 20 石”,经查明得知,系因“廒座坍塌,所贮米石俱已霉烂成块,不能斛量,应归入亏折项下计算”,这样一共亏短米 40 438.3614 石。[⑥] 六月二十日,盘查工作开始进入收尾阶段,托津等人盘查前班所剩下的未查仓廒,查得中仓昃字、孝字 2 廒,其中昃字廒中霉变成块米约计 100 余石,应入亏短数内,共短 1 799 石,孝字廒中霉变成块米约 140 余石,应算入亏短米数内,共短米 2 239.5 石,两廒共短米 4 038.5 石,[⑦]馨字廒短米 804.5 石,惠字廒短米 2 329 石;[⑧]中西两仓 14 廒共短米 18 481.959 1 石。其中西仓所有仓廒均已盘查完毕,中仓还剩正字、渊字两廒未查。[⑨] 六月二十二日,周兴岱等官员最后完成了所有的盘查工作。他们将中仓剩下的正字、渊字 2 廒“逐加盘查”,查得 2 廒共计短米 3 938 石。[⑩]

总计,西仓亏短 73 556.778 3 石,中仓亏短 67 791.5 石。面对揭露出来的巨大亏短,高添凤等人只承认从西仓中私出漕米共计约三四万石,其他亏短的部分并不是他们舞弊所造成的,而是由于“历年所放总系新米,陈米在仓愈陈愈坏。兼之六年以后,雨水较大,仓廒渗漏,此内腐坏折耗更不知多少。况白米与老米粗细不同,兑收时如遇伏天雨水,米

① 《军机处录副》“查仓大臣乾清门侍卫玉福、哈隆阿:奏为会同盘查中西各仓情形事,嘉庆十四年六月初六日”,档号:03-1844-060。

② 《军机处录副》“都察院左都御史周兴岱等:奏为分查中西二仓米石情形事,嘉庆十四年六月初五日”,档号:03-1844-054。

③ 《军机处录副》“户部左侍郎托津等:奏为会同盘查中西仓米石数目质色事,嘉庆十四年六月二十日”,档号:03-1844-077。

④ 《军机处录副》“都察院左都御史周兴岱等:呈盘过中仓廒座米石数目清单,嘉庆十四年六月十五日”,档号:03-1844-071。

⑤ 《军机处录副》“都察院左都御史周兴岱等:呈盘过西仓廒座米石数目清单,嘉庆十四年六月十五日”,档号:03-1844-072。

⑥ 《军机处录副》“都察院左都御史周兴岱等:奏为查明中西二仓短米数目事,嘉庆十四年六月十五日”,档号:03-1844-070。

⑦ 《军机处录副》“查仓大臣御前侍卫禧恩等:呈盘过中仓廒座米石数目清单,嘉庆十四年六月十八日”,档号:03-1844-076。

⑧ 《军机处录副》“(阙名)呈报盘过中仓米石数目清单,嘉庆十四年(阙日月)”,档号:03-1846-011。

⑨ 《军机处录副》“户部左侍郎托津等:奏为会同盘查中西仓米石数目质色事,嘉庆十四年六月二十日”,档号:03-1844-077。

⑩ 《军机处录副》“都察院左都御史周兴岱等:奏为盘查中西仓米石数目事,嘉庆十四年六月二十二日”,档号:03-1844-080。

粒发热,粘糠带脐,及到秋后再量,必致短少,尽可试验。以上都是米石亏短的缘故”①。虽然这些解释未尝不无道理,但统治者显然不相信这种解释。因为不管是多是少,是贪污所致,抑或是玩忽职守所致,最终所造成仓米巨大亏损的结果却是事实,而这一事实他们自己也承认。

3 舞弊官吏集团化

高添凤等人亏损,数量巨大,十多年来为什么没有人汇报或者举报?嘉庆帝指令前往调查的官员不但要把舞弊的数额调查清楚,也要弄明白为什么会出现如此巨大亏短。

刚到通州进行盘查的托津在调取西仓厫座吏役的花名册进行查阅时,在仓厫管理上发现了问题的端倪。托津等人发现,花名册上所载的甲斗姓名大多是赵长安,而其他花户姓名却大多数没有标出,经查询仓厫监督后得知“花户多系悬缺未补”,而法律规定每座仓厫都必须设立甲斗、花户,专司启闭。既然有空缺,而这些吏役又“于厫座最为紧要,何以令其空缺久悬不行补实?”而且仅“甲斗赵长安一人何以承办至三十八厫之多?”这些存在疑问的地方为办案人员提供了进行深入调查的线索。② 在对西仓蠹役高添凤等人犯分别进行审讯后,案件取得了初步进展。首先解决了高添凤如何盘踞西仓这么多年的疑问。据调查得知,高添凤原充海运仓书吏,于嘉庆三年(1798 年)役满。但役满后的高添凤并不甘心,并于同年让其胞弟高凤鸣充当西仓甲斗头役。嘉庆八年(1803 年)高凤鸣也役满,高添凤又让其儿子高廷柱接充。嘉庆十三年(1808 年)高廷柱役满,高添凤再让其表弟赵长安接充。而在这前后十余年中,这些人不过出名充当,其实仓中一切事务还是高添凤一人办理。③

另外,高添凤的姻亲中仓甲斗头役张连芳为了避开在仓年限的规定,以把持中仓粮米的出入而牟利,也效仿高添凤的做法。然高添凤却比张连芳高明,高添凤在花名册上登记的甲斗之名都是实有其人,而张连芳却只改换自己的名字,也就是说是用假名来充当。张连芳原名张有幅,从嘉庆二年(1797 年)开始充当中仓甲斗头役,“七年役满,改名张殿英,嘉庆十二年(1807 年)役满,又改名张连芳承充”④。中西二仓的这种情况一直到事发,前后十余年的时间却没有一个官员发现,也没有一个吏役举报,这不得不让我们相信,作为这些吏役顶头上司的各仓监督可能已经成了舞弊的保护伞,更不得不让我们相信的是作为仓厫体系中的各个吏胥都已经是“蛇鼠一窝”了。后面的审讯结果证明确实如此,而且共同舞弊的集团更庞大。

各仓吏为了维持他们长期的舞弊,相互倾轧,并且千方百计让其人员也参与进来共

① 《军机处录副》“大学士管理吏部事务庆桂等:呈高添凤具供单,嘉庆十四年六月十七日”,档号:03-2395-066。

② 《军机处录副》“户部左侍郎托津等:奏为盘查西仓贮米亏短数目事,嘉庆十四年五月三十日”,档号:03-1844-044。

③ 《军机处录副》“大学士管理吏部事务庆桂等:呈高添凤具供单,嘉庆十四年六月初十日”,档号:03-2395-044。

④ 《军机处录副》“大学士管理吏部事务庆桂等:呈张连芳供单,嘉庆十四年六月初十日”,档号:03-2395-045。

同舞弊,组成一个舞弊团伙,这样他们为了自己的利益和免于被罚,不但可以保持沉默,更是主动隐瞒。

不管中仓还是西仓,他们首先是要编织一个舞弊的关系网,要把相关人员拉入舞弊的阵营,这样才可能比较顺利地进行他们的不法行为。西仓书吏潘章每年都要收取从到仓的每艘白米漕船的使费,而这些所得并不是他自己一个人所有,而是"每船一只分给高添凤京钱两吊四百五十文,花户鲁五们京钱三千五百文,舍头王大、张六们京钱两吊,攒典宋三、赵六们京钱一千二百文,人夫工价京钱十数吊至二十吊不等"①。最后剩下的钱财才是潘章自己留下,这样可以确保在收取使费时不被揭露。而甲斗头役高添凤更是直截了当地说出了一部分勒索所得钱财的用途,他在审讯的时候供认:"我每年所赚钱文除自己花用之外,所有抬斛挖梢及在仓一应雇工穷人,我也零星分给他们,多少不等,都是由我随时开发。这些人大半都是靠我吃饭,因此我所作各弊从来没人举首。"②由于这些人的舞弊贪污行为没有得到及时的制止和惩罚,反而暂时得到了"令人羡慕"的好处,这对其他人员来说确实具有极强的诱惑力,所以很多弊端就在这样的诱导下发生,如在西仓里面扛口袋的工人季七等一批人,"正月内因闻知高添凤作弊出米,也起意偷仓内米石"③,西仓花户鲁五也是如此,鲁五供认:"我实因高添凤在仓作弊,所以才敢如此。"然而由于高添凤自己也有舞弊行为,所以即使知道季七几次偷盗仓米,鲁五经常舞弊,他也不会揭露,也不敢揭露,只能包庇,正如高添凤自己也供认:"我因自己的情弊甚多,也就不敢稽查。"④不仅如此,高添凤还让其母舅曹二替其管理银钱账目,雇用焦四秃子,利用其经常来往通州的便利向其传递消息,甚至还雇用庄通作为打手,组成了一个"组织完备"的舞弊集团,更是一种与众不同的舞弊手段,而这些无非是为了寻求逃避惩罚的手段,以期更持久地从仓厫中获取更多的利益。

除了组成同级的舞弊集团外,他们还设法寻找更高级的保护伞,试图得到长期庇护,以逃脱法律的制裁。对于仓厫胥吏来说,其直接上司就是管仓满汉监督。若想舞弊,必须得到他们的庇护,或者至少不会主动去盘查仓厫米数。科房主事宋均为了达到这样的一个目的,他先贿赂仓场监督身边亲近的家人,再通过其家人贿赂各仓场监督。宋均在审讯中承认:"给过监督德楞额家人沈明钱二千六百五十吊,汉监督玉通家人张兴钱一千吊。"⑤宋均等人通过贿赂先将监督身边的家人张兴、沈明收为己用,然后再由他们将监督们拉入自己的舞弊"阵营",让他们"睁一只眼闭一只眼"来对待这些舞弊行为。他们这

---

① 《军机处录副》"大学士管理吏部事务庆桂等:呈潘章具供单,嘉庆十四年六月初十日",档号:03-2395-051。

② 《军机处录副》"大学士管理吏部事务庆桂等:呈高添凤具供单,嘉庆十四年六月初十日",档号:03-2395-044。

③ 《军机处录副》"大学士管理吏部事务庆桂等:呈季七具供单,嘉庆十四年六月初十日",档号:03-2395-055。

④ 《军机处录副》"大学士管理吏部事务庆桂等:呈高添凤具供单,嘉庆十四年六月初十日",档号:03-2395-044。

⑤ 《军机处录副》"大学士管理吏部事务庆桂等:呈宋均具供单,嘉庆十四年六月初十日",档号:03-2395-048。

一目的的实现主要通过仓厫监督们身边的亲信家人来完成,玉通和德楞额两监督的供词证实和描述了这一细致的过程。

玉通供称:“嘉庆十一年(1806 年)上,(我)由户部员外郎授西仓监督。上年春季分放米后,我家人张兴拿了京钱八百吊的票子送来给我。我查问系何项钱文,张兴说是仓上有的弊端,并非从我们起的,尽管收受无妨。我随即收用了。至六月内兑收白粮时,张兴又送来京钱三百吊的票子,我又向他查问。他说是收粮时的规矩,仓上向来有的,劝我收受,我当即收下了。”①

德楞额供称:“去年(嘉庆十三年,1808 年)四月内,我家人沈明来告诉我,说‘有攒典宋均送来京钱八百吊的票子。’我向他查问系何项钱文,沈明说‘攒典们私出了白米几十石,这原系仓上旧有的弊端,并不是从我们起的,尽管收受无妨’。我当即收用了。至秋季分,又送来京钱六百吊的票子。今年春季分,又送来京钱三百吊的票子。我因他前经说明系旧有的弊端,所以一并收受的。”②

监督们经过身边亲信们的鼓动,也逐渐放松了戒心,最后不自觉地沦为舞弊行为的保护伞。

无论是仓厫中最高官员满汉监督,还是最底层的人工夫役,都被高添凤编织的“利益网”网罗进来,通过“利益均沾”的原则,形成一个利益群,以达到利益最大化。同样,中仓也是如此。而且中仓的张连芳与西仓的高添凤又是姻亲关系,通过这一层关系,两仓之间又可以串通在一起共同舞弊。最终,他们通过上下相互勾结、互相利用和包庇,尽量减少被揭露的危险。

其中,作为“官吏之利薮”的漕运一直是各级官吏谋取私利的中心,更是腐败滋生的温床。各级官吏为了能够安全地从漕运中获得最大的利益,他们“从中央到地方,通过各种所谓陋规、节礼,和私下甚至公开的行贿受贿,形成各种渠道的用银钱编织起来的关系网”③,最终形成一个个独特的舞弊利益集团,各个过程、各个关节相互勾结,共同从漕运中牟取最大的私利。

4 舞弊手段极致化

高添凤等人想尽各种办法充当甲斗头役,无非就是为了从仓厫所贮的漕米中得到好处,而漕粮从进仓到发放这一过程恰恰为他们提供了极好的舞弊机会。

向帮船索取使费进行舞弊是牟取私利的基本手段。每年白粮帮船到通交卸白米,经管仓书向每船一只索取使费京钱二三十吊至五六十吊不等。如果他们的要求得到满足,

① 《军机处录副》“大学士管理吏部事务庆桂等:呈玉通供单,嘉庆十四年六月十七日”,档号:03-2395-073。

② 《军机处录副》“大学士管理吏部事务庆桂等:呈德楞额供单,嘉庆十四年六月十七日”,档号:03-2395-074。

③ 李治亭:《清史》下,上海:上海人民出版社,2004 年,第 1367 页。

他们就"不挑检米色，含糊斛面，每石少收二三升"[①]。据仓书张继华供称，收米时即便"有米色低潮及斛面不甚满足的，我都给他包含。若有短至十余石或二三十石的，挂欠到第二日赴仓补交，也只照口袋点收，不再过斛"[②]。如果他们的要求得不到满足，就会百般刁难，让帮船损失和付出的成本要远远高于向他们支付的使费。因此，每年白粮帮船到通后，船户们为了能够顺利交兑，都会主动向他们交纳使费，这也成了约定俗成的惯例。

支放白米的过程中最容易滋生各种弊端。各仓厫在发放白米时，一般都由户部指定派发的米厫，并且规定先放陈米，然后才能派发新米。如果按照户部的规定来做，他们发现"不能从中取利，随起意通融厫座，私将收贮新米厫座顶换陈米厫座开放"。在放米之前，他们要"向领米人每石索钱二三百至四五百文不等"，如果领米人满足了他们的需索，就会"放给好米，并满量斛面，每石约多出来二三升"。如果这些要求得不到满足，他们不但不会放给好米，而且在放米时将"斛面微凹"，使实际所领远远少于规定米数。[③] 但时间长了以后，陈米就会越来越多。因此，为了避人耳目，他们就偷换厫座支放，"及新米放空一厫，即将应放陈米搬入充数"。除此之外，西仓甲斗高添凤等人甚至还开设钱铺和米局，收买王爷、贝勒、贝子等宗室大臣们的米票和俸票，因为八旗宗室大臣们的禄米和俸米需要到通仓领取，这样既费时又费钱，因此他们都乐意将米票或俸票卖给米局或钱铺，然后再就近购进粮米，当时这种情况很普遍。然后再由他们自己的钱铺或米局持票进仓，领取新米，谋取私利。但是在领米时，类似的米票和俸票有很多，无法辨别哪些是他们的。为了便于识别，他们在收取米票或俸票后分别在上面做了记号。高添凤在西仓放米米票上"用墨写低条，作为暗记"，张连芳则在中仓米票上打上红押，其中"红押打在当中的才发好米"，对外则"托名作为支放人夫工钱凭据"。持票人到各仓才能领到新米，而且"仓中人役见有押票即不查问"[④]。更主要的是"每石多出米二三升不等"[⑤]，通过这种手段多领米石，然后通过米局粜卖。

按照规定，每张厫票只能领米一次，领米后的厫票必须由各仓书立即注销。甲斗花户为了从中谋利，遂与仓书串通，将领过米的厫票不予立即注销，而是继续持旧票"开仓重领好米，出仓四散盗卖"[⑥]，胥吏称之为走黑档。另外，甚至还有开写假票领米的情况。如嘉庆十三年(1808 年)春，高添凤与科房主事宋均、攒典赵鹤龄串通，"私出黑档卖钱分

---

① 《军机处录副》"大学士管理吏部事务庆桂等：呈潘章具供单，嘉庆十四年六月初十日"，档号：03-2395-051。

② 《军机处录副》"大学士管理吏部事务庆桂等：呈张继华供单，嘉庆十四年六月初十日"，档号：03-2395-046。

③ 《军机处录副》"大学士管理吏部事务庆桂等：呈高添凤具供单，嘉庆十四年六月初十日"，档号：03-2395-044。

④ 《军机处录副》"户部左侍郎托津等：奏为遵旨查勘通州中西二仓米石情形事，嘉庆十四年五月二十三日"，档号：03-1844-030。

⑤ 《军机处录副》"大学士管理吏部事务庆桂等：奏为会同审讯西中二仓亏短米石大概情形事，嘉庆十四年五月三十日"，档号：03-1844-047。

⑥ 《军机处录副》"都察院左副都御史润祥：奏为访得中西二仓亏短米数，嘉庆十四年六月初五日"，档号：03-1844-057。

用”,宋均遂与之舞弊,“随于开仓放米时我就开写假票,交高添凤私出白米二千一百八十五石”。同年秋天,宋均又开假票,私出白米 502 石。嘉庆十四年(1809 年)春,又开假票,私出米 520 石。[①]

不仅如此,他们还从每年运送京仓的土米中进行舞弊。高添凤在运送到京仓土米10 000石中做手脚,他“止领出土米八千四百石,私将白米一千六百石顶数领出,售卖贵价,另用贱价买土米一千六百石,运交京仓”[②]。“每年运送内务府白米四千余石,每石向来俱用两尖斛外加四小升运交”[③],而有的花户却在运送白米时,多加斛面,甚至是强行多装,以饱私囊。西仓花户鲁五就是这样舞弊的,他在承办运送内务府白米的差事时,因“见高添凤在仓作弊出米,起意向他挟制,包运内务府白米,于领米时每石仍量二尖斛,硬向他们外加连二的四大升,除照前交内务府外,每石即可余剩米四升,并因白米系用麻连口袋,可以多装,于装米时硬多装数升至斗余不等”[④]。另外,有的胥吏因“垫交老米钱文无项抵还”[⑤],遂先挪用白米垫补,然后再将这些垫补之白米设法注销,还有夫役偷盗仓米的情况。总之,从漕米进仓到仓米支放的整个过程中,舞弊行为无处不在,舞弊方式也无所不有,可以说已达到极致。

5 案件的处理

此案调查结束后,面对这种状况,统治者不得不思考所造成的原因。按照规定,仓场侍郎具有监督仓场之责,然高添凤等人却能够盘踞仓厫,舞弊十余年,其间竟没有一位仓场侍郎发觉。嘉庆帝认为由于“自嘉庆三年(1798 年)以来,历任仓场侍郎俱各殆玩因循,毫无整顿,以至已革仓书高添凤竟敢在彼盘踞,串通甲斗、花户、攒典、仓书人等一气把持,无弊不作”。因此他们具有不可推卸的责任。于是,嘉庆帝亲自核办历任仓场侍郎的姓名,按照“按其任事久暂、弊窦轻重,分别惩处,以示公允”[⑥]。最后对嘉庆朝历任仓场侍郎分别给予降级、降职、革职留任等处罚。同时,还要求自嘉庆三年(1798 年)以来任过仓场侍郎一职的所有官员都必须分赔这些亏短的白米,即使是已经去世也不能免,需要其家人代为赔偿。

在这之前,清朝统治者对宗室王公们出卖俸米票的行为并没有明确禁止,而是睁一只眼闭一只眼,听之任之,所以宗室王公们出卖俸米票也就成了通行的做法,因此从这一

---

① 《军机处录副》“大学士管理吏部事务庆桂等:呈宋均具供单,嘉庆十四年六月初十日”,档号:03-2395-048。

② 《军机处录副》“大学士管理吏部事务庆桂等:奏为会同审讯西中二仓亏短米石大概情形事,嘉庆十四年五月三十日”,档号:03-1844-047。

③ 《军机处录副》“大学士管理吏部事务庆桂等:奏为复奏会讯中西二仓亏短存米情形事,嘉庆十四年六月初十日”,档号:03-2395-042。

④ 《军机处录副》“大学士管理吏部事务庆桂等:呈鲁五具供单,嘉庆十四年六月初十日”,档号:03-2395-046。

⑤ 《军机处录副》“大学士管理吏部事务庆桂等:呈叶六供单,嘉庆十四年六月初十日”,档号:03-2395-052。

⑥ 《清仁宗实录》卷 214“嘉庆十四年六月丁未”。

点来看这种行为实际上并不是多么严重的问题。但在嘉庆帝看来,很多弊端都是由于出卖米票所造成的。嘉庆帝认为,宗室王公大臣们为了“节省车价,只图容易,将所领俸米即在通州卖去,甚至将米票在彼卖给奸民”的做法,直接导致了“米不入城,都市腾贵。而奸民乘机盗弄,冒领重支,囤积回漕,无弊不作。现在仓贮亏缺,职此之由”。而且作为“天潢一派,休戚相关”,竟然只关心自己的私利,“于国计民生尚膜然罔顾如此,又何况大小臣工等之遇事膜置,毫不动心乎?”[①]所以必须进行处罚,以避免类似事情的发生,再者嘉庆帝想让全国官员看到他惩治舞弊的决心和力度,以进一步达到“以儆效尤”的作用。最后在嘉庆帝的坚持下,对相关宗室王公大臣分别被革职、罚俸、降俸等处罚。

对于舞弊主犯的惩罚,嘉庆帝更是毫不客气。十分震怒的嘉庆帝指出高添凤等如此大的舞弊是“肆行无忌,实为从来未有之事”。而且仓厥监督“不思出纳是其专职,洁己奉公,防除弊窦。且竟敢扶同胥吏分肥饱橐”。对于这些从上到下勾结在一起参与舞弊的官吏,如果不对他们进行“严加惩办,何以肃纲纪而饬官方?”所以嘉庆颁布谕旨,将相关舞弊之人给予加重处罚。[②] 将只收取京钱 1 700 吊贿赂的监督德楞额和收取 1 100 吊京钱的玉通直接判为处绞,将舞弊之胥吏高添凤、张连芳和宋均俱判立即处斩,仓厫书吏潘章被判立即处绞,其他涉案人员都被分别定罪。另外,也对监放白米的科道各员亦分别给予惩处。然而嘉庆帝对涉案人员进行的严厉惩罚并没有阻止漕政腐败及政治危机继续加深的步伐,相反却在严峻的内外因素综合作用下愈演愈烈。

6 简短结论

通过本案的分析,嘉庆朝的漕运腐败无论是程度上、范围上还是方式上出现了与众不同的鲜明特征,与顺、康、雍、乾四朝相比,其危害性是前四朝难以企及的。腐败除了在程度上大大加重之外,腐败人数也呈爆发性地扩大。涉案人员不再只是个别或者少数官员的联合,也不只是上层官僚的贪污舞弊,而是从官僚制度的横向和纵向上全方位组成“舞弊集团”,形成舞弊网络,共同腐败。此外,嘉庆朝漕运腐败开始向“基层”发展。处于漕运体系最这山望着那山高底层的杂丁夫役原是受压迫受剥削的对象,而至嘉庆朝他们已经转变其原来的身份,利用其承担的职责大肆腐败,竭力牟取私利,成为“腐败集团”的一分子。这些现象,在嘉庆一朝已经是层出不穷,而此时整个漕运体系中可以说是无处不腐败。当然这不仅仅只局限于漕运体系,嘉庆朝统治的各个方面也大致如此。

总之,本案中所反映出的嘉庆朝漕运腐败,不仅体现了嘉庆朝官僚制度腐败的严重程度,也从另一个方面具体地展现了整个嘉庆朝腐败的真实状况,从而深刻地揭示了清朝由盛转衰这一不可阻挡的趋势。

---

① 《清仁宗实录》卷 214“嘉庆十四年六月乙卯”。

② 《清仁宗实录》卷 215“嘉庆十四年七月壬申”。

清代漕运河道考述[①]

袁 飞 任 博[②]

摘 要:南北绵亘三千余里的运河作为漕粮运输的主干水路,其重要性自不可言。然在这引人注目的大动脉之下却有着诸多的微小水路运输网,却常常被忽略,但它们又是构成整体漕运河道不可或缺的组成部分。没有这些支流湖塘,漕粮就无法被运进主干水路,漕运也就无法进行。因此本文在进一步精确探讨漕运河道的基础上试图对这一段历来被忽视的水路进行具体而微的考察,以求充分展现一幅完整的漕运河道图。

关键词:运河;漕路;漕粮;漕仓

大运河是我国人工所凿的第一大河,北起通州,向南先后"历直、沽、山东,下达扬子江口,南北二千余里。又自京口抵杭州",[③]计长共约 3 500 余里,这条大运河便是清代八省漕粮运抵京通各仓的主干漕路。但由于不是所有纳漕州县都在交通便利的运河旁,因此大多数州县的漕粮在进入大运河(或主干水路[④])之前须运行一段距离远近不等的水程,而这些漕粮入运(包括入江)前所行水路与大运河共同构成了完整的漕运水路。然而在史料典籍中不但对漕粮入运前的这些水路没有记载,甚至关于漕运河道的有些记载是"间有脱误,未能详悉"。[⑤] 而在今人的研究中——就笔者目力所及,至今还没有出现全面考察和探讨整个漕运河道的成果[⑥]。为了弥补研究中的些许空白,纠正档案文献记载中的一些错误,本文在进一步精确考察运河水路及上江漕路的基础上拟对漕粮入运入江前的这一段历来被忽视的水路进行具体而微的考察,以求准确而详备地展现完整的清代漕

---

① 基金项目:中国人民大学重大基础研究项目(编号:10XNL013);蚌埠学院淮河文化研究重点项目(编号:BBXYHHWH201302)。

② 作者简介:袁飞(1980—),男,蚌埠学院副教授,历史学博士;任博(1981—),女,英国诺丁汉大学博士研究生。

③ 赵尔巽:《清史河渠志》卷 2《运河》。

④ 长江是两湖、江西以及安徽部分州县的漕粮必由之路,是这几省的第一大水系,这些地区的漕粮首先通过长江,然后才进入运河。长江也是本文所指的主干水路之一。

⑤ 蔡绍江:《漕运河道图考》之《叙》。

⑥ 如李文治、江太新在《清代漕运》(社会科学文献出版社,2008 年)一书中几乎没有涉及漕运河道的问题,日本学者松浦章在其《清代内河水运史研究》(江苏人民出版社,2010 年)一书中虽对江南、江北内河水路网作了一些探讨,但其着眼点在于运河一线。

运水路图。

为了便于讨论,本文将整个漕运河道大致分为六大漕运河道区,即浙江漕河、江苏漕河、上江漕河、山东漕河、河南漕河和京津漕河(南运河)[①]。将这六部分连接起来,便是一幅完整的清代漕粮运输路线图。

1 浙江漕河:漕道南起"杭、嘉、湖"

有漕八省中,浙江省是漕粮"大户"之一,也是漕粮行程最远的省份。清代浙省下辖十府,其中杭州、嘉兴和湖州三府有漕粮之责。由南迄北,浙省杭州府则是大运河的起点,从杭州府开始至江浙交界之吴江这一段运河系浙江漕粮北上的第一程主干水路,在《钦定户部漕运全书》中有明确的记载:从杭州府起,出北郭务至谢村,"又过北陆桥,入石门,过松老抵高新桥","绕石门城南转东北,至小阳桥","北至皂林驿","过永新入秀水界。自赵桥镇至陆门镇","又北由嘉兴府城西转而北出杉青闸,至王江泾镇","又北过平王镇入江南境"。[②] 浙江省杭、嘉、湖三府漕粮在各自的水次漕仓受兑后就近进入大运河,会合后的漕船即按照一定的顺序依次北上。而在进入大运河会合前,漕粮(或漕船)是通过哪些水道进入大运河的?不仅历史文献中没有明确记载,而且学术界也没有相关研究。要回答这个问题,需要对每个有漕州县的水路进行具体而微的考察。

杭州府下辖九县,即海宁、新城、于潜、昌化、富阳、余杭、临安、钱塘、仁和。海宁县漕仓在长安镇运河西岸东关,在此受兑漕粮后漕船便由庄婆堰北达石门县,以会于运河。[③] 新城、于潜、昌化、富阳等四县漕仓在杭州府湖墅地方,[④]即府城南自武林门至北新关一带,而这一带紧邻上塘、下塘和新河三塘河,[⑤]是商旅运货的必经之地,也非常有便于漕粮的运输和漕船的通行,这四县的漕船也最早从这里开始起锚。余杭县漕仓有二:一在县治东 3 里的东关外;一在县东 12 里城西桥之东的塘河边。两处皆紧邻水道,易于漕粮运输。[⑥] 余杭县境内除本县漕仓外,还设有临安县漕仓一处,在余杭县治东 15 里(一说 10 里,宣统《临安县志》)的仓前(镇)地方,[⑦]此地离临安县治约 50 里,因此临安县各花户须先肩挑陆行或用竹筏、小舟等由苕溪东行将漕粮运至漕仓所在的仓前(镇)交兑。[⑧] 余杭、临安二县的漕船受兑后经塘河东行 45 里至杭州府北之运河。[⑨] 钱塘县漕仓在北新桥南,

① 此处漕河运道的划分并非按照传统的划分方法,因为本文将会涉及到更具体的河道水路,所以传统的分法不太符合也不能完全涵盖所有的漕河水路,因此笔者根据实际的水道网和行文需要作了上述划分。

② 《钦定户部漕运全书》卷 41《浙江运河考》,页 12,故宫珍本丛刊,海南出版社,2000 年。

③ 金鳌:《海宁县志》卷 2《建置志》、卷 5《食货志》。

④ 潘秉哲等:(民国)《昌化县志》卷 3《建置志》;王文炳:(光绪)《富阳县志》卷 11《建置志》。

⑤ 高鹏年:(光绪)《湖墅小志》卷 1;王文炳:(光绪)《富阳县志》卷 11《建置志》。

⑥ 张吉安等:(民国)《余杭县志》卷 3《乡里》、卷 11《水利》。

⑦ 褚成博:(光绪)《余杭县志稿》之《乡里补遗留》。

⑧ 赵民治、许琳:(乾隆)《临安县志》卷 2《积贮》;董运昌:(宣统)《临安县志》卷 1《舆地志》,页 120。

⑨ 张吉安等:(民国)《余杭县志》卷 11《水利》。

西塘河西岸,[①]仁和县漕仓则与钱塘漕仓隔岸相对,在西塘河东岸,[②]两县漕粮受兑后就近入西塘河。最后府属各州县漕粮在水次仓受兑上船后,漕船便按规定次序从城北"武林驿开行,历湖州府德清县境,东过北陆桥",入石门界。然后"绕石门城南,转东北至小高阳桥,东过石门塘北,至皂林,过永新,入秀水界",[③]然后从赵墙铺至陡门镇,"经嘉兴府城西,绕北出杉青关,会嘉兴府粮船至王家泾","东过莺脰湖,湖州府粮船入焉,又东北会于吴江县之北塘河。"[④]

嘉兴府在省城东北,下辖七县。其中石门、桐乡、秀水和嘉兴四县紧邻运河,其仓均在运河旁。[⑤] 石门县漕船自运河东皂林驿漕仓受兑后开行,沿运河北行 40 里至桐乡县皂林镇,此处是桐乡县漕粮受兑地,并与装载桐乡县漕粮的漕船于此会合北上,再行 40 里至嘉兴府西水驿,与嘉兴、秀水二县漕船在府城之通越门会合,然后再行 5 里至杉青闸。其余海盐、平湖、嘉善等三县漕仓离运河较远,海盐县漕仓在西关,平湖县漕仓在县西水次;嘉善县漕仓在县城西 200 步地方,所以此三县漕船开行后,各自就近从水路进入运河。[⑥] 海盐县漕船在水次受兑后沿招宝塘西行至尚胥桥,转而北行 50 里达海盐塘(又称横塘),入鸳鸯湖,循府城迤北过北丽桥,至杉青关。[⑦] 平湖县漕船从水次仓出发,沿汉塘西行 50 里,过双溪桥入鸳鸯湖,循府城城河出北丽桥,至杉青关。[⑧] 嘉善县漕船从县西水次开行后,循东郭湖塘(《重修嘉善县志》中称为冬瓜湖)入相家湖,西行至府治城北之北丽桥,出杉青闸。[⑨] 最后,七县漕粮于杉青闸会合,行 15 里至金桥铺,再行 15 里至苏州府吴江县界之王江泾,又行 30 里至平望驿。[⑩]

湖州府纳漕州县有六个,漕粮数额共 22 万石。其中,德清漕仓在县南三里,武康仓在县西 30 步,长兴漕仓在县东门外,安吉仓在梅溪乡渎口,而乌程、归安二县漕仓俱在湖州府城南门内。安吉、长兴两县漕粮循苕溪东行,绕郡城东南稍折入碧浪湖,东行与乌程、归安二县漕船会合出迎春门,东行驶入东塘,沿塘东行 70 里过南浔,至江苏平望驿。[⑪] 武康县漕船经余英溪,东行至沙港,东北折入阜溪,沿阜溪过湖州府之安定门,入霅溪,东行出迎春门,循东塘东行至平望驿。[⑫] 德清漕船自县南漕船开行后,沿余不溪东行入塘

---

① 聂心汤:(光绪)《钱塘县志》之《纪制》。

② 沈朝宣:(光绪)《仁和县志》卷 2《封畛》。

③ 杨锡绂:《漕运则例纂》卷 11《漕运河道》。

④ 李大镛:《河务所闻集》卷 1《黄运两河图考》。

⑤ 黄之纪:《河工摘录》卷 18《漕程》。

⑥ 傅泽洪:《行水金鉴》卷 154《运河水》。

⑦ 樊維城、胡震亨:《海盐县图经》卷 3《方域篇》;王凤生:《浙西水利备考》之《杭嘉湖三府水道总图》。

⑧ 彭润章、叶廉锷:(光绪)《平湖县志》卷 2《地理·山水》。

⑨ 王凤生:《浙西水利备考》之《杭嘉湖三府水道总图》;江峰青:(光绪)《重修嘉善县志》卷 1《区域志》。

⑩ 傅泽洪:《行水金鉴》卷 154《运河水》。

⑪ 凌介禧:《东南水利略》卷 4《东南水利总说》。

⑫ 疏筤、陈殿阶:(道光)《武康县志》卷 4《地域志》;王凤生:《浙西水利备考》之《杭嘉湖三府水道总图》。

(又作唐)楼河,行5里过武林渡,入下塘河,西行入石门县界,入嘉兴府运河。① 湖州府漕船从府城东开船后,行70里至南浔镇,"镇之东栅外即苏州府吴江县曹村,自曹村十里至震泽巡司,八里至双杨桥,十八里至梅堰,十二里至平望驿,二十里至八尺,二十里至吴江县松陵驿,二十里至长洲县尹山桥,二十里至苏州府盘门,三里至胥门姑苏驿。"②"经苏州府城东鲇鱼口",北至枫桥,"由射渎经浒墅关,过常州、镇江二府浮于江,入运河"。③

总的来说,浙省三府漕粮,从最南端杭州府开始出发,然后"出临安、余杭,经德清、海宁、石门、桐乡、嘉兴以达于江南吴江县。"然后进入江苏漕河丹徒运河段。④

2 江苏漕河:江南六省的漕运枢纽

官书或其他相关文献将江苏省境内的漕河分为五个部分,即瓜仪运河、丹阳运河、苏州运河、高宝运河和淮安运河,这种区分主要以大运河为其记载主体,缺乏对大运河这一主体运道之外水路的旁及和记录,使我们对漕粮运道的理解只能停留在粗线条上,无法把一个完整的具体的漕运路线图展现出来,更无法洞悉为漕粮运输带来便利条件的江南错综复杂的水路这一历史信息。为了还原这些缺失的历史信息,下文试作补缺。

本部分将江苏漕河以黄淮交汇之地的清口为分界点,大致分为清口之南的里运河、江南运河以及清口以北的一段运河三部分。其中江苏漕河北段,即清口以北的中河以及清口以南的高宝运河是江南漕粮的必经之道,高宝以南的瓜仪运河是"江安等诸府州县及湖广江西二省通江入运总会之要路。"⑤最南端的丹徒运河,则主要是苏松粮道辖下州县和浙江全省漕船的航行要道。浙江漕船至两省交界处的吴江县进入丹徒运河,并与苏松常三府漕船会合,直趋扬州。

2.1 清口以南漕河

清口以南的漕河大致可分为两部分,即江淮之间的里运河及长江以南的丹阳运河,系苏南各府以及浙江全省漕船必经之要道。对苏南各府州县来说,当漕粮装船后即"由各州县水次开行","自吴江县西北塘河西行,至苏州府城阊门,松江府太仓州粮船由娄江来会。新浒墅关北行,会常州、镇江二府粮船,至京口闸渡江,北入瓜洲运口"⑥。这是苏南各府州县漕粮所经由的大致路线。苏南各府属州县漕船从各自的漕仓到入丹阳运河这一段水路的具体情况如下。

松江府属之上海、南汇和川沙厅漕船由黄浦西行入泖湖至青浦县之北大盈浦。⑦ 青

① 宗源瀚:《浙江全省舆图并水路道里记》之《钱塘道区》;侯元棐、王振孙:(康熙)《德清县志》卷1《舆地考》。

② 傅泽洪:《行水金鉴》卷154《运河水》。

③ 杨锡绂:《漕运则例纂》卷11《漕运河道》。

④ 允禄等:(雍正)《大清会典》卷202。

⑤ 黄之隽:(乾隆)《江南通志》卷58《运河》。

⑥ 李大镛:《河务所闻集》卷1《黄运两河图考》。

⑦ 《国朝名臣奏议》卷1,北京大学出版社,1995年,第31页。

浦县则就近入大盈浦。[①] 华亭县为府治所在,其漕仓在西郊跨塘桥之内,秀州塘之南,[②]其漕船则由黄浦入金山之横潦泾,与娄、奉贤和金山三县(三县漕仓皆在金山县朱泾镇水次)漕粮会合西北行入青浦县之北大盈浦。[③] 于青浦县北大盈浦会合的松江府漕船沿吴淞江西行入娄江,过昆山县南门,与太仓州漕船于此处会合。然后西行至沙湖堤与和塘,过永康、永庆和永宁三桥至苏州府娄门,行 10 里达于阊门,西北行 30 里到浒墅关,行 15 里到望亭,[④]北行 50 里过无锡县城南转西北行 10 里至高桥,于此入无锡运河。[⑤] 苏州府之昆山、新阳二县漕船从县城水次出发,西行 20 里至巴城巡司,[⑥]"十里至唯亭,又三十里至府城娄门,又十里至阊门"。常熟、昭文二县漕船则从县城出发后需行 50 里至吴塔,再行 20 里至长洲县之治长泾,又 10 里为漕湖,又 10 里至望亭。望亭北为常州府无锡县。北行 20 里达新安,向北 30 里经县城南,引而西北行 10 里至高桥。常州府之江阴县漕粮自县南 10 里经蔡泾闸(又称南闸、下闸),沿芙蓉湖南行 27 里至青阳镇,入五泻河(芙蓉湖下流)南行 30 里,出高桥入江南运河。无锡、金匮两县漕粮原多从绕城之西城河通行,后因城西水急,粮船改从城东的东城河行走。[⑦] 粮艘从北水门东行出北门桥,又抱城南经东门桥,又南转西至南水门外,过塧桥,下南门塘,入运河。[⑧] 引而北 10 余里至高桥,又北 20 里为洛社,又北 20 里达武进之横林镇,又引而东北十里迳戚墅堰,10 里迳丁堰,20 里达常州府城。[⑨] 宜兴县漕粮自县北门三里桥行 50 里至钟溪,过五洞桥入常州府南运河。[⑩]

镇江府溧阳县漕仓在县城南门外,收兑漕粮后漕船从漕仓后开船东行 10 里至渡济桥,[⑪]由氿湖绕宜兴、荆溪,出西蠡河,至东关口会宜兴、荆溪漕船入运河北行。金坛县运河自荆城港出珥渎河至七里桥,又北 10 里至县城南,40 里直达新丰,又 27 里至丹徒镇,又引而西北达镇江府,又稍迤东北 5 里出京口闸,涉大江,入瓜洲口,北行 25 里至三汊河口,为瓜仪运河。

江宁府上元、江宁二县漕仓在南京观音门外靠近大江,便于收兑,因此漕船可以循直渎入长江,[⑫]北行过江而至六合县瓜步镇,与江浦、六合两县运船在此会合,然后向北开行 10 里至礬山,35 里至青山。句容县运漕船自龙潭渡江,会于扬州府仪征县治,又东行 72

---

① 孙星衍等:(嘉庆)《松江府志》卷 8《山川志》。

② 叶梦珠:《阅世编》卷 3《建设》,上海古籍出版社,1981 年。

③ 王显曾等:(乾隆)《华亭县志》卷 2《建置》。

④ 李大镛:《河务所闻集》卷 1《黄运两河图考》。

⑤ 钱熙泰:(咸丰)《金山县志》卷 7《仓谷》。

⑥ 雍正二年(1724 年),在昆山分置新阳县,与昆山同城分治;从武进县中分出阳湖县,两县治同城,为常州府治所在地;雍正四年(1726 年),析常熟县东境置昭文县,两县治同城;雍正四年(1726 年),析无锡分为无锡、金匮两县,两县治同城,1912 年仍并入无锡。

⑦ 裴大中等:(光绪)《无锡金匮县志》卷 3《水》。

⑧ 秦瀛:(嘉庆)《无锡金匮县志》卷 3《水》。

⑨ 顾祖禹:《读史方舆纪要》卷 25《南直七》。

⑩ 阮升基、宁楷山:(嘉庆)《重刊宜兴县志》卷 1《营建志》。

⑪ 李景峄等:(光绪)《溧阳县志》卷 6《食货志》。

⑫ 汪士铎等:(同治)《上江两县志》卷 11《建置》。

里出三汊河口入运河。

泰州漕仓有两座即西仓和凤米仓，西仓在州治北门外社稷坛东，凤米仓在州治北门外西浦。其中凤米仓在乾隆三十二年（1767 年）东台设县后才开始作为东台县收兑漕粮的仓廒。泰州漕船自受兑后皆由茱萸湾（湾头）出入，即漕船受兑后行 60 里至宜林地方，行 50 里至（扬州）府城东门，又北 15 里迳茱萸湾后由仙女庙镇东出口至外河，入高宝运河。①

泗州之天长县本属皖省管辖，但其地理位置与苏北州县交错，且与运河相近，因此其漕船一般不需等待皖省漕船同行，而是受兑漕粮后即就近入高宝运河。这些漕船顺天长县运粮河北行，过护城桥及了口镇至大王庙口停泊，然后至高邮湖抵高邮境，再进入高宝运河，水道约长 200 余里。② 而兴化县漕船自西出通湖闸口过高邮州北 20 里，再转向东北行 25 里直达清水潭，又北行 15 里至六漫闸，又东北行 20 里直抵界首驿，又东北行 20 里至汜光湖口，又稍转东北再折而西北共行 45 里至宝应县，又折而西北行 20 里为黄浦双闸，在此处入淮安府山阳县境。又西北行 10 里过泾河闸，再行 10 里过平河桥，又折而东北行 50 里直达杨家庙，再行 10 里达淮安府，在淮安府进行漕粮盘查。

淮安府下辖六县，濒海之安东县漕仓原先设在清河县境内，后来其漕粮改折。③ 盐城县漕仓在离府城东门外一里的涧河南岸，④阜宁县漕仓则在府城南角楼的涧河东岸，⑤两县漕船受兑后直接由涧河出发，经淮安府城北，又折而西北稍迤东北，行 15 里过板闸，又迤东而北 15 里为清江浦，又西北 30 里为天妃闸，折而东出清，过黄入运口。⑥ 山阳县是淮安府治所在地，其漕仓在府学志道书院东，漕粮就近入运。⑦ 清河、桃源二县漕粮在乾隆二十七年（1762 年）改成民折官办，由官府先从司库中领银购买米粮就近从府城兑运，就近入运河，然后再由花户补齐银两。⑧ 总的来说，淮安府境内的运道自宝应县西北 20 里为黄浦双闸入山阳境，又西北 10 里为泾河闸，又 10 里为平桥河，折而东北 40 里，经杨家庙达府城，又折而西北迤东北 15 里为板闸，又迤东而北 15 里为清江浦，又西北 20 里为天妃闸折而出为运口。

而从清口到瓜洲之间的里运河是苏南、浙江、安徽、湖广、江西等省漕粮通行的必经之路。由北向南看，这段水路"自清口对岸入天妃闸，南下六十里达于山阳，折而西南经黄浦八十里达于宝应，逾汜水越清水潭百二十里达于高邮，沿邵泊湖堤折而西流，历金湾、茱萸湾百有十里达于江都，又折而西南十里，由三汊河分二派于瓜洲、仪征，入江"⑨，

---

① 王有庆、陈世镕：（道光）《泰州志》卷 7《公署》、卷 4《河渠》。

② 江景桂：（同治）《天长县志纂辑志稿》之《河渠志》。

③ 金元烺等：（光绪）《安东县志》卷 2《建置》。

④ 刘崇照等：（光绪）《盐城县志》卷 4《食货》。

⑤ 阮本焱等：（光绪）《阜宁县志》卷 2《建置》。

⑥ 黄之隽：（乾隆）《江南通志》卷 58《运河》。

⑦ 卫哲治等：（乾隆）《淮安府志》卷 11《公署》；张兆栋等：（同治）《山阳县志》卷 2《建置》。

⑧ 杨锡绂：《漕运则例纂》卷 8《征纳兑运》。

⑨ 蔡复干等：（嘉庆）《东台县志》卷 36《艺文上》。

“为粮运正道”①。

2.2 清口以北漕河

漕船过天妃闸后曲折北行出运口,此处即是江苏省境内运河的分界点。漕船通过此处,即进入中运河,也就是本文所说的清口以北漕河。黄河自西横绝而东,淮自西南挟七十二溪之水奋涌出清口,与黄河汇合后直注大海,势若建瓴。粮舟过甘罗城,过惠济河祠折而西北,入杨家庄运口从清河县旧治北通过,又西北到三坌,17 里入桃源县境,五里至来安集,又西北入宿迁县境,②这一段水路即中运河。

安徽段淮河一带南北两岸的寿州、凤台、怀远、定远、六安、英山、霍山、阜阳、颍上、霍邱、亳州、蒙城、太和十三州县的漕粮分别在怀远、临淮、寿州、正阳关四处受兑上漕船。③其中亳州、蒙城两地的漕粮需先将漕粮通过涡河运至怀远县城南淮河岸边的漕仓,与怀远县漕米一起受兑上船。④ 阜阳、颍上两县漕粮直接从颖河南行之正阳关漕仓受兑,而太和县的漕粮则需先从沙河东南行入颖河,然后南行至正阳关兑漕处。凤台、寿州紧邻淮河,两地兑漕地在寿州城北近淮水次。六安州及所属之霍山漕粮则先由淠河运至正阳关受兑,霍邱靠近淮河,漕粮由淮河运至正阳关,而英山距离较远,或用车陆路运送,或走水路;若用船,则需从东西两河出两河口入淠河,⑤北行至正阳关;定远漕粮则需先陆路运送至临淮受兑。⑥ 这些州县漕粮在受兑之后,从水次仓沿淮河东行入洪泽湖,然后出清口入中运河。灵璧、泗州及所属五河水次漕仓在浍河边,其中灵璧漕粮需要在城南 90 里的浍河之滨的九湾集,泗州及五河则在五河县浍河北;⑦盱眙紧挨淮河,县境内河汊纷歧,水道便利,其漕粮水次仓根据方志中的记载可以肯定应该就在县城内,然后沿淮河入洪泽湖,再由清口过黄河入中运河。⑧

徐州府所属丰县、沛县三县漕粮需集中于运河旁的沛县所属之夏镇水次交兑上船;⑨萧县和徐州府附郭铜山县漕粮都在府城附近交兑,其中铜山县漕粮在府城南 2 里左右东临河干的广运仓交兑,萧县则在府城南广运仓东交兑漕粮,⑩此处水路便利,漕粮可由奎河、黄河进入荆山口河至微山湖入运河。⑪ 而徐州府属宿迁之水次仓在旧治项王城南灵杰山前,此处“前阻运河,连冈马陵”,处于黄河与大运河之间,水路便利,漕粮由漕仓受兑后直接进入运河北行。⑫ 睢宁县漕粮需到城北 50 里的羊山水次兑运,然后从旧黄河东行

---

① 姚文田等:(嘉庆)《扬州府志》卷 14《河渠六》。
② 吴昆田等:(光绪)《淮安府志》卷 5《河防 · 运河》。
③ 钟泰,宗能徵:(光绪)《亳州志》卷 6《漕运》。
④ 于振江等:(民国)《重修蒙城县志》卷 3《河渠志》。
⑤ 徐锦:(民国)《英山县志》卷 1《地理志》,国家图书馆藏。
⑥ 参见武同举:《淮系年表》之《淮系全图》。
⑦ 叶兰等:(乾隆)《泗州志》卷 2《建置》。
⑧ 郭起元:(乾隆)《盱眙县志》卷 6《廨宇》。
⑨ 姚鸿杰:(光绪)《丰县志》卷 2《营建类》;于书云:(民国)《沛县志》卷 5《建置》。
⑩ 石杰:(乾隆)《徐州府志》卷 6《公署》,乾隆七年刻本,国家图书馆藏。
⑪ 吴世熊,朱忻:(同治)《徐州府志》卷 10《山川考》。
⑫ 李德溥:(同治)《宿迁县志》卷 8《山川志》、卷 10《河防志》、卷 13《营建志》。

至宿迁境入中运河北行。[①] 海州及其所属沭阳县漕粮须在淮安府买米交兑,其中海州的兑运仓在淮安府南门外南所坝,有瓦房 7 间,草屋 6 间,而沭阳县却没有固定仓廒,每年兑漕时都是租赁民房存放漕粮,漕粮上船后就近入运河。赣榆县兑运水次仓在沛县夏镇,需要先至徐州府购买漕米,然后运至夏镇租民房存放,交兑上漕船后沿运河北上。[②]

3 上江漕河:四省漕道

上江漕河包括安徽、江西和湖广四省的漕道。因这四个省的漕粮运道都要经过长江,且都在瓜仪长江之上游,因此统称为上江漕河。相关文献(或官书)中对上江漕道的记载其实就是记述了漕船在长江上的行驶路程,特别是漕道的记录是以省会为记载起点,缺乏对漕粮(或漕船)如何抵达省会的详细记载。下面分别对每个省进行详细地考察,以求完整地勾勒出当时完整的漕粮运输路线图。

安徽各州县的漕粮主要是在江安粮道辖下征收,漕粮受兑后则从附近的水道进入长江。总的漕路大致是:"江南江安粮道属漕船由各州县水次开行,出江历安庆、池州、太平各府境,经西梁山之麓,由采石矶顺流入江宁府之龙江关,北行二十里渡江",[③]行 30 里至龙潭驿,又东北行 50 里则至北新河仪征坝,入仪征运口。[④]

具体来看,太平府距离长江最近,其漕粮的运输相对较易,其辖下的当涂、芜湖、繁昌三县水路交通比较发达,因此漕粮受兑后花不了多少时间就可进入长江,直趋淮安。其中"当涂县为太平府府治所在地,其漕仓在南津门内大街之东,北出采石河 25 里入江;[⑤]芜湖县仓在县东南迎秀门外,西行 7 里入江;[⑥]繁昌县仓略有改建,一开始在县东 30 里的峨桥镇,后改至澛港镇,最后改建在三山镇,而这些地方都是靠近长江,漕船开兑后直接入江[⑦],1 050 里至东梁山,又 40 里至采石镇,又 50 里至江宁府之江宁镇。

宁国府之宣城、宁国、南陵、泾、旌德、太平六县漕粮受兑装船后,在宁国府治北湾址河汇合,然后向北出扬清口,从黄池出水阳河入江。江口即太平府之东梁山。

池州府属之贵池县漕粮自广济河入江;建德县漕船自尧城渡经东流县入江;青阳县漕粮自大通镇入江;长江在铜陵县西里许,[⑧]铜陵县之漕粮就近入江,县境西与东流县交界处之铜陵及东流漕船入江后,需沿江东行 135 里至池口驿,然后又行 85 里才到铜陵县治,再行 60 里至太平府繁昌县之荻港驿。

庐州府属之合肥、舒城、巢三县漕粮都是从巢湖经运漕镇,由漕河出和州之裕溪口入

---

① 刘如旻:(康熙)《睢宁县志》卷 2《山川》、卷 3《公署》,康熙五十七年刻本;侯绍瀛:(光绪)《睢宁县志稿》卷 4《山川志》。

② 唐仲冕:(嘉庆)《海州直隶州志》卷 17《食货考》。

③ 李大镛:《河务所闻集》卷 1《黄运两河图考》。

④ 蔡绍江:《漕运河道图考》之《上江运道考》。

⑤ 朱肇基:(乾隆)《太平府志》卷 7《建置志》。

⑥ 余谊密等:(民国)《芜湖县志》卷 15《建置志》。

⑦ 曹德赞等:(道光)《繁昌县志书》卷 3《营建志》。

⑧ 朱成阿、史应贵:(民国)《铜陵县志》卷 1《山川》。

江。[①] 庐江县及无为州之漕粮则沿黄洛河运行,经过运漕镇后出裕溪口进入长江,然后行东行 10 里至太平府之西梁山,入太平府境。

安庆府属之怀宁县靠近长江,因而漕粮就近进入长江。潜山、太湖二县漕仓在怀宁境内,其漕粮受兑后从漳葭港河(土名老河)入江。桐城县之漕船则从枞阳河入长江;望江县地处在安庆府西南,距长江 15 里左右,其漕程与潜山、太湖二县相同,亦从漳葭港河(土名老河)都是就近入江。[②] 宿松县漕粮则由大官湖出北口入泊湖,[③]过望江县之吉水镇入江,自望江江口东北行 90 里至安庆府的同安驿,然后行 10 里至桑园,再行 20 里趋池州府贵池县之黄溢,又行 70 里至池口驿。

以上诸府州县之江运漕船根据距离的远近逐渐相互会合,最后都要从龙江关北 20 里渡江至瓜步,再东北方向行 60 里至北新河,入仪征境,过四闸达三汊河,从扬子桥迤西折而东北行 15 里达扬州府城。[④]

江西省承担漕粮的州县厅共有 50 个,其中约有 7 个县靠近河道水路,交通比较便利,因此这 7 个县的漕粮就近交兑上漕船。其余的 40 多个州县厅则多是多山僻远之地,漕船难以抵达,因此各地都要将漕粮运至府城或省城交兑。[⑤] 当然,也有州县除了在省城设立漕仓外,还在府城设立漕仓,花户先在府城将漕粮交给官府,然后再运至省城交兑上漕船。而清朝中后期以后,将漕粮运至省城交兑的情况完全改变了,各县"并不将所收米石解省,只令积惯包漕之家人携银赴省,向米铺贱价购买"。[⑥] 当然这是后话,此处不作探讨,本文只做一般性的讨论。

赣州府在江西省最南部,其治下只有赣县一县有约近 500 石的漕粮之赋,[⑦]因其离省城及长江路途遥远,顺治年间就将这一县漕粮抵兑南米,因此赣州府没有北运漕粮的麻烦。[⑧] 此外,宁都直隶州原是赣州府辖下的宁都县,乾隆十九年(1754 年)升为直隶州,辖瑞金、石城二县,此二县没有漕粮负担,虽只有直隶州直接治理下的乡镇才有漕粮负担,但由于宁都漕粮也与赣县一样改折成兵米,所以也没有运输的麻烦。[⑨]

抚州府濒临鄱阳湖,汝水和赣江支流贯通其境,其中汝水是抚州各县的水路主干道,因此所属各县漕粮或从各县征收拨运,或从府城交兑,都要从汝水西北行至省城南昌。所辖七县中有临川县、金溪县、崇仁县、东乡县在省城设有水次受兑漕仓,[⑩]其中金溪、东

---

① 赵灿:(康熙)《含山县志》卷 5《山川》。

② 裴宗锡:《抚皖奏稿》册 1,页 201。

③ 邬正阶等:(道光)《宿松县志》卷 2《舆地志》。

④ 黄之隽:《江南通志》卷 58《运河》。

⑤ 中国第一历史档案馆藏:宫中档朱批奏折胶片(下略),江西巡抚先福:奏为遵旨按条陈漕务事宜各款筹议事,嘉庆十五年正月二十四日,档号:04-01-35-0210-015。

⑥ 中国第一历史档案馆藏:军机处录副奏折胶片(下略),山东道监察御史李鸿宾:奏为敬陈蠹漕各弊并请剔除事,嘉庆十四年五月初四日,档号:03-1751-026。

⑦ 钟音鸿:(同治)《赣州府志》卷 27《田赋》。

⑧ 褚景听:(民国)《赣县志》卷 17《食货志》。

⑨ 杨锡绂:《漕运则例纂》卷 1《漕粮原额》。

⑩ 谢煌:(光绪)《抚州府志》卷 30《漕运》。

乡二县也设便民漕仓于金溪县的许湾镇,[①]此两处漕粮需先用拨船运至省城漕仓,船沿金溪驶过疏山后至府城,[②]从许湾镇至府城水路约40 里,[③]然后进入汝水行约 240 余里至南昌。[④] 宜黄县没有漕粮负担,[⑤]乐安县也没有漕粮负担,只有协济漕运银 341 两,[⑥]这两县没有运输漕粮之事。

建昌府辖五县,其中泸溪县漕粮已于乾隆二年(1737 年)改征折色,其余四县自南而北首先广昌县漕粮从县治前入盱江(即抚河上游),沿江行 50 里至南丰县境,南丰县漕粮于县西城入江,然后南行、东行、再折而北行约 120 里至府城,南城、新城两县漕粮于此入江,又东北行 60 余里入抚州境,再沿汝水行至省城。[⑦]

吉安府下辖九县一厅,漕粮从地方漕仓用小船起运后从各自的水路向赣江前行。总体说来,吉安府漕运河道从偏远的莲花厅开始,漕粮要过 70 里险路入永新县禾水,[⑧]历禾水十八滩至万安县,向东行 60 里过泰和县,沿江向东北行过墨潭后下吉水,至吉水陈家山装载漕米之小船换载大船入赣江。行 40 里至临江府新淦县之金川驿,行 105 里到达樟树镇,过镇后行 20 里至扬子洲,又行 60 里水程过瑞州境,然后与瑞州漕船会合,再行 120 里到达省城南昌府。[⑨]

饶州府辖七县,其中鄱阳、安仁、余干和万年四县在省城设立了水次受兑漕仓,其中万年[⑩]、余干、乐平、浮梁和德兴五县还在府城另外设立的漕仓,花户缴纳先将漕粮运至府城漕仓受兑,然后再用船只将已经收上来的漕粮运至省会水次仓交兑上漕船。其水路大致为,装运漕粮的船只从府城鄱江门外饶河出发,向西行 5 里至祝君玲地方,然后再沿支河向南行 25 里至表恩,入鄱阳湖后沿湖入省城水次漕仓。[⑪]

广信府各州县漕粮都需要先用剥船运至省城交兑。各县漕粮各自就近进入信江,南行至河口镇,然后转西南经舒家滩、周公滩等 40 里至黄沙港,然后下西风滩、晚港滩后至弋阳县境,南行至叶家滩折而西 90 里至贵溪县南门码头,西南行至潭湾渡折而东北行至后河滩,转而西南行过九鸟滩、鹰潭镇 70 里至饶州之安仁县,再行 360 里水路至鄱阳县界,然后进入鄱阳湖入省城。[⑫]

瑞州府领高安、上高、新昌三县,此三县除了在省城设立了水次受兑漕仓外,在各自

---

① 《清高宗实录》卷 787,乾隆三十二年七月丙子。

② 杨文灏等:(乾隆)《金溪县志》卷 1《建置》。

③ 李云:(道光)《金溪县志》卷 1《疆域志》。

④ 谢煌:(光绪)《抚州府志》卷 2《疆域》。

⑤ 札隆阿:(道光)《宜黄县志》卷 10《田赋志》;故宫博物院:《钦定户部漕运全书》卷 10《水次派运》。

⑥ 胡芳杏:(同治)《乐安县志》卷 3;故宫博物院:《钦定户部漕运全书》卷 10《水次派运》。

⑦ 邵子彝、鲁琪光:(光绪)《建昌府志》卷 1《山川》。

⑧ 李其昌、张树萱:(同治)《莲花厅志》卷 4《建置志》。

⑨ 定祥、刘绎:(光绪)《吉安府志》卷 3《地理志》,刘坤一、赵之谦:(光绪)《江西通志》卷 1《地理沿革表》。

⑩ 项珂等:(同治)《万年县志》卷 3《食货志》。

⑪ 石景芳等:(同治)《饶州府志》卷 2《地舆志》、卷首《序》。

⑫ 李树藩等:(同治)《广信府志》卷 1《地理》、卷 3《食货》。

境内也设立了便民仓。此三县漕米也需要先后剥船运送至省城,路途最远的新昌县便民仓一在棠浦的浦桥之西,在棠浦江水次,漕粮剥船由此入棠浦江,东南行出安塘河口后入蜀江;[①]一在县城,漕粮剥船若从县城出发沿藤江东南行出上高县的凌江口,在此上高县剥船入,过凌江口后转东入蜀江,经府城东(高安县剥船就近入蜀江)入清江,再入鄱阳湖,沿湖至省城。[②]

南康府在省会南昌东北,其辖下三县有漕粮之供,水次受兑漕仓设在省城,每年漕粮征收完毕后即用小船分载,"逆水行舟"南行由"山河以达大江",[③]经鄱阳湖运至省城漕仓受兑。[④] 临江府之峡江、新干两县漕粮沿赣江行至清江县北 20 里处与沿袁江西来之新余县漕粮及清江县漕粮会合,然后北行入清江,沿江北行入鄱阳湖至省城。[⑤] 南昌是江西的省会,南昌府所属州县在府城(即省城),其下辖各县漕仓在府城章江门外,[⑥]漕粮交兑上船后开行入鄱阳湖。

在省城会合后的"江西粮船自省城南浦驿大江开行,经扬子洲,历新昌、都昌二县境,入鄱阳湖,至湖口县出大江,经梅家洲入彭泽县境,顺流与安徽省粮船会。"[⑦]即"盖自章门以入于湖,由湖口出得江,顺流东下,以达于淮,逶迤二千余里。"[⑧]《运漕摘要》对这一段路程有较为详细的记述:"南浦盼樵舍,昌邑望吴城,南康湖口远,彭泽是山城,东流安庆府,宗阳第九程,大通赶荻港,芜湖阻行人,采石当江下,扬帆送南京,仪征傍江走,扬州关一盘,邵伯高邮近,宝应适两程。"

湖北有六府需要向朝廷缴纳漕粮,从六府中地理位置最西的荆州府开始,荆州府漕艘进入大江后,历宜都、枝江、松滋、石首、监利等县出荆河口,至洞庭湖,然后转而向东至武昌府北,然后至黄州府蕲州,于此与黄州府漕艘汇合,行 20 里过乌林港,再行 10 里过马口入长江。[⑨]

安陆府漕船从府城北入汉水,过潜山县,东至汉阳府,与汉阳府漕艘会于汉口,然后出汉口入长江。武昌府漕船水次受兑后就近入江。德安府在其府城西入涢河,遶而东流至黄港,与漳水会合,入云梦泽,然后至安河,会襄沔,再东进到汉口,然后进入长江。[⑩]

最后,全省之漕船由武汉入江,东折出汉口,30 里经青山矶,之后过马家洲、赵家矶、道士洑入大冶县境,经漳源塘、菖蒲港,历蕲水县乌江庙、迴风矶入黄梅县、广济县境,经鲁肃港、余家涯入江西德化县界,与江西粮船会。[⑪]

---

① 黄大承等:(同治)《新昌县志》卷 29《艺文志》, 3220 页;卷 3《山川》12 页。
② 《清高宗实录》卷 787,乾隆三十二年七月丙子。
③ 白潢等:(康熙)《西江志》卷 203《艺文》, 3791 页。
④ 盛元等:(同治)《南康府志》卷 8《赋役》。
⑤ 顾长龄:(同治)《江西全省舆图》卷 6。
⑥ 鲁王孙等:(康熙)《都昌县志》卷 2《规建》211 页;卷 12 , 1292 页。
⑦ 李大镛:《河务所闻集》卷 1《黄运两河图考》。
⑧ 刘坤一、赵之谦:(光绪)《江西通志》卷 1《地理沿革表》。
⑨ 邓琛:(光绪)《黄州府志》卷 2《疆域志》;李大镛:《河务所闻集》卷 1《黄运两河图考》。
⑩ 李大镛:《河务所闻集》卷 1, 39 页。
⑪ 蔡绍江:《漕运河道图考》之《湖北运道考》;李大镛:《河务所闻集》卷 1《黄运两河图考》。

湖南省交纳漕粮的只有三个府,从南到北分别是衡州、长沙和岳州。三府之中衡州府的地理位置最南,漕艘是沿着湘水由南向北前进。湘江流经经衡州府时,衡州漕艘于衡州府城南入湘江,然后湘江会合了蒸水后,经过湘潭县城西,行程 650 里左右到达长沙府临湘驿。[①] 然后湘水从长沙府城西面环城流过,长沙府属之有漕州县除益阳县外,分别从各自附近河道进入湘江,其中益阳县漕艘进入流经县城的滨江,然后"过沅江,入洞庭。"[②]漕艘通过长沙府境,经青草湖到达洞庭湖,这一段水路共行程 200 里左右。总的来说,漕艘"自衡州府衡山县流入湘潭县境共二百八十里,至湘潭县城,又北流四十里入善化县境,七十里入长沙县境,一百里入湘阴县境,又四十里至湘阴县南门,绕西门,又一百三十里会青草湖",[③]然后"注于洞庭湖"。岳州在洞庭湖的东北,虽然相距很近,大概一里左右,但岳州府属各州县漕船则不全入洞庭湖,有的州县之漕船则直接通过附近的河道抵达三江口,会其他漕艘于城陵矶。由于水次仓在城陵矶,所以湖南省之漕船最终都会在岳州府城北的城陵矶会合,然后按照各自的帮次,向东驶向武昌,进入长江。"湖南粮船出岳州府巴陵县洞庭湖口开行,经刘公矶莲花塘至临湘境,经白螺杨林等矶,入湖北嘉鱼县沔阳州境,平江顺流,经江安塘王家港入江夏县境,至湖北省城与湖北粮船会。"[④]

4 河南漕河:漕道小分流

河南的漕粮运输在河南境内主要依靠卫河。由于卫河河道状况的变化,有清一代兑粮水次仓也几经变迁,因此漕运河道也需有相应的变化。而历史文献中的记载都是一种静态的描述,没有记录其变迁后的状况,因此这种记载不是完整的历史原貌。本小节将根据档案文献弥补这一缺失。

河南省漕粮每岁额征 25 万石,除了在卫河附近的州县需征收本色米 10 万余石外,其余各属漕米总额十五万石系折收银两。[⑤] 而那些需要缴纳漕米的州县自明末以来一直在直隶大名府小滩地方交兑,后"因舟车盘运,所费浩繁,官民交累",[⑥]屡次反复改定。雍正二年(1724 年)确定彰德、卫辉、怀庆三府及阳武、原武、封邱三县起运本色漕米 104 000 余石在卫辉五陵水次兑运,这些州县须先将漕米通过各自水路运至卫辉府(其治在汲县)城北受兑上船。而开封、归德等五府一州由于运输艰难,后将漕米折征,然后自卫辉府至大名府小滩镇一带沿途采买漕米 15 万余石,并就近于采买漕米处分地受兑。[⑦]由于"河南原无额设粮船,当兑漕时用他省之船集于卫辉水次",[⑧]漕船受兑后沿卫辉府城

---

① 这一段水路在《行水金鉴》卷 154 中有较为明确的记载:自衡州府九十里至七里驿,七十里至流霞驿,六十里至衡山县皇华驿,六十里至都石驿,七十里至泗水驿,七十里至渌口,六十里至象石驿,八十里至湘潭驿,九十里至长沙府临湘驿。此段水路在《大清一统志》中记为 660 里左右,两者相差无几。

② 傅泽洪:《行水金鉴》卷 154《运河水》。

③ 穆彰阿、潘锡恩:《大清一统志》卷 354《长沙府一》。

④ 李大镛:《河务所闻集》卷 1《黄运两河图考》。

⑤ 《雍正朝汉文朱批奏折汇编》第 2 册,江苏古籍出版社,1989 年(下略),253 页。

⑥ 《雍正朝汉文朱批奏折汇编》第 4 册,274 页。

⑦ 《清世宗实录》卷 25,雍正二年十月庚寅;杨锡绂:《漕运则例纂》卷 8《征纳兑运》。

⑧ 汪为熹:《鄢署杂钞》卷首。

北卫河向东行驶。卫河在浚县境内长约 175 里,中间有一段水路非常危险,漕艘经常在此触石沉没,“屯子马头至老鹳嘴为十八里,曰老龙湾,曰石柱,皆善化山麓,舟子视为畏途也。中经三官庙,河弯曲石粼粼隐显出没”[①]。所以漕船至此,虽百倍小心仍不免有所损失,之后往往雇用纤夫挽拉,或者用小船剥运。到乾隆年间,由于“卫河以东河身狭浅,且必须沿途起剥,近年浅涩更甚,羁滞逾期”。因此,乾隆五十二年(1787 年),河南巡抚毕沅因汤阴县所属之五陵地方原系兑运漕粮水次且河水较为宽深,奏请将河南漕粮改归此处受兑,试行一年,如果顺利,可成为定制。[②] 这样虽然可以“避去老鹳嘴等处咸溜地方”,但“自五陵以至楚旺一百三十余里之内,仍有古浅,不免转拨之烦。”于是次年,清政府又将兑漕地点东移至内黄县的楚旺镇,这样“较从前近至四百余里,兑运便捷”[③]。但楚旺以西地方的漕粮必须事先运至楚旺镇方可交兑上漕船,而这些漕粮若用小船运输须沿卫河先后“由浚县城西北经滑县、汤阴县、内黄县”境至楚旺,[④]然后漕船在楚旺镇受兑漕粮,之后沿卫河东行入直隶大名府的小滩,“自小滩而北,以至馆陶,又自馆陶北行九十里至临清,与南漕运道会”[⑤]。总之,无论河南漕粮交兑的地点如何改变,其通漕的水路——卫河却是始终改变不了。这条发源于辉县之苏门山的卫河,向东先后经过经汲县、浚县、滑县、汤阴、内黄、大名、元城,“流经八百余里至山东馆陶县,合漳河之水出临清板闸外入运”,[⑥]始终承担着河南全省每年约 38 万石漕粮的运输任务。[⑦]

5 山东漕河:漕粮的最后一程

承担漕粮最后一程运输的山东漕河并没有复杂的水系,因此以往对这一段河程的记载比较清楚,不足的是在以往的记载中缺少对水程的具体细化,漕粮北上途中有些重要的码头、闸座、集镇等并没有留下记录,此外还有一些水程里数的记载也有错误,本小节将考诸方志等文献,将这些空白和错误予以弥补和订正。山东省辖下济南、曹州、东昌、泰安、武定、兖州等六府有漕粮之责。大运河穿省而过,因此东省的河道不仅承担着本省漕粮运输的任务,其他七省漕粮更是全部通过山东运河直抵通州。然而各府离水次远近不等,漕粮缴纳情况也不相同。濒临运河离水次较近的州县,则可以一例到水次受兑上船。而离运河较远者,需要多费周折,“有征收在官,复派定脚费运赴水次交兑者;有官至水次受兑,令纳户自行运赴交纳者;更有离水次窎远,脚费浩繁,征收折色至水次籴买交兑者,俱系因地方之远近听从民便,历久相安。”无论远近,各州县必须选择一个最为便利

① 黄璟等:(光绪)《续浚县志》卷 2《方域》。

② 《清高宗实录》卷 1289,乾隆五十二年九月甲午。

③ 《清高宗实录》卷 1310,乾隆五十三年八月戊戌。

④ 孙灏等:(光绪)《河南通志续通志》卷 25《漕运》。

⑤ 允禄等:(雍正)《大清会典》卷 202《工部》。

⑥ 东河总督张师载、河南巡抚胡宝瑔:奏为卫辉府通判等缺粮捕事简熟谙河务请改归河工事,乾隆二十四年七月十六日,档号 04-01-02-0002-007。

⑦ 李文治、江太新:《清代漕运》,中华书局,1995 年,第 103 页。

的地点作为漕船受兑漕粮之所，最后将漕粮集中到这些便利的运河水次仓交兑上船，[①]如曹州府离运河较远，其漕粮每年都要到张秋镇交兑。[②] 东昌府莘县则在大名小滩受兑，[③]兖州府峄县开始在台庄交兑，后改至韩庄。[④]

山东运河"北自桑园与直隶接壤，南至台庄与江南毗连。自北而计之。初受漳卫之水，次受汶泗之水，又次接沂河之水，下流注于黄淮"。[⑤] 按照漕粮运输的方向，大运河从江南下邳梁王城至黄林庄入山东峄县境，是为漕运入山东境的首程，也是山东运河的开始，即大运河"自李家港东至黄林庄 160 里为东省境"。[⑥] 北上 98 里到达滕县境，过朱姬庄八闸，50 里至沛县境，行 48 里到鱼台县，过三闸（夏镇闸、杨庄闸和珠梅闸）进入泇河。从鱼台县王家口北行 85 里至济宁的四里湾交界处，行 75 里过三闸至济宁卫境，行 17 里至巨野县曹井桥，行 91 里至袁家口，即南旺南湖，北行 80 里至东阿县，行 95 里至运道咽喉张秋镇，"西北流经聊城县南，又北经东昌府城东，又北经堂邑县东北，又经博平县西北、清平县西，又北经临清州城，有卫河来会，河势始盛，自此以下不复置闸。北流经夏津县西"[⑦]，进入京津运河段。其中东昌府辖下之莘县、冠县、观城和朝城四县在直隶大名府的小滩交兑，受兑后漕船北上至馆陶，然后北行 90 里到达临清，与南漕运道会合北上。其中，作为运河咽喉的张秋镇，黄河一旦东泻，此处便是一片汗洋，严重阻碍漕运。"张秋为漕渠襟喉，而大河东溢往往而患"。一旦发生这种情况，正河不能通行，漕船便由城南绕西坡至江家庄、赵王河口归正河，用船引牵设法挽渡"；或者"初走正河……旋改走东坡即于曹家单薄进口，由晋城东折而西至南坝头出坡，连樯遄行既稳且速"[⑧]。

总的来说，山东运河南北绵亘 1 200 余里，[⑨]包括闸河和卫河的一段两部分。漕船出山东运河临清板闸后便进入山东运河卫河段，北行四百多里过德州后便完全驶出了山东运河进入直隶境。由于畿辅之地无漕额，大运河直隶段只承担外省漕粮的运输，也就没有像其他省份那样千方百计把漕粮从各个州县运进大运河的繁芜水路。各省漕船出山东临清板闸后便进入卫河，北行至山东德州后出山东运河，然后入吴桥县安陵镇，由东光县、南皮县北行 200 余里至沧州，再由青县、静海县北行百余里至天津府，西北行由三岔河杨村 200 余里至通州，[⑩]至土坝地方即有一大部分漕粮交卸起车入通州漕仓，另外还有部分漕米由石坝搬运入通惠河，再行 30 余里至大通桥，再由车户运至京仓。[⑪] 因此，从卫

① 注：山东省州县若是在本地征收本色者，则是用漕车运送至水次而不是拨船，嘉庆十四年订有《运漕车辆章程》。

② 《雍正朝汉文朱批奏折汇编》第 9 册，页 940。

③ 嵩山等：（嘉庆）《东昌府志》卷 10《仓储》。

④ 《清高宗实录》卷 644，乾隆二十六年九月丙午。

⑤ 托津等：（嘉庆）《钦定大清会典事例》卷 703《工部》。

⑥ 陆耀：《山东运河备览》卷 1《沿革表》。

⑦ 嵇璜、刘墉等：《清朝通志》卷 25《地理略》。

⑧ 吴怡等：（道光）《东阿县志》卷 19《艺文》。

⑨ 《雍正朝汉文朱批奏折》册 6，512 页。

⑩ 胡宣庆：《皇朝舆地水道源流》卷 1《直隶》。

⑪ 董恂：《凤台祇谒笔记》之"同治九年初四日"条。

河段运河开始的漕路水程比较简单明了,许多文献都有清楚的记载,此处不再赘述。

总之,南北绵亘3 000余里的运河作为漕粮运输的主干水路,其重要性自不可言。然在这引人注目的大动脉之下却有着诸多的微小运输水路网,而他们却常常被忽略,但它们又是构成整体漕河运道不可或缺的组成部分。如果没有这些有漕州县支流湖塘水路网的畅通,漕粮就无法被运进主干水路,漕运也就无法进行。因此我们探讨漕运问题时,对漕运河道的考察不能仅局限于大的方面,对漕河水路进行具体而微的考察才能够完整地展现出漕运当时的实况,也使我们更好地将研究深入。本文仅作一尝试。

参考文献

[1]李文治,江太新.清代漕运[M].北京:社会科学文献出版社,2008.

[2][日]松浦章.清代内河水运史研究[M].南京:江苏人民出版社,2010.

小议康乾时期治河活动中的利益冲突①

袁 飞 马彩霞 朱光耀②

摘 要:黄河夺淮入海后,清口一带成了治理黄河、淮河和运河的关键点和枢纽。清统治者和河臣要考虑的只有三个方面的因素:漕运、上河地区和下河淮扬等州县。当然对清朝统治者来说,漕运是最重要的。在漕运和地方利益这两重关系下对清朝这一时期治河活动的研究可以管窥朝廷与地方之间的利益博弈。

关键词:康乾时期;治河;漕运;利益冲突

一

中国几千年的传统社会一直是与治水过程相始终的。任何朝代"发展水利事业或者说建设水利工程","最初都不是出于人道的考量,而是出于自然和历史的条件,以及出于统治阶级的政治目的"。"其目的在于增加农业产量以及为运输,特别是为漕运创造便利条件"[1](P7-8)。

黄河夺淮入海后,清口一带成了治理黄河、淮河和运河的关键点和枢纽。整个明代河务问题并没有得到很好的解决。其根本原因就是涉及了关系到国家命脉的漕运和当时朱氏王朝的根本——祖陵。而清统治者需要考虑的只有两个因素:漕运和下河地区。对清朝统治者来说,漕运是最重要的。因为京师的皇族、中央官僚和军队的主要供应来源就是漕粮,为了这个目的,清政府把河道总督的衙门设在远离黄河,而为运河所经过的山东济宁。清王朝给靳辅的任命书中,也只是强调治河关系"漕运大计",一切都要预先计划。至于防御泛滥灾害的事,令文中一字没提[3](P122)。

为了确保漕粮的顺利抵京,清政府将保证漕运的畅通确立为治河的首要任务。"国家岁挽漕粮四百万石,以淮、扬运道为咽喉"[2]3416。特别是黄淮运交汇的清口一带更是整个河的关键点和难点。由于"黄河斗水,沙居其六,溜一平缓,即深处也顷刻澄淤"[2]3514,所以清口经常淤垫。清口一旦淤垫就会导致黄河泛滥成灾,淮水不能入海,只能潴于洪泽湖。而洪湖水一旦东泄,下河地区成为泽国,运河更是不能畅通。为了确保漕运的畅

① 基金项目:蚌埠学院人文社科项目资助(2006SK008)。

② 作者简介:袁飞(1980—),男,汉族,安徽当涂人,蚌埠学院人文社科部讲师,中国人民大学清史研究所博士生;马彩霞(1979—),女,汉族,河北秦皇岛人,蚌埠学院人文社科部讲师;朱光耀(1957—)男,汉族,安徽蚌埠人,蚌埠学院人文社科部教授。

通,清政府所采用的办法就是筑高堰和黄河两岸大堤来冲刷清口淤沙。但黄河之水集中下泄常常对淮水产生顶托,使得淮水出清口不畅,由于淮扬等下河地区地势卑下,中洼而四高,形如釜底,易于积水受灾。日益壅高的淮水只能向东冲决高堰流入下河地区,“而江、兴、泰、高、宝、山、盐七州县滨海之民,如鱼游釜底”[2]3910。于是,在处理运河与下河州县的关系上产生了矛盾,许多官员为了各自不同的目的纷纷加入到争论中来。清朝比较大的河工主要集中在康熙和乾隆年间,通过对这两朝具有典型意义的争论事件进行探讨和分析可以管窥康乾河工问题上的利益冲突。

二

康熙年间,当时的河督靳辅在治理河务问题上采用的仍然是“束水攻沙”的方法,这样就不可避免地影响到下河地区的利益。康熙二十三年(1684 年),康熙帝开始了第一次南巡,察视河工。在这次南巡的途中,康熙帝亲身感受到运河泛滥不但给当地的百姓带来了巨大的灾难,还严重影响了每年数百万石的漕粮北上。经过进一步的了解和勘察,康熙认为运河的泛滥主要是因为下游入海通道的遇浅。于是,康熙任命安徽按察使于成龙来负责对下游海口进行疏浚。然而,在第二年,两人在治理方案上产生了分歧。于成龙按照康熙的意思,“议开浚海口故道”[4]1396。而靳辅认为应当要“议筑大堤,高一丈六尺,束水一丈,开大河,宽一百五十丈至一百八十丈,堤自车逻镇起,直抵高邮,再自高邮东至兴化、白驹场,以至于海”[5]640。

两人对自己的方案坚信不已,互不相让。不久,清政府就两人的方案进行了廷议,同时康熙也让下河七州县在京官员发表他们的意见。廷议的结果是大学士和九卿“俱从靳辅议”,而“通政使司参议成其范、科道王又旦、钱珏等从于成龙议”[6]304。

时任起居注官侍讲的宝应人乔莱召集在京十一位下河籍官员,联名上奏《束水注海四不可议》,反对靳辅的治河方法来保护下河地区的利益。同时,乔莱又抓住康熙对下河百姓遭受水患所产生的同情心理,进一步强调靳辅提出的方法是不可行的,是害民之举。面对双方激烈的争论,康熙并没有立即做出决定,他知道如果选择不慎,就会导致黄水倒灌,运河泛滥不但使得下河州县的百姓遭殃,更重要的是每年 400 万石的漕粮就无法北上,这种后果将是不可想象的。于是,康熙派尚书萨穆哈、学士穆称额前往下河州县查看。然而,查看得出的结果却与下河地区在京官员的意见相反。不同观点的争执进一步激化。

正当争执不下的时候,汤斌由江苏巡抚升任礼部尚书来京陛见。他向康熙陈说了下河百姓就开浚海口事宜的反应:“州县水道海口亦不用相同,大约其言以开海口,积水可泄。”汤斌的回答让康熙最终下定了决心,发帑二十万两,疏浚海口。

然而,在疏浚海口的过程中,反对的声音还是时时出现。户部尚书佛伦支持靳辅疏请修筑高家堰重堤,而于成龙却与他们意见相反。江南道御史郭琇疏参靳辅治河无功,靡费钱粮,百计阻挠开浚下河,“又攘夺民田,妄称屯垦”[7]735。接着,参劾靳辅的奏折不断上达。康熙二十七年(1688 年)二月,山东道御史陆祖修上书弹劾靳辅,说他“身虽外任,与九卿呼吸甚灵”[6](P441)。接着漕运总督慕天颜、右侍郎孙在丰也上奏题参靳辅屯田累民,阻挠下河开浚等事。在靳辅忙于辩解的关键时刻,郭琇又上了一个对靳辅来说无疑是致命性的奏折，他说“靳辅与明珠、余国柱交相固结，每年靡费河银，大半分肥，所题用河官多出指授，是以极力庇护”[7]735。当然，靳辅也不会坐以待毙，于是靳辅也上疏题参于成龙、慕天颜、孙在丰等人朋谋陷害，阻挠河务。

治河的不同观点本身就代表了不同的利益，只不过在单纯的冲突中渗透了政治斗争，这样治河就变成了政治斗争的一个幌子。在这个幌子下，各种政治势力都在进行着不同程度的利益争斗。

三

乾隆初年关于挑浚茅城铺引河的争论更是体现了各方之间的利益矛盾。

黄河南岸的毛城铺闸坝主要是用来减泄黄河涨溢之水，以保固两岸堤工。然而，毛城铺闸坝减下之水注入洪泽湖，而如果洪泽湖水东泄则危及下河州县。但如果不开毛城铺引河，则黄河涨溢之水无法排出，最终会使得黄水倒灌，运河泛滥，阻断漕运。当时的河督高斌首先上奏要求疏浚毛城铺以下洪沟河、巴河，以及两河上首逼近毛城铺口门处的蒋沟河。河南道御史常禄反对开毛城铺引河，因为“运河身高，淮扬危险”。面对这一争议，乾隆没有立即做出决定，而是让九卿、通晓河务诸臣和淮扬下河现任在京官员就挑浚一事发表各自的意见，同时并告诫诸臣“伊等不可固执已见，亦不可曲徇人言，务期于运道民生万全无弊”[8]647。

高邮人御史夏之芳作为下河地区的代表首先反对开毛城铺引河，说：“淮扬地处最低极洼，以最低极洼之地受全淮七十二涧之水，已属不支，又加以万里黄河交灌肆虐其间，止恃一线之堤，一穴之闸，以为宣泄，来水横决，去水迂回，无怪十年之内且受患六七年也。”[9]

接着刑部主事高邮人孙濩孙条奏强烈反对开毛城铺，他的理由很明确，他说：“凡(黄河)南岸所决之口，其水势皆直灌洪泽湖，于是又以淮水所潴之区，变为全黄所注之地。黄水淤垫，而洪泽湖面之广者日益狭，底之深者日益高。况由三坝直注高宝湖，而高宝湖又日益淤垫，且灌入运河，运河之底日益高，于是惟有加堤蓄水以济运，而城郭如在釜底。”然而“近日，河臣视为故常，欲于毛城铺地方挑引河，使黄水直注洪泽湖，不思以洪泽湖贮水，则湖底日高，高堰日危”[10]。由于夏之芳、孙濩孙等人“连章条奏，极陈利害”。挑浚毛城铺“不得不暂行停止”[8]659。

虽然高斌一再宣称“挑浚毛城铺迤下河道……与上下河湖宣泄机宜全无关碍”[8]659，但是夏之芳等下河地区的在京官员还是强烈反对。虽然乾隆一开始就支持高斌，但为了进一步确定他的选择是正确的，乾隆还是让高斌来京面奏，讨论此事。乾隆二年(1737年)四月，高斌来京面奏并将夏之芳等人的意见和方案一一给予了驳斥，并“进图陈说”[11]3799。面对高斌的驳斥，下河地区的官员并没有放弃他们的努力。不久，在他们的努力下，御史甄之璜、钟衡等人也上疏反对开毛城铺，他们在其上奏中说如果开毛城铺开河，就会导致“淮扬百万之众忧虑惶恐，因致直隶地方雨泽愆期”。而且“淮扬百姓因夏之芳倡议于京，遂浮论百出而莫可止遏”[8]717。在这一次双方的辩论中，乾隆清楚地看到他当初的决定是多么地正确。因为只有按照高斌的方案才能“刷黄济运”，也不会对下河地区产生太大的危害。所以，乾隆对反对的观点进行了驳斥，特别“御史甄之璜、钟衡复为陈奏,显有指使附和,阻挠公事之意"[6]734,是以将他们革职并交部严审。同时,令总督庆复、高斌"将现在办理情形有利无害之处,晓谕淮扬士民知之",以平息淮扬民间的舆论。这场争论最终以高斌为代表的国家利益的胜利而结束,当然在这场争论中,地方利益也发出了他们强大的呼声,只不过在"国家大计,莫过于漕"[2]1598的大背景下,任何利益都必须服从于此。

这两次争论所体现的矛盾一直存在于有清一代的治河过程中,时而表现的很强烈,时而隐藏不显。无论怎样,统治者所关心的要维护统治阶级的利益、追求利益的最大化的最终目标是不会变的。但地方利益并不会因此而退缩,而是尽可能地争取,当然在大多数情况下会成为牺牲品,而追求地方利益的努力却不会因为大多数情况下的失败而告终。

参考文献

[1]冀朝鼎.中国历史上的基本经济区与水利事业的发展[M].北京:中国社会科学出版社,1981.

[2]贺长龄、魏源.清经世文编[O].北京:中华书局,1992.

[3]张含英.历代治河方略探讨[M].北京:水利出版社,1982.

[4]康熙起居注[O].北京:中华书局,1984.

[5]靳辅.靳文襄奏疏[M].//四库全书(文渊阁本).上海:上海古籍出版社,2003.

[6]清圣祖实录[O].北京:中华书局,2003.

[7]郭琇.郭华野先生疏稿[M].台北:文海出版社,1974.

[8]《清高宗实录》[O].北京:中华书局,1985.

[9]李之芳.陈河务疏[M].//王英华.清前中期治河活动研究[D].北京:中国人民大学图书馆,2003.

[10]宫中档乾隆朝朱批奏折(胶片)[O].中国第一历史档案馆.档案号:04-01-05-0001-001.

[11]赵尔巽.清史稿[O].北京:中华书局,2003.

由沙冢遗址红陶鸟探淮河流域上古“鸟”图腾崇拜意象源起①

万惠玲②

摘　要:淮滨“沙冢遗址”出土的沙冢红陶鸟造型丰满圆润,L 形的侧影、A 字形的正面像、尾部展开的 V 形状,极具母性特征和生殖崇拜的女阴符号,从实物上充分证明把鸟作为图腾崇拜是上古时期淮河流域沙冢遗址的独特现象,反映了古淮夷地区“夷”族氏族文化特征。其形成因素是原始宗教及太阳崇拜的一种表现,是淮河流域原始生殖崇拜的物化表现,是地理、自然环境造成自然禁忌崇拜的结果。多种因素共同形成了古淮夷地区具有地域特色鸟图腾崇拜的文化意象源起。

关键词:淮河流域;淮夷;鸟图腾;图腾崇拜;淮河文化

淮滨“沙冢遗址”,位于淮滨县三空桥乡肖营村东经 115°,北纬 32°,地处淮河支流洪河下游豫皖两省交界处,根据出土文物和^{14}C 测定,其年代为公元前 2800 年—公元前 2300 年,属中国早期龙山文化,沙冢遗址在 10 ×3 m 的探洞中发掘出宽胸长尾红陶鸟,从红陶鸟身上看到淮河之畔原始先民的宗教信仰、生产劳动、艺术生活、繁衍生息等历史画卷,通过对“沙冢遗址”红陶鸟的理性探索,使我们看到了从红陶鸟身上所释放的淮河文化精髓与光辉,从地域上看,属于我国远古东夷两昊集团文化圈,这里的先民是一个鸟图腾部落群体,鸟同时又与太阳复合显示的不寻常号召力和东方艺术特色。

1　淮河流域沙冢遗址红陶鸟的造型特点

在淮河流域沙冢遗址出土的红陶鸟高约 5 厘米、长约 10 厘米,朴素稚拙、大璞不雕、圆浑大气,看上去宽胸昂首、两翅抖擞欲飞,胸肌劲健丰满,两足圆劲浑厚,尾长而展开,以示其万里飞翔之势,头部灵动,两目炯炯有神,飞远望前方,雌雄大小般配,含情脉脉,雄鸟阳刚帅气,雌鸟温柔慈祥,既简朴稚拙,又真率真挚,这对鸟具有典型的沙冢部落风格和东夷部落特征,远观之,具有一种气势磅礴的力量,其塑像剪影洗练、静穆、鲜明、生动,整个外轮廓具张力和体积感。L 形的侧影简洁、明快、朴厚、丰满,A 字形的正面像,如

---

①　基金项目:蚌埠学院 2010 年度人文社科重点项目“淮河流域上古图腾崇拜艺术研究”(2010SK01zd);淮河流域春秋青铜纹饰的图形符号学研究(BBXYHHWH2010C02)。

②　作者简介:万惠玲(1980—),女,安徽宿州人,蚌埠学院艺术设计系讲师,硕士,主要从事淮河文化民间美术研究。

金字塔一般庄严、伟大、永恒、稳定,给人以坚若磐石、稳如泰山之感。近察之,鸟喙圆劲如铁,它既是光明的喉舌,又是为部落运送种子的武器,一对苍劲有力的鸟腿A字型挺立在大地之上,随时有搏击云天的气魄,腿下无爪,省略了艺术上多余末节的刻画,双腿和鸟喙通通塑成丰满圆润的外形,极具母性特征。红陶鸟尾部展开的V形状斑鸠身上的生殖崇拜的女阴符号,更为鸟崇拜、鸟信仰增添了神秘色彩。其精美程度和象征意义使之具有不同一般的美术考古意义,整个神韵充满一种狂热的激情和旺盛的生命活力,这些特殊的造型和气息是沙冢部落原始太阳鸟崇拜信仰的习俗在艺术中的真实反映还是整个部落的灵魂和精神支柱呢?这并不仅仅具有装饰意义,其中肯定有着某种“特殊”的意义。巫鸿先生认为,“在一特定时期和文化体系中人们所创造的艺术与文学(包括口头文学)应互相平行,都反映当时人观察、理解和表现世界的特殊角度、观念”[1](P28)。沙冢部落中的鸟崇拜就是这种特殊意义下的特殊角度、特定观念的具体显现。

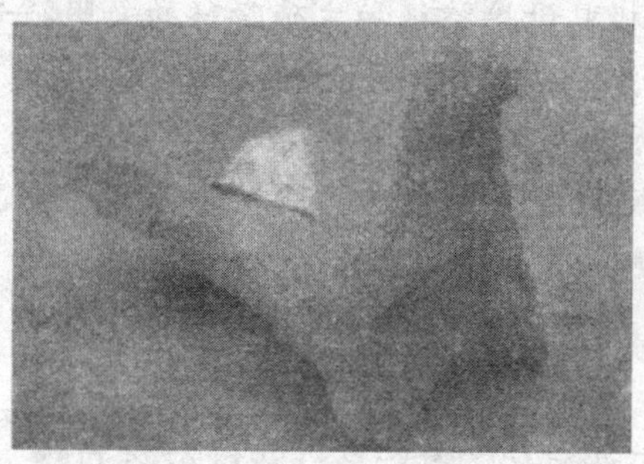

2 沙冢遗址红陶鸟造型表象表明鸟是上古时期淮河流域图腾崇拜的对象

夷又称东夷,东夷联盟的为首领太皞。据史料记载“夷分九种”,其中淮夷是东夷的一支,分布在淮河中下游。《诗经》《春秋》《左传》都有关于淮夷的记载。许慎在《说文解字》中对“夷”的解释是:“平也、从大,从弓,东方之人也。”可见淮夷部落英勇、强悍、善射。夏、商、周三朝都与淮夷部落发生过交往与战争。许慎在《说文解字》中这样解释:“淮,水。出南阳平氏桐柏大复山,东南入海。从水,佳声。”佳是美好之意,佳水自然是美水、好水。从甲骨文“淮”字的构造来看,是形声加会意,由一只水鸟和一条河流构成,表示水鸟在水面上欢叫飞翔。当时淮河居长江、黄河之中,为三大河系之一,淮水碧蓝如佳,似翠鸟之短尾,虽曾居中有中河之称,而后世仓颉造字便用象形的水与佳合并,创造了“淮”字,淮河因此而得名,淮滨也因居淮河之畔而得名。

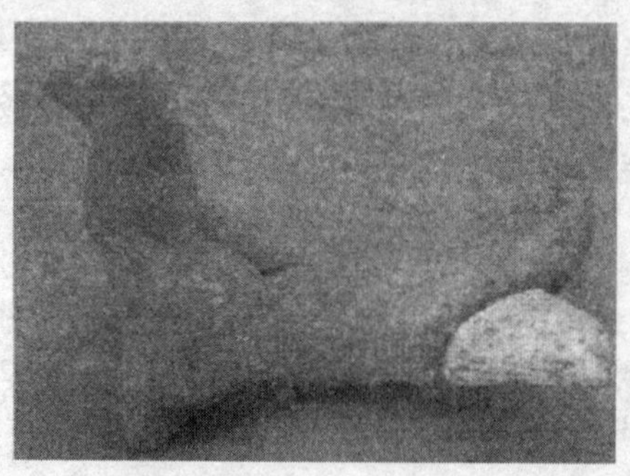

那么在远古时期,淮夷部落是否以“鸟”为图腾并繁衍生息?这里我们可以从下面进行考证:古代先民的鸟崇拜最早可追溯到远古部落东夷族,《拾遗记》卷一载,东夷族首领少昊出生“时有五凤,随方之色,集于帝庭,因曰凤鸟氏”,《左传·昭公十七年》载,少昊主持部落事务后“以鸟名官”,东夷族的后裔殷商民族也是崇鸟民族,《诗经·商颂》中关于商族先祖契的出世神话:“天命玄鸟,降而生商。”[2](P9)沙冢地区属于我国古代东夷两昊集团一个鸟图腾部落群体,鸟同时又与太阳复合显示出神圣的号召力,而这种独特的地域特色,明显与以蛇为图腾的伏羲氏族集团,以陕西宝鸡一带炎帝氏族部落集团崇拜虎、牛、羊、猴等图腾,以陕北黄土高原为中心的黄帝氏族部落集团崇拜龟、蛇、鱼、蛙的图腾信仰有着天然的区别。综上所述,我们通过对红陶鸟沙冢龙山文化历史画面的回溯,可以清晰地看到:淮滨沙冢文化是以太阳崇拜鸟图腾部族的东夷两昊集团文化,虽然汇入了后来的炎黄、伏羲、龙图腾大中华系列集团,但从实物证明上看鸟图腾、鸟崇拜、鸟信仰则更为久远和直接,它不但可以上溯 7 000 年前的河姆渡文化、6 300 年前的大汶口文化,而且还开启了龙山文化以后的中国各个朝代,例如《史记·秦本纪》载:“秦之先,帝颛顼之苗裔、孙曰女修,女修织,玄鸟陨卵,女脩吞之,生子大业。”[3](P38)楚人以“九头凤鸟”为图腾,《白虎通·五行篇》说祝融“其精为鸟,离为鸾”。《山海径·海外南经》云:“羽民国在其东南,其为人长头,身生羽。”所以从文献和名词上推断出古淮夷地区可能盛行鸟图腾崇拜,但是位于古淮夷地区的沙冢遗址出土的宽胸长尾红陶鸟,为淮河中下游地区一直保持着对鸟图腾文化传统提供了实物证明。

3 鸟为何成为淮河流域上古图腾及崇拜的对象

我们可以从本地宗教习俗、原始文化遗留、地理自然环境造成的禁忌崇拜等方面做细致的探索鸟图腾是淮河流域原始宗教及太阳崇拜的一种表现。

在原始社会中,原始人类的艺术起源有多种说法,例如有巫术神灵说、原始宗教说、游戏玩耍说等,张光直先生在《商周青铜器上的动物纹样》中说,鸟兽之类的纹样是与原始宗教祭祀有关的精灵图形(或形象),是原始巫师在人神之间交通的一种工具[4]。萨满式的巫术,即巫师借动物的助力沟通天地,沟通民神,沟通生死。通过巫术活动,原始艺术与原始宗教结合在了一起,原始艺术成为了原始宗教的载体,两者相辅相成,互为表里。对于沙冢原始部落,鸟图腾作为中国文化的原始意象之一,集神话原型、图腾崇拜和巫术行为,把神灵具体、直观表现出来,对之顶礼膜拜,达到强化图腾信仰并控制自然的目的。这一点可以从沙冢遗址出土的种种现象得以验证,“沙冢遗址”先民们正处在灿烂的新石器时代,同时又是原始先民由母亲社会向父亲社会过渡的时代。鸟部落的沙冢酋长是一位威信最高的母性,出土现场发现酋长手中还放着一颗獐牙,而这颗獐牙是生前权力的象征。正如《易经·大畜篇》中:“豮豕之牙?吉”。故尔沙冢鸟部落的红陶鸟便是整个族群的图腾族徽。正如列维·布留尔所指出的在原始人意识中认为“从肖像那里可以得到同从原型那里得到一样的东西”,“肖像能够占有原型的地位”[5](P39)。沙冢鸟部落先民通过取材于当地斑鸠的造型,对鸟造型的刻绘并对之顶礼膜拜,来实现护佑自身、友协上下、奉承天祚等宗教目的。

沙冢鸟部落居民对自然现象的理解有着积极进取的精神。“日出而作,日入而息”,

人们对太阳产生依赖敬惧,因而成为崇拜对象,期望能与太阳神沟通,将意愿传达给太阳神,"也以知道太阳神的意旨。为此先民想到了可以翱翔天空的鸟,鸟由于其秉赋飞行的能力,就理顺成章地扮起太阳神和人之间的信使角色,进而成为太阳神的御者"[6](P59)。淮河流域太阳崇拜可以从沙冢遗址出土的种种物象得以验证,由于部落来源于东夷两昊集团的一个分支,故尔,酋长和整个沙冢部落以鸟为自己的同类,都是太阳神的后代,是太阳鸟的子孙,所以以太阳鸟为部落的图腾,而作为夷部落的一支,"沙冢遗址"陶器底部的刻画符号和红陶鸟的留传,说明淮夷部落明显具有太阳崇拜的信仰。如果我们对东夷鸟图腾族团的首领细加考证就会发现,其太阳神崇拜是一脉相承的。晚于少昊的东夷鸟图腾族团的首领是舜,《孟子·离娄下》记云:"舜,东夷人也。"郭沫若等许多前辈史学家都分析认为:帝舜即帝俊。帝俊之"俊",商代甲骨文作鸟首人身状,其实就是作为太阳神的鸟。生商的"玄鸟"其实就是作为太阳神的鸟(甲骨文中作为商人祖先的鸟字可证)。如前所析,当时人们是将部族图腾与祖先神统一起来加以崇拜的。当时人们还流行"化生"(化身)的观念[7],认为其部族首领之所以不凡,是其祖先或部族保护神(图腾)化生的原因。这也就是上述东夷族团的首领们之所以都与太阳神相合的原因所在。

从当时部落先民的信仰观念上可以看出,他们对太阳神鸟、对图腾、对大地之神、对先祖先宗是非常虔诚的,是神圣无比的,他们除了期望得到神灵的护佑之外,也可以说是沙冢鸟部落形成的一种氏族美德,这也是中华民族古来有不数典忘祖的优良风范,沙冢老祖母的太阳鸟部落以其非凡的智慧和人类文化史上无与伦比的奇迹,生息繁衍在淮河之畔。

(1)鸟图腾是原始祖先、生殖崇拜的物化表现。恩格斯指出:"一切宗教,都不过是支配人们日常生活的外部力量在人们头脑中的幻想 的反映,在这种反映中,人间的力量,采取了超人间的力量的形式。"[8](P354)对于鸟的神化,沙冢遗址红陶鸟便是一例。巫师利用动物作人神之间的中介工具,主要基于精灵崇拜和图腾崇拜,借助精灵达到祝祷的目的。这实际上是图腾崇拜逐渐消失,祖先崇拜占优势,由动物崇拜到人的崇拜过渡形态的特征。原来的图腾动物及其精灵成为人神间的交通工具。这是因为在图腾崇拜氏族中,认为图腾能通神造物,消灾灭祸,具有神力。而作为鸟图腾崇拜的沙冢先民部落,他们将祖先生命的来源得自于鸟,并且深信这种神鸟能给他们带来福祉。

(2)鸟与稻作文化起源关系密切。双墩遗址出土 7 300 年前的水稻刻画符号证实淮河文化中稻作文化。长沙大塘遗址出土的 7 000 年前的凤凰图案,其凤鸟口中即衔着禾苗,河姆渡遗址中也有"双鸟护禾"和"守祭纹"等图案。《拾遗记》卷一说:"(炎帝)时有丹雀衔九穗禾,其坠地者,帝乃拾之,以植于田,食者老而不死。"《吴越春秋》称"天美禹德而劳其大功,使百鸟还为民田"[9];如果说,以上稻作民族先民鸟崇拜源于获得食物"保存个体"的需要,关于鸟图腾是源于祖先崇拜、生殖崇拜的看法,正好从另一个方面印证了鸟崇拜还源于"延续种族"的需要。随着人类社会由母系氏族向父系氏族过渡,祖先的灵魂可以护佑本族成员的观念逐渐萌生了。鸟崇拜因而转化为追溯祖先起源的祖先崇拜,上述"天命玄鸟,降而生商"的商祖诞生神话就很能说明这一问题。而生殖崇拜是由祖先崇拜衍化而来的。鸟在祖先崇拜中代表着祖先的原体,是本氏族生命的源泉,它具有提供源源不断生命动力的无穷能量,也代表着生生不已的生殖能力,在此认识下先民产生了生殖崇拜。从古代神话传说中有不少关于"玄鸟"象征生殖神的记载也可以印证这一点。红陶鸟的造型取材于当地的斑鸠的造型，它能飞善翔，是和平的使者，是光明的象征，是多子多孙的化身，是生命源泉的偶像。红陶鸟斑鸠成双成对，生殖能力较人类更加自由旺盛，便理所当然地视其为“送子之神”，这充分地显示出生存与繁衍是人类最基本的生命主题，也是人类共存的普遍情感，更是最能长久存活的人类共同本质，古今中外，概莫能外。

(3)淮河流域的地理、自然环境造成的自然、禁忌崇拜。在中国古代，由于洪水泛滥，海水倒灌，海岸线要远远比现在更加深入到中国东部地区[10](P30)，据古地理学家研究认为：沙冢所在淮河流域自第四纪以来，没有受到大陆冰川的直接侵袭，沙冢遗址靠近沿海的沼泽地带，东部沿海一直是古老的族群“夷”的生活区域。原始社会恶劣的自然环境、低下的生产力、极高的人类死亡率、短促的生命都迫使人类尽力施展生命本能，并且期望借助超自然的神力获得更好的生存、发展。这是先民们鸟图腾崇拜与其他一切图腾崇拜的根源。弗洛伊德在《图腾与禁忌》中所说的，“崇拜是由禁忌转化来的”[11](P119)。人类的遗传基因中，除了人性的和平因子外，还潜藏着“自私、贪婪、暴力”的基因，在沙冢部落周边还散布着其他等部落，男性篡夺了统治大权，其统治下的部落带有明显的扩张暴力倾向，并向其他部落发动战争，在今天沙冢遗址中鸟部落的碎陶片上可以看到，有些陶器根本就没用过，也被人打碎，原因只有一个，那就是当时部落的战争、残杀，而这些又是私有制和奴隶社会的典型特征，反映在艺术风格上则是后来商周时代青铜艺术上的雄强、狰狞威严、神秘张扬，它们逐步地取代了沙冢鸟部落时代和平、自由的审美气氛，红陶鸟身上稚拙简朴、单纯童真的神韵也随着父系社会的到来而逐渐消失。但它并不因社会的进步而完全消失，相反以文化原型的形式代代传承，绵延至后世，并逐渐演化成代表祥瑞和谐的文化审美象征物。

总之，一种文化现象的形成，往往不是单方面原因造成的，可能包含着众多错综复杂原因并在历史的长河里相互作用形成的，古淮夷地区的鸟崇拜现象也不例外，是长期文化、宗教、地理环境共同作用的结果，形成具有淮河区域特色的鸟图腾崇拜文化意象。

参考文献

[1]巫鸿.东夷艺术中的鸟图像[A]//.郑岩等译.美术史文编.礼仪中的美术——巫鸿中国古代[C].生活·读书·新知三联书店,2005.

[2]李泽厚.美的历程[M].生活·读书·新知三联书店,2009.

[3][日]林已奈夫.神与兽的纹样学[M].生活·读书·新知三联书店,2009.

[4]张光直.商周青铜器上的动物纹样[J].考古与文物,1981(2).

[5]列维·布留尔.原始思维[M].北京:商务印书馆,1981.

[6]刘凤君.考古中的雕塑艺术[M].济南:山东画报出版社,2009.

[7]夏部族图腾考[J].学术界,1995,(3).

[8]恩格斯.反杜林论[A].马克思恩格斯选集(第三卷)[C].

[9]华枫.由“玉飞凤”看古代先民的审美意识[J].东南文化,2008(4):59.

[10]巫鸿.礼仪中的美术[M].三联书店,2005.

[11]弗洛伊德.图腾与禁忌[M].北京:中央编译出版社,2005.

钟离国君“柏”之墓出土石磬研究①

王善友　朱光耀　汤　虹　阚绪杭　周　群②

摘　要:蚌埠双墩一号墓为春秋中晚期钟离国君“柏”的墓葬。墓葬中除出土了大量的铜器、陶器、石器、玉器等,还出土了一套龙首形石磬。对石磬的形态特征和岩性特征的分析揭示,石磬的料石来源于钟离城遗址周围100千米范围内,其选料、选形、整形、作孔等制作技艺较为精湛;料石与音质、形制与音高间有一定的关联。此套石磬除了具备乐器的功能之外,更是作为一种礼器使用,象征着拥有者的身份和地位。

关键词:蚌埠双墩一号墓;钟离国君“柏”;石磬;岩性特征;料石来源

双墩一号墓位于安徽省蚌埠市淮上区小蚌埠镇双墩村,正南距淮河约3千米,地理坐标为北纬32°59′04.80″,东经117°19′09.33″。该墓葬于2006—2008年进行了抢救性发掘(图1),获得了多项先秦考古的重大新发现,为探讨淮河中游地区的地域文明特征和社会历史发展提供了珍贵材料。经专家鉴定,其时代大约在公元前五六世纪,属于春秋中晚期,墓主人是一位名叫“柏”的钟离国君[1]。双墩一号墓出土的器物非常丰富,尤以成套的编钟、铜鼎、车马器、兵器、大型彩绘陶器和一组龙首石磬(图2)最受关注。

2010年10月,蚌埠学院部分专家学者应邀观摩了出土器物。在观摩现场,研究地理学、环境考古学、音乐学、艺术学的教师均对出土的石磬颇感兴趣,诸如石磬的石料的岩性产地,石磬的音高、音调与石磬的形制、岩性间的关系,这组石磬是乐器还是礼器等,成了大家热烈讨论的话题。本文即围绕上述问题,展开相关的讨论。

---

①　基金项目:安徽省教育厅2010年自然科学重点项目(编号:KJ2010A236)。

②　作者简介:王善友(1963-),男,安徽蚌埠学院淮河文化研究中心副教授,主要研究方向为地质学、地理学;朱光耀(1957-),男,安徽蚌埠学院淮河文化研究中心主任、副教授,主要研究方向为环境考古与区域文化;汤虹(1970-),女,安徽蚌埠学院音乐与舞蹈系讲师,主要研究方向为民间舞蹈艺术;阚绪杭(1949-),男,安徽省文物考古研究所研究馆员,主要研究方向为文物考古;周群(1959-),女,安徽省文物考古研究所研究馆员,主要研究方向为文物考古。

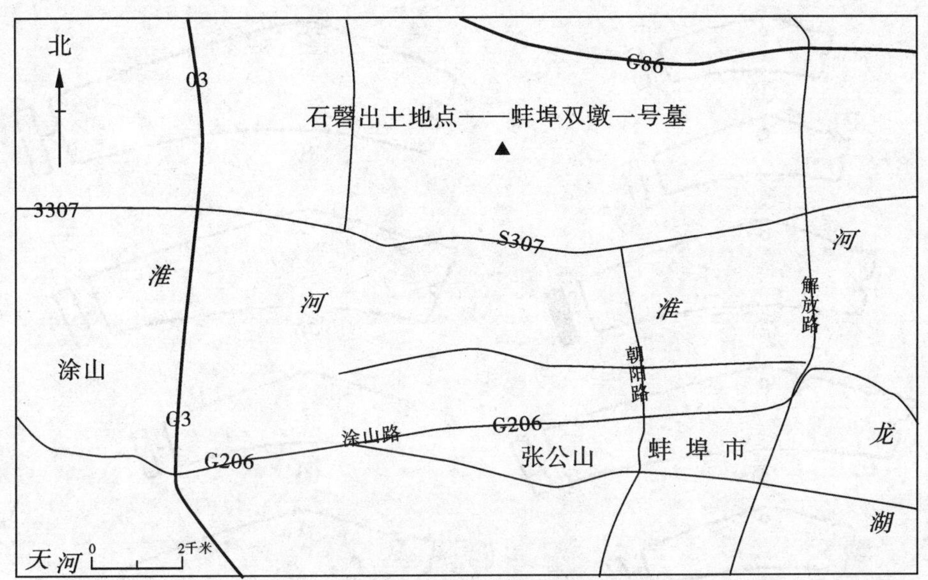

图 1　安徽蚌埠双墩一号墓地理位置图

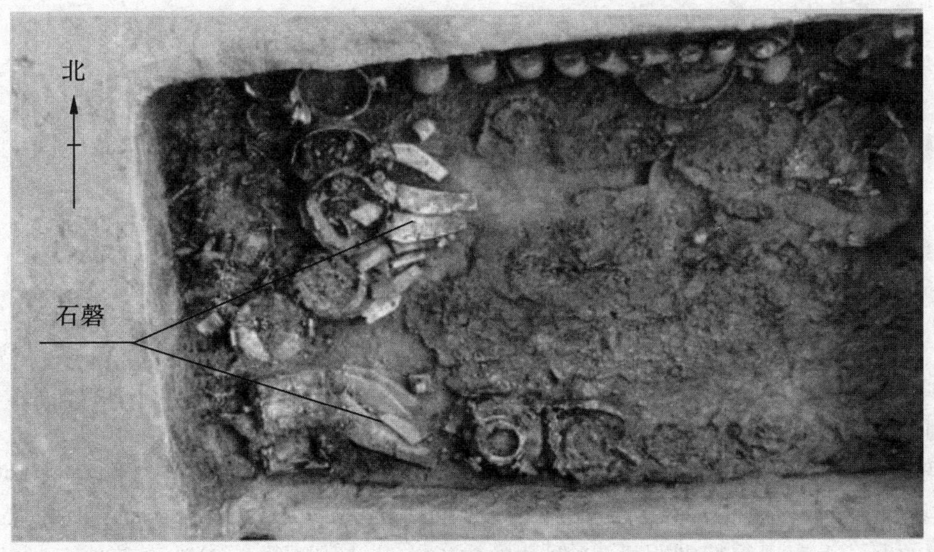

图 2　石磬出土现场

1　石磬料石的岩性与音质

1.1　石磬料石的岩性特征与分布区域

1.1.1　石磬料石的岩性特征

双墩一号墓出土编磬共 12 件，编号为 M1∶11 ~ 17、21 ~ 25（图 3）。

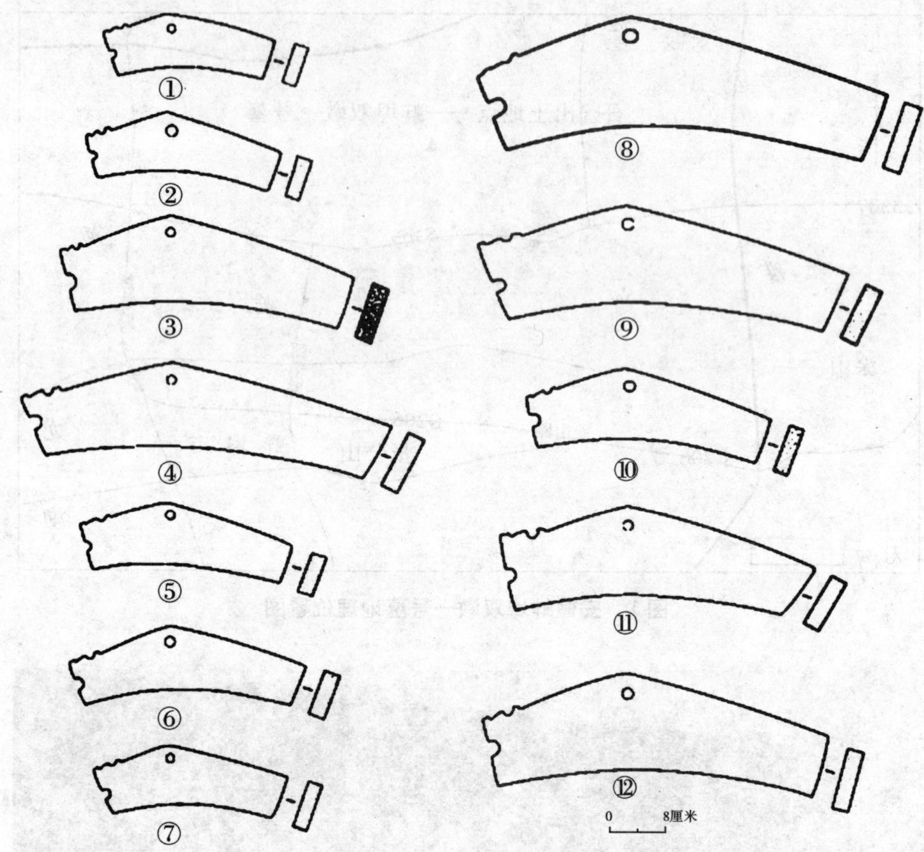

①M1:11 ②M1:12 ③M1:13 ④M1:14 ⑤M1:15 ⑥M1:16 ⑦M1:17 ⑧M1:21 ⑨M1:22 ⑩M1:23 ⑪M1:24 ⑫M1:25

图3 双墩一号墓出土的12件石磬

实验表明,这12件石磬的料石均可被小钢刀刻划出粉末,遇稀酸均剧烈起泡。按岩性特征可以分为三组。

第一组 料石呈浅灰—深灰色,风化侵蚀表面为灰白色,隐晶—微晶结构,块状构造,致密细腻且均匀。M1:12、13、15、16、21、23、25的料石属于此组。其质地特征在M1:23的倨孔上表现得特别明显:该倨孔的内壁十分光滑(图4:①);而其他石磬的倨孔内壁大多有明显的钻磨圈(图4:②)。经安徽地矿局专家观察,认定该组料石为纯灰岩。

第二组 料石呈深灰—灰黑色,隐晶—微晶结构,微层层理构造,单层厚度0.1~10毫米。M1:14、24的料石属于这一组(图4:③④)。经专家观察,认定该组料石为纹层状灰岩。

第三组 料石呈深灰—灰黑色,隐晶—微晶结构,块状构造。M1:11、17、22的料石属于这一组,其中M1:11磬背边缘具有微层层理构造(图4:⑤),与第二组料石岩性相近,属于灰岩。

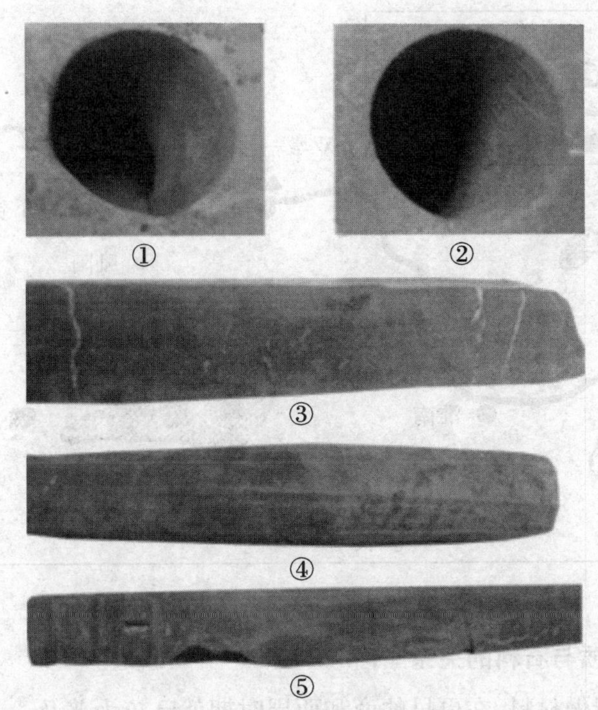

图4 石磬料石的岩性特征

①M1:23 光滑的倨孔内壁 ②M1:22 倨孔内壁有钻磨圈 ③、④M1:14、24 的料石属于纹层状灰岩 ⑤M1:11 背缘的微层层理构造

1.1.2 *石磬料石的生成与来源*

12 件石磬的料石均为石灰岩,属于沉积岩大类中化学岩和生物化学岩之一的碳酸盐岩[2]。地质历史中的碳酸盐岩,绝大部分都是海水沉积作用的产物。

对比出土石磬的石料与安徽省地质矿产局323地质队的岩石标本可知,双墩一号墓石磬的料石来自于寒武系岩层,形成于距今5.43~4.90亿年[3]的早古生代的早中寒武世。现在的安徽明光、合肥、六安、岳西和潜山一带在当时是一块陆地,称为淮阳古陆,其北侧是一片海洋,称为黄淮海。安徽蚌埠一带为水下隆起,称为蚌埠隆起。古陆北侧的地壳一直处于沉降状态,沉降中心位于安徽的淮南与定远之间,后来向定远一侧靠近。海水由北偏东方向不断侵入,蚌埠隆起的阻隔作用不明显,海水在区内畅通,形成滨海开阔台地,料石就是在这样的环境中形成[4]。

综合分析安徽地矿局区调队资料[5]、安徽地方志资料[6]和相关的考古资料[7],双墩一号墓墓址与钟离城遗址均位于寒武系华北地层区淮河地层分区淮南地层小区中的凤阳地层子区,该地层子区的寒武系地层分散出露于安徽怀远、凤台、寿县、淮南、凤阳、定远一带(图5),即石磬的料石来源于墓址周围75千米范围内,或钟离城遗址周围100千米范围内。

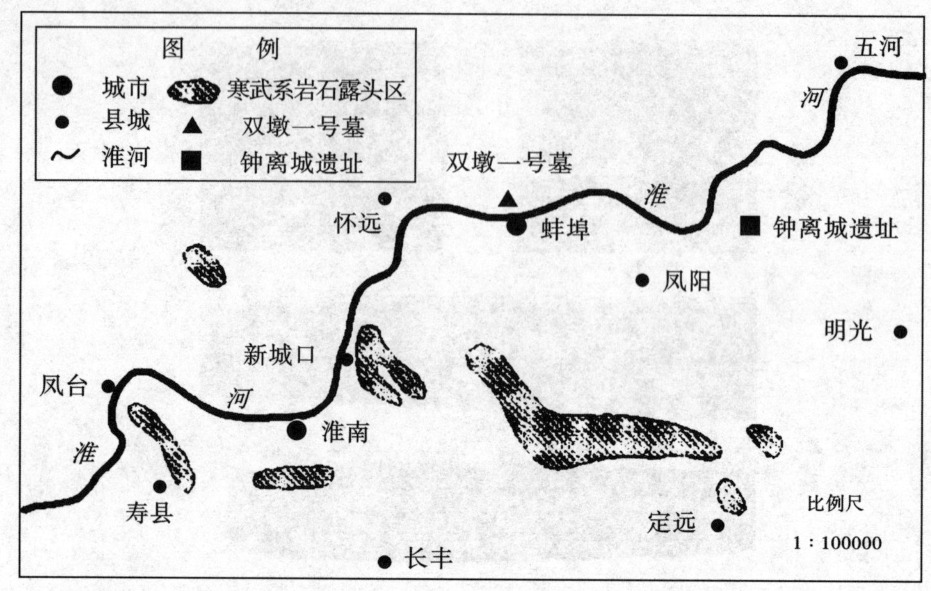

图 5　安徽凤阳地层子区寒武系露头区分布示意图

1.2　石磬的音质与石料的关系

石磬使用石灰岩做材料,在更早的商和西周时期就已较为普及[8]。商周时期的石磬大多选择石灰岩为磬材,这是基于长期的历史实践所做出的选择,因为石灰岩密度较高、质地坚硬,在音响方面较合乎要求。

1.2.1　*石磬的音高与石料的关系*

根据相关资料[9],龙山文化时期、夏代、商代前期的石磬均为特磬,材质多种多样,有角页岩、板岩、石灰岩、细质砂岩、粉砂岩、泥灰岩、泥灰质板岩、硅质板岩等[10]。这些石料均具有质地致密均匀,层理或板理等层状构造发育,从而容易形成薄板状形态的共同特征,但其音高差异较大(表 1)。

表 1　中国其他地区出土石磬的材质与音高一览表[11]

磬名	材 质	音 高	频率(Hz)
山西襄汾特磬	角岩	g^1-38	383.492
山西五台阳白特磬	板岩	d^2-8	584.632
内蒙古喀喇沁旗大营子石磬	泥灰质板岩	d^2+15	592.450
内蒙古喀喇沁旗王家营子石磬	泥灰岩	f^2-41	682.122
山西襄汾陶寺 M13015：17 特磬	角页岩	f^2-23	689.250
陕西蓝田怀真坊特磬	石灰岩	$\#f^2+13$	745.580
内蒙古喀喇沁旗河南西石磬	硅质板岩	g^2-15	777.240
内蒙古喀喇沁旗下瓦房店石磬	泥灰岩	g^2+32	789.630
山西夏县东下冯石磬	细质砂岩	$\#g^2$	830.062
山西闻喜南宋村特磬	石灰岩	$\#g^2+28$	844.166
河南安阳殷墟武官村虎纹石磬	大理岩	$\#a^2-11$	926.483
内蒙古喀喇沁旗西府石磬	石英粉砂岩	$\#d^2+9$	1 521.016
内蒙古喀喇沁旗韩家窑石磬	粉砂岩	a^3+10	1 770.224

从表1中可以看出，石磬的音高与材质密切相关：

料石中的粉砂岩和细质砂岩矿物成分通常

以石英为主，为石英质岩石，硬度较大，小钢刀难以刻画[12]，抗压强度可达100～140 MPa[13]，音高偏高；

石灰岩是一类以方解石（莫氏硬度为3）为主要矿物成分的沉积岩，性脆，易溶，硬度不大，小刀能刻划[14]，坚固者抗压强度可达100～120 MPa[15]，音高中等；

板岩是由粘土岩等岩石经轻微变质而成的浅变质岩，矿物成分以粘土矿物为主，为粘土质

岩石，硬度较小，音高偏低；

硅质板岩的化学成分与硅质泥岩和页岩相近，岩石中二氧化硅含量可达85%以上[16]，理化性质介于石英质岩石与粘土质岩石之间，所以音高也介于二者之间；

泥灰岩是石灰岩与粘土岩之间的一类过渡性岩石，其中泥质（即粘土矿物）含量为25%～50%，理化性质介于石灰岩与粘土岩之间，所以音高也介于二者之间；

角页岩是由粘土岩、粉砂岩、火山岩等经热接触变质作用而形成的变质岩，矿物成分有长石、石英、云母、角闪石等，物理性质介于石英质岩石与粘土质岩石之间，所以音高也介于二者之间；

大理岩是由碳酸盐岩（石灰岩、白云岩等）经热接触变质作用后重新结晶而成的岩石，结晶程度高于一般的石灰岩，抗压强度较大[17]，音高较高。

综上，石磬的音高与料石的抗压强度或硬度大致呈正相关关系：石英质石磬因其抗压强度较大，抵抗变形、变位的能力强，故振幅小、频率高，音高较高；粘土质石磬因硬度较小，抵抗变形、变位的能力弱，故振幅大、频率低，音高较低；而石灰岩石磬则介于前二者之间。

钟离国的制磬工匠之所以对石灰岩情有独钟，把它作为编磬最主要的料石[18]，一是因为石灰岩石磬的音高适中，适合演奏一般的旋律乐曲；二是因为石灰岩软硬适中，易于加工，且具有一定的抗磨损能力；三是因为石灰岩在我国分布广泛，易于取得料石：在地表出露的岩石中，沉积岩占75%[19]，我国出露的沉积岩中，以石灰岩为主的碳酸盐岩占55%。

从出土石磬音响效果的角度来看，第一组料石质地纯净、均匀细腻，制作石磬的条件最为优越，用该种石料制作的石磬数量占出土石磬数量的60%，说明当时的工匠在石磬料石的选择上已经具备了丰富的经验。第二组料石微层层理极为发育，容易形成薄板状形态，但内部薄弱界面众多，不均匀程度高，容易产生杂音。这一方面说明当时的工匠在选形上已经具备经验；另一方面说明该墓的建造者对于石磬的音响效果不是十分关注，建造者注重的是形式，即其作为礼器而随葬。第三组料石既非质地纯净，又不易形成薄板状形态，不是理想的石磬原材料，但与第二组料石相比，内部较均匀，音响效果较优。

2 石磬形制与音调

2.1 石磬的形制与寓意

出土石磬的磬体基本保持躬背、弧底、长条五边形[20]的整体造型，磬背边缘线或平直

或呈极为宽缓的上凸弧形,二者各占一半左右,只有少数石磬的磬背边缘呈明显的上凸弧形(图6:①)。相关信息见表2。

表2　蚌埠双墩一号墓石磬形制尺寸一览表*

编号	倨句	股	鼓	鼓股比	股博	鼓博	股博鼓博比	背厚	底厚	鼓博背厚比	孔径	孔位	股背形态	鼓背形态
M1:11	154	99	162	0.61	67	58	1.16	24	22	2.42	13	偏	微凸	凸
M1:12	148	124	176	0.70	66	61	1.08	22	20	2.77	15	偏	平直	微凸
M1:13	155	191	264	0.72	81	76	1.07	27	22	2.81	16	微偏	平直	凸
M1:14	159	220	340	0.65	106	90	1.18	28	24	3.21	17	微偏	微凸	微凸
M1:15	150	126	200	0.63	71	62	1.15	24	20	2.58	12	偏	微凸	微凸
M1:16	149	159	210	0.76	68	65	1.05	22	20	2.95	15	居中	微凸	微凸
M1:17	150	112	182	0.62	71	65	1.09	22.5	22	2.89	15	偏	平直	平直
M1:21	155	235	383	0.61	123	100	1.23	26	23	3.85	16	居中	微凸	微凸
M1:22	148	219	337	0.65	121	94	1.29	26	20	3.62	18	居中	平直	平直
M1:23	149	148	223	0.66	74	69	1.07	23	20	3.00	17	偏	微凸	微凸
M1:24	146	190	287	0.66	108	91	1.19	25	24	3.64	16	居中	平直	平直
M1:25	150	215	297	0.72	95	90	1.06	26	21	3.46	15	居中	平直	平直

股端呈龙首状(图6:②)的形制在出土石磬中极为罕见[21]。股部端边的中间有一个凹槽,有半数的凹槽呈弧边大口梯形,其余的凹槽呈圆弧形或"U"形,表示龙口。向着鼓端方向,股背上依次出现三道突起(脊)和三道凹槽,脊、槽相间排列。第一道突起呈梯形。第一道凹槽形似较短的"√"形,勾的后部与第二道突起相连。第二道凹槽大多呈圆弧形,少数呈"U"形或弧底倒梯形,后接第三道突起;后者大多呈弧腰梯形,其脊线中部有一道"V"形槽横向切割(图6:③)。第三道凹槽形似较长的"√"形,勾的后部平直或上凸,构成倨角的一条边。

总体看来,双墩一号墓石磬表面平整光滑,轮廓线条近乎完美;倨孔规则,大多为母线与磬面垂直的圆柱形,说明当时的工匠在石磬的整形、作孔等方面技艺高超。

磬背边缘有的呈直线(图6:②),有的呈曲线(图6:①);凹槽有的呈圆弧形(图6:⑤中的龙口),有的呈非圆弧形(图6:①中的龙口、图6:②中的第二道背槽);第二道背槽有的较浅(图6:①、⑥),有的较深(图6:②、⑤)。体现了不同的艺术风格,应属于不同工匠的作品。

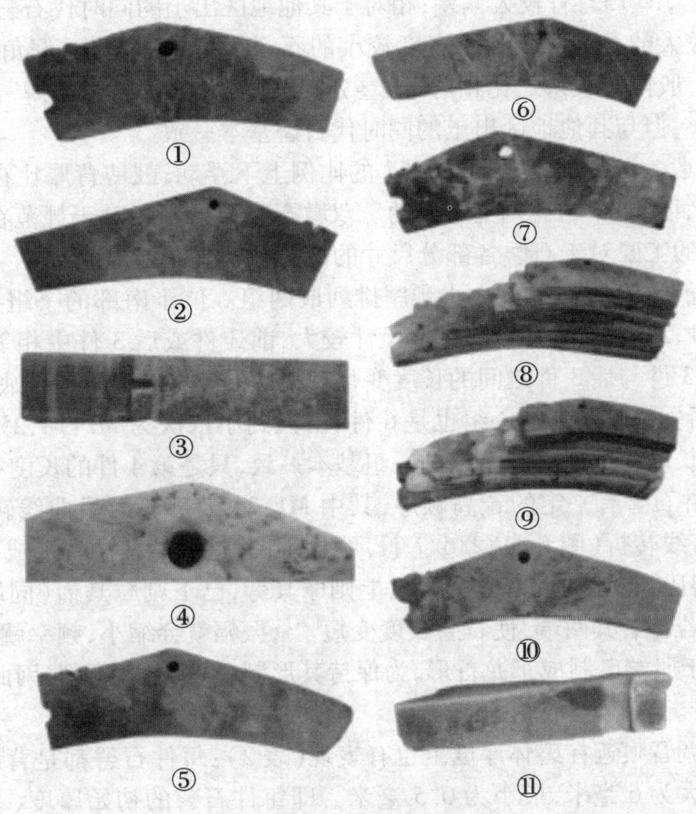

图6 石磬形制及其细部特征

①上凸的磬背(M1:11) ②龙首形形制(M1:22) ③突脊上的"V"形槽(M1:24) ④表面与内部孔径的差异(M1:16) ⑤鼓部的曲线轮廓(M1:24) ⑥部分粗糙的磬面(M1:14) ⑦倨孔位置的修正与偏移(M1:23) ⑧出土时位于南部的一组编磬长度比较 ⑨出土时位于北部的一组编磬长度比较 ⑩全部粗糙的磬面(M1:16) ⑪表面与内部风化的差异(M1:25)

从倨孔位置看,5 件石磬倨孔居中,其余 7 件均向鼓端方向偏移。偏移的原因是股端磨制了凹槽呈龙首形,造成股部质量减轻。在这种情况下,如果倨孔仍然居中,则石磬悬挂后必然导致鼓端下坠。为保证悬挂后石磬磬体的相对平衡,修正倨孔位置,使其偏向鼓端,成为最佳选择。倨孔位置修正的现象在 M1:23 上表现得十分突出(图6:⑦):初始孔位(半径较小部分)基本居中,修正后孔位(半径较大部分)明显向鼓端偏移。

总之,倨孔的位置服从于龙首形的形制。根据蚌埠学院音乐与舞蹈系专家的测音,这种形制对于优化石磬的音响效果不起作用,推测龙首形的形制与标志拥有者的身份和地位有关。

2.2 石磬的形制与音调

根据实测数据(表2),双墩一号墓石磬的总体尺寸与其他地区出土的同时代石磬比较接近[22]。倨句(倨角)为 146°~159°,与《周礼 · 考工记 · 磬氏》中记载的倨角的规范

"倨句一矩有半",即135°有较大偏差;相对于其他地区出土的同时代石磬,这一倨角也同样偏大。倨角较大的石磬可以利用宽度较小的石料进行加工制作,倨角越大,对石料宽度的要求越小。股博与鼓博之比相对于"叁分其股博,去其一以为鼓博"的规范,即1.50的比例明显偏小,但与其他地区出土的同时代石磬基本一致[23]。

股鼓比在"股为二,鼓为三",即0.67的比例上下浮动;鼓博背厚比在"叁分其鼓博,以其一为之厚",即3.00的比例上下浮动。双墩石磬的形制相对于规范在细节上有所偏差,反映出当时的工匠对于石磬各部分尺寸的把握并不拘泥于规范。

从出土位置看,12件石磬按大小顺序排列成两组。位于南部的一组共6件,由大到小依次为M1:21、22、24、23、15、17,总体尺寸较大,前3件或后3件中相邻两件的长度差距基本相同,前3件与后3件之间的长度变化较大(图6:⑧),中间是否缺失一件,需要测音资料方能判断。位于北部的一组也是6件,由大到小依次为M1:14、25、13、16、12、11,总体尺寸较小,长度变化情况与南部的一组基本一致,只是第4件的长度相对偏大(图6:⑨)。可见,12件石磬有一定的音高顺序,其中M1:24鼓部轮廓呈曲线转折(图6:⑤),与其他石磬的直线转折(图6:①②⑥⑦⑩)明显不同,这显然是调音造成的结果。按《周礼·考工记·磬氏》记述的调音方法,"已上则摩其旁,已下则摩其耑(同端)",M1:24成型后磬音偏低,若打磨其两端,使石磬长度变短[24],振幅就会缩小,频率就会加大,磬音自然提高[25]。由于股端已制成了龙首形,为保持其形制,不宜过度磨削,因此只能通过打磨鼓端来提高磬音。

除此之外,调音痕迹在磬体厚度上也有表现(表2):每件石磬都是背厚大于底厚,而且差值不一,最大为6毫米,最小为0.5毫米。即每件石磬的初始厚度(相当于背厚)都有所偏大,这正是为调音提供充分的条件。背厚大于底厚的现象是"摩其旁"的结果:如果磬音偏高,就要打磨石磬的两旁(两面),使磬体变薄,振幅就会加大,频率随之减小,磬音自然降低[26]。磬体上对音高最为敏感的部位位于磬底中部,所以降低磬音的主要手段是打磨磬底,使磬底变薄。总之,从形态看,12件石磬的调音痕迹非常明显,这是由它们的乐器功能所决定的。

2011年11月12日,应蚌埠市博物馆和双墩一号春秋墓考古发掘队的邀请,国内相关专家对这套龙首石磬进行了详尽的鉴定工作,对每件石磬从整体到局部,尤其是调音痕迹进行了细致的研究。专家们发现这套编磬由于埋藏年久,古墓坍塌而受损较重,部分甚至断裂,已无法进行精确测音。

整套石磬,仅M1:21、23、24保存相对完整,基本无缺损,敲击时发音通透;M1:13、15、25均有两到三处的断裂,粘合修复后敲击音仍然含混,无固定音高;其余石磬或鼓上角、鼓下角缺损,或有局部的断裂,敲击能发出较固定的音高,但声音不够通透。从音乐学角度分析,整套石磬虽有一定的音律组合,但已无完整的音阶关系。综合其精美的外观、考究的造型及细致的打磨等初步推断,这应是一套实用器,只因在复杂的土壤环境里保存较久而致损毁严重,使发音受到了影响。

2.3 石磬的现状成因

新制成的石磬应该是通体光滑,磬面如同镜面。但双墩一号墓12件石磬的表面都或多或少地出现了不平整现象。即便是表面平整光滑的部位,其内部和外缘也有明显差异,如M1:25,内部呈深灰色,外缘呈灰白色,其中一侧的灰白色部分厚达2毫米(图6:⑪)。这一现象说明石磬在埋藏期间遭到了强烈的风化侵蚀作用,因为石灰岩可以溶解在含有二氧化碳的水体之中。双墩一号墓地处亚热带季风气候地区,热量充足,降水量较多且季节变化大、年际变化大。淮河水洪枯交替,地下水水位(潜水位)时升时降,水平渗流也很显著,导致石磬不断遭受地下流水的侵蚀和多种外力的风化,致使出土后磬面或全部粗糙(图6:⑩)或部分粗糙(图6:⑥)。从总体上看,第一组料石制成的石磬遭受的风化侵蚀较严重,第二、三组料石制成的石磬遭受的风化侵蚀较轻微,这应该是岩性不同形成的差异。

3 结语

钟离国君“柏”之墓出土的石磬是学术界比较感兴趣的文物。本文的检测、分析及研究表明:12件石磬全部采用石灰岩加工而成;料石形成于寒武纪,来源于钟离城遗址周围100千米范围内;制磬工匠之所以对石灰岩情有独钟,与石灰岩石磬的音高适中、易于加工等因素有关;石磬打磨的形制反映了钟离国工匠较高的技艺,因石磬的形制与音质密切相关;该组石磬具有乐器功能,但石磬的龙首形制与音质没有关系,而是具有标志墓葬主人身份和地位的作用。

参考文献

[1][21]安徽省文物考古研究所、蚌埠市博物馆:《安徽蚌埠市双墩一号春秋墓葬》,《考古》2009年第7期。

[2][3][13][14][15][17][19]宋春青、邱维理、张振青.地质学基础[M].北京:高等教育出版社,2005:128-133,340,447,134,447,446,39.

[4][5]安徽省地质矿产局区域地质调查队.安徽地层志·寒武系分册[M].合肥:安徽科学技术出版社,1988:63-68,6.

[6]蚌埠市地方志编纂委员会:《蚌埠市志》,方志出版社1995年,第1~3页。

[7]安徽省文物考古研究所、凤阳县文物管理所:《凤阳大东关与卞庄》,科学出版社2010年,第10页。

[8]方建军:《商代磬和西周磬》,《文博》1989年第3期。

[9]方建军:《乾隆特磬、编磬与中和韶乐》,《黄钟(中国武汉音乐学院学报)》2008年第1期;项阳:《山西商以前及商代特磬的调查与测音分析》,《考古》2000年第11期;王滨、贾志强:《五台县阳白遗址龙山特磬及相关问题》,《中国音乐学》1991年第4期。

[10]胡建:《龙山石磬初探》,《文物》1997年第2期;高蕾:《中国早期石磬论述》,中国艺术研究院2002年硕士学位论文,第1、11~14、18~25、117~119页;李凤举:《喀喇沁旗出土的夏家店下层文化石磬》,《内蒙古文物考古》2007年第1期。

[11]高蕾:《中国早期石磬论述》,中国艺术研究院2002年硕士学位论文。

[12][16]冯增昭:《沉积岩岩石学》(上册),石油工业出版社1993年,第52~61、186页。

[18]任宏:《山西出土石磬研究初探》,《天津音乐学院学报》2007年第4期。

[20][22]王子初:《石磬的音乐考古学断代》,《中国音乐学》2004年第2期。

[23][24][25][26]孙琛:《〈考工记·磬氏〉验证》,中国艺术研究院2007年硕士学位论文:44-46,44-46,44-46,6.

安徽黄河故道研究的宏观视野、时空变迁及主体表述[①]

王大庆[②]

摘　要:以当今所言黄河故道为对象,探寻安徽省境黄河南泛及黄河故道的历史变迁过程,除应以皖北砀山、萧县及灵璧县北界黄河干流故道为中心外,还应关注历史时期黄河南泛对现安徽省行政区划内淮河以北地区的深远影响。为廓清黄河南泛及黄运分布格局对淮河以北区域的双重辖射程度,凭依黄、运为参照比对标识,可相对划分出及各中心变迁时空范围和特征,并以"线"和"面"区划黄淮水利地理脉络走向以及宋金以降边缘趋势下的安徽省北部文化区重心所在。

关键词:黄河故道;黄淮区域时空变迁;安徽北部文化区

历史上黄河泛滥对今安徽省境淮河以北广大地区影响深远,广义而言,伴随黄河不断南泛及黄河夺泗、汴、濉、涡、颍等入淮进程,黄河南泛范围涉及皖北、皖西北。黄河故道是动态的故道,黄淮区域内河道治理存在的共性与差异进一步深化了人们对黄淮概念的客观认同。

1　历史时期黄淮区域黄淮运综合治理对安徽黄河故道的影响

1.1　黄淮及黄河故道概念的厘定与治河诸问题的缘起

明清治河专书、方志、文集等对"黄淮"的多种方式理解和记载,逐渐使"黄淮区域"作为一整体地理名称的存在环境约定俗成。黄河河道主流及堤防的形成与相关治河策略的确定和历代政府重视程度,则取决于当时具体相关政策走向。黄河干流与支流间往往因河道自然迁徙而相互转换,至明代万历六年(1578)前后,黄河干流堤坝逐步成形于今豫东南、鲁西南、并经行今皖北砀山、萧县、灵璧北界及苏北一线。对黄河故道的主观认知,则随时地变迁存有差别。明清治河文献、方志及河图中故道名称各异,即有"大黄河"、"小黄河"、"贾鲁故道"、"旧黄河"、"故黄河"、"淤黄河"等多种称谓并存,对确定识别黄河流经不同时间、路线、方位具有重要作用。鉴于故道多随黄河泛道流向而变更,其故道形成年代及流经时间差异,自宋代以来至明初,多处黄河泛道已不可确考。历史时

---

① 基金项目:国家社会科学基金项目(10BZS052)。

② 作者简介:王大庆(1964-),男,安徽蚌埠人,工程师。

期黄河泛流大改道离我们最近的一次,始于清咸丰五年黄河干流自河南铜瓦厢北徙之后。区分识别明清黄河故道时空及地域存在方式的前后差别尤为主要,即清咸丰五年前黄河干流是以流动的水体为主要存在方式,之后随着黄河北徙,原有干流河道则逐渐转化为以相对固态河床遗存为主的态式。前者指黄河治理,后者则为治理黄河故道,两者是相互关联的不同概念,因而有必要在宏观把握整个黄淮区域黄河变迁及河道治理基础上,准确定义历史时期黄淮地区安徽境内治理黄河与故道整治的时空微观和狭义。

1.2 安徽黄河故道形成时间及河道治理的时空范围、背景和相互关系

通过对黄淮区域背景之下黄河干、支流流向变迁过程的研究,分析各地域黄泛土壤的叠加、整合及成因,不同时期实施黄淮运河道治理举措对形成故道方位流向影响甚深,尤其是主导治河重大方略的制定,诸如“北堵南疏”、“引水济运”、“保漕护陵”、“束水攻沙”、“分黄导淮”等,成为各不同阶段奉行治河之准绳。清康熙年间黄河干流以砀山毛城铺为代表的减水泄洪闸坝体系的建立,亦是黄淮运一体化治理的有效延伸。同时,以“徐城水志”为泄洪标尺,也对皖北濉河水系宿州、灵璧、虹县周边地区生态环境产生长期负面效应。因此,研究探寻黄河故道的变迁轨迹必须与古代官方及民间坚持不懈、持之以恒的治理黄、淮、运进程紧密联系。元代开掘京杭大运河,河、运一体及徐、吕二洪,则开启了河漕行运时代。明初洪武及永乐初期,以洪武二十四年(1391)黄河主道改流颍河入淮为时间段,这一时期治河举措的转折以迁都北京及重新疏通京杭运河为时间点。治黄与“河漕”、“闸漕”治理及制定治河举措之间相互影响,明代前、中期,正统十三年至景泰七年(1448-1463)、弘治二年至弘治十八年(1466-1505)、正德三至四年(1508-1509)、嘉靖五年至嘉靖十三年(1526-1534)等,皆可视为观察黄河故道成立及避免河患袭扰漕运河道的重要动态时间窗。黄河南泛皖北,之后,颍、涡、濉水系再成故道,其形成黄河泄洪通道及再次成为静态故道的间隔时间,则视黄泛规模、范围和反复持续时间而定。值得关注的是,“被黄河河道”含义存有三种主要形状,一是曾被黄河夺流之当今颍、涡河等干流,二是相当部分已被黄河淤没且现今不存的淮北水系,三是目前存留之咸丰五年黄河干流北徙后故道地貌遗存。表明,明代万历六年黄河河道相对稳固之前,安徽省境黄河干流与泛道,河道及河床时常纠结于凝固与流动之间。明中后期嘉靖、万历年间,对皖北河道变迁影响深远的河工大事都与故道流向形成有因果关系。由此可见,故道含义的变迁在不同时期、不同区域被赋予的实际内容因时因地而异。咸丰五年黄河干流完全断流后,故道地貌进入了“淮河流域”时期,并以水系分水岭的形态存在于淮北大地。

2 黄淮运河道变迁、治理与地理空间指标区位

划分黄淮水利地理区位的基础无法忽略历史时期河道水系固有形态的存在。1855年黄河北徙后残存的河床地貌,成为沂、沭、泗水系与淮河的分水岭,当今淮河干流及以北安徽省境北部地区,作为黄河南泛受水成灾的重要区域,与黄运在豫、鲁、皖、苏线状分布及叠加格局长期交错密切关联。用地理视角历史地观察黄淮区域河道水系变迁的空间层次,视今日之黄河故道为中轴,以北苏北运河,以南淮河干流及数百年间经历黄泛洗礼的淮北地貌与支流为现实背景,皆折射出人们适应自然环境、平衡社会变迁、协调历史惯性的努力追求。

2.1 黄河干流中心区

东汉永平十三年(70),王景治黄、汴分流功成,黄河东北行,砀、萧一带得免黄患。宋金之后,黄河南泛时,黄河河道形成干流固定河槽相对曲折滞后,以明万历六年潘季驯第三次出任河道总督,全面治理黄河河道,堤防中心线相对稳定为起始。时间上可将黄河故道划分为,黄河干流故道历经宋、金、元、至明前中期黄河夺汴、泗、濉、涡、颍泛淮,明后期至咸丰五年,及黄河北徙后至现今三个大阶段。其在各时期行河时间、流量强弱、决溢和治理方式、取向都存在明显差异。元末贾鲁受命,疏、浚、塞并举,至正十一年(1351)河复故道,经由砀山、萧县赵家圈自彭城由泗入淮,明万历六年之前黄河下游主流在黄淮平原泛区南摆北徙,河道难固定。嘉靖末年,黄河决溢,丰、沛、砀、萧及周边滞洪淤积,河道大乱,皖北黄河故道因河徙而变,时至明崇祯年间(1628–1644),流经皖北的黄河干流河道筑防已固定,因而已见当时对自河南虞城境入砀山城南之“故黄河”方位、流向明确记载[1]。清咸丰五年至 2013 年共 158 年,为黄河北徙后故道环境,地貌及地形遗存变迁及治理阶段,其中包括近几十年来干流故道安徽境内“故黄河水系”的综合整治。

2.2 黄河南泛亚区

淮河干流以北汴、濉、涡、颍河水系,流向因地势呈西北向东南倾斜,河流受黄河南泛冲击影响,其漫溢之水辐射皖北、皖西北后流注淮河。黄河干流河道固定河槽后,期间 280 年,皖北平原涝灾范围除与汛期持续降水程度相关之外,黄泛亚区洪灾来源多自黄河固定河道决溢之水。咸丰五年后黄河南侵来水决泛规模、方向相对有限,其时间下限至 1938 年为阻日军进攻之花园口人为决堤并形成“黄泛区”。因黄河南泛流向时间、方向地域差异,亚区内皖北境又可分为颍、涡水系和濉河水系两个分区。明初,据《大明一统志》记:“黄河旧自太和县界流入,经颍州北门城下,东流至寿州正阳镇注淮,正统十二年(1447)上流淤塞,惟西华境一支入颍,合流下达于淮泗。”[2] 相对明弘治年间(1488–1505)刘大夏兴筑黄河北岸太行堤防御河水北决袭扰会通河运道,其“南疏”黄泛之水流向的下游,皖北因河而灾,首当其冲。明隆庆、万历年间兴筑、加固黄河河道干流堤防,实施黄淮运一体化综合整治,奉行“保漕护陵”政策。清初已除去“护陵因素”,保漕固堤,强化“束水攻沙”并维护砀山、萧县下游徐州城市防洪的同时,康熙十九年(1680)年靳辅在干流创建以砀山毛城铺为首的黄河河道减水坝、闸系统,其下泄分流之水沿南岸濉河水系河湖入洪泽湖助清敌黄。乾隆四十九年(1784)七月,因河南睢州一带“土质浮松,实难建立石坝”,(《高宗实录》卷 1211)乾隆帝只得放弃干流减水泄洪。至嘉庆十二年(1807),毛城铺减水坝闸共持续运转 120 余年,其后沿濉河水系砀山、萧县、宿州、灵璧、虹县等地仍长期被视为“泄水廓道”。治理经费紧缺则是制约疏浚、挑通减黄引河周边生态环境的主要原因之一,据《南河成案续编》记载,道光四年(1824)灵璧及萧县、砀山等地河道整修不得不奉上谕准拨运库商捐积土银、安徽水利款内息银及于江宁司库正项银内借款给办[3]。与遭遇黄河决溢南泛颍、涡水系一样,水患及环境变迁造成人民流离,政府不得不赈济并蠲免银两。黄河北徙后至民国初年,皖北水利仍长期处于失修状态。

2.3 南北京杭运河中心线区域

元代京杭运河开通后,开始形成依凭南北运河河道为命脉的中心线区域,尤其在明永乐九年(1411)重新疏浚后开通之京杭大运河,成为具有重要导向意义且影响明清两代的大动脉。自嘉靖末年黄河决泛造成昭阳湖以西运道淤废,隆庆元年(1567)另在昭阳湖东建成南阳新河,万历三十三年(1605),再开成泇运河。清康熙二十五年(1686),靳辅于黄河北岸遥堤、缕堤间开凿中运河,康熙四十二年(1703)最后完成于河督张鹏翮。为躲避黄泛,从明后期至清前期,运河河道中心线逐渐东向位移,前后历经 140 余年。黄运河道虽逐渐远离皖北地域,但漕运体制盛衰,征收漕赋积弊,却直接、间接导致区位地缘邻近的皖北各地,数百年间"因河而变"。其萧、砀一代风俗物产,"盖自河水荡决,黄沙无垠,徐下邑多被其患,向所诸物产,或荒淤不复生。民赖贸迁为用,而川渠不常达,陆运艰阻。河既北徙,内产告匮,外物罕通,徐之民益贫困"[4]。

2.4 黄河干流与京杭运河时空汇聚交错中心带

此一时期自元代开通京杭运河,至康熙年间运河河漕段完全脱离黄河河道。其中元末明初及明前、中期运道曾因缺水源,出现河道干涩,时常需求引河水以济。明清实行府、州、县政区及河道总督双轨并行管理模式下的河道治理,明代南直隶辖界下的徐南、徐北,清代河道、厅、汛及管河同知、通判,皆根据实际调整辖权,明确职责。受行政辖区及地理区位双重影响,砀山、萧县以及灵璧北界地区通过引水济运、兴修河堤、输出河工夫役、提供物料等方式,直接参与了"国家行为"之下的建设。"为缓解徐州洪、吕梁洪供水紧张,明廷联络贾鲁河、汴河沿途相关州县,引黄河、沁河水源以济河漕。至嘉靖初,砀山、萧县沿河一带众多浅、堡、渡、村、店、镇、巡检司应运而生,分布有序。因不同时期河道各河工用役目的和人员数量规模差异,徐州属县即萧县、砀山距河区位地理的地缘分布,相当程度地影响了其在劳动力输出配置的比重。正视黄淮整体背景之下的区划方式,亦应视其为黄河、运河变迁过程不可或缺的重要组成部分,黄泛亚区及位于黄运河漕上游边缘地区的皖北为此所付代价则是周期性和持续性的。

2.5 淮河干流

淮河干流作为黄河泛流的受水南界,在不同时期干流受水区段方位、方式,流量程度等差别明显。长时序纵观,分为淮河干流独流入海,黄淮合为一流及咸丰年间之后淮河下游主流入长江三个时期。即"初,淮自安东云梯关入海,无旁溢患。迨与黄会,黄水势盛,夺淮入海之路,淮不能与黄敌,往往避而东"(《明史·河渠五·淮河》),但有清一代,"淮病而入淮诸水泛溢四出,江、安两省无不病",且治河重点主要"经营于淮、黄交汇之区,致力綦勤,糜币尤巨"(《清史稿·河渠三·淮河》)。黄河对淮河干流的影响主要体现于淮北地区入淮河流的变迁过程,颍河及以东涡、濉等淮北主要河流都曾规模及程度不等的在不同时期成为黄流泛道,即"黄泛归淮"。以濉河水系为例,其下游河道的淤废,直接影响淮河以北原有各支流入淮干流的数量分布和流量的形态构成。究其原因,清乾隆朝时"伏查宿、灵、虹等处,所以每年被水之由,缘豫省虞、夏、商、永四邑之水毕汇于宿州,所恃从宣泄者惟濉河一道"[5]。咸丰年间黄河北徙后,淮北支流与淮河干流横向空间联系因此发生变化,废黄河以南至淮河干流之间,皖北水利治理目的重心及功能亦随之相应调整,以"故黄河水系"为代表淮北水利工程,成为地区兴修项目的重要关注区。

3 安徽黄河故道的研究主体与表述脉络

3.1 黄淮水利地理:视角及史料

明代以来总理河道官制及常设职官的日渐成熟,清雍正年间江南及河东河道的设置,皆对黄淮运区域治河事务的有效掌控产生了重要影响。明清皖北受周边特定生态环境影响,城建与环境变迁紧密相关,其城市防洪体系包括护城堤坝、护城河及城墙实体。借助于城建内部形态结构的对比分析,其政治、文教、信仰空间及建筑名目的变迁过程,皆可折射出明清以来皖北原生态的城市风貌。

通过对史料与文献收集整理,充分利用现有资料勾陈比对,有利于丰富和拓宽研究黄河故道历史文化思路。明末清初顾炎武《肇域志》是一部辑存的地理总志,其辑录萧县、砀山等徐州属县内容可与嘉靖、万历《徐州志》两相比较,以选为首引。(清)周洽《看河纪程》以日记体记载了康熙年间黄运区域见闻,配之所绘河图,详实具体。探讨明清以来徐州及属县萧县、砀山文人群体的分布、聚合,则得益于光绪年间桂中行《徐州诗征》、民国时期张伯英《徐州续诗征》的编纂辑成。另一方面,明清各方志人物传记卷中,烈女、孝妇、贞女成为当时必不可少的记载对象,证明表述内容的取舍取决于政治体制和传统价值评判标准。相关有功于治河之人与事,与不厌其烦的贞女等详细笔墨相对比,尽管多见诸于各府县各级部分相关官员事迹而忽略了参与其中的劳动人民,但仍可从官宦人物中参照获知当时具体河工水利始末信息和概况。清“同治三年,占领安徽省的太平军被镇压下去,清廷拟规复漕运旧制,以运道梗阻暂收折色。又以久战之后,农村凋敝,无法照原额征收,乃办理减征”[6]。对比清前、中期,时至光绪初年之时,编修《安徽通志》时空背景已发生改变,不仅体现于所沿引《江南通志》之乾隆年代皖北行政区划已被调整,且晚清战乱袭扰下的皖北,黄河北徙之大势已过二十余年,清末漕运体制下的两淮漕粮北运漕运布局已渐式微,其行漕沿经洪泽湖入“黄河运道”也已不存在。“淮之北岸凤阳府之怀远、宿州、灵璧、颍州府之阜阳、颍上、亳州、太和、蒙城、泗州之五河,漕运俱入淮经洪泽湖。按,同治三年,割宿、阜、亳、蒙四州县地置涡阳县,属颍州府。淮之南岸,凤阳府之定远、寿州、凤台,颍州府之霍丘,直隶六安州并英山、霍山,泗州直隶州并盱眙漕运俱入淮经洪泽湖。以上州县俱交会由清河县帅家庄入黄河运道。”[7]上述光绪三年本《安徽通志》运河部分编者所按,仅是变迁过程其中之一。现存实录、档案、治河专书、方志、文集等相关黄淮运水利史料众多,而自古以来历代各种研究著述亦为逐步建立黄淮水利地理史料研究及文献数据库奠定了坚实基础。最近研究成果表明,“新编《黄河志》是一套力求发挥经世致用功能、实用性较强的志书”,“但黄河史志事业随着治黄事业的发展和续修志书工作的开展,仍然任重道远。”[8]因此,用新材料、新观点、新方法编纂梳理史上黄河南泛在今安徽境内流变轨迹,弘扬传承物质与非物质文化遗产并努力使之与安徽省境黄河故道遗存及隋唐大运河遗址保护相关课题互为衔接,尤为必要。

3.2 政区、城市与发展环境

宋、金以来,淮河以北政治、经济及农田水利趋向边缘化的现象,同样也表现在政区和城市变迁方面。宋靖康二年(1127) 年,金(1127-1234) 灭北宋,一方面,宋室南迁,开封政治中心地位及皖北腹地作为近畿周边地区的历史从此下降。随着宋代社会中心的南转，宋金对峙时期的皖北及之后，淮河以北地区便更称之为“兵家必争战略要地”了。另一方面，建炎二年（1128）十二月，宋东京留守“杜充决黄河自泗入淮以阻金兵”[9]，试图以决泛之洪水换取政治、军事空间。金、元以降，迁徙无定的“黄河因素”及山川形便与政权更迭，人民被迫迁徙失所，直接影响皖北政区的归属划归。导致黄淮区域经济民生饱受战乱摧残，亦经历土地荒废，民众背井离乡，逐步稳定恢复，又再陷争战的漫长演绎循环过程，进而成为黄泛影响下的经济发展“边缘区域”。明清时期淮河以北的黄泛亚区，既便是康乾盛世，皖北边缘化趋势依然如故，以至于康熙四十六年（1707）萧县士民惊动南巡圣驾，诉求治理黄河南岸[10]。明清治理黄河干流技术上的成熟与有效性，并不能掩示国家整体战略意义上优先和边缘策略影响之下的地区发展不均衡。清康熙之后，以清口为黄淮运整治中心的趋势，逐渐远离治河中心区且一直处于“非核心区域”的皖北，两者间并不存在二元对立，正如黄河北徙后近代皖北战争、灾荒、社会经济发展滞后诸象并存。事实上，受自然及社会变迁的浸润。咸丰年间黄河北徙，同治十一年（1872），以黄河为中心的干流河政管理及官吏体制，因河道堤防不存而随之全面瓦解。同治十三年（1874）之际，萧县、砀山政区已被清政府列入“政务清简”之地，但特定区域内依然存在黄河南泛后遗“个案”。民国时期萧县、灵璧辖界之间的归属争议，即蕴涵政区及地域辖境因河变迁，过去了的“时间要素”。新中国成立后，皖北行政区划历经调整，原灵璧县黄河“在县东北五十里，自徐州东南流入县境，又东入睢宁县界，西北双沟一带尤为河防要害”[11]，其“双兴集，一名双沟集，在灵璧县北一百二十里，黄河南岸，与徐州府接界，有管河主簿驻此”[12]。灵璧县县北黄河故道一带现今与江苏省徐州市铜山区及睢宁县界接壤。

通过史料的拼接建构，复原围合之中的城市内部形态结构框架、规模，亦是探寻明清皖北城市政治、文化、价值观念、信仰习俗与周边生态环境关联变迁的过程。共性与差异性表现在影响城市生态的地理方位、水系湖泽、土壤条件等具体因素，而涉及城市墙体结构、城濠及防洪堤坝，则是城建组织群体努力寻找一种恰当稳定秩序的延伸。万历年间位于黄河干流萧县、砀山城先后毁于河患并异地重建，但凸现洪灾危害的事例，之前及之后并未终止，皖北地区自然与人居环境皆因此受到不同程度的损害。清康熙、乾隆二帝先后各六次南巡，直接、间接关注黄运河工，从毛城铺坝闸设置到唐家湾引河至设立徐城水志，将分泄洪水流量与城市防洪两者紧密相关。城市因年代日久自然损毁及防洪设施的及时维护，大多因各利益团体的支持得以程度不同的加固，但战乱形成的外力冲击，亦是明代以来各方志记载的重点，明正德七年（1512）三月，起义军的战火遍布皖北，“贼刘三陷太和，贾敏儿等围颍上”[13]，受此刺激，蒙城、砀山、萧县等地多筑城固防，以为屏障。皖北战乱之时，及清咸丰、同治年间，故黄河堤坝被各圩寨武装多处人为切隔为防御捻军的据守险要。

皖北故黄河水系，盐碱地、湿地及尚存故有河道，三种形态并存于黄河故道。1996 年 5 月 11 日考察日记中，砀山县境内“毛城埠”地距位于北边的黄河故道约 10 公里，“西有利民河，东有文家河，明清黄河的减水通道（又称分洪河）即从此经过，此水道现已废弃不用，但地势、形态仍很明显。在水道一侧可见一明显洼地，……显然，这里是用做分洪的减水石坝遗址"[14]。淮河以北现有河道和故道综合治理,涉及黄淮流域水环境的演变、水资源可持续利用、区域社会发展环境、人口及经济增长诸多层面。历代淮北地区重要水利举措和兴修工程,皆影响这一地区农业环境、人地关系甚至生态观念的定位。因此,视现今淮河流域淮河以北各省水系为一体,研究并重视黄淮区域变迁亦需以区域水利地理与水利兴衰沿革过程为整体背景。充分利用皖北长期战略与现实政策及开发机遇,则会取得更多良性循环环境空间。

3.3 安徽省北部文化区

3.3.1 皖北文化地理要素符号

时人感叹黄河对淮北地区生存环境影响之深刻,黄河南泛对皖北地域文化的洗涤同样如此。以文献、方志及相关地图、地名为视角,追索明清时人视野中的淮北地域文化土壤、社会观念,进而复原其生存地理背景和时代文化演进的特征。砀山、萧县黄河故道文化,即是整个故道文化其中皖北一支点。注释文化厚重与土地情结的机缘,不仅在于背依淮河以北广阔的平原腹地,而且环绕于豫东南、鲁西南、苏北的生存土壤,周边皆为黄泛覆盖辐射之区域。拂去皖北黄河故道岁月的历史尘埃,时过境迁,绍兴十一年(1141)南宋与金和议,确定以淮河为两国分界线,汴渠也随之在政治层面丧失了沟通南北之作用。南宋乾道五年(1169)十二月,楼钥奉命以书状官从舅父汪大猷出使金国之际,汴渠沿河满目荒废,感叹"淮北荒凉特甚",二日,"宿灵璧,行数里,汴水断流"。"三日,宿宿州。自离泗州,循汴而行,至此河益湮塞,几与岸平,车马皆由其中,亦有作屋其上。"[15]溯源以河流为坐标的城市,以曾经的唐宋命脉———通济渠、汴渠沿岸城镇古迹的点与线为代表,由表及里地揭开覆盖黄河泥沙的文化层,盛唐精美瓷器展示出群窑精湛的文化符号。清代中后期,黄河故道萧县、砀山一批文人士大夫,试图在固定程式的格律中,以诗的绮丽,追求文字之外的生活感知,咏叹人生际遇,诗文唱和经常趋向于黄河的因和果。从自然环境变化角度出发,今天冠之以淮河干流为南北自然气候区的分界线、平均气温及平均降雨量的等值线。在淮河与现今苏北运河之间,以隋唐运河生命线中心时代为依托的虹县、灵璧、宿州、柳孜城镇带,和黄运中心区时期影响下的黄河干流的砀山、萧县等地的变迁,分别清晰显现出黄河故道固定断面下两条文化主线的层次构成。皖北黄河故道文化区作为整个淮河流域文化重要组成内容,文化积聚源远流长。时空叠加交错于"过去时"的边界及当代地理分界的安徽省北部文化区,动态诠释皖北文化重心的转折与契机,至今仍将延续。

3.3.2 人文地理形势及环境背景

宋元以降,安徽省北部地区黄淮水现象、水利活动与水意识,很大程度受制于和受影响于自然环境因素与人文社会环境因素。淮河以北中原腹地,是时空区域广于现时淮北地区的地域文化。淮河文化地理同样是文化研究的重要选项,以狭义文化为研究对象,研究其特定的发展、演变的空间地理环境。黄淮区域水利地理与淮河文化相结合,探索历史时期安徽北部文化的分布与扩散格局,即涵盖地理学与文化学语境,其文化阐述亦包括宏观概括、中观解读与微观评析。黄淮文化地理,是以特定时期黄淮文化要素的地理背景为考察对象。基于皖北文化区人文因素的考察,"淮河文化"是涵盖、包容与多样性时空汇聚的地域文化。淮河文化区域之复杂表现在,既包括当今淮河流域水资源合理配置,也包括历史时期黄淮区域历史地理、地貌变迁和现代社会民生可持续发展,其中自然包含安徽省北部黄河故道地区。依据皖北现行行政区划为框架,重新整合历史时期区域文化空间分布规律,可进一步明确其文化分区的宗教、民俗、方言等文化要素的沿革特征。清咸丰五年后,大河北徙,黄河故道残迹尤存。“今黄河不经安徽,……而安徽受黄河之水害有悠久深切之历史,河夺泗、濉,则北拊皖淮之肩背,河夺颖、涡,则南掐皖淮之腰膂”,“河水入淮,洪泽堑高,淮不畅出,壅于中皖,则淮南北诸支川悉病,今皖北一区域中之形势,莽莽原隰,地利不兴,皆黄河水造成之也。”[16]“因河而徙”影响之下的黄淮区域水利地理与文化地理环境的整合空间,呈现出线性分布的河道水利、堤防治理与呈条块及面状分布的行政区划之间的结构矛盾。文化地理环境的时空分布差异,促进了黄淮水利地理与淮河文化地理研究主要方式和对象,但两者皆强调区域水利、地理区位的共性,在各自领域及体系层面可互为补充,使之成为丰富文化研究时空内涵的有效途径。仔细研究黄淮区域水利地理,符合与时俱进的现实要求,构筑一流域整体文化地理视野,则对充实淮河文化在中国历史上的文化地位具有重要深远意义。

参考文献

[1]砀山县志·前卷[G].明崇祯十二年本(1639).

[2]大明一统志·凤阳府·山川[G].明天顺五年(1461)刻本.

[3]中国水利水电科学院水利史研究室,编校.再续行水金鉴·黄河(卷一)[M].武汉:湖北人民出版社,2004:173-175.

[4]徐州府志·舆地考(卷十)[G].清同治刻本.

[5](清)高晋.南巡盛典·河防(卷四十五)[G].乾隆二十二年(1757)八月初六日吏部右侍郎裘日修等奏议.

[6]李文冶,江太新.清代漕运·安徽省裁减漕赋[G].北京:中华书局,1995:416.

[7]安徽通志·河渠志·运河(卷六十四)[G].清光绪三年重修本.台北:台湾华文书局,1967.

[8]黄河志书评集·序[M].郑州:河南人民出版社,1999:2.

[9]宋史·本纪第二十五·高宗二[M].北京:中华书局,1977:459.

[10]续萧县志·河渠志(卷五)[G].补录,天然闸开河记恩碑记.清同治刻本.

[11](清)顾祖禹.读史方舆纪要[M].北京:中华书局,2005:1055.

[12]大清一统志·凤阳府二[G].清嘉庆刻本.

[13]颍州志·纪一·郡纪[G].明嘉靖刻本.

[14]黄河明清故道考察研究[M].南京:河海大学出版社,1998:370.

[15](宋)楼钥.北行日录·攻媿集(卷一一一)[M]//四库全书·第1153册,台北:台湾商务印书馆,1967:687-688.

[16]安徽通志稿·水系稿·淮系水(下编)[G].台北:台北成文出版社,1985.

蚌埠双墩遗址刻画符号简述

徐大立

摘　要：蚌埠双墩遗址出土的陶器刻画符号，是迄今为止年代较早、数量最多、文化内涵最为丰富的考古资料。它的表现形式、刻画方法以及符号的组合形式对研究我国汉文字以及西南少数民族文字的起源都具有极为重要的意义。

关键词：蚌埠双墩遗址；刻画符号；文字起源

淮河中游地区蚌埠双墩遗址最为显著的文化内涵是出土了一批年代较早、数量最多、内容最丰富的极为珍贵的刻画符号，这是中国文字起源的重要源头之一。本文现将刻画符号的发现与整理过程以及基本内容和特点作一个概括性的介绍。

1　双墩遗址的发现与发掘简况

1985 年 8 月 5 日，笔者作为文物普查组成员在原吴郢乡双墩村（现为淮上区小蚌埠镇双墩村）北发现了蚌埠双墩新石器时代遗址。该村名因村内有两座高出地表 9 米左右的古墓封土堆而得名。双墩遗址位于双墩村北侧的一个台地上，遗址的西、南和东南端呈漫坡状，其东侧和北侧已遭到当地人们取土破坏，留下约 115 米的断面。遗址的范围约 215 万平方米，遗址台地中心区约 112 万平方米。1986 年 10 月下旬至 11 月上旬，蚌埠市博物馆对该遗址进行了试掘，开 5 米× 5 米的探方两个，连同扩方共 70 平方米。1991、1992 年作为国家文物局"苏鲁豫皖先秦考古"重点课题，由安徽省文物考古研究所对该遗址进行了正式发掘，在遗址的中心区台地的范围内进行了统一布方。双墩遗址 3 次共发掘 15 个探方，面积 375 平方米。出土了陶器、石器、骨角器、蚌器、动物骨骼、螺蚌壳等大量文化遗物，特别是发现了一批陶器刻画符号，成为双墩遗址考古发掘的重大收获。据碳十四年代测定，双墩遗址的年代为距今 7330 ~ 6900 年。（图 1 ）

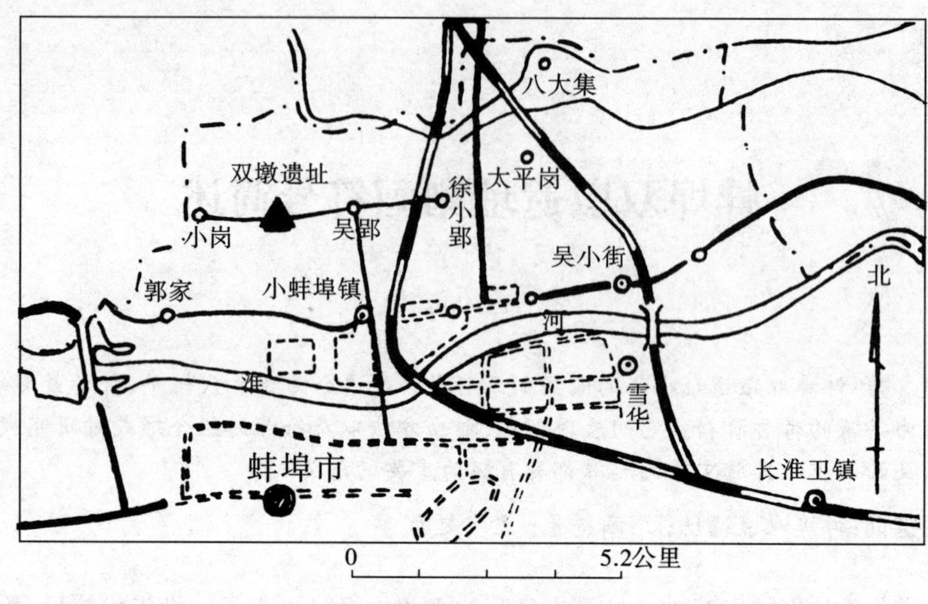

图1　双墩遗址位置示意图

2　器底刻画符号的发现与整理

1987年，笔者在整理1986年双墩遗址出土的陶片时，注意到在陶器的外底部有刻画符号的现象，意识到这是一个极为重要的发现。当时发掘出土的陶片除部分标本在整理室外，其余的都堆放在天井院里。笔者将百余袋陶片翻捡了一遍。共拣选出陶碗、陶钵等器底459件(含残片)，其中底部带有刻画符号的有292件，约占总数的6317%。经过修复、拓片、整理之后,1989年在5文物研究6第五辑中发表了5蚌埠双墩新石器遗址陶器刻画初论6一文，首次介绍了蚌埠双墩遗址刻画符号，引起了国内外学者的注意。随后，又陆续发表了蚕形刻画符号、干栏式建筑刻画符号等研究文章。文章的发表同时也引起安徽省文物考古研究所的重视,1991、1992年由安徽省文物考古研究所阚绪杭主持对双墩遗址进行了两次发掘。笔者在参与发掘的同时，又收集到数百件带有刻画符号的器底。2004年安徽省考古研究所与蚌埠市博物馆合作整理双墩遗址出土资料时，对带有刻画符号器底和陶片经过拼对、整理后统计为315件。1986年又整理出302件，共计有617件带有刻画符号的器物(含残件)。

3　刻画符号的基本特征和刻画方法

带有刻画符号的器物主要是陶碗和陶钵，器形较大，均为实用器物。从复原的器形来看，有直口、敛口之分，圆唇，斜弧腹内收，圈足或饼足。陶器外壁施红色陶衣，内壁均为黑色。陶胎多为夹炭、蚌末、砂粒，呈黑色或灰黑色。也有少量的泥质黑陶，泥质灰陶。器形除碗、钵以外，还有豆、杯、罐之类。(图2)

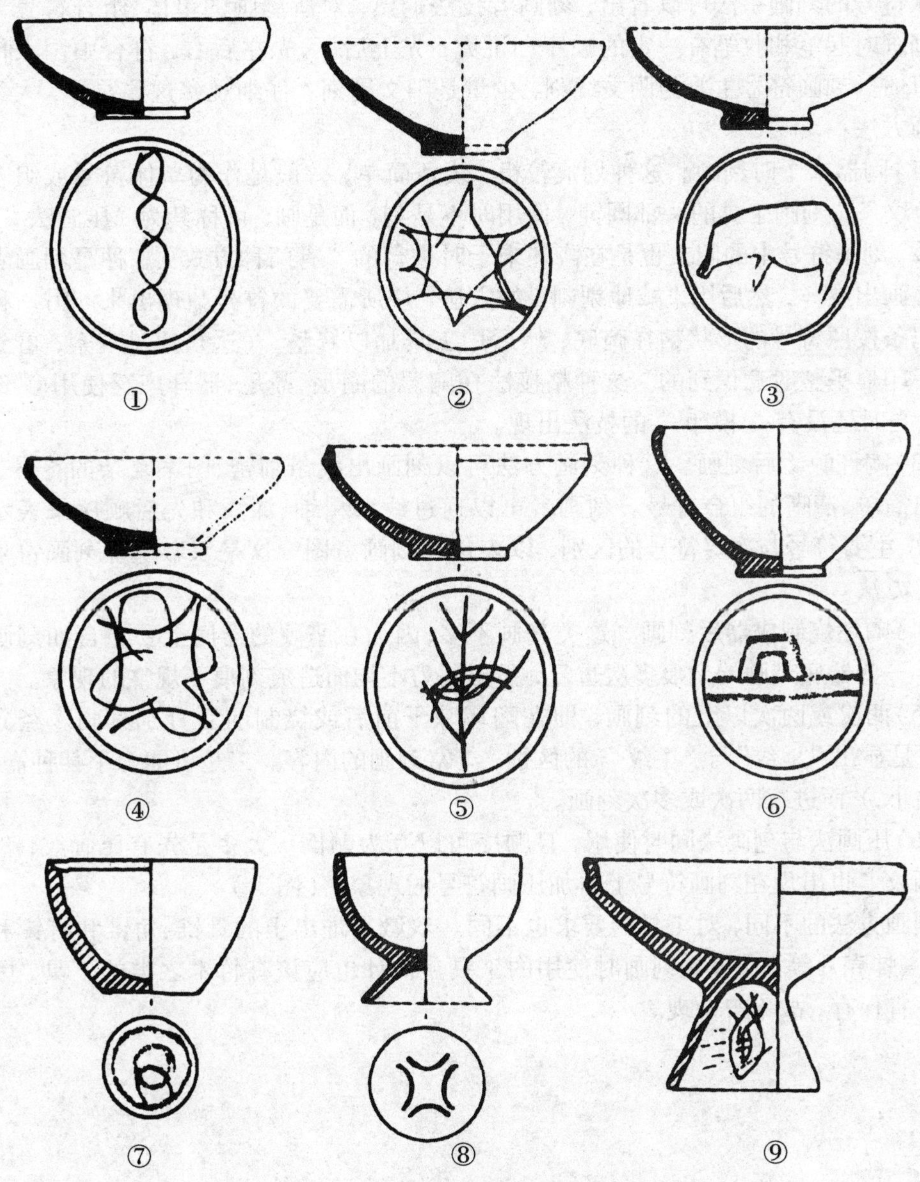

图2 器底带刻画符号的陶器类型

1～3、红衣陶碗 4～6、钵形碗 7、红褐陶钵 8、黑陶杯 9、红衣陶豆

陶器中有装饰性的纹饰，主要位于器物的口沿、颈部。如三角纹、圆弧纹、曲折纹、戳刺纹等。其中也有若干含有特殊意义的刻画。例如，口沿上有长短竖线相间、竖与点相间的类似数字的符号。腹片上有人面纹刻画、动物纹刻画、植物纹刻画等。但总地来说这类刻画不多。大量的刻画符号都集中在器物的外底部，即在陶碗的圈足、饼足外底部和陶豆的喇叭形圈足内侧，也就是说都放在隐蔽部位。显然，它的作用不是用于装饰，而是具有特殊的意义和用途。这是双墩刻画符号较为显著的特点，也是双墩文化内涵的一个重要特征。

从符号的刻画手法可以看出，刻画者技法娴熟，对所刻画的单体、组合符号十分熟悉。刻画时起笔和收笔有一定的顺序和讲究，先上后下,先左后右，符合中国人传统的运笔习惯。刻画符号主要为阴文线刻，少量是阳文剔刻。仔细观察这些符号，大约有六种刻画方法：

(1)陶器未干时刻画。这种划痕较粗，线条简单，一般是作为单体符号或组合符号的“地纹”。刻画工具的头部圆钝，使用时不是刻，而是画，可称其为“压画法”。

(2)刻画符号中的阳文也是在陶坯未干时进行的。有两种方式：一种是刻画者先是在器底画出纹样，然后用“减地剔刻”的方法，使所需要的符号凸现出来。另一种则是用细泥条按照符号的形状粘在碗底，然后用工具加以修整。(这是通过观察，看到凸纹剥落后印痕平整时意识到的。这种粘接法在陶器的圈足、鼎足、器耳广泛使用)经仔细观察，当时还没有“模印”的技法出现。

(3)陶坯晾干后刻画。这种刻画方法可以刻画出线条细密、图案复杂的符号，也可以刻出简单、清晰的组合符号。刻画者可以通过线条粗细、深浅和先后顺序来表示主纹与地纹、主要符号与次要符号的区别，以表达其刻画意图。这是双墩遗址刻画符号形成的主要方法。

(4)陶坯烧制成器后刻画。这类刻画不多,因为在坚硬的器底上要想自如刻画比较困难。一些器底刻画的刻痕多次重复，显出用力不均而造成刻痕不规整的现象。

(5)两次或两次以上的刻画，即在陶坯晾干前后或烧制前后分别刻画。经分析认为，一是显出“地纹”与“主纹”的区别，丰富刻画的内容。二是可能为了某种需要(祭祀或占卜)而进行两次或多次刻画。

(6)压画法与刻画法同时使用，且顺序可以互为颠倒。大多是先有压画纹，然后加上刻画纹。也出现在刻画符号上再加压画符号的现象。(图3)

刻画方法的不同，对工具的要求也不同。双墩遗址出土的骨锥、角锥和有锋利刃口的骨片、蚌壳片等，应该是刻画时使用的工具。估计也应该有竹木之类的工具，因年代久远不宜保存，故不曾发现。

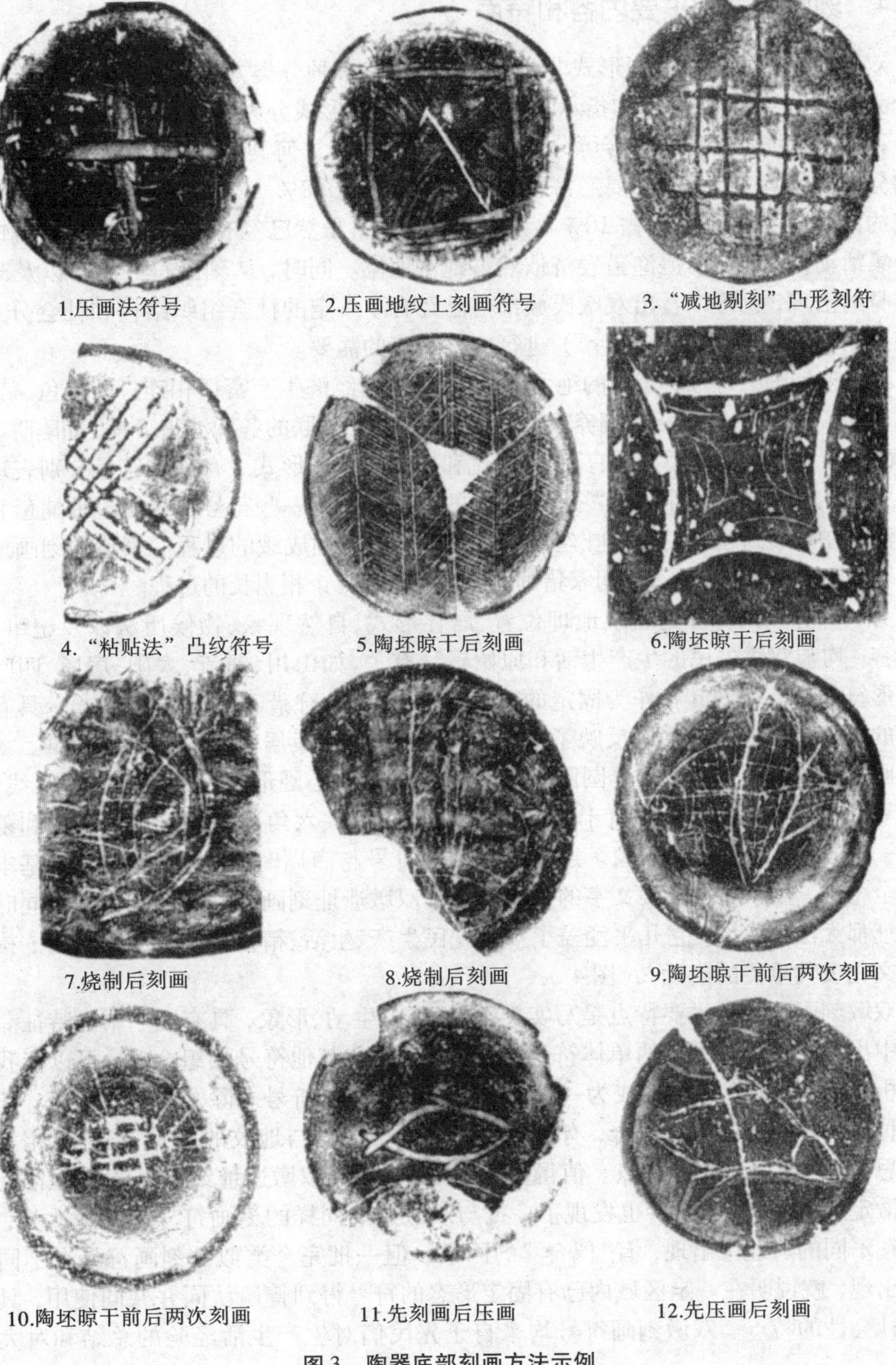

图3 陶器底部刻画方法示例

4 刻画符号的主要内容和特点

双墩遗址刻画符号表现形式非常复杂，可以有多种分类方式。如可以根据符号的类型分为象形符号、会意符号和指示符号；根据符号的形式分为单体符号、复合符号和组合符号；根据符号所反映的内容可分为植物类、动物类、几何类、自然类等。从双墩刻画符号的分类比例看，当时的主要经济形态中捕捞业约占 68% ，狩猎业约占 15%，采 集与种植约占 7% ，其 他类约占 10% 。从中可以看出，虽然已经有了水稻种植、家畜饲养以及采集活动作为补充，但渔猎经济依然占绝对地位。同时，从刻画符号内容以及刻画符号本身的出现，也可以看出双墩氏族部落已经有了一定的社会组织结构和社会分工，有了使用刻画符号(或称原始文字) 进行内外交流的需要。

双墩遗址刻画符号所表现的绝大部分内容,都与经济生产密切相连。如捕鱼、猎野猪、网鸟、俘鹿、种植、养蚕、编织、饲养家畜等，还有与此相关联的各种渔猎工具，如陷阱、网具、矛、叉、弓箭等。这些刻画符号有写实、简化和抽象等表现形式。有一些符号分别表现狩猎过程中的不同步骤，起到类似“ 连环画 ” 的作用。还有一些符号反映了多种捕鱼和狩猎的方法。在蚕形刻画中表现了吐丝结茧、蚕茧上架、化蛹成蛾的过程。家猪的刻画形态准确，与野猪有明显的区别，说明家猪饲养已经经历了一个相当长的过程。

另一部分刻画符号是表现地理位置、居住形式、自然现象、物候历法以及纪事、计数等内容，均与双墩先民的生产生活和原始崇拜有关,如山川、河流、太阳、房屋、四叶花和几何形符号等。像四叶花作为固定的符号分别与捕鱼、狩猎、养蚕等构图组合，具有物候历法的意义。而房屋刻画则反映了双墩先民居住的是“巢居 ”形的干栏式建筑。太阳纹的刻画有多种表现形式：有单圆圈形、同心圆形、半同心圆形；太阳的光芒有射线形、三角形等。几何形刻画符号中有十字形、三角形、五角形、六角形、方框形、网格形和菱形网纹等，笔画有重复递增的现象。还有一些刻画符号与商周时期的甲骨文、金文基本相似或完全相同，显示出它与汉文字的渊源关系。双墩遗址刻画符号内容之丰富是同时期任何遗址都无法相比的，它几乎涵盖了双墩先民生产、生活、精神方面的全部内容，构成了双墩文化极其重要的内涵。(图 4)

双墩刻画符号的主要特点是写实类符号简洁、生动、形象，具有文字书写特征。刻画符号中出现了一部分固定的单体符号，当这些符号与其他符号相组合时，可以使我们从中分析出其所显示的内容，成为一种可以会意并解读的符号。除了单体符号外，还出现了两种或两种以上的符号组合，有的还突出表现了主纹与地纹的区别,表达了相对完整的意思，显现出语段文字特点。值得注意的是，在距离双墩遗址约 60 公里，在淮河南岸的安徽定远县侯家寨遗址①也发现了一批与双墩遗址同样的刻画符号。通常认为，一种符号在不同的遗址中出现，有“偶合 ”的因素。但一批完全类似的刻画符号在不同的遗址中出现，就说明在一定区域内已有固定形态的符号得到普遍认同并共同使用，具备了文字社会性的特点。双墩刻画符号均来自于先民们对生产生活经验的总结和对大自然

---

① 安徽省定远县侯家寨遗址距蚌埠双墩遗址约 60 公里,1986 年经安徽省文物考古研究所发掘,其下层文化与双墩遗址文化面貌一致。

规律的观察，所刻画的内容已具有象形、指示、会意的文字特征，体现了“仰则观象于天，俯则观法于地，旁观鸟兽之文与地之宜，近取诸身，远取诸物”的原始造字规则。

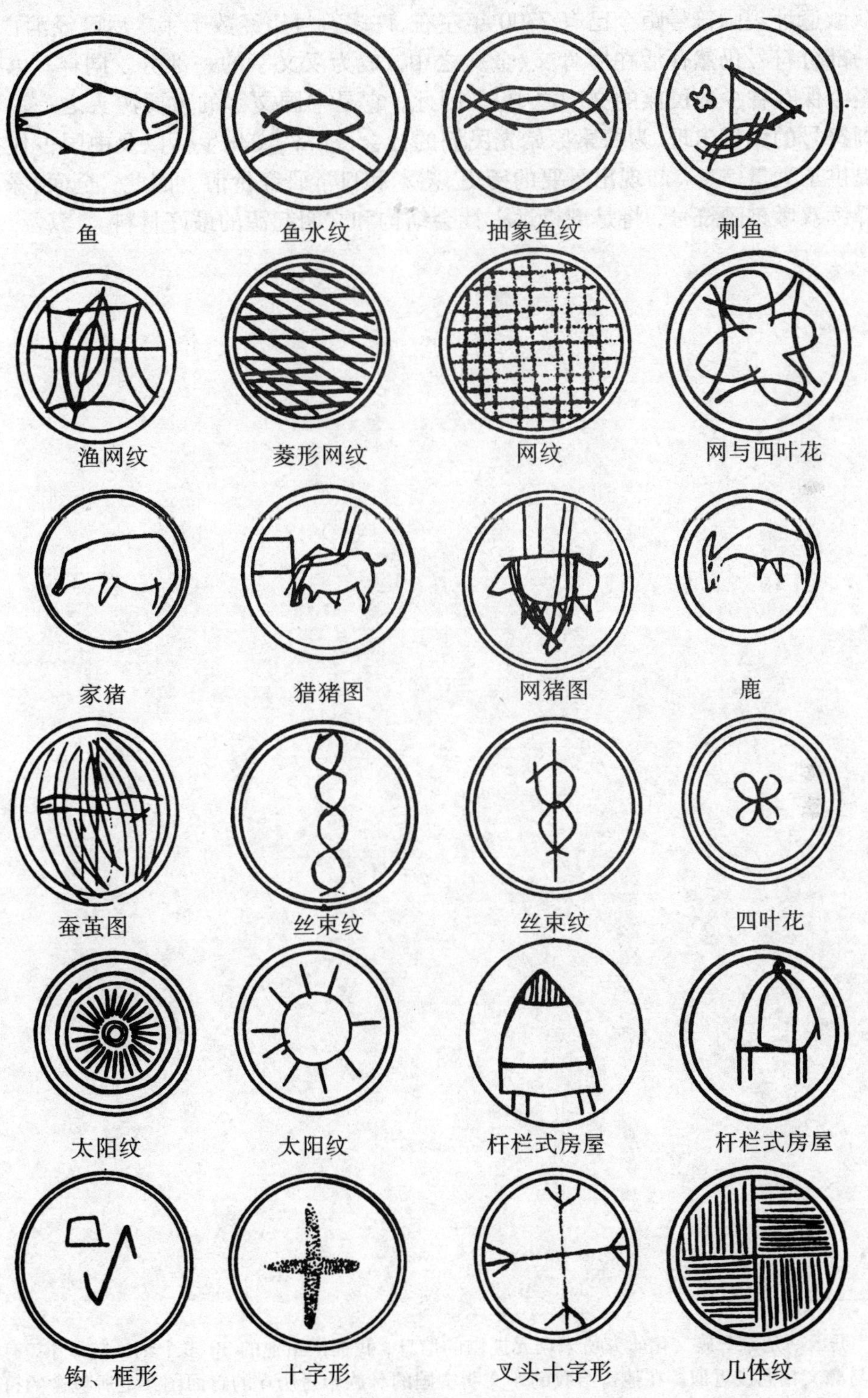

图4　双墩器底刻画符号

5 结语

双墩遗址刻画符号距今已有 7300 年左右,许多符号历经数千年之后已经消亡,但是它的一部分符号仍然存活在甲骨文、金文之中,成为汉文字的一部分。同样,也有许多符号至今保存在少数民族的文字之中①,因此,它是中国文字的重要源头之一。双墩遗址刻画符号的大量出现,为探索原始先民们的社会、经济、文化生活以及中国古代文字的起源提供了大量信息,凸现出重要的历史、艺术和科学研究价值。因此,全面、深入的研究和释读双墩刻画符号,将是剖析远古社会结构和文明起源的最好材料。

① 据云南楚雄彝族文化研究所朱琚元提供的信息,我提供给他的 30 多个刻画符号中,有近一半的符号与彝文相同或近似。在他寄给我的 5 文明中国的彝族十月历 6 的封面图案上所包含的符号全部与双墩刻画符号相同,证明双墩刻画符号与彝文有着十分密切的渊源关系。

试析双墩遗址植物类刻画符号

徐大立①

摘　要:本文重点介绍了蚌埠双墩遗址的自然环境、植物类刻画符号的类别与内容,并尝试解读这些刻画符号在双墩先民生产生活中所具有的作用和意义。

关键词:双墩遗址;植物类刻画符号;内容和意义试析

双墩新石器时代遗址位于安徽蚌埠市淮上区小蚌埠镇双墩村。它以独特的文化面貌和丰富的文化内涵,以及在一定区域内同时期古遗址出上遗物的共性特征,证实了淮河中游地区存在着以蚌埠双墩遗址为代表的新考古学文化——双墩文化。其中最为显著的文化内涵是出土了一批年代较早、数量最多、内容最丰富且极为珍贵的刻画符号,被认为这是中国文字起源的重要源头之一。在出土的607件刻画符号中,植物纹刻画符号所占比例最少,仅只有41件,占总数的6.75%。但是,其表现形式有树木、灌木、蓬草、花瓣、水草、籽粒等多种形态,反映出采集、捕鱼、狩猎、养蚕、水稻种植以及物候历法等各个方面的内容。本文尝试着解读这些植物纹刻画符号所蕴含的内容和意义,谬误之处敬请方家斧正。

根据资料②:在距今7 000年前的气候条件下,淮河流域分布着亚热带与落叶阔叶林混生的长绿阔叶林带,林下分布着中生、旱生的草本植被。树木的类别有栎、栗、胡桃、榛和榆、柳、桑、梅等。林下或沟坎、断崖边生长着酸枣、柽柳等灌木丛。在广阔的水域内也有一些水生植物供人们食用。通过分析,尽管遗址周围有许多木本和草本植物分布,然而作为食物来源的植物并不多,这与热代雨林有着明显的差异,这些条件制约着采集经济的种类和空间,所以,双墩遗址所反映的采集经济并不发达,或许这就是植物类刻画符号较少的一个原因。但是,这并不妨碍双墩先民对身边植物的认识和利用。我们通过对植物类剡划符号内容的分类与研究,可以了解双墩先民是如何认识利用自然条件来从事生产、生活和精神文化活动的。

1　水草形刻画符号

远古时期,淮河穿过荆涂二山由西向东而来,水面一下变得宽阔平缓。其上游有颍

---

① 作者简介:徐大立,安徽省蚌埠市博物馆研究员。

② 本文资料主要参考了张居中《舞阳贾湖》和张敏《龙虬庄》发掘报告中关于环境的部分论述。

水、涡水注入,其下有浍、漴、潼、沱水系与其汇合。其间分布着众多的湖泊港汊,水产资源非常丰富。因此,捕捞业是双墩先民的重要生活手段之一。在刻画符号中,有关渔猎的内容就占70%以上。水草形刻画符号虽然数量不多且均为残片,但也准确形象地表现了其不同的形态。

水草形刻画符号有两种表现形式:一种为细密卷草形(91T0621(7):85),有点像金鱼草,在浅水中为密集簇拥状分布。一种为叶条形(86 发掘品:74),叶片较宽长,均呈束状分布。由于器底残缺,没有发现鱼的形象。但是在侯家寨遗址①发现了鱼与水草的完整刻画符号(侯 T2(4):107),这幅刻画先用压划纹画出水草形状,然后在上而刻画出鱼的形状(图 1)。可能是表现鱼儿在水草中游动的情形,或者是表现鱼儿卧在水草之上产卵时的状态。水草一般生长在河湖沟汊的岸边或水湾处,属于浅水水域。鱼群在休息、产卵时喜欢寻找这种幽静和水草多的地方。这也是容易捕获鱼类的地方。双墩人掌握了鱼的习性,才刻画了适宜鱼群栖息觅食、交配产卵的水草形象。

图 1 水草与鱼刻画符号

2 叶脉形刻画符号

叶脉形刻画符号有两种表现形式:一种是写实的手法,即以细密的线条将叶子的脉络刻画得清晰可辨。有些类似蕨类植物,有些类似桑叶等植物的叶子。

另一种是图案化的叶脉形刻画符号,以刻痕细密、布局规整为特点。92T0723(27):54 以竖线和短斜线组合,有规律地刻画出多组叶脉状的图案,刻画非常规整,已具有抽象刻画的特征。在陶器底部要完成这样一幅刻画,刻画者必须用耐心和纯熟的技巧才能完成,甚至要借助一些工具才能将线条刻画得那么平直。

86 发掘品:17,92T0722(20):48 为"凸纹"植物纹图案,这种图案不是我们通常认为

① 安徽定远侯家寨遗址一期的年代、文化内涵与双墩遗址相同,也出土了一批器底刻画符号。其刻画特征与双墩遗址刻画符号完全一致。

“减地剔刻”方法,而是用“泥条贴塑”后再精心修整的方法来完成。这是通过观察泥条剥落后露出平整的底子时分析出来的。

双墩先民如此精心细致地刻画这些植物的叶子,想必与其生产、生活有着非常密切和重要的联系。那么,这些叶脉形刻画分别代表什么植物?在双墩人的生活中具有什么作用,有待进一步探讨。我们通过研究知道,所有刻在器物底部的符号,都与双墩人的生产、生活或者精神文化有着密切的关系。这些植物形象能够刻在碗底上,一定有着特殊的意义:或许是食物?或许是草药?或许是喂养家畜和蚕的饲料?或许是制作某些物品的材料,现在我们无法准确地解释它们,只能笼统地加以推测。

3 树木、枝杈和陷阱类刻画符号

树木、枝杈和陷阱类刻画符号的数量不是很多,除了单纯的表现树木的形象外,大多与捕鱼、狩猎等活动有关。可以看出,双墩刻画符号具有很强的记录和写实的特点。特别是组合符号,可以直观地看出和领悟到刻画者所要表达的意思。

3.1 树木形刻画符号

树木形刻画符号以主干和侧枝构成,侧枝为向上的斜枝。两边对称,不完全写实,具有抽象的意味。

93 征集品:3 是一个大树与野猪(也有人认为是‘熊”)的组合符号,可以看出树枝粗壮高大,但侧枝稀疏,可能是为了表现树枝遮蔽下的野猪形象(野猪形象用压划的方法画出来,因划痕较浅不易辨认)。这幅刻画的精妙之处是,刻画者不表现隐蔽在树上的猎人,而是借用猎人的目光透过树枝来观察猎物,随时准备出击将猎物擒获。这是一幅借树木隐蔽自己、伏击野猪的绝妙图解。在双墩刻画符号中有一组关于狩猎野猪的刻画,反映了从设置陷阱、设伏、围猎、擒获猎物的全过程,而上述仅是其中的一幅。值得注意的是,所有的构图都不反映狩猎者的形象,而只是反映狩猎前的准备活动和擒获猎物的过程。

92T0723(26):20 则显得枝干低矮,侧枝繁密,上有稀疏的枝叶。树形刻画对称规整,有点图案化(图2)。86T0720(4):15 虽然残缺,仍可以看出对称规整的树木形象。双墩遗址表现树木的刻画符号数量不多,结合刻画符号中有养蚕、结茧和编织方面的内容。这些树形可能与桑树有关。

3.2 枝杈形刻画符号

枝杈形刻画符号有单体符号和组合符号,应为捕鱼工具。组合符号由象征鱼形的抽象符号( )、简化符号( )与枝杈形符号构成。

这种表现鱼在枝杈丛中的刻画,原来被认为是利用枝杈在刺鱼,但是从形态上看,这种枝杈形的工具不像是用来刺杀鱼的,因为在刻画符号中已经出现了矛、叉和箭簇之类的工具,其端部尖锐利于刺杀。而使用枝杈形这样的工具来刺鱼则显得很不合适。特别是我们经分析认为,“蟾簿”符号一般是表示“群鱼”的概念。所以,以前将这类符号解释为刺鱼就显得有些勉强(图3)。

图 2　树木形“凸纹”符号

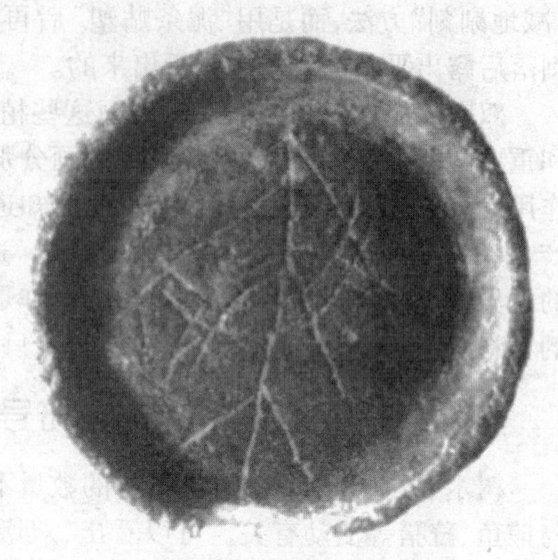

图 3　枝杈捕鱼形刻画符号

最近在翻阅一些资料时①,发现在云南少数民族中,至今还保留着“香把”捕鱼的方式。在云南澄江抚仙湖,每到汛期,当地渔民就上山割来约 1 米长的蕨蕨棵或滴香树枝,扎成相当于稻草把大小的“香把”竖直放人靠近湖边的水域或浅水石缝一中。“香把”因水的浮力而张开。随水而来的“抗浪鱼”嗅到“香把”的清香后,就会纷纷潜入“香把”中产卵。此时将鱼篓、网兜置于“香把”下,连同“香把”一同提起,张开的“香把”随着离水而收缩,鱼儿就被夹在其中。此时抖动“香把”,鱼就会落入鱼篓或网兜中。

可以看出,这种用“香把”捕鱼的方法同刻画符号所表现形式很相似。这样,我们就容易理解双墩人为什么要将鱼同枝杈刻画在一起。当然,7 000 年前双墩先民用此类方法捕捉的不一定是“抗浪鱼”,但是利用鱼产卵时喜寻水草和阴暗处的习性,用成束枝杈、茅草来诱捕鱼群,确实足经验与智慧的结晶。

3.3　用枝条遮蔽陷阱的刻画符号

双墩刻画符号中有一些是表现陷阱的,一般是用树枝编成十字形加方框或圆形为骨架,上面覆盖树叶或草皮,以遮住下面的陷阱。当野兽路过时便会落入陷阱。此类刻画符号的数量较多,可以看出,利用陷阱来捕获猎物是双墩先民经常使用的方法。

86T0720(3):75 为十字形加方框的骨架,其上覆盖着凌乱的枝叶,用以遮蔽陷阱的洞口。值得注意的是其左侧有一个四叶花形的符号,这是双墩遗址刻画符号中特有的、表示物候历法的标志性符号,它的意义稍后加以讨论。86T0720(1):37 与 91T0819(18):33 中的“　”“　”在刻画符号中均表示陷阱的意思。其上分别有十字形加圆形框架和十字形加凌乱枝条状的遮蔽物,这都表示了挖掘陷阱和伪装陷阱的方法与过程。这是双墩先民在狩猎活动中经常使用的技能,也是部族猎人必须学习和掌握的技能。从这个角度看,双墩刻画符号似乎具有教学的功能。

① 《活在丛林山水间——云南民族采集渔猎》,云南教育出版社 2000 年。

4 蓬草、籽粒类刻画符号

(1)蓬草形刻画符号分为两种类型。一种是以纤细的线条刻画出一簇或多簇的篷草形象[86T0820(3):9;86 发掘品:19. 86T0820(3):11;86T0720(4):19]。一种是用压划的方法压划出类似较宽叶片的多簇篷草形象(91T0719(15):38;92T0723(27):45)。这两种类型的刻画所反映的内容都是苗草一类的植物,这一部分刻画符号极可能与原始种植业有关。

(2)籽粒形刻画符号均残,可分为三种类型。91T0719(15):31 是椭圆形多弧线构成的籽粒形刻画符号;86T0720(3):14 是不对称多弧线构成的籽粒形刻画符号,可以看出上面有类似稻穗上的芒刺形状。92T0523(10):156 是黑陶碗底上布满类似稻米的印痕。

蓬草形刻画符号很容易使人联想到青苗一类的植物,而与籽粒形刻画符号联系起来就更容易想到原始种植业。根据淮河上游的贾湖遗址和下游的龙虬庄遗址均发现了水稻遗迹,那么,这些刻画符号表现为水稻的育苗和收获是完全可能的。

种植业起源予何时尚不可知,目前已知湖南道县玉蟾岩遗址发现的稻作遗存已有 12 000 年左右。河南贾湖遗址发现了距今 8 500 年左右的稻类遗迹。说明至少在 8 500 年前淮河流域已经出现了水稻种植。按此推测,距今 7 300 年左右的双墩人也应该进入了原始农业时代。在贾湖遗址的发掘报告中,称发现的采集品仅有栎、菱角、野大豆等,数量种类太少,认为可能是埋藏条件所限不宜保存的缘故。另外又发现了稻壳的印痕和米粒,推测是水稻种植已大致满足人们对植物类食品的要求而造成的。龙虬庄遗址的环境研究结果表明,尽管遗址周围有许多木本和草本植物分布,然而作为食物来源的植物并不多。遗址中发现的采集类食物仅为芡实和菱角,均为水生植物。作者认为龙虬庄先民的主要农业经济——稻作经济呈上升趋势,已满足了人们对植物类食品的需求。

作为淮河上游的贾湖遗址和下游的龙虬庄遗址都称采集经济不发达。这就从侧面证明了处于淮河中游的双墩遗址采集经济也不会发达。采集经济是人类早期生存的重要生活方式之一。进入新石器时代,采集业依然是补充食物的来源之一。即使在现代社会不发达地区的少数民族中间,采集也是很重要的食物补充。因此,一般说来,采集经济在原始先民的生活中有着相当重要的位置。但是,从双墩遗址的发掘材料看,虽然发现了炭化的果核和在陶塑品中有菱角等水生植物的造型,在数量和种类上说明采集经济还是较弱的。

另外,植物形刻画符号所占的比例太小也与这种推测相符。我们在对刻画符号分类时发现,某一类刻画符号所占比例的多少,应当与双墩先民生产、生活的方式侧重点有关。例如,有关渔猎的刻画符号就占约 70% 以上。据此,我们认为采集经济已不是双墩先民的主要食物来源。

那么,双墩遗址有没有稻作经济呢? 由于 3 次发掘工作都集中在遗址东侧的大灰沟内,出土遗物均为双墩先民倾倒的废弃物。尚没有在居住区、墓葬区开展考古发掘工作。另外在挖掘清理中也没有采用浮选法来获得植物籽粒的标本,所以没有直接证据来证明双墩遗址有稻作经济。但是,我们可以从 4 个方面间接证明稻作经济的存在。其一,淮河上游的贾湖遗址和下游的龙虬庄遗址均出现了稻作经济,一般说来,同纬度的不同地区,植被、气候等环境因素是相同或相近的。贾湖遗址、双墩遗址、龙虬庄遗址同在北纬32°～35°之间。时代上有连续性。有着基本相同的自然环境条件,在水稻种植方面也应该有一定的同一性。双墩遗址位于淮河中游且年代又居于两者之间,也应该有了稻作经济。其二,我认为蓬草形和籽粒形的刻画符号与水稻的育苗、生长、收获应该是有关联的。通过对刻画符号的分析,我们认为:几乎所有的刻画符号,都与双墩先民的生产、生活和精神活动密切相关。那么,这些经过精心刻绘的内容就不会是毫无意义。其三,双墩遗址出土,大量的陶器,其中有储藏器、炊煮器和酒具等,如大口深腹罐、大陶釜、澄滤器、甑、甗、杯等。这些用具的出现也从侧而证明了当时有粮食生产的可能。其四,在陶支脚的红烧土块中发现了类似稻壳的印痕,在黑陶碗的假圈足上发现了类似稻米的印痕。因此,双墩遗址有稻作经济是完全可能的①。

5　四叶花形刻画符号与物候历法

物候历法是人类早期认识自然、利用自然的一项重大发明。人们在对日升月落、斗转星移;寒来暑往、四季往复;春花秋实,虫鸣鸟飞等自然现象长时间的观察、体验以及不断的摸索总结后,才掌握了自然界变化的这一规律。物候历法的出现与使用,对原始先民的生产、生活产生了巨大的影响。尤其是农业经济的出现,物候历法更是与其息息相关。双墩遗址物候历法的刻画符号以四叶花为代表,集中反映了在捕鱼、养蚕、狩猎以及天文历法方而的内容。

5.1　四叶花单体符号

86T0820(9):50,写实类花瓣形符号。略残,可看出应为四叶花瓣。86 发掘品:103,略微简化的四叶花瓣形。

5.2　四叶花组合符号

92T0723(26):68,残。结合其他类似符号,可以判断刻画者先是用 3 道横线和 3 道竖线构成的‘十”字形符号,四端对称均有三弧线符号,然后在十字中心画上四叶花符号。93 征集品:6,为四叶花符号,上而为锯齿形符号与其组合。92T0721(27):19,为四叶花符号,其上为内弧四边形符号与其组合。

5.3　与生产活动相关的四叶花符号

86T0720(3):93,组合符号。为“⋈”“△”“⌘”3 种符号组合。双弧线交叉代表“群鱼”,三角形代表锐器或抄网,左上侧为四叶花符号,表明四叶花开时捕鱼的季节开始了。86T0720(4):51,组合符号,为“⌘”“#”“∞∞∞3 种符号组合。除四叶花外,另外 2 个符号均与甲骨文、金文的“井”和“系”相似。在双墩遗址中出现了一批与养蚕有关的刻画内

---

① 文章写完不久,就看到张居中、尹若春的文章《淮河流域史前稻作农业与文明进程的关系》,证实了我馆提供给他们用来测试的双墩遗址红烧土中印痕标本确实是栽培稻的印痕。文中说:“此次发现了 12 个稻壳的印痕,其中可以判断其类型的有 9 个,其中 2 个为阔卵形,长宽比为 2.0～2.4 毫米,判断为粳稻,占 22.2%,4 个为籼稻,占 44.4%,3 个为中间型,占 33.3%。”说明双墩遗址已经有了水稻种植,也证实了我的分析和推测。

容,如蚕吐丝结茧、化蛹为蛾以及表示蚕茧的符号等,其中蚕茧符号与商周时期甲骨文中的“丝”“系”极为相似,应当有密切的渊源关系。这幅组合符号拟表示花开时节蚕上架结茧的情景。86T0720(4):37,组合符号,前面已有过说明,为十字形符号、方框形符号同四叶花符号组合。拟表示花开季节,到了可以布置陷阱俘获猎物的时候了。

以上几幅刻画符号都有一个标志性符号——四叶花,分别与捕鱼、养蚕、狩猎内容的刻画符号组合。可以理解为严冬已过,春暖花开,到了捕鱼、狩猎和养蚕等生产活动的时候了。很显然,四叶花已经成为象征气候的固定符号,是原始物候历法的表现形式。这也是我国最早关于物候历法的记载。

以花作为物候历法的标志,有着极深的文化渊源。许多学者都认为在遥远的古代有一个以花为图腾的氏族——华族(即花族,华、花一字)或者花图腾曾经是氏族制繁荣时代部落联盟的共同体的徽帜。中华民族、华夏的称谓皆与花有关。苏秉琦先生曾认为:华人即花人。中华民族之所以成了爱花的民族,植根于过去氏族标记的族花。花—华,又有日月光华之说,何新认为:“华”是“晔”的省文。《说文》:“晔,日光也。”所谓华族,就是崇拜太阳和光明的民族。双墩先民以花为物候历法的标志,说明对花的崇拜,对太阳的崇拜。这些已经在刻画符号的内容中充分反映出来。

在将四叶花符号整理归类时,笔者有一个依据不太充分的想法,现提出来请大家指正。笔者认为四叶花符号有向“亚”字形演变的过程,即从象形刻画符号逐渐转为抽象符号(所谓亚字形符号就是“井”字形符号四端封口)。

91T0819(17):80,略残,四叶花符号。花瓣已由圆弧形向矩形变化,近似于“亚”字形。92T0721(30):42,四叶花的叶子由弧形完全变成了矩形,成为“亚”字形单体符号。92T0722(26):17-1,组合符号。为四端封口的“亚”字形符号与植物形符号组合。91T0719(15)):62,组合符号。为四端封口的“亚”字形符号与圆圈纹符号组合。

由四叶花形过渡到亚字形是一个重要变化,虽然都是表现物候变化的符号,四叶花只是固定表示某一个节气,但“亚”字形符号已经具有四面八方、四季转换、循环不已的意义。后者已成为原始天文历法的一种重要的表现形式被传承下来。值得注意的是,湖南安乡汤家岗出土了多件新石器时期的白陶圈足盘(年代距今6 500年),在陶盘外底戳印八芒太阳纹和亚字形符号近似),其中心位置正是一朵四叶花[①]。这个图案恰好证明了四叶花、亚字形与太阳的关系,也证明了这符号的认同范围已经跨越了安徽到湖南之间的广阔地域。从双墩遗址的四叶花、亚字形单体符号、组合符号到汤家岗遗址的八芒太阳纹图案,再到商周时期的亚字形族徽、亚字形大墓乃至汉代铜镜上的“四蒂纹”图案,使我们的研究视野更加深远和广阔。

《周易·系辞下》载:“古者包牺氏之王天下也,仰则观象于天,俯则观法于地;观鸟兽之文与地之宜,近取诸身,远取诸物,于是始作八卦,以通神明之德,以类万物之情。造书契以代结绳之政,于是始制嫁娶,以俪皮为礼,结网罟以教佃渔,故曰宓牺氏,养牺牲以庖厨,故曰庖牺。有龙瑞,以龙记官,号曰龙师。作三十五弦之瑟。”这段话包含了后人对淮

① 饶宗颐:《符号·初文与字母——汉字树》,上海书店出版社2000年,第5页。

河流域的“人文初祖”伏羲氏诸多发明创造的赞颂之情,而且透露了远古社会文明初现的具体情景。那么,传说中伏羲氏的诸多发明创造,究竟处在中国原始社会的哪一个时段呢?通过对植物纹刻画符号的归类分析,我们可以看出,距今7 300年左右的双墩先民,已经初步具备了传说时代中的许多知识和技能,对天文、地理、自然现象都具有了相当的知识和经验,并且在生产生活中广泛应用。同时他们将这些知识与经验都刻在陶器上以流传后人。正是双墩遗址刻画符号的发现,才使得我们相信至少在新石器时代中期,传说时代中的许多知识与发明已经产生了,这显然超出了我们的预料,但确实已经成了明明白白的信史。

尉迟寺史前聚落遗存的微观考察与研究

王吉怀①

20世纪80年代末，随着黄淮地区考古学大课题的确立②，安徽淮北地区新石器时代遗址的考古调查③，蒙城尉迟寺史前聚落遗址连续13次的发掘④，黄淮地区的史前考古研究也随之活跃起来。同时，根据尉迟寺遗址的史前建筑资料，又把聚落考古的研究推到了一个崭新的阶段。

20世纪50年代发掘的著名的山东泰安大汶口遗址，只是一片墓地，一直到80年代以前，在田野考古中都未找到具有一定规模的大汶口文化的居住遗址。80年代以后，文物普查工作在全国展开，从而考古工作者的足迹也随之踏上了田野工作较薄弱的黄淮地区，皖北的尉迟寺遗址正是考古学家苦苦寻求的大汶口文化居住遗址，其长排式的红烧土建筑多而密集，已形成规模庞大的史前聚落，筑成了大汶口文化一个特征明显的地方类型。

尉迟寺史前聚落遗址是20世纪80年代末开始发掘的一处大型的新石器时代聚落遗存，属于大汶口文化晚期，代表了大汶口文化一个新的地方类型，是近年来聚落考古的重大突破。由于尉迟寺类型的确立，从而使大汶口文化皖北地区的文化面貌十分清晰地反映出来。尉迟寺遗址是黄淮地区最大的新石器时代聚落遗存，由于它地处苏鲁豫皖四省交界处，因此具有独特的文化面貌。

尉迟寺遗址的大型红烧土排房建筑，既具有时代的特征，又富有鲜明的文化特色。由于这批房子全是烧烤而成，它是人类远古社会一件最大的陶制品；由于其具有坚固和保温的优点，又是原始先民最豪华的住宅。尉迟寺遗址的红烧土建筑，不仅为聚落考古的人类提供了优越的生存环境。同时为研究当时的社会性质，生产力发展水平，家庭组

---

① 作者简介：王吉怀，中国社会科学院考古研究所研究员。

② 20世纪70年代末，学术界就已经注意到了黄河中下游和长江中下游之间古文化的区系类型问题。随后，苏秉琦先生提出了苏、鲁、豫、皖四省交界地区考古学研究的课题，1991年在合肥召开了苏、鲁、豫、皖考古座谈会。《文物研究》编辑部《苏鲁豫皖考古座谈会纪要》，《文物研究》第7辑，黄山书社，1991年。

③ 中国社会科学院考古研究所安徽队《安徽淮北地区新石器时代遗址调查》，《考古》1993年第11期。

④ 尉迟寺遗址的发掘共进行了两个阶段，第一阶段是1989—1995年，共进行9次，资料见中国社会科学院考古研究所《蒙城尉迟寺》考古学专刊，科学出版社2001年10月；第二阶段是2001—2003年共进行4次，资料正在整理中。

织结构等等,都是墓葬所不能替代的重要资料。

1 尉迟寺聚落的表象

尉迟寺遗址,总面积约10万平方米,中心地带约5万平方米,呈中间高,四周低的堌堆状地形(图1),堌堆周围是大型围壕环绕,形成了一个非常严谨的聚落体。根据遗址的出土物判断,遗址周围具有优越的生态环境,这主要得益于10余种野生动物骨骼的发现。从一些野生动物的生态特征来看,当时的自然景观和生态环境与现在有一定的差异,既有生长在河流、湖泊中的田螺、蚌类、鱼鳖类,又有生长在密林深处的虎、鹿、獾、獐、麂等野生动物。这就说明,在距今大约5 000年时期,尉迟寺一带是湖泊、河流相通,平原、山地、灌木丛林相间,这一切都为人类提供了优越的生存环境。如今,较大的河流北淝河、涡河均距遗址较近,可给人类提供生存的物质来源。据有关专家现场考证,在遗址南约1千米处,有一个东西向的低洼带,推测当时也应是一条较大的河流。

图1 尉迟寺遗址地貌

野生动物的遗骸告诉我们,田螺,生息在水草茂盛的湖泊、河流、河沟及稻田里。蚌,则多在泥底或泥沙底的水流较急或较缓的湖泊及其相通的河流里。遗址中发现了大量的蚌刀、蚌铲、蚌镰等蚌制工具,这种蚌器平面直径一般在10厘米,大的可到20厘米。如此大的水生动物在小的河流或小面积的水域中是无法存在的。虎,生存在密林深处。梅花鹿,应生活在平原、山地的林间灌木丛中。麋鹿,喜欢具有温暖湿润气候的平原、沼泽和水域地区。獐,生活在沿江湖湿地、苔草地、芦苇地中。另外,还有大面积的草原牧场,给人们提供了饲养家畜的场所。当时的饲养业非常发达,其中,家猪的饲养在动物骨骼中占到51%,其中2岁以下的猪占全部猪骨的85%,看来养猪还是以食肉为主。狗占5%,黄牛的饲养已占到0.7%。另外,尉迟寺遗址周围还有可耕的农田,因为在遗址中发现了大米、小米这两种农作物的硅酸体实体。在红烧土房基倒塌的墙体土块中,有的可以清晰地看到用稻草(图2)、稻壳(图3)作草拌泥的现象,同时,通过孢粉分析和灰象法,也证实了以上农作物的存在,有的用肉眼即能看到粟(小米)的炭化颗粒(图4)。

图2　红烧土内的稻草痕迹

图3　红烧土内的稻草壳痕迹

图4 浮选出的粟粒炭化颗粒

自然环境与古代文化、古代农业的发展及与人类经济生活密不可分。史前农业的起源和发展,受制于自然环境。自然环境和文化传统的影响,又决定了农业经济的生产方式和发展水平。5 000 年前这里有肥沃的土地,加上气候温和,雨量充沛,光热资源丰富,给农业生产提供了可能。在农作物的种植上,当时的农业文化已经进入到了迅速发展时期,当时的尉迟寺人由于受到南北文化相互交融的影响,最早起源于北方的粟类作物向南方传播,而南方的稻作文化向北传播,并在皖北地区形成交融。在尉迟寺遗址里发现大米和小米,正是当时农业文化中的一个新内容。

聚落的稳定和发展,必须有可靠的农业做保障。从尉迟寺聚落遗存的规模来看,已经同周围的自然环境和条件构成了基本要素,才使得聚落有了得以维系和发展的生活空间,从这点已看出了聚落与农业的密切关系,同时,也对应了古籍中记载的“宅,择也,择吉处而营之”①的解释。如果说聚落是人与自然的焦点,那么,自然环境、地理条件,才能使聚落的稳固成为可能。

从遗址中出土的大量水器、容器分析,这类器物与酿酒和饮酒有关。只有粮食有剩余才能进行酿酒,尉迟寺大量酒具的存在,从一个侧面反映了当时农业生产的规模和水平。资料证实了尉迟寺农业相当发达,人们不仅吃有好米,喝有美酒,还可以狩猎捕鱼,食有鱼肉。这又从一个方面证明农业经济的发展已能满足社会中非生活必须的消费。

说到尉迟寺一带有大面积的森林,除证明虎这种野生动物以森林作为生存环境外,还主要依据于大型红烧土排房的建造。红烧土排房的建造是需要大量木材的:第一,在

① 《释名·释宫室》。

每一间房子的主墙和隔墙中，都有密集的柱洞（图5），形成所谓的"木骨泥墙"，并且木柱炭化（图6）和木柱的印痕十分明显（图7）。第二，房子建成后需要大量的木材进行焙烧。目前所知，尉迟寺遗址有上百间木骨泥墙的房屋建筑，仅建房所用木材量就不言而喻，何况还需要大量的木材焙烧，而大量的木材只有森林才能提供。

图5　墙体内的柱洞

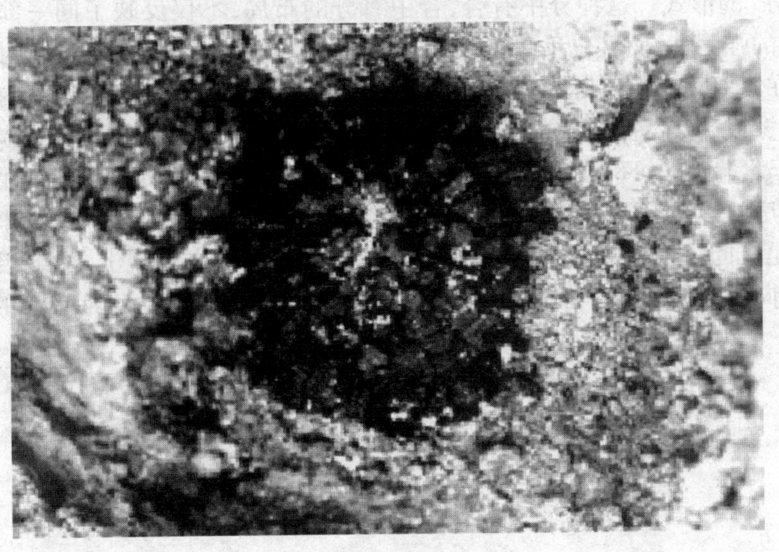

图6　墙体内炭化的木骨

图7　墙体内的木骨印痕

到2003年秋季发掘结束时,在5万平方米(围壕之内)的聚落范围内,共发现南北向建筑1排3组13间,总长度达100米,东西向建筑13排14组55间,共17组68间。这些房子都是两间以上的组合形式,有的两间一组(图8),有的四间一组(图9)、有的五间一组(图10),还有的两组组成一排(图11)。最长的由13间构成一排,长度为70米(图12)。这些建筑在围壕之内组成了一个分布排列有序的红烧土建筑群(图13)。从总体上看,房子都是成排成组,是一种"合"的布局,从局部上看又形成复杂的门向,有的一排三间或五间,共用主墙,却设计出不同的门向,有的两排相距很近,门向却相反(图14),构成了一种"分"的形式。这种分中有合,合中有分的布局,不仅反映了同一部落父系大家族血缘纽带的强固性,而且也反映了其中各分支父系家族已经出现某种相对独立性的趋势,应该是在家庭私有制基础上相对独立意识增强的体现。也可能在聚落内部存在着一定程度的摩擦或冲突,如F85~F87,这是一排南北向的房址,主墙相连,隔墙使之分为三间,F85位于北端,F86、F87依次向南成为套间,F85门向东,F86、F87门向西,在一排三间相组合的房址中,形成了两个生活空间。F24~F27和F67,是五间一组构成的排房,F64~F66,是三间一组构成的排房,它们均在一条南北向的中轴线上,两组相隔约10米,前者一组门向西,后者一组门向东,同样表现出了两个家庭或两个生活单元的各自空间。

图 8　两间一组的排房

图 9　四间一组的排房

图 10　五间一组的排房

图 11　两组一排的排房

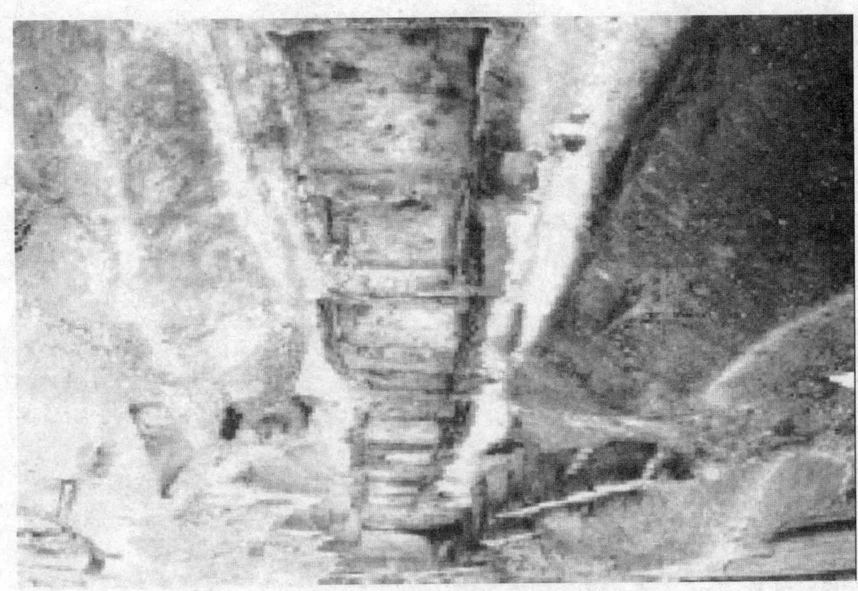

图 12　十三间一组的排房

图 13　多排组排房

图 14　两排门向相反的排房

尽管这批房屋的面积有大有小,组合有长有短,但是,它们都是一个相对独立的生活单元,从这种现象来看,在建筑技术进步的前提下,人们已有能力根据家庭的组合情况在居住方面做出了一定的规划和安排。不难看出,这批房子虽然具有相同的建造方法却具有不同的建筑格局,给人留下的仍是一个完整聚落的印象。应该说,尉迟寺遗址中的红烧土建筑具有划时代的意义,是中国古代建筑史上一块不朽的丰碑。由于外围大型的环型壕沟,整个村庄像城市一样布局严谨。

2　尉迟寺聚落的建筑技术

尉迟寺遗址的红烧土排房建筑是一个历史现象,在建筑风格和建筑技术上,体现了新石器时代晚期聚落形态的共同特点。从规模及形式,反映了当时的生产力发展水平和社会制度的变化,为了解皖北地区原始社会末期的状况,提供了重要资料。

排房建筑的出现,一是社会因素,体现了社会结构发生变化的需要;一是文化因素,体现了建筑技术上的时代特点。在尉迟寺遗址,房子是最大的一宗文物,“红烧土房”是尉迟寺遗址的精华。5 000 年前,尉迟寺人建造的红烧土排房,在其他遗址也偶尔出现过,但很少有这么完整、集中和具有如此的规模。根据清理的迹象已经证明,红烧土房制作工艺复杂,是建筑技术达到一定程度的体现。每间房子的建造均经过了挖槽、立柱、抹泥、烧烤等主要工序。首先采集大量木材,用粗木在各个角上立柱,再用细木像编篱笆一样扎成木骨。然后在木骨上涂抹上泥,泥干了以后再抹一层,一直到墙体大约有 50 厘米厚。房屋的屋顶也是在木骨架两侧抹泥。当整个泥抹好并晾到一定的程度后,再用火烘烧整个房屋,直到把泥房里的水份烘干,木柱碳化,房屋变成通红的硬壳。房屋的面积除个别的为 2 平方米外,一般都在 10 到 20 平方米不等,但每间房子均分别由墙体(主墙和隔墙)、房门、室内桩、房顶、居住面、灶址等部分组成。种种迹象证明,这些红烧土排房不但是一次性建成的,而且有可能因为自然灾害(如疾病、瘟疫等)或战争,使整个村庄又一次性被遗弃,从而使遗址保存得如此完整。红烧土房是史前人类最豪华的住宅,制作工艺复杂,在人类建筑史上是一项了不起的工程。

在清理房屋的倒塌堆积遗迹时发现,在许多房间中都有用石灰做房屋的装饰材料。一些均匀地抹了石灰面的墙体碎片(图 15),曾在房间中大面积出现,这在大汶口文化各类型的遗址中是十分罕见的。这种迹象说明,在大汶口文化晚期已经发明了烧石灰的技术。这些抹有白灰的墙体大多是从房顶塌落下来,在前期没有充足的证据之前,认为白灰是涂抹在房顶内侧的装饰涂料,但后期又连续清理了多处迹象,使我们改变了前期的看法。在有的房间内,白灰面朝上,其面积达 2 ~3 平方米(图 16),如果是在房顶内涂抹,无论是人为倒塌还是自然倒塌,都不会形成大幅度的变位。看来,涂抹白灰面的部位,是在房顶外侧,是为了防雨而增加的一道建筑工序。又由于多次维修,使白灰面出现了多层现象(图 17)。抹有白灰面房顶的建筑,尽管在尉迟寺聚落中数量不多,但它说明了在大汶口文化晚期,已经发明了人工烧制石灰的技术,这一发现,比龙山文化普遍使用石灰的修建房屋技术①提前了将近 1 000 年。从尉迟寺遗址中的白灰面房子来看,这类建筑在整个聚落中具有等级的区别,在复杂的布局中又透露出人与人之间的不平等。

图 15　房基倒塌中的白灰面

① 仇士华《人工烧制石灰始于何时》,《考古与文物》1980 年第 3 期。

图 16　房基倒塌中的白灰面

图 17　多层白灰面

在保存完好的墙基底部尚未发现抹白灰现象,墙体表面多数在烧烤之前加工得较为平整,烧烤后成为一个光滑的硬面(图 18),显然是在烧烤前对墙体表面进行过细致的加工修整。而有些墙体却留下了清晰的手抹泥的痕迹(图 19),为我们了解当时的建筑工序提供了珍贵的资料。

图 18　光滑平整的墙体

图 19　墙体上的手印

红烧土房是原始人的豪华住宅,因为它具有坚固保温的优点,因此改善了人类生存的环境,在历史发展过程中,起到了积极的作用。根据测试的结果表明,由于红烧土房的面积大,建筑结构复杂,在烧烤过程中,由于受热的程度不同,在温度、吸水性和抗压性方面也有一定的区别,中国科技大学科技考古联合重点实验室做了如下测试:

红烧土的烧成温度

	样品名称						
	房顶红烧土			墙体红烧土			室内泥柱红烧土
样品编号	YFXD1			YFXQ1			YFXZ1
取样位置	外	中	内	外	中	内	外
烧成温度/±20℃	940	920	940	900	910	880	820

红烧土的吸水性和抗压性

测试部位和结果	房顶红烧土	墙体红烧土	室内红烧土
吸水性	18.9%～21.7%	22.8%～23.1%	23.8%～24.1%
抗水性	9～14.5 MPa	5.27～7.5 MPa	

因此看来,在一间房子中,尽管是一个部位,其内外的受热的程度也是有区别的,但总体看来,由于受热最好的是房顶,因此,无论的温度、吸水性还是抗压性都高于墙体和室内柱。

建筑基址为长方形浅穴式,沿用了新石器文化地穴或半地穴房址的做法,其目的显然已具有了新的内容。我们称之为挖地基建房,主要是为了使居住面保持水平和对居住面的加工。地基的深浅视地势的高低而定,居住面处理经过铺垫、砸实、抹泥和烧烤等四道工序,居住面与墙基成为一体,由此保持居住面的质量。该建筑基址基本还属于土建方法建造,但在一些房内设施上使用了木质构件。生产工具中,出土了大量的楔形锛,实际上,这类锛与木作相关,是剖开木料的一种工具。

木构设施突出反映在房门及其附属设施上。该聚落中较大的房间一般开两个进出的房门,门的宽度一般在60厘米左右,往往仅能容一人进出。门限均铺有长方形条状木质门槛,门槛外侧用细泥抹出一斜坡状护坡,与房体一样经过烧烤。门两侧有立柱支撑在门道的两侧,作为门框。门槛痕迹都在门道下部留下了光滑平整的凹槽(图20)。

我国史前时期聚落遗存的木构建筑首推河姆渡遗址,近年来湖北枣阳雕龙碑聚落遗存也发现了木质推拉门迹象①,尉迟寺聚落遗存中木构做法也是皖北史前遗存的一个特点。

① a.沈聿之《雕龙碑三期建筑遗存揭示的母系亲族居住方式》,《中国文物报》1995年10月8日。
b.沈聿之《再论雕龙碑三期建筑遗存揭示的母系亲族居住方式》,《中国文物报》1996年3月31日。
c.张之桓《关于"雕龙碑三期建筑遗存"所揭示的社会形态》,《中国文物报》1995年12月24日。
d.王杰《枣阳雕龙碑遗址发掘又有新收获》,《中国文物报》1992年第31期。

图 20 木质门槛的痕迹

3 尉迟寺聚落与同类文化的关系

考古资料中,已发现的较大面积的排房建筑有郑州大河村遗址①、淅川下王岗②、湖北枣阳雕龙碑③、河南邓州八里岗④等遗址。这些排房建筑遗存虽分属不同的考古学文化,但基本处在同一发展阶段,均属新石器时代晚期或铜石并用时代早期。它们分别位于豫南、皖北及鄂北地区,处于黄河中下游和长江中游地区,时间上大约距今 5000~4500 年。仅就建筑技术来讲,存在着各自的特点,但许多因素是共同的:

(1)设计构思和建筑程序基本相同。先平地面;根据房址所需范围,在筑墙处挖基槽,槽内立柱,用烧土块填实,外抹草拌泥;修整居住面,建造室内设施;分割房址;用火烘

① 郑州市文物考古研究所《郑州大河村》,科学出版社,2001 年。

② 河南省文物研究所等《淅川下王岗》,文物出版社,1989 年。

③ 同[6]。

④ a. 北京大学考古学系、南阳地区文物研究所:《河南邓州八里岗遗址的调查与试掘》,《华夏考古》1994 年第 2 期。

b. 北京大学考古学系、南阳地区文物研究所《河南邓州市八里岗遗址 1982 年的发掘与收获》,《考古》1997 年第 12 期。

c. 北京大学考古实习队、南阳地区文物研究所《河南邓州八里岗遗址发掘简报》,《文物》1998 年第 9 期。

d. 北京大学考古文博学院、南阳地区文物研究所《河南邓州八里岗遗址 1998 年度发掘简报》,《文物》2000 年第 11 期。

烤墙壁及地面;铺盖房顶等。

(2)建造技术基本相同。如用烧土块做墙内的填充料,木骨间用细木棍或芦苇类植物枝干充实,用火烧烤等。

(3)排房的社会功能大体相同。房址内大多有用于烧火的火塘或灶台,寓于房内一角或靠近墙壁处,每一间房址应是一个独立的生活单位。

属于仰韶文化后期的八里岗房屋遗存,都是地面起建的分房套式长排连间房,即每座房屋都有房屋多间,通常是一大一小两间,有的一大二小三间,大小间均有门道相通,而各套都有门道通向室外。八里岗房屋的建造程序基本一致,先铺垫土,开挖墙基槽,栽埋木柱,捆绑墙内筋骨,然后从两侧敷泥筑墙,最后烧烤。这些方面与尉迟寺遗址的建筑程序基本相同。但八里岗的室内未发现承重的立柱,推测是两面坡的草顶,这和尉迟寺的红烧土房顶形成了区别。下王岗的房屋虽然为圆形的半地穴式和地面建筑,但还是经过了挖基槽、立柱、抹泥、烧烤等工序,从房子的形状看与尉迟寺有一定的区别,但建造工序基本一致。雕龙碑遗址的多间建筑,不像尉迟寺遗址那样成排成组,而是把一大间分隔成若干小间。由此可见,雕龙碑史前聚落的建造方式,则注重了居住内部的空间分割,体现出了对房间不同的使用功能,但它的建筑形式与排房较为接近。

4 尉迟寺聚落的学术意义

尉迟寺史前聚落遗存,这一中华传统文化瑰宝的发掘,每一步进展牵动着考古学界关注的目光。尉迟寺遗址全面发掘揭露,将会对黄淮地区的文明起源乃至我国东方古代文明的起源的研究起到积极作用。苏鲁豫皖四省相邻地区,属于黄淮冲积平原的一部分,有着与黄河、长江流域同样丰富的新石器时代文化。从地理位置上讲,皖北地区处于南北自然区划的交接地带,也是黄河流域与长江流域、东部沿海与西部腹地古代文化相互交流和碰撞的一个重要区域,属于“海岱文化区”的边缘地带。

黄淮地区的考古调查和尉迟寺遗址的发掘证实,皖北是大汶口文化晚期分布的重要区域。尉迟寺类型是大汶口文化晚期分布在皖北的一个地方类型,与汶泗流域大汶口文化关系较其他地区更为密切。这两个地区大汶口文化晚期遗存有着各自的分布范围和各具特征的一组器物群体,它们分属大汶口文化晚期不同的地方类型。大汶口文化与仰韶文化很早就有交往,在其发展过程中曾吸收庙底沟类型的某些因素,而大汶口文化晚期对中原地区同期文化的影响也很突出;黄河流域中游与长江流域中游地区古代文化的交往,随着时间的推移也越来越丰富。由于地理位置和文化交流地带的特殊性以及新石器晚期各文化间交流频繁,相互影响越发突出。皖北地处东西南北文化交往要道,受其他地区的影响和与其他同期文化交流十分普遍。尉迟寺大汶口文化晚期遗存中的许多文化因素都具有这些特点。

尉迟寺遗址的发掘,对大汶口文化的研究,不仅提供了新的重要的实物资料,而且也提出了一些新的学术课题。尉迟寺遗址发掘的意义主要可以从以下两个方面概括:

(1)对皖北新石器文化的性质和特点有了基本认识,确立了大汶口文化晚期一个新的地方类型。20世纪60年代初期,皖北肖县花家寺遗址的发掘,获得了一些具有大汶口文化因素的陶器[①],揭示了皖北地区新石器文化遗存与山东大汶口文化存在着联系的事实。但大汶口文化因素在皖北的发现,是反映了该文化对这一地区的影响呢,还是皖北就是大汶口文化的分布区域呢?

20 世纪 80 年代以来,安徽省文物考古工作者、中国社会科学院考古研究所安徽队,先后在这个地区进行了普遍或重点的考古调查及发掘,发现并确定了皖北地区新石器文化遗址近 40 余处,从时间上代表了该地区新石器文化早、中、晚三个大的阶段。以尉迟寺遗址大汶口文化和龙山文化为代表的遗存,属于该地区新石器文化晚期的代表。皖北地区新石器遗存中,经过发掘的遗址有亳县富庄[②]、濉溪县石山子[③]、宿县小山口和古台寺[④]、亳州城父后铁营[⑤]等遗址。其中尉迟寺遗址发掘面积最大,揭露出的较为完整的大汶口文化晚期的聚落遗存,填补了大汶口文化发现和研究半个多世纪以来未见大面积建筑遗存的空白,同时获得了相当丰富的实物资料。尉迟寺遗址的发掘,使我们较全面地认识了这类遗存的性质和特点。资料表明,它们既有大汶口文化的一般特点,又表现出强烈的地方特色,从而明确了皖北也是大汶口文化晚期分布的重要区域。通过对早于尉迟寺大汶口遗存的遗址进行分析,树立起皖北史前文化发展序列:小山口一期文化、石山子一期文化、石山子二期文化、富庄大汶口墓葬、大汶口文化尉迟寺类型、以尉迟寺遗址二期为代表的龙山文化。从时间和文化发展脉络上将其分成早、中、晚三个发展时期,由此建立起了皖北地区新石器时期文化发展的基本框架。

尉迟寺遗址新石器文化遗存分属于大汶口文化晚期和龙山文化两个阶段,地层堆积和遗迹、遗物特征再次证明了大汶口文化与龙山文化具有一脉相承的发展关系。尉迟寺龙山文化与王油坊类型十分接近,通过两类文化遗存的资料为这一认识提供了依据。

(2)为大汶口文化的研究增添了建筑方面的重要资料。尉迟寺遗址大汶口文化晚期聚落遗存具有深刻的文化背景和社会背景。其形态以及整体布局与地理环境、社会结构及生产力发展水平有着密切的联系。尉迟寺聚落不仅保存相当完整,而且出土了一批基本保持原摆放位置的器物群体。通过观察和初步研究,这是一处具有中心聚落性质的建筑群体。其重要性还在于,在一定程度上反映了当时的社会组织结构和社会性质。

大汶口文化发现到现在的几十年间,出土了非常丰富的实物资料,而它们大多来自墓葬,因此对大汶口文化面貌的认识受到一定的限制。墓葬资料包括大量的陶器是否能反映出大汶口文化特点及全貌,尉迟寺遗址发掘表明,可从聚落形态的角度再做更深层次的探讨。我们说,用墓葬资料去探讨史前的社会组织及其属性,当然具有一定的必要性,但也有很大的局限。尉迟寺遗址的发掘,在聚落形态研究上是一项重大突破,填补了大汶口文化几十年来仅见墓葬而缺乏完整聚落的空白,这对全面、深入地研究大汶口文

---

① 安徽省博物馆《安徽花家寺新石器时代遗址》,《考古》1966 年第 2 期。

② 《安徽省文物考古研究所三十年大事记》,《文物研究》第 4 期,1988 年。

③ 安徽省文物考古研究所《安徽濉溪石山子新石器时代遗址》,《考古》1992 年第 3 期。

④ 中国社会科学院考古研究所安徽工作队《安徽宿县小山口和古台寺遗址试掘简报》,《考古》1993 年第 12 期。

⑤ 安徽省文物考古研究所发掘,资料待发。

化的面貌,具有十分重大的意义。

大汶口文化主要分布在黄河下游地区,根据这一地区的地理特征,其属于北方地区旱作农耕的自然环境,根据以往报导的资料,大汶口文化的农作物,主要是以栽培具有北方特点的粟为主。尉迟寺遗址新石器文化遗存的经济特征揭示了一项新的内容,该遗址从大汶口文化晚期到龙山文化阶段,不仅栽培具有北方特征的粟类作物,同时,也存在着具有南方特征的稻作经济,表现了黄淮地区农业经济的新特点,从这点看,尉迟寺又具有农耕聚落的性质。

中国新石器时代聚落粗略地勾画出史前聚落的基本结构、形态演变,大体反映社会生活变化的脉络。

新石器时代晚期,物质生产明显增强,聚落规模逐渐扩大,房子基本上向中心布列或单朝向布列,尤以环壕聚落为统一性整体,布局更趋严密,同聚落内的区划和大、中、小型房屋配置构成群组,反映出存在一定级别的组织。尉迟寺聚落的一个最大特点,就是形成了突出地高于一般聚落之上的中心聚落,时兴建成长横列的排房形式,从整栋连间房建筑或排房中同组房子的间距疏密安排,以及室内布置、出土物等现象,说明这时家族性质发生变化,其生产、生活、消费诸方面紧密性程度空前加强,而力量显著上升,猛烈冲击着氏族制度。

尉迟寺遗址的红烧土排房建筑是一个历史现象,在建筑风格和建筑技术上,体现了新石器时代晚期聚落形态的共同特点。从规模及形式,反映了当时的生产力发展水平和社会制度的变化。在距今4 500~5 000年之间,在社会发展史上,属于重大的转折时代,因此在聚落形态上,出现了聚落与聚落之间既对立又依存的关系,而在聚落内部,虽然不存在明显的战争,但不平等现象显而易见,如房间的面积有大有小,组合的有长有短,显然体现出家庭与家庭之间的区别。而墓葬中的贫富分化现象也十分明显,随葬品的丰富和完全没有,又构成了人与人之间不平等的显著特点。这都是由于野蛮走向文明的重要的过渡现象,也正是由于这些因素,才迎来了文明社会的曙光。通过尉迟寺遗址的资料,将对研究黄淮地区的文明起源乃至我国古代东方文明的起源起到积极的作用。

禹会村遗址的发掘收获及学术意义

王吉怀　赵兰会

摘　要:禹会村遗址是淮河流域一处较大型的龙山文化遗址,也是中国古代文明探源工程中关键时期的关键遗址,对其发掘,为考证与相邻地区同类文化的关系,提供了直接的证据,同时也弥补了龙山文化的地域性空白,更重要的是为求证大禹治水史绩、探索江淮地区文明起源的进程以及后来如何汇聚、如何加速王朝国家的形成过程,具有重大意义。

关键词:禹会村遗址;龙山文化;文明起源

1　禹会村遗址的发现

1980 年,文物普查在全国范围内广泛开展,作为淮河流域的蚌埠市也不例外,市文化局、博物馆在所辖区的三县(怀远县、固镇县、五和县)一市(蚌埠市)范围内,进行了普遍的野外调查,发现了多处史前文化遗址,这些遗址多以大汶口文化晚期、龙山文化及其以后的文化共存,又由于多处遗址的保存现状较差,或被现代建筑覆盖而无法作进一步的工作。其中,位于蚌埠市西郊的禹会村遗址却引起了文物工作者的关注,博物馆的研究人员多次到遗址进行调查、复查。由于遗址位于淮河岸边,河水的冲刷,地面经常有裸露的陶片,根据采集物判断是一处龙山文化遗址。但是,对禹会村遗址的了解也仅限于此,因为没有作进一步的勘探,对其分布范围、文化层堆积却是了解甚少。

2005 年 11 月,蚌埠市召开了“安徽蚌埠双墩遗址暨双墩文化学术研讨会”,在谈及国家文明探源的话题时,蚌埠市博物馆很快想到了禹会村遗址。的确,在国家实施的文明探源工程以来,我国北方的黄河流域和南方的长江流域均获得了重要的考古资料,对文明探源工程作出了一定的贡献,唯有处在中间地带的淮河流域是一个空白点,所以,禹会村遗址的发现对探源工程非常重要,它所处的地理位置,它能够反映的学术价值,立刻引起了学术界的重视。中国社会科学院考古研究所安徽工作队于 2006 年春季,在蚌埠市博物馆的配合下,对禹会村遗址进行了实地勘察和详细的考古钻探,从而确定了遗址的分布范围并掌握了地层堆积,根据钻探获得的信息和采集标本经过学术论证,认为禹会村遗址是淮河流域一处单纯的龙山文化遗存,在该地区占有重要的学术价值,经过详细的钻探,为遗址的定性获得了第一手资料。

为进一步掌握禹会村遗址的文化性质,安徽工作队又于 2006 年秋季组织人力对遗址进行了两次考古钻探,并获得了如下收获,第一,在探测的遗址分布范围内,从遗址最北部往南,文化堆积呈现厚薄不均和文化层分布不连接现象,其原因主要是由于历年来的治淮工程包括修筑206国道和堆筑河堤使遗址受到了一定程度的破坏,一般保存较好的区域,文化堆积层的厚度多为80~120公分;第二,在遗址北部探出了面积约1500平方米的人类堆筑遗迹,分布范围清楚,人类堆筑迹象明显,这为探索公元前3500年~公元前1500年,江淮之间地区区域性聚落形态的研究具有非常重要的发掘和研究价值。

2 禹会村遗址的发掘

禹会村遗址隶属蚌埠市禹会区秦集乡,为北纬30°53’,东经117°11’,遗址坐落在蚌埠西郊涂山南麓的禹会村(前郢)村南的淮河东岸,呈南北狭长形分布,总面积约50万平方米(图1)。遗址往东与天河接壤,往西紧邻淮河,淮河大堤和蚌(埠),淮(南)206国道也呈南北向覆盖于遗址中部。由于历年治淮工程的实施,使遗址上层的文化堆积受到了严重的破坏。

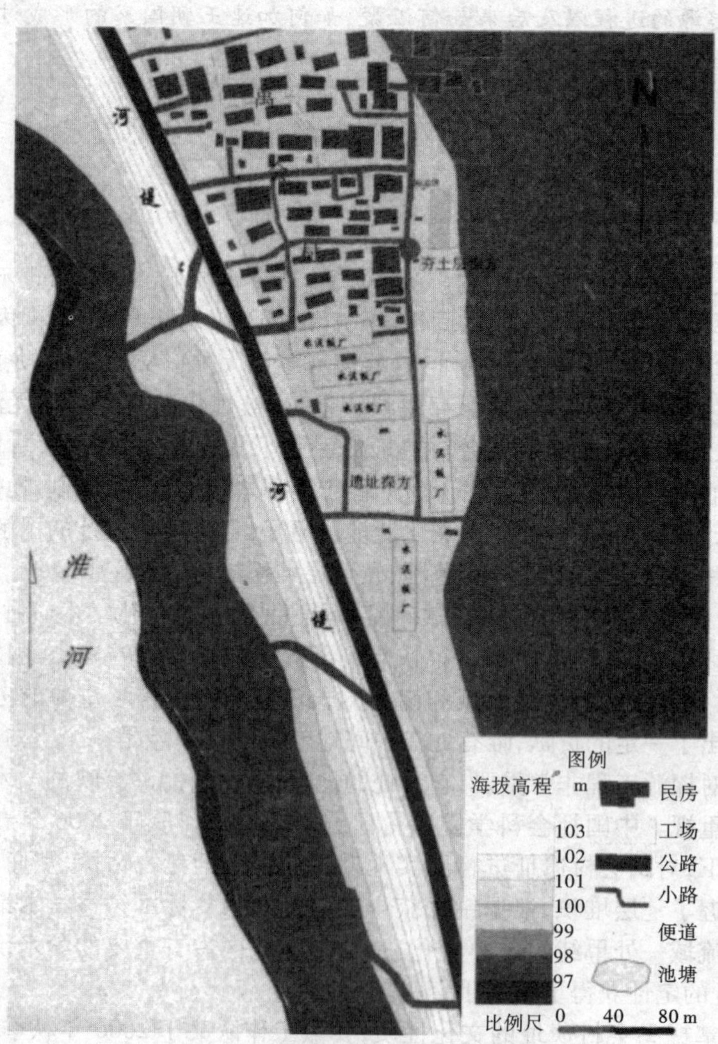

图1 禹会村遗址位置图

遗址坐落的地点,因相传禹王当年为治理洪水曾在此招会万国诸侯,故称“禹会”。又因史书中有“禹会诸侯于涂山,执玉帛者万国”等记载,因此禹会又有“禹墟”之称。据说后人为纪念大禹治水的功绩,曾在此立庙祭祀,如今的涂山之巅仍有“禹王宫”、“禹王庙”、“涂山祠”等与大禹治水的相关记载。

在文明探源大课题的实施中,作为区域性文化的研究,淮河流域明显滞后于其他地区,所以,禹会村遗址得到了学术界的重视。在国家文物局的支持下,2007 年 4 月 ~6 月,被列为中国古代文明探源工程重大科研项目的禹会村遗址考古发掘工作正式启动,并获得了重大收获。

根据钻探提供的信息,遗址北部的堆筑遗迹和中、南部的文化层堆积,存在有不连接现象,我们暂时把遗址分为生活区和堆筑遗迹两个部分。两个地点发掘的目的,主要从出土遗物的文化特征上作一比较,以确定堆筑遗迹的年代。

第一,生活区部位的发掘。所谓生活区,主要是根据文化堆积的程度而暂定的。钻探提示我们,遗址的中、南部文化层堆积较为丰富,这应是反映禹会村遗址当时文化内涵的依据。此次发掘共开 4 个探方,揭露面积 100 平方米。发掘证明,该地点的地层堆积比较单纯,但包含物十分丰富,出土有大量的具有典型特征的龙山文化陶器等遗物。同时,该地点有丰富的灰坑遗迹,个别的在一个灰坑中即埋藏有完整或较完整的陶器 20 余件,经过修复后观察,所埋藏的陶器有泥质灰陶罐、土黄色泥质陶罐、鬶、泥质磨光黑陶罐、泥质磨光黑陶豆、带耳罐、鼎(彩版二:1 ~6;彩版三:7)等等。这些陶器,以土黄色和灰色为主,红陶和黑陶也占有一定的比例。器型均较大,应该为生活中的实用器。所出罐类器的形制较为接近,多为圆唇,敞口,直颈,斜肩,鼓腹,凹底,并以绳纹为主要装饰特征。陶鼎,完整器不多,但鼎足的出土量较大,在出土的完整器中,器型非常明显,圜底或平底,足根处饰按窝,足尖外侧均饰有按窝状(彩版三:8、9),成为禹会村遗址的典型特点。如此大量的器物集中出土于灰坑的现象,应具有一定的储藏功能或具有某种祭祀的性质。

1. T2001③

2. T2003③

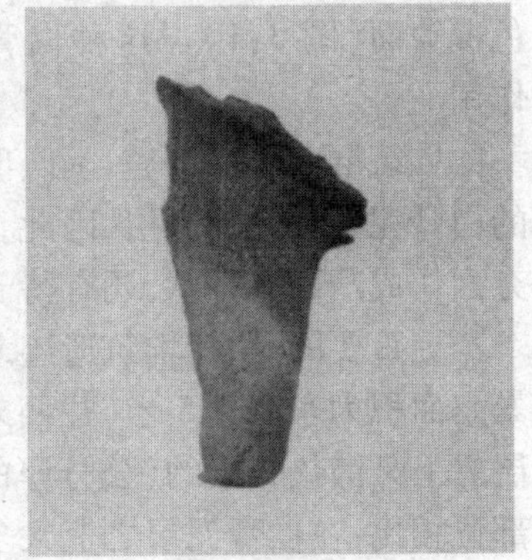
3. T2005③

图 2　禹会村遗址出土鼎足

发掘证明,当时的人类在此活动范围之大,延续时间之长。从文化特征来看,既有山东龙山文化特点,又有河南龙山文化的因素,并显示出了本地区史前文化的个性(图2;彩版三:10、11),同时表现了淮河流域在龙山文化时期,因受南北文化的影响而呈现出复杂的文化面貌。

禹会村遗址的陶器以夹砂陶为主,根据H1陶片的统计,陶片分为红陶、灰陶和黑陶三大类,其中,红陶占陶片总数的62.66%,灰陶占陶片总数的20.82%,黑陶占陶片总数的16.52%。在红陶中,又分为夹砂陶和泥质陶两类,夹砂陶占红陶总数的40.07%,泥质陶占红陶总数的59.93%。灰陶也分为夹砂和泥质两类,其中的夹砂陶占灰陶的61.86%,泥质陶占灰陶的38.14%。黑陶有夹砂和泥质之分。其中的夹砂陶仅占1.3%,泥质陶却占到98.7%。陶质普遍松软是禹会村遗址的显著特点,这种现象可能与当地的土质或地质条件有关。

第二,堆筑遗迹的发掘。在遗址北部,保存有一处面积约1500平方米的人类堆筑遗迹,呈"甲"字形布局,本次揭露面积为400平方米,清理和解剖后的迹象表明,当时人类堆筑的迹象十分明显。堆筑层被直接叠压在现代扰土和龙山文化层之下,从上至下的堆积为:

第一层:表土层。该地点发掘前为堌堆状堆积,相传早年为纪念大禹的寺庙即建于此。

第二层:扰土层。内含大量的砖瓦石块,应为寺庙毁坏后所形成的堆积。

第三层:龙山文化层。该层内包含物较少,但比较单纯,出土遗物与生活区部位完全相同。

龙山文化层之下为人类堆筑层,堆筑层面上即出土有与生活区相同的陶片。

堆筑层为三层堆积而成,最下部为灰土夯筑层,土质坚硬,紧密,具有一定的夯力,自身厚度为60公分,清理时,未能发现较大面积的夯层和明显的夯窝,但能看出堆筑时小面积交错叠压的不规则形夯筑面。灰土夯筑层之上为一次性铺设的纯净黄土层,自身厚度为8~10公分,该层没有明显的夯筑迹象。黄土层之上为铺设的纯净细腻的白膏泥土层,厚度为8~10公分,层次及边缘清楚,在发掘的区域内,形成了一个有分布范围的白色覆盖面(图3:1)。这种白膏泥层,经日晒后不易开裂,可以起到一定的保护层面的作用。

堆筑层面不甚平整,呈凸凹不平状,并有大小不等的锅底形坑,坑壁及底部均为铺设的白膏泥层和纯黄土层,因此,这种凸凹不平的现象应为人类有意识的行为,至于为何把夯面作成凸凹不平状,还有待于作进一步的研究。

更重要的是,在堆筑遗迹北端的中部位置,有一处火烧痕迹象,在揭露的范围内,现暴露面积为东西3.5米(往西未到尽头),南北2米。从剖面看,在火烧痕部位,在白膏泥层之上又铺垫一层约(公分厚的灰土,灰土之上为火烧层,因此,该地点的堆积层与其他部位相比,在白膏泥层之上又多了一层灰土铺垫层和火烧层(图3:2),烧痕层内及附近有多块磨石存在。从烧痕的迹象判断,在此烧火的时间并不长。

发掘证明,禹会村遗址的堆筑遗迹属于槽式堆筑而成,从堆筑层和层面上的火烧痕迹来看,该迹象应该与祭祀活动或短期内具有一定规模或具有一定形式的大型集会活动有关。

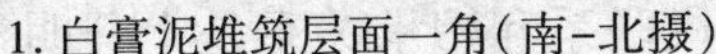

1. 白膏泥堆筑层面一角(南-北摄)

2. 堆筑层剖面

图3 禹会村遗址的堆筑层及剖面

3 与周边相关文化的比较

禹会村遗址的文化面貌呈现出比较复杂的现象,从陶鬶和“鬼脸式”鼎足来看,明显具有山东龙山文化的特点,而大量的侧三角扁体鼎足又具有河南龙山文化王油坊类型的特点(图4:1),而在足尖处带有按窝的鼎足,又与上海松江广富林、江苏兴化南荡、南京江浦的牛头岗遗址出土的同类器较为接近。

广富林遗址,是环太湖地区一个新的文化类型,发掘者认为本地传统文化因素较少,主体因素主要来自于黄河流域文化的影响,同时,南方文化对本地文化的发展也有着重要的影响[1]。广富林遗址在早期阶段以夹砂陶为主,占到55% ,泥质陶占 37% ,另外还有 5% 的印纹陶。以素面为主,另有划纹、弦纹、方格纹、绳纹、篮纹等。晚期阶段略有变化,新出现复线网格纹、云雷纹等等[2]。广富林出土的鼎,大多数为圜底,个别有平底,其三足的足尖多有按窝,但不甚明显,就是说,在施加按窝的力度上没有禹会村的力度大(图4:2)。根据广富林的分期,早期阶段的鼎,其三足外撇,近圜底(图4:3),晚期阶段的鼎,三足近直,底近平,与禹会村出土的雷同。广富林遗存的发现为探讨长江流域和黄河流域两大文明发源地的交汇提供了十分珍贵的新材料。主持发掘的宋建先生据此认为,“广富林遗存”的文化侵入和来自南方的以几何印纹陶为特征的文化一起加速了已经处在衰败最后阶段的良渚文化的灭亡"[3]。广富林遗存在环太湖地区的出现,不仅仅是单纯的文化渗透,而是较大规模的人口从北方侵入的结果,即在良渚文化的末期,长江三角洲一带曾有大规模的人口从北方侵入,这些新人群所带来的新文化取代了良渚文化,造成了新石器时代晚期长江三角洲社会和文化的重大震荡和变迁。从目前的资料看,广富林遗存在环太湖地区还找不到其渊源关系,可能是一种外来的移民文化,而其发源地也可能是分布于鲁豫皖之间的龙山文化。应该说,广富林遗址的发掘,取得了新的成果,不仅在良渚文化遗存之上发现了来自鲁豫皖地区的龙山文化遗存,也为环太湖地区的文化变迁等课题研究提供了新的资料。

南荡遗址,是分布于江淮东部地区的与王油坊类型龙山文化相类似的文化遗存。南荡遗址在发掘的2万平方米范围内,文化层的堆积情况不尽相同,有的地方没有文化层,有的地方文化层很薄,仅5~10厘米,有的地方稍厚,且有文化遗迹。出土的文化遗物主要为陶器,另有少量的石器和骨器。陶器以夹砂灰陶和泥质灰陶为多,其次为黑陶、灰褐陶,红陶的数量极少;陶器纹饰以绳纹为多,其次为弦纹、篮纹、方格纹,另有少量的网状纹、羽状纹、索形附加堆纹、刻划纹;陶器的器形有鼎、瓮、罐、壶、盆、豆、碗、盘、钵、杯、器盖等;此外,还有石锛、石凿、石刀、石镞和骨笄、骨管等。发掘者认为,南荡遗存与王油坊类型晚期文化遗存相一致,因此可以认为南荡遗址的文化遗存来源于王油坊类型龙山文化。并认为南荡文化遗存在江淮地区无渊源可寻,显然不是当地土生土长的文化,而是王油坊类型龙山文化在迁徙过程中的文化遗留。但是,南荡遗存中有些器物还表现出比王油坊类型更晚的文化特征,因此,两者之间的有机联系和嬗承关系是十分明显的。从文化遗物的特征看,如鼎为罐形,三角形侧扁足,足跟捏有花边(图4:4),足侧有竖向刻划,腹部多饰绳纹;方唇,折沿,有的有领,甑部为深腹盆形,束腰,下为筒形大袋足,下接实足尖,甑部饰绳纹或划断绳纹;瓮直口,高领,鼓肩,斜弧腹,底部内凹,领以下饰绳纹,有的腹部还有索状附加堆纹等。

牛头岗遗址,位于南京市江浦县,出土了新石器晚期的夹砂灰黑陶和泥质黑皮陶鼎、甗、盘、高足杯;夏代的泥质灰黑陶折腹盆、尊形器、器盖;商代的夹砂红陶素面浅裆鬲、绳纹高档夹足鬲、假腹豆;西周的陶鬲、甗、豆、盘及铜斧、镞等。在出土器物中,有制作精美的可与举世闻名的山东龙山文化黑陶相媲美的泥质磨光黑陶器物,在早期堆积中的器物具有明显的特征,如折肩、束颈、垂腹、圜底的罐形鼎和附冲天流的陶鬶,尤其在鼎类器方面表现的更为明显,如鱼鳍形足、断面呈"十"字形足、凿形足、"鬼脸"形足等等,特别是在足根处流行的对捏制作方法,表现出了典型的器物特征"!#。牛头岗遗址的发掘将客观的提示了江淮之间滁河流域地方文化的特点。

禹会村遗址,在出土的所有侧三角的鼎足中,足尖处几乎全有按窝,按窝的力度均较大,足尖处似乎形成了一个明显的缺口,从鼎足的形制看,鼎类器有大小之别,但制作方法相同。而南荡、牛头岗出土的鼎,其足的形制较为接近,但足尖处的按窝亦不如禹会村明显,在广富林、南荡和牛头岗遗址中均很少见禹会村遗址的平底鼎,多以圜底为特征。看来上述三处遗址只能说与禹会村的同类器物较为接近,但又不完全相同,可能它们属于一类文化特征,与禹会村相比一是存在地域上的区别,二是可能具有时段上的差异。同时,在良渚文化的卞家山遗址中,陶鬶的特征为大袋足,把手按在足身处(图4:5),与禹会村的同类器物较为接近(图4:6),看来,禹会村的文化面貌与良渚文化也有一定的联系。

1.王油坊鼎足

2.广富林鼎足

3.广富林出土陶鼎

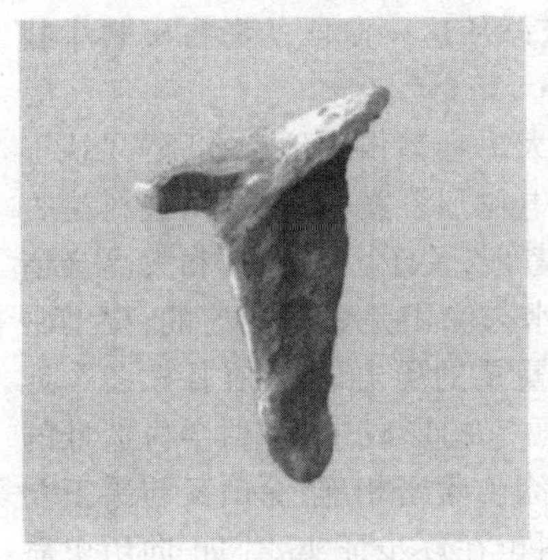

4.南荡鼎足

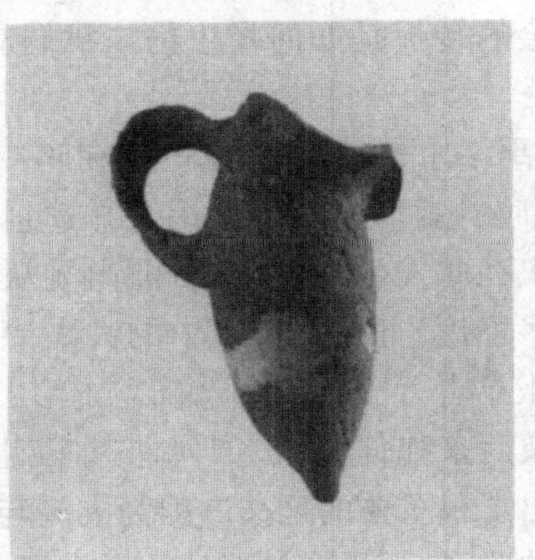

5.良渚文化卞家山陶鬶

6.禹会村陶鬶

图4　广富林、南荡、卞家山、禹会村出土器物

4　对禹会村遗址的思索

禹会村遗址的发掘，虽然面积不大，但表现的文化现象却十分复杂，在这一文化阶段，在本地区文化发展的同时，自身的活动范围越来越大，与周围的交往十分密切。原始社会末期的禹会村遗址，到达了非常繁荣的时期，加上一些周边地区文化的因素，使得这个时期的文化内涵呈现出一种多样化交叉的特点。

遗址的面积大和文化内涵的多样化，正说明当时人们在此生活的时间长和文化交往的频繁，一方面它被其他文化影响，另一方面，它也影响了别的文化，在相互交融中又发展着本土文化。但由于揭露的面积小，所以，我们得出的认识也只能说是初步的。

禹会村遗址，是作为中国南北分界线地区中的一处较大的龙山文化遗址，它的发掘和考古成果，说明了该地区的龙山文化表现了以淮河为界，分为南、北两种文化代表，此次在禹会村发掘中发现的这些器物兼具南方和北方文化考古特色，这就表明禹会村地区是南北两地龙山文化碰撞和融会的地方，这一考古成果，不仅填补了龙山文化的地域性空白，而且更有利于了解和研究中国古代南北文化的联系和交流情况。所以禹会村遗址的考古资料倍受学术界关注,专家们看后认为是一种振奋人心的发现,因为在文明探源课题实施以来,江淮地区相当于龙山文化时期的遗址发掘甚少,因此,禹会村遗址在这一地区自然成了中国古代文明起源关键时期的关键遗址,特别是遗址中人为堆筑遗迹的出现,更具有重要的研究价值,禹会村遗址在淮河流域的文明探源研究中,起到了一种支撑的作用。

禹会村遗址中大面积的人为堆筑遗迹,在龙山文化阶段还是首次发现,这对进一步了解龙山文化的地域性特征有着非常重要的意义。同时,通过考古资料去寻找“五帝时期”以来中华文明发源发展的真实脉络,提供了重要的佐证。

地理环境和自然条件是孕育人类文化的母体。禹会村遗址时处于原始社会末期的龙山文化时代,这个时期,是中国历史发展史上的关键时期,是建立华夏国家文明的时期,也是中国历史上第一次大分化、大改组和大动荡时期。从原始社会过渡到奴隶社会,这个将中国带入文明社会的转折是如何发生的?我们应该从这一阶段的考古资料中找出答案。

另外,人们关注的大禹治水,在历史上真的存在吗?大禹会诸侯的地点在哪?“执玉帛者万国”的盛况能再现吗?我们也希望从禹会村遗址中找到答案。同时,禹会村是否因一段大禹会诸侯的历史在此发生而得名,目前尚无从考证,关于大禹治水和大禹会诸侯的地点在学术界有很多争论。但是,传说中的大禹治水与涂山是紧密相连的,史书中的“禹会诸侯于涂山,执玉帛者万国”的记载,确立了涂山重要的历史地位,在探索各个地区的文明起源的进程以及后来如何汇聚、如何加速王朝国家的形成过程,禹会村遗址的考古发掘就自然的显示出了很重要的意义。因为大禹与涂山紧密相连,涂山又与禹王会诸侯的地点存在着内在的联系,而禹会村遗址的考古资料也在逐步证实我们正向历史靠近,如果能够把它的面貌比较完整地揭露出来,对于研究中华文明起源是非常重要的材料。同时,发掘现场显露的人类堆筑遗迹,对考证“大禹治水”和“禹会诸侯”的历史,进而对研究中国古代文明在淮河流域的起源和发展,都有着极其重要的学术价值。

参考文献

[1]上海市文物管理委员会编:《上海广富林遗址考古发掘及收获》2006 年 6 月。

[2]翟杨:《广富林遗址广富林文化的分期和年代》,《南方文物》’(2006 年第 4 期。

[3]宋健:《中国东部地区在文明化进程中的地位》,《东方考古》2004 年第 1 集,第 319 ~ 328 页。

[4]华国荣、王光明:《南京牛头岗遗址考古发掘的主要收获》,《南京历史文化新探》,南京出版社 2006 年,第 4 页。

禹会村遗址出土器物

1.泥质灰陶罐(H2:3)

4.带耳罐(H2:10)

2.泥质黑陶罐(H2:4)

5.红陶罐(H2:8)

3.泥质灰陶罐(H2:5)

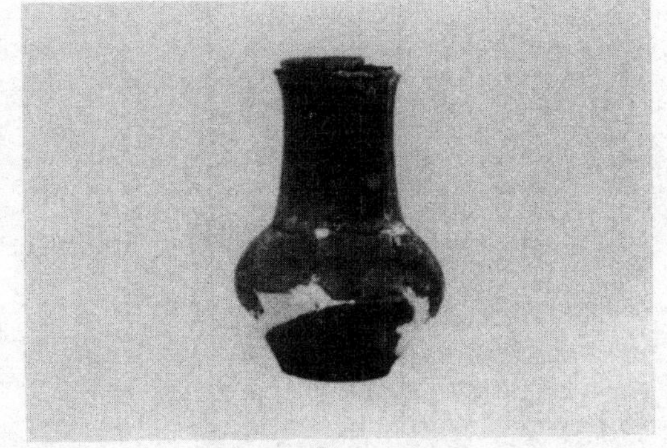

6.黑陶罐(H2:2)

7.陶鬶(H2:1)

8.圜底鼎(H2:11)

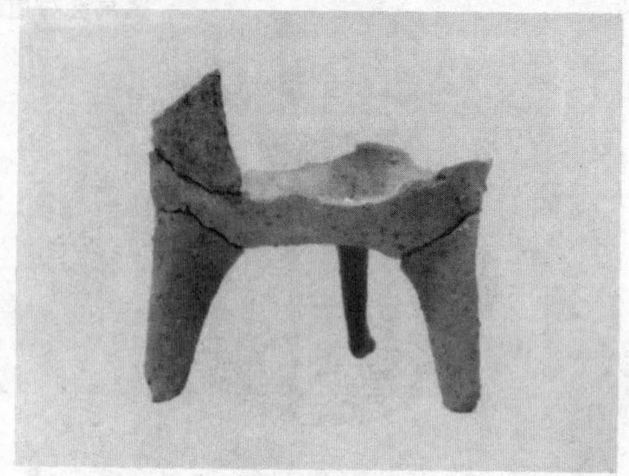

9.平底鼎(H2:14)

10.T1001③鼎足

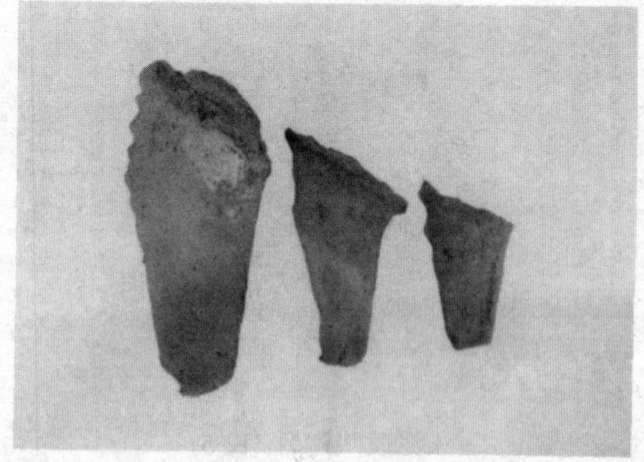

11.T1004②鼎足

民间音乐篇

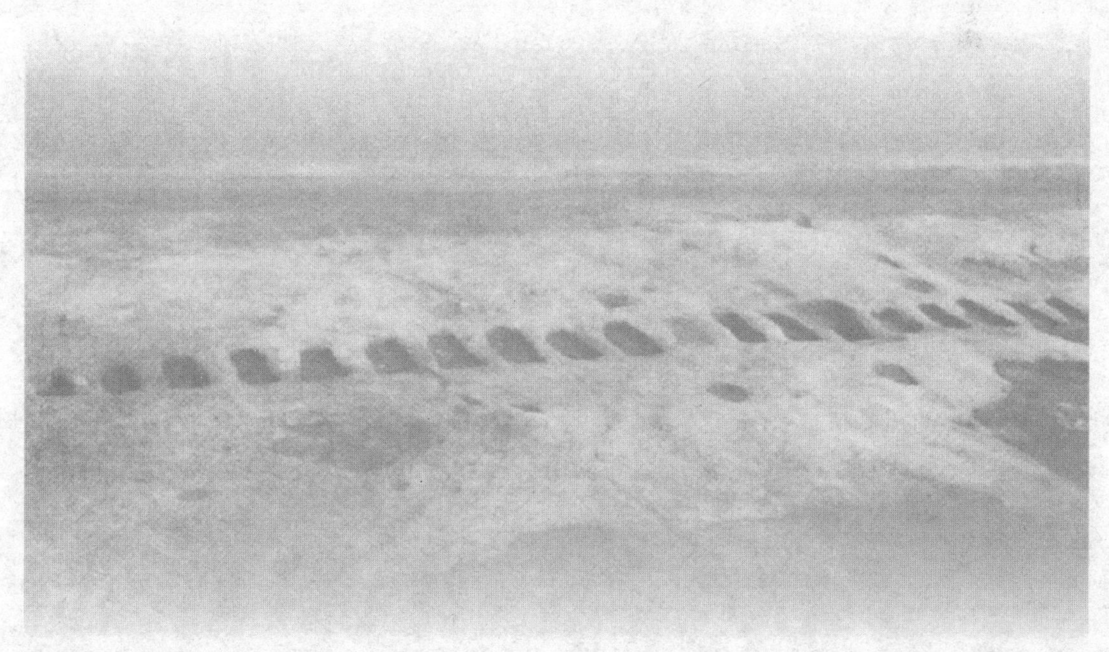

安徽城镇社区花鼓灯健身舞推广的动因探析①

丛灿日　汤　虹　王志学②

摘　要:花鼓灯健身舞作为一种极具地方特色的健身运动项目,在安徽地区有着较深厚的社会受众基础。本文主要从花鼓灯健身舞自身的特点以及后奥运时期整个社会背景、文化底蕴等层面分析花鼓灯健身舞能够得以推广的内外因素。通过分析,我们认为花鼓灯健身舞有其较大的推广价值及可行性,而且有利于我国全民健身运动计划在安徽城市社区的落实。

关键词:城市社区;花鼓灯健身舞;推广;动因

随着人民生活水平的不断提高,全国人民关注体育、参与运动的意识和需求并没有随着北京奥运会的完美谢幕而减弱。后奥运时期成为我国全民健身运动推广的黄金时期。因此,奥运会后3~5年的时间里,如何利用群众的这种健身热情来完善我们的全民健身体系,丰富和发展多样化的全民健身运动形式,让广大群众因地制宜、因时制宜、因人制宜地自由选择合理的、适合的锻炼项目及方法,使其更加积极地投身到全民健身的活动中来,将成为我国体育工作的主要目标。

1　花鼓灯健身舞的形成与发展

花鼓灯健身舞是在中国的传统艺术——花鼓灯艺术的基础上发展而来的。花鼓灯发源于我国淮河流域,它有着将汉族艺术传统的舞蹈、诗歌、音乐融为一体的综合艺术特点,因其主要伴奏乐器为花鼓,故名花鼓灯[1]。

1995年国务院发布的《全民健身计划纲要》中特别指出:"推广简便易行和适合不同年龄、性别、职业特点与体质状况的体育健身方法。挖掘和整理我国传统体育医疗、保健、康复等方面的宝贵遗产,发展民族、民间传统体育。"[2]为了响应全民健身运动的号召,为了更好地满足广大民众对全民健身运动形式多样化的需要,一大批安徽地区的花鼓灯舞蹈艺术工作者经过对现存的花鼓灯资源进行深度挖掘、整理、创新并经过反复实践,创编出一套融花鼓灯舞蹈的基本动作和健身为一体的花鼓灯健身舞蹈,后又经过安

---

① 基金项目:2009年度安徽省体育局体育社会科学青年基金研究项目(编号:ASS09309)。

② 作者简介:丛灿日(1975—),男,山东乳山人,蚌埠学院体育部,讲师,研究方向为体育人文社会。

徽体育和文化部门编成并命名为“花鼓灯健身舞(操)”。2004 年,“花鼓灯健身舞”被国家体育总局、中央文明办、共青团中央和中央电视台评为全民健身活动中具有很大推广价值的“四进社区”健身体育项目。

花鼓灯健身舞是花鼓灯传统舞蹈和现代健身运动元素有机结合的产物,尽管它开展普及的历史并不长,但是这一全民健身项目在安徽地区有着较为深厚的群众基础,尤其在阜阳、蚌埠、淮南、滁州等地区得到了较快普及和发展,如今在一些城镇的公园、街头、广场、湖边等公共场所都能看到跳花鼓灯健身舞的早晚锻炼者。因此,花鼓灯健身舞可以说是为安徽城镇社区全民健身运动提供了一种具有地方特色、富有人文底蕴的全民健身运动形式。

2 安徽城镇社区花鼓灯健身舞推广的内部动因

2.1 花鼓灯健身舞具有适宜推广普及的特点

第一,花鼓灯健身舞所需道具简洁:左手拿手绢,右手执扇即可。

第二,花鼓灯健身舞动作名称通俗生动:动作结构清晰,便于记忆,易于传诵,符合大众的接受习惯,便于广泛传播。

第三,花鼓灯健身舞受众人群广泛,形式简单。一方面,花鼓灯健身舞动作简单,且对身体协调性、音乐、乐感等方面要求不高,可谓“技术含量不高”的健身运动项目,大大降低这一运动形式的门槛,使大多数人都可以从事这一运动。另一方面,它不需要特殊的场地要求,可以几个人在室内跳,也可以成千上万人在广场上一起跳,显示出了一定的娱乐性和社交性。

2.2 花鼓灯健身舞具有内涵丰富的锻炼价值

花鼓灯健身舞是在总结民间老艺人及当地花鼓灯舞蹈艺术工作者的一些原汁原味的动作套路及实践经验的基础上创编而成的,并结合了大众健身操的奔放与优美,使其不仅具有较强的审美价值,更具有较强的健身功效。

2.2.1 从美学角度讲,花鼓灯健身舞主要是以北方秧歌的语汇和大众健身操基本动作为主,动作美感较强

它由始至终要求练习者保持良好的姿态美:挺胸、收腹、立腰、平肩、梗头、松膝、大腿和臀部夹紧上提以保持舒展、挺拔、刚健、优美、端庄、典雅的体态,又给人以精力充沛之感;在运动中,通过人体点与线的移动,形成各种动与静的姿态,形成各种美妙的组合,体现出美的形态、美的姿态、美的造型,给人以美的享受。

2.2.2 从生理学角度讲,花鼓灯健身舞属于有氧代谢运动,是一项很好的健与美形体训练项目

这一运动形式对全身的上肢、下肢、腰胯、躯干都有针对性的练习,健身性较强,运动量适宜。人们长期坚持花鼓灯健身舞的锻炼可以降低血脂,消耗脂肪,对人体的健康非常有益。

从社会学角度讲,与花鼓灯艺术相比,虽然花鼓灯健身舞的艺术性稍逊一筹,作为对花鼓灯艺术的发展和继承,花鼓灯健身舞既具备民间舞蹈的锻炼价值,又蕴含着安徽地

区丰富的风土人情、体育文化和独特的音乐风情，且具有深厚的历史文化底蕴，使安徽地区的群众对其产生较强的认同。同时花鼓灯健身舞具有内容社会性强、形式多样化、风格地域性明显、表演综合性、参与全民性、格调通俗性等特征，它的广泛推广既能提高群众身体素质，又能使大家了解民族文化、陶冶情操[3]。

3 安徽城镇社区花鼓灯健身舞推广的外部动因

3.1 花鼓灯健身舞符合构建东方健身文化发展的要求

在我国社会快速转型期，传统文化和现代文化的摩擦，东西方文化的撞击，使人们的许多观念随之被改变，古老传统的文化面临严峻挑战。在体育文化层面，这一现象同样严重。目前，从我国健身舞运动项目的数量上看，具有西方风格的健身项目占据了健身运动的主流，如拉丁舞、爵士、街舞、方克、萨尔萨、肚皮舞等这些流行于国内的健身舞，多源自西方国家。它们基本形成一定的技术体系并迅速传播，尤为广大青少年所青睐。而我们特有的原生民族健身体育文化却难以引起如此广泛的关注与推广。

因此，在经济全球化的今天，面对人类文化的日益趋同，我们更要保持自己的文化特色，更需要构建富有特色的东方健身文化。中华民族悠久的历史孕育了独特的体育文化，但如何重新营造东方传统体育的生存环境，激发广大群众对传统体育的爱好和需求是本民族健身文化发展的关键所在[4]。群众的认同和需求是传统体育文化发展的真正基础和动力，而花鼓灯健身舞在安徽地区的推广完全具备了天时、地利、人和的条件。一方面，花鼓灯健身舞恰恰根植于这片文化沃土之中，融舞蹈与健身为一体，它的民族性、地域性、源根性，赋予了它独特的表现形式和形体语言，容易被当地群众所认同和接受；另一方面，被改编后的花鼓灯健身舞较强的健身性能很好地满足广大群众日益高涨的健身需求。因此，花鼓灯健身舞作为一种蕴含“人文性”“民族性”和“地方性”的特色健身项目，恰恰符合我国构建并发展东方健身文化的要求。而这种传统舞蹈文化向大众化、易接受和运用的健身项目的转化，符合我国城乡群众体育共同的发展趋势，将是今后我国群众体育改革的一个重要方向。

3.2 花鼓灯健身舞符合我国开展全民健身计划的要求

2009 年 8 月 19 日国务院第 77 次常务会议通过《全民健身条例》与 2008 年安徽省出台的《安徽省全民健身条例》，积极号召全民健身，并要求各级人民政府采取措施，积极发展民族、民间传统体育健身活动。这一系列的政策法规的制定和完善，既为我国全民健身的发展提供了坚实的依据和保障，也为我国全民健身运动项目的开发提出了民族性、传统性的要求[5]。花鼓灯健身舞的创编与推广正是在立足于开拓群众体育项目，保护民族文化艺术的基础上，将花鼓灯艺术与体育完美结合的结晶。这种新的探索既传承了民族文化，又发展了体育事业，让群众体育活动根植于民族的沃土中、根植于群众的生活中。花鼓灯健身舞推广后，立即受到安徽广大城乡群众的欢迎。如在淮南市的老人健身就选用花鼓灯健身舞，甚至他们自己会选择合适的音乐编些动作套路；为了在城市普及花鼓灯健身活动，在 2004 年和 2008 年蚌埠市文化局和阜阳体育局分别专门组织花鼓灯专家编排了花鼓灯健身舞套路；同时文化馆及体育部门还为此举办了普及班来培训人员。如今花鼓灯健身舞已经成为安徽省贯彻与实施国家全民健身计划的重要项目之一。

3.3 花鼓灯健身舞符合后奥运时期我国群众体育改革发展的要求

群众体育是我国体育事业的基础,对促进我国体育事业的均衡协调发展起着积极地推动作用。后奥运时期我国群众体育的发展既得到国家和地方政府政策的积极鼓励,又有人们自觉自愿地的广泛参与,并逐渐形成自上而下与自下而上的发展趋势。

花鼓灯健身舞作为一种全新的群众体育健身项目,既具备民间舞蹈的锻炼价值,又蕴含着体育运动的锻炼方式;既包含了民间舞蹈的健身性、悦目性以及乐感的培养,又蕴含了一定的民族底蕴和民族特色。它的这种健身性和民族性使其既得到国家和地方政府的大力支持,又得到广大群众的认同和积极参与,这恰恰符合群众体育未来的预期发展方向,大大有利于我国群众体育的广泛推广。另外,继承和弘扬花鼓灯健身舞,不仅有利于群众体育的发展,而且有利于培养民族的自尊心和自豪感,亦可陶冶情操,促进精神文明建设。

参考文献

[1]谢克林.中国花鼓灯学术论文集[M].合肥:安徽人民出版社,2007:6-7.

[2]国务院.[1995]14 号 全民健身计划纲要[Z].北京:国务院法制办,1995.

[3]贾靓.增强品牌意识,提升群众文化魅力[J].合肥工业大学学报:社会科学版,2007(3):186-187.

[4]晋湘,杨斌,等.交缚、分化、吸纳、共生——论中国传统体育与民族舞蹈的历史渊源[J].北京体育大学学报,2001,(2):146-147.

[5]汪红.弘扬奥运精神 促进全民健身——《安徽省全民健身条例》解读[J].江淮法治,2008(19):36-37.

道家审美文化视阈中的花鼓灯艺术①

陈德琥②

摘　要：花鼓灯承续道家生命哲学的乐生观念，艺术的道性特征非常鲜明，是较为充分地凸显道家审美文化的汉民族民间艺术的典型。本文将花鼓灯艺术置于道家审美文化的视阈中进行研究，既是探索花鼓灯艺术特征、文化特质的一把钥匙，也是我们深刻认识道家文化对消解当今“人类中心主义”主客体二元对立窘境所起积极作用的重要向度。

关键词：花鼓灯；道家审美文化；道性特征；乐生观念

在中国审美文化中，道家审美文化占据极其重要的地位。袁鼎生认为，中国古代天态审美场呈现明显的道化、道性特征；[1]近代人态审美场也脱胎于天化与道化之“心”，主体本体化有浓郁的率真色彩；[1]而当代及未来的生态审美场，更是提倡生命美学、追求自然风尚。[1]显然，道性特征是中国审美文化贯通古今的主脉。当然，中国审美风尚推崇的道性，是道家之道与儒、佛诸道的统一，但道家精神融合佛性具备审美自由而成为中国审美文化的主流。[1]值得注意的是，花鼓灯的主要播布区——淮河中、上游地带正是道家思想大家活动非常频繁的地区因而也是道家思想十分活跃的区域。[2]并且，时至宋、明，中国天态审美场的审美理式趋于极致，而花鼓灯艺术恰好起源于宋代、发展于元明。[3]基于花鼓灯艺术在道质道性的天态审美场中孕育、成熟以及受道家文化的长期浸润，我们认为，将花鼓灯艺术置于道家审美文化的视阈中进行探索、研究不仅是可行的，而且是十分必要的。

1　道性特征

“道性”有多种释义，而道家审美文化将自然、率真等特征看作它的要义，即所谓“道性以率直、自然为宗”。这种自然本真的美学特点在花鼓灯艺术中多有体现。

1.1　歌舞语汇的原生特点

“厵(原)，水泉本也。从灥出厂下。原，篆文从泉。凡生之属皆从生。”“生，进也。

①　基金项目：安徽省教育厅 2009 年人文社会科学课题“花鼓灯艺术文化特质研究”(编号：2009sk424)。

②　作者简介：陈德琥(1963—)，男，安徽凤阳人，蚌埠学院副教授，主要从事民间歌舞文化的教学与研究。

象草木生土上。"(《说文解字》)由此可见,"原生"的本义是:从泉的本源处,像草木般破土而出。意即从本源深处自然地产生出来。有自由存在、未加雕饰的特征。花鼓灯艺术的歌舞语汇多来自于自然景物和田园生活的模拟,有很强的原生特点和农耕文化特征。如冯国佩(艺名"小金莲")的出场定型动作是对左手扶犁、右手扬鞭、在田间猛一回转瞬间的模仿,其气息、身姿、节奏和韵律均为当地农民耳熟能详、心领神会的舞蹈语汇。而常春利(艺名"老蛤蟆")的《蛤蟆跳井》这套锣鼓,运用鼓面的闷、压、挑、滚等多种手法,打出了沉、亮、脆、柔等不同音色,音乐语汇多模拟雨季中蛤蟆在土井(农村稍深点的积水坑)里跳上蹦下、追逐嬉戏、尽情"歌唱"的生动形象,是一曲悦耳动人的田园蛙歌。

师法自然是道家审美文化的核心。歌舞语汇这一贴近生活、近乎天籁的自然本真特色,是花鼓灯歌舞艺术具有道性特征重要表现之一。花鼓灯舞蹈的400多个语汇、50多种基本步伐,虽然整体上看它们有超常度高、时间差大、瞬间舞姿复杂多变等特点,但细究没有哪个动作不是来自原汁原味的农耕生活,像"踏车步""割麦花""扁担式"以及上面提到的能体现冯派风格的出场定型舞蹈动作都是极好的例证。音乐语汇也如草生泉涌般自然。花鼓灯曲调受土里土气的民歌如"清音"等小调滋养;有时(主要在叙事性灯歌中)似说非说、似唱非唱,旋律只是地方性语言在吐字时字音高低而已,修饰的成分很少。而《蛤蟆跳井》的锣鼓点对雨季土井里蛤蟆"咕哇咕哇"的模仿更是神性毕现,如天籁自鸣。因此,花鼓灯舞蹈动作、音乐语言大多来自受众群体充分体认、普遍接受的农耕环境、劳作过程和农闲生活,歌舞艺术充满了泥土气息和原始活力,是典型的农耕文明产物。花鼓灯歌舞语汇的原生特点,是它具有道性特征的重要表现,也是花鼓灯艺术草根性强而文化认同度高的根本所在。

1.2 即兴表演的率性特点

"丝不如竹,竹不如肉。""丝"(弦乐)、"竹"(管乐)、"肉"(声乐)以手指拨弹、气息吹奏和嗓子诵唱的不同形式来完成。在比较中可以看出,对天生乐器——嗓子的推崇是中国音乐追求自然本真之美的注脚。花鼓灯艺术表演的即兴特点、率性特点和本真之美是十分突出的。如灯歌的创作就有望风采柳、出口成章的特点。舞蹈、锣鼓表演也是率性而为的。郭铁的一段回忆对认识花鼓灯艺术表演的率性特点很有启发:"1959年安徽会演期间,我们将几位著名的花鼓灯艺人集中一起编排节目,取名《五姐妹赶会》。根据他们各自的特长分配了角色,排练几天后发现每个人的动作一天一个样,固定不下来。最后只好严格要求在规定情景内,根据人物性格进行表演。经过数日努力,终于演出了。……几位高手千姿百态、满台飞舞,有条有理、配合默契、表演逼真,赢得台下观众掌声、欢笑声不止,让人们欣赏了花鼓灯艺术的精湛表演,是一次美好的艺术享受。可却出了大问题,演出时间比排练长了一倍,累得鼓手"老蛤蟆"常春利满头大汗,透不过气来。事后询问他们时间延长一倍添了哪些动作时,答曰:'不知道!'如此说来岂不是在台上乱跳一阵吗?非也!他们又补充了一句:'只要知道演啥角、干啥事,情绪一来,动作也就来了。'"这是传统花鼓灯艺术表演具有即兴、率性特点的生动写照。

道性以"率直""自然"为宗在上文已经述及。花鼓灯表演有明显的率性特点。兴至即舞(歌)、兴尽辄止,在表演空间、时间和过程等方面有其迥异舞台艺术的表演机制。冯双白曾说过:"广场民间舞的空间,是一个观众与演员共有的空间、共享的空间,是一个表演与观赏在心里上融合无间、在成分上相互随时转化（如观众即兴而舞、演员退而观赏）的空间。花鼓灯是汉民族民间广场艺术的典范，具有民间广场歌舞表演的空间共有共享、角色可以转换、观众和演员互动程度高等特点。同时，花鼓灯在表演时间和过程中的随时演出、可长可短以及在表演内容方面的即兴发挥、即景（事、人）抒怀等均为这种即兴、率性特点的极好说明。当然，表演的率性特点还有深层次的文化内涵，即淮河儿女率真性格特征的直观外显。

1.3 艺术风格的自然特点

"清水出芙蓉，天然去雕饰。"深受道家思想影响的李白对自然风格特点充分体认后一语道出其精魂。花鼓灯是扎根于淮畔、自然风格突出的汉民族民间歌舞艺术。歌能望风采柳、即景抒怀、出口成章；舞则兴至即动、兴尽辄止，真纯不羁。如出水芙蓉、天籁自鸣，具有率性而作、质朴自然、乡土气息浓厚、个性特征鲜明等特点，是充分凸显道家审美文化的民间民俗艺术精品。如《送郎送到清水河》："送郎送到清水河，朝着清水跺三脚，红缤子绣鞋跺断了线，跺断了三尺白裹脚，舍不得亲郎干哥哥。"全文以"跺脚"动作意象结构全篇，字里行间流淌着炽热而率真的情感，且想象奇特，夸张大胆，"诚以言为声，而谣谚皆天籁白鸣，直抒其志。如风行水上，自然成文"，颇得李白"抽刀断水"的余绪。像这样能够体现花鼓灯艺术自然风格特点的灯歌是不乏其例的（舞蹈的例子上面多处述及）。

自然之美是中国文化艺术的审美理想之一。《老子》说"道法自然"。庄子在《天道》中更是直言"朴素而天下莫能与之争美"。可见，道家对自然天成之美是十分推崇的。一般而言，艺术作品的自然之美主要通过原始真实性、情感真诚性和艺术天然性几方面得以体现。[4]民间艺术花鼓灯是劳动人民自发创造、自己享用的文化艺术形式。它以自发性、自娱性、草根性、民俗性等特点体现自然本真之美。所不同的是，花鼓灯艺术在即兴放歌、率性而舞的自娱娱人过程中，比其他民间艺术有更加明显的回归本真的原始真实性和艺术天然性。因此，花鼓灯艺术的自然风格特点格外突出，道性特质非常明显，"淡极始知花更艳"（《红楼梦》中赞美白海棠的名句）。花鼓灯的道性特质是对中国审美文化绚烂之极归于平淡的极好诠释。

2 乐生观念

在道家养生长生文化中，"贵己重生"具有举足轻重的地位。花鼓灯以具体艺术实践体现了自娱、娱人直到和谐共荣的乐生观念，这和道家的生命哲学思想有一致性。

2.1 自娱——个人演艺的审美态度

"全性保真，不以物累形"是《淮南子》对道家杨朱派"贵己重生"思想的光大。虽然《淮南子》中不全是道家思想，但这里提倡的不为外物所累、尊重个体生命、活出自己真性情与道家的生命哲学是一脉相传的。花鼓灯艺术对这种思想文化有充分地凸显。艺人们一直认为花鼓灯重在"玩"。灯歌唱得好："小小鲤鱼紫红腮，上江游到下江来，上江吃的灵芝草，下江吃的水晶苔，不为玩灯我不来。""你好玩，我好玩，采朵莲花做舟船，金锣玉鼓船头站，好像乾隆下江南，一递一个接着玩。"显然，就个体而言，花鼓灯歌舞是在自由状态下真纯不羁、率性而为、自娱特征很强的精神文化活动。玩友对花鼓灯的痴迷让人感佩不已:“不叫玩灯偏玩灯,玩得亲家不上门,丈母娘不把女婿叫,大舅子不把妹婿称,老丈人提出要罢亲,罢亲罢亲就罢亲,你不罢亲是龟孙,罢亲也要去玩灯。”《庄子》外篇《田子方》中那个旁若无人、无待无累、由意纵笔的画者(“解衣盘礴”),风采也不过如此。

社会底层民众向来对幽默滑稽、娱乐性强的作品十分推崇。诚如宋代范成大《上元纪吴中节物俳谐体三十二》所注:“民间鼓乐谓之社火,不可悉记,大抵以滑稽取笑。”而适合元代城市居民欣赏的戏曲也是“以文章为戏玩者”。花鼓灯在其发展之初,“不求形似,聊以自娱耳”是人们对待艺术较为常见的一种审美态度。反对“诗穷而后工”那种缺乏轻松创作心态和自然率真风格特点的创作倾向。[5]道家审美文化对艺术的影响可见一斑。当然,自娱性是民俗民间艺术共同特点。花鼓灯艺术没有明确的创作主张。从“三忙九闲”(指一年十二个月忙时只有三个月,其余九个月都较清闲)的农耕文化背景看来,它和其他民间艺术同样是满足农村单调精神生活需求的自娱自乐方式。所不同的是,受道家本真自然审美文化的长期浸润,花鼓灯艺术“戏玩”的创作态度和自由的创作氛围更加明显、突出。它是在自得其乐、真纯不羁的文化生态中自然衍生的汉民族民间艺术的典型。

2.2 娱人——群体表演的审美取向

《淮南子》曰:“所谓无为者,不先物为也;所谓无不为者,因物之所为也。”前者指事物自身发展没有表现出来不要妄动;后者是说事物自身发展表现出来了就要顺其而为。史向前在《淮南子》的“无为”论 曾讨论过《淮南子》赋予“无为”更加鲜明的实践意义和积极内涵。[6]这对我们认识花鼓灯艺术的娱人功能是很有启发的。自娱性是针对花鼓灯艺人个体活动而言的。但花鼓灯表演不是以个人为中心,而是群众参与度很高的集体艺术。它所具备的“娱人”性质与《淮南子》“顺其而为”同时“积极而为”的“无为”思想有某种程度内在联系。”“豌豆开花水红心,韭菜开花白粉粉,弯弯扭扭豆芽菜,扯扯拉拉扁豆藤,大家都是好玩的人。”“花鼓一打头对头,一阵焦来一阵愁,焦的是罐里没有米,愁的是壶里没有油,借来锣鼓包上头,欢欢乐乐解忧愁。”无论是什么样的玩友(豆也好,菜也好;红也罢,白也罢),都因“好玩”而“扯拉”在一起,“欢欢乐乐解忧愁”。乐此不疲,乐在其中,也乐而忘忧。实际上,花鼓灯在群体表演时始终以搭档之间默契配合为荣耀——冯国佩对七十多年前(1936 年)与石金礼邂逅而即兴成功地表演“小花场”至今仍津津乐道。同时,观众时刻在艺人心上——原生态的花鼓灯是民间广场文化,艺人与观众彼此熟悉的不在少数。对到场观众能够点其人、称其名、评其事的现象较为普遍。而观众参与程度也很高,不仅跟着喝彩,甚或上场参与表演、竞演。这种自娱到娱人的审美态度为花鼓灯的繁盛提供了绵绵不绝的动力源。

在艺术的审美功能上道家思想是不断变化的。道家哲学如庄子哲学,强调摒弃俗念,不计得失,复归“本性”。艺术上以适性、自娱为指归。这种人格独立和精神自由的追求对后世影响深远。然而,从整体上看,道家审美文化对艺术“娱人”功能还是非常重视的。如《淮南子》虽然承续道家基本思想,但“无为”之中包含了积极有为的观念。它不仅将老子的“无为而无不为”的辩证命题作了贯通一致的阐释,而且把游戏人生转向积极用世,成为融儒家等文化于其中的新的道家学说。实际上,大禹“疏川导滞”顺应水性的治水策略已成为运用原始道家思想治国理事的典范。而花鼓灯主要播布在禹“三过其门而不入”治理淮河的岸边和禹会诸侯的涂山地区。大禹“执耒锸以为民先”、“疏川导滞辟阙”的开拓进取、以德垂范精神不能不对花鼓灯艺术产生某种程度的影响。当然,本文讨论的重点不在“无为”这一哲学问题,也不着力于探究大禹文化与花鼓灯艺术的关系。我们关注的焦点在于:花鼓灯艺术“娱人”审美功能与道家文化直接而紧密的联系。

2.3 和谐——艺术互动的审美效应

“无为为之而合于道,无为言之而通乎德。恬愉无矜而得于和,有万不同而便于性。”《淮南子》不仅把“无为”思想与“道”“德”(指“道”在具体事物中的表现)相联系,同时强调接触诸多事物要保持心性,恬静快乐而趋于和谐。花鼓灯艺术的审美价值取向与这种乐生、和谐观念是一致的。较为明显的是花鼓灯的群体互动以共荣共济为目标。灯歌有“小小叉伞花又花,天下玩友是一家,一家人不说两家话,一棵树不开两样花,好玩灯的锣门坐,吃罢香烟再喝茶,没有板凳坐地下,自己人不说客气话。”“同场玩灯有缘分,玩友好比兄弟亲,二百钱撂进水罐里,一五一十我摸得清。”上文讨论了花鼓灯作为民间广场艺术时空共享、互动充分的外在特点。而“表演与观赏在心里上融合无间”才是其精神本质。视玩友为亲如兄弟的一家人以及观众与艺人互动中共荣性特征在花鼓灯文化中是普遍的、一贯的。

和谐是道家文化的重要内涵。从人与自然和谐一体,发展到人与人和谐相处在《淮南子》中多有体现。如上文提到的“有万不同而便于性”就不仅仅是单纯对待自然物的问题了,个中也包含与人相处要秉持心性趋于和谐。基于乐生的人生观念和自娱娱人的审美态度,花鼓灯艺术的亲社会行为[7]模式得以全方位地展现、传播。这不仅表现在以血缘为纽带的灯班内部,目标是一致的、关系是合作的等等方面。即便是对外竞演即“抵灯”,也是灯班内部合作、灯班之间竞争。这与你死我活的个人竞争大为不同,而是一种良性竞争。其结果是:一切都在笑声中结束。花鼓灯和谐共荣的农耕文化特质,体现出相互融合、和而不同、共济共生的生存型文明特征,而迥异于西方的相互竞争、优胜劣败、你死我活的竞争型文明[8]。从上面分析可以看出,花鼓灯艺术的道性特质、和谐特征是鲜明的。它不再是农村单调生活的简单补偿,而是积淀着以和为上、共荣共济文化内涵的汉民族民间歌舞艺术典型代表,具有多方面的社会功能和文化价值。

3 结语

上文主要从艺术基本特征和文化价值取向两个向度讨论了花鼓灯对道家审美文化的继承、发扬。面对当今“人类中心主义”二元对立的窘况,花鼓灯艺术的社会功能、文化价值不容忽视。生态一词源于希腊文“oikos”,意为“家”或“住所”。生态审美场中的和谐即还原为、复归于人类与整个对象世界的源始的、本初的一体化关系,是“向来所是”的、“未经分化”的“本真状态”(借用海德格尔语)。生态美学观理论原则的生态整体主义和道家浑朴天然、圆融如一的自然状态是一致的。花鼓灯的道性特征和乐生观念秉承道家的生态智慧及其和谐共荣的审美文化,体现了生态审美场本真自然的审美风尚,以艺术的形式将“我”和“物”、人与人、人与自然的关系彻底还原为、复归于人类生活本原性、整体性、直接性的和谐状态。因此可见,花鼓灯艺术在诠释道家文化消解人与自然、人与整个对象界二元对立模式所起的积极作用上有独特而重要的意义。

参考文献

[1]袁鼎生.生态视域中的比较美学[M].北京:人民出版社,2005:122-126,294,377,123.

[2]李霞.论楚淮文化对道家生命哲学形成的影响[J].安徽大学学报:哲学社会科学版,2005,29(4):25-29.

[3]谢克林.中国花鼓灯艺术[M].合肥:安徽人民出版社,2006:14-23.

[4]王一川.美学与美育[M].北京:中国广播电视大学出版社,2001:86.

[5]孙小力.元代艺术思想中的庄子哲学[M]//.程必定,魏捷.淮河文化新探.合肥:合肥工业大学出版社,2006:98-100.

[6]史向前.《淮南子》的"无为"论[M]//.程必定、魏捷.淮河文化新探.合肥:合肥工业大学出版社,2006:93.

[7][美]加里·D.鲍里奇.有效教学方法[M].南京:江苏教育出版社,2004:273.

[8]汪国风.中华文明的起源与特质——创生与融合的文明[J].天津师范大学学报:社会科学版,2005(1):34-40.

高校女生花鼓灯健身舞课程的理论构建与设置①

丛灿日 刘 韶 汤 虹②

摘 要:通过对目前高校女生体育课程相对单一,不能有效满足学生多样化需求的现状,分析了花鼓灯健身舞引入高校女生课程具有一定的可行性理论依据,并认为它符合高校女生群体的特殊需要,与高校体育课程改革的指导精神相一致。为此本文对这一课程的具体设置与相关安排进行了构建与探索,并希望以此能为高校体育课程的深入改革提供有益地参考。

关键词:体育课程;花鼓灯健身舞;构建;设置

1 高校开设女生花鼓灯健身舞课程的理论依据

1.1 花鼓灯健身舞项目与高校体育课程的指导思想相适应

花鼓灯健身舞是在皖淮地区优秀传统文化——花鼓灯艺术的基础上,由安徽地区体育和舞蹈艺术方面的专家创编而成的一套具有地域特色、适合广大群众参与的全民健身项目。花鼓灯健身舞是一项具有浓郁民风民俗的健身项目,可为高校体育课程的开设提供较多选择及发挥的空间。这一项目既是对我国淮河流域优秀文化的传承与发扬,又是健身运动与中华民族传统文化的完美结合。

1.2 花鼓灯健身舞项目与高校女生体育课程的特征相适应

1.2.1 花鼓灯健身舞符合高校女生群体的特殊性

高校大多数女生受生理和心理等方面因素的影响,在体育课中表现出:身体素质较低,体能较差,掌握高难度运动技术动作的能力较弱;怕受伤,不喜欢对抗性太强的运动项目;喜欢追求形体美的项目等。此外高校传统开设的一些课程已无法调动或不能满足她们的学习兴趣和热情,她们需要的不仅是达到锻炼的目的,而应该是集健身、趣味、独特兼具意义的体育课程。花鼓灯健身舞恰好突破传统体育课程这一症结,为高校女生体育课提供了一个更好的选择。首先它所需道具简洁:左手拿手绢,右手执扇即可;其次动作名称通俗生动,便于记忆,动作简单易学,不需要事先进行特别训练,运动强度不大,适用于不同身体素质的女生,而且有助于身体协调性及乐感等的培养,非常符合当代女大

---

① 基金项目:2009 年度安徽省体育局体育社会科学青年基金研究项目(编号:ASS09309)。

② 作者简介:丛灿日(1975-),男,山东乳山人,硕士研究生,讲师,研究方向为体育人文社会学。

学生的接受习惯;另外无特殊的场地要求,可以几个人在室内跳,也可以几个班级在广场上一起跳,这既方便于学生课下练习,又有助于课余活动的娱乐性和社交性。

1.2.2 花鼓灯健身舞符合高校女生健康发展需要

从生理学角度讲,花鼓灯健身舞属于有氧代谢运动,是一项很好的追求人体健与美的训练项目。这一运动形式对于人体的上肢、下肢、腰胯、躯干都有针对性的练习,健身性较强,运动量适宜。长期坚持花鼓灯健身舞的锻炼对于身体的协调性、健康等都有很大的益处。

从美学角度讲,花鼓灯健身舞主要是以北方秧歌的语汇和大众健身操基本动作为主,动作美感较强。练习者由始至终要求保持良好的姿态美:全身保持舒展、优美、端庄、典雅的体态;在运动中,通过人体点与线的移动,形成各种动与静的姿态,形成各种柔美的组合;通过舞者的身体各部分表情动作的组合,体现出美的形态、美的姿态及美的造型,更好地展现自己,给人以美的享受。这正迎合了女大学生对形体美的追求,为终身体育打下良好的基础。

1.3 花鼓灯健身舞与高校体育教学的改革发展要求相一致

近几年,高校虽然在体育教学、教材改革中取得了很大的进展,但体育课程以传统的竞技运动项目为主导的局面仍未彻底改变。学生个性化要求、兴趣、爱好以及追求健康第一的终身体育的意识还未在体育教学中得到充分的体现。女生在大学的四年学习生活中,能较好地掌握一两项惠及终生的体育健身项目是十分必要的。高校将花鼓灯健身舞课程纳入女生体育课程,恰好对现行体育教学能够起到丰富、补充的作用。因此,高校积极鼓励并支持女生选修花鼓灯健身舞,既有利于增强女生体育锻炼的方法和手段,也有利于高校体育教学改革向更深层次推进。

1.4 花鼓灯健身舞与高校全民健身计划要求的教学指导思想相契合

随着我国全民健身活动的蓬勃开展,花鼓灯健身舞课程的构建可以看作是打好全民健身计划基础的前奏。花鼓灯健身舞纳入高校体育课程体系中,高校可以充分利用自己的优势,使学生在校期间系统学习花鼓灯健身舞运动技能并努力担负起宣传推广的重任。首先,通过课堂教学使学生初步掌握基本的身体锻炼方法;其次,利用高校系统的体育教育和训练,使部分学生在花鼓灯健身舞项目上具有较高的技能水平和深厚的基础理论知识;最后让她们充分发挥自己特长、体现自身价值,使其成为全民健身运动的潜在宣传者、组织者或指导者等。这不仅可以使全民健身意识深入千家万户,而且大大缓解了花鼓灯健身舞推广普及过程中存在的人才不足等矛盾。高校体育是学校体育和社会体育的重要衔接点,当女生进入社会后,可以影响和带动周围的人参与花鼓灯健身舞体育锻炼,推动全民健身活动深入开展。

2 高校花鼓灯健身舞课程的设置

2.1 花鼓灯健身舞课程目标分析

就体育课程而言,花鼓灯健身舞可以说是由特色民间花鼓灯艺术和本土体育人的创新相结合而形成的一种具有地域特色的体育健身课程资源。其课程目标主要体现在以下几方面：

(1)以女大学生身体发展和技能的提高为主线目标。即一方面注重发展女生的综合身体素质；另一方面，要求女生在掌握基本技术、基本动作和套路的基础上，培养和提高她们自练、自演的表达展示能力，提高其综合技能。

(2)以增强传统文化认同为主的认知发展目标。即在认知本项目的基本概念、动作特点、健身效用等基础上，更好地认识和了解"自家"的地域传统艺术。这不仅有利于提高其学习热情和积极性，而且对于传统文化的继承和发扬大有裨益。

(3)以增强女大学生精神风貌为情感目标。花鼓灯健身舞的动作具有"轻捷、小巧玲珑"等特点，是一门特别适易于高校女大学生的体育健身课程。通过对它的学习，能很好地培养女生的表现意识以及天真、活泼、积极向上的精神风貌。

(4)以培养学生适应社会的能力、推广有特色的区域健身活动为社会发展目标。花鼓灯健身舞作为一项特色健身项目，是全民健身资源的重要组成部分。通过本课程的学习，可以有意识地培养她们参与和指导校外大众花鼓灯健身舞活动的意识和能力，既有利于增强学生适应社会的能力，又有助于花鼓灯健身舞的深入推广。花鼓灯健身舞课程目标充分反映了时代的需求、社会的需要以及学生身心发展的特点。它恰当地处理了学生本位、知识本位与社会本位的矛盾，使体育课程更符合"身、心、社"全面和谐发展的需要。因此，对花鼓灯健身舞课程目标的分析有利于我们加深对该课程的理解，更有利于该课程教学的顺利进行与开展。

2.2 花鼓灯健身舞课程内容的设置

2.2.1 理论课程内容设置

花鼓灯健身舞理论课程主要涉及花鼓灯及花鼓灯健身舞的形成及发展的介绍，了解当前相关花鼓灯健身舞指导性文件，并结合体育运动的相关理论，制作出简要的花鼓灯健身舞理论教学课件，并辅以教学和比赛录像，构成了整个花鼓灯健身舞教学的理论内容。其课时量大约占本门课程的10%左右。

2.2.2 实践课程内容安排

花鼓灯健身舞的实践教学可以通过四个过程来安排教学：

(1)基本步伐组合教学。花鼓灯健身舞的基本步伐是在借鉴花鼓灯艺术风格流行的舞步基础上选取的一些基本步伐动作，因此在脚的着地部位、下肢的屈伸度以及步幅等都呈现出多样化特色，呈现"走动腰晃扭"等特点。如碎步、端针匾探、螃蟹步、登山步、拔泥步、插秧步、上下转身步、后跳踢步、滑步、招扇十字步。基本步伐掌握后可以根据音乐的节奏自由进行组合，并加上方向的变化、动作节拍的变化和手臂自然配合从而形成花鼓灯健身舞的基本步伐的完整组合。

(2)手臂基本动作组合教学。主要有托阳扇、甩扇、扑蝶、风火轮、蚌壳花、扣飘扇、白鹤晾翅等。通过这些动作使学生对花鼓灯健身舞手臂练习素材及形式有基本了解的基础上，促使学生能较好地完成同步伐相结合的动作组合。

(3)完整组合教学。这部分是教学的主要内容和难点部分，教师首先准备好健身舞音乐，按照基本动作组合，通过对衔接方式的学习，把基本步伐动作、手臂基本动作和音乐相匹配来进行有情节、有配合的完整教学。

(4)自学提高阶段。在教师的引导下,可以让学生根据自己掌握的情况分成组,依照舞蹈音乐的节奏,试着去集体练习整套动作,最终达到独立完成整套动作的目的。如果条件允许,更可以鼓励学生根据自选音乐,试着去创造、重构新的套路动作,从而培养学生的自我学习、组织、相互协作的能力。

参考文献

[1]刘万斌.体育民俗之探讨[J].西北民族学院学报,1999(3):123-126.

[2]陈黎.关于新时期高校研究体育教学的思考[J].教育与职业,2007(5):122-123.

[3]罗勇.高校女生体育课程的现状及发展趋势[J].遵义师范学院学报,2009(4):125.

[4]安徽体育局.安徽省全民健身工作委员会工作简报[R].2009(1).

[5]教育部.全国普通高等学校体育课程教学指导纲要[Z].教体艺(2002)13号,2002.

[6]沈震.高校女生体育教学推广瑜伽课的可行性研究[J].天津工程师范学院学报,2007(4):72.

花鼓灯的农耕文化视野①

李 清

摘 要:特定的地理环境、生产方式和相应地域的人文风貌、艺术风格相结合,所形成具有农耕文化色彩民族传统艺术,是中华文化的重要组成部分。笔者借助上述背景的因果关系,努力寻求的源于农耕社会下的汉民俗歌舞安徽花鼓灯,论述其在特定的地理与人文环境里带有极深农耕文化印痕的艺术创造,阐述艺术创造者们在农耕文化视野下的集中审美心理体现。

关键词:花鼓灯;地理人文环境;农耕文化;审美

“锣鼓一响,脚板发痒”“看了花鼓舞,忘了累和苦”“听了花鼓戏,荒了二亩地”,是民间百姓对花鼓灯艺术的挚爱表达。安徽花鼓灯是“中国汉族民间舞蹈,流传于淮河两岸,以怀远、凤台最为盛行,至少在明代永乐年间就已很流行了,每逢春节到元宵节,当地民间大闹花灯会,都要跳花鼓灯。”花鼓灯艺术中:扮女角的叫“兰花”,扮男角的叫“鼓架子”,领舞者称“伞头”。一般演出时,伞头带领“鼓架子”和“兰花”数人,或歌或舞。“鼓架子”动作轻快灵活,刚劲矫健,有较高的技巧性;“兰花”除演练扇子与手巾功外,因多系男扮女角,故脚上踩有“垫子”(一种木制小鞋,近似戏曲中的“寸子”),讲究步法,要“溜得起,刹得住”,干脆利落,具有独特的风格[1]。值得注意的是,人们审美心理的产生、形成与发展,均受地理环境、生产方式等诸多因素影响与制约。这也为探讨民族艺术所蕴含的审美心理特征的形成提供了一个颇具参考意义的思路。源于农耕文化传于淮河两岸的安徽花鼓灯,正是笔者想借助上述背景的因果关系而努力寻求其映射的某种审美特征的一种传统汉族民俗歌舞艺术。

1 交错的拍子与农耕的弹性生活

从新石器时代,有了春耕、夏耘、秋收、冬藏,日出而作、日落而息的农耕生活,“农业社会的生活节奏与大自然的变化一致,夏天白天长,田里劳作时间便相应而长,冬天白天短,田里劳作时间便相应而短,雨雪天则干脆足不出户……农业社会的运作节奏就是这样具有弹性。而中国这个世界上最长的农业社会,时间观念也必然是弹性的”。[2]所以,

① 基金项目:安徽省教育厅人文社科基金资助项目(编号:2008sk456),写作中曾得到安徽师范大学音乐学院廖家骅教授的悉心指导。

中国人的时间观念上的有机柔性,即弹性时空结构模式,自然体现在音乐的节奏观念上,具体表现为音乐中对散拍体系(非均分律动)、弹性节拍及交错拍子的大量运用。

农忙、农闲——两极分化的生产活动节奏,是农耕文化的重要特点,必然直接或间接流露到他们创作的艺术中。为花鼓灯伴奏的打击乐,称“座场锣鼓”。能打出轻、重、疏、密的节奏以烘托气氛,能以长、短、抑、扬的音色变化,控制角色情绪,俗称“半台锣鼓半台戏”。其伴奏的锣鼓节奏,几乎没有单一拍子,经常是多拍子交错并存。这暗示了农民的生产活动,也像变换的拍子一样,轻重缓急,变化异常。笔者以对两份乐谱的分析为例。

谱例1:

2/4 尽冬 尽冬 | 3/4 尽冬 冬冬冬 | 2/4 冬个 龙冬 | 乙龙 冬 | 3/4 仓个 令仓 乙令 | 1/4 仓 | 仓 | 仓 |

3/4 仓个 令仓 丁丁 | 仓 丁丁 | 1/4 仓 | 仓令 仓令 | 仓 0 | 2/4 仓个 令仓 | 乙令仓 | 3/4 仓个 令仓 丁丁 |

2/4 仓 丁丁 | 1/4 仓 | 2/4 仓令 仓令 | 仓 0 ‖: 仓 丁丁 | 仓 丁丁 | 仓 丁 | 仓个 令丁 | 仓个 令丁 |

0 丁 乙丁 | 仓个 令丁 | 仓 0 | 仓仓 丁 | 丁丁 仓 | 仓 丁 | 仓 丁 |

丁 仓 | 丁 丁 | 仓 0 | 丁丁 丁 | 仓令 仓令 | 仓 0 :‖ 仓个 令仓 |

仓个 令仓 | 仓个 令 | 仓令 令 | 0 丁 丁丁 | 仓个 令丁 | 仓 0 ‖ 丁令 令丁 |

仓令 仓 | 丁丁 仓 | 仓令 仓 | 仓令 仓 | 丁丁 丁丁 | 仓 0 ‖: 仓 0 |

仓 0 | 1/4 丁 仓 | 丁 仓 | 丁仓 | 2/4 丁仓 仓令 | 仓令 仓 | 仓 0 :‖

这是安徽花鼓灯中一段“小五番”的锣鼓曲牌。这组并不算长的锣鼓节奏里,包含了三种节拍类型,频繁更换拍子种类,有的一小节就要更换一次,且不时有1/4拍子插入。多拍子间的频繁更替,使得锣鼓节奏的强弱规律屡屡变换,舞者步法及动律强弱,自然也随之变换。一板一眼的2/4拍,透出舞者生产生活里也是有板有眼、不紧不慢;3/4拍子的出现,更是显出生产生活里富有的松紧有度、张弛得法的神韵;最具典型的当数1/4拍子的插入,紧张短促、强拍有力,渲染出一派热烈的场面,仿佛把观众带到田间里你追我赶的火热劳动中。再如下面一段《喘气锣》的锣鼓谱。

谱例2:

第一乐句 / 第二乐句

2/4 仓 令个 仓 | 丁丁 丁 | 仓 令个 仓 | 丁丁 丁 V | 仓 令个 仓 | 仓 令个 仓 | 仓仓 令仓 |

第三乐句

乙 令 仓 | 仓 令 令 仓 | 乙 令 仓 V | 3/4 乙大 乙 仓 | 乙大 乙 仓 | 2/4 乙大 乙大 | 乙大 大 |

第四乐句

仓仓 仓仓 | 乙 令 仓 V | 乙大 乙大 | 乙大 大 | 仓仓 令仓 | 乙 令 仓 ‖

不难看出，前四小节为启，一、二小节与三、四小节十分整齐划一，模仿人体生命的一喘一吸，动作形象，每两小节之间，前后音响效果对比鲜明，气氛好不紧张，恰如田野里抢收庄稼的劳动竞技。中间十二小节为承、转，后四小节为收，如一篇规范文章，脉络交代得十分清楚。锣鼓演奏中启承转收，大都有鼓手的鼓点和手势变化控制协调。上例中，除了2/4拍外，还加进了两小节3/4拍，用轻、重、疏、密的锣鼓点和长、短、抑、扬的音量控制，表现角色的思想感情。弹性的农耕生活，松紧两极分化的生产生活节奏，使得花鼓灯锣鼓节奏里各种拍子随机交错，舞蹈动律的强弱频繁更替，放松是悠哉游哉，紧张时你追我赶，对比反差异常激烈。

2 节奏与唱词表现的人物形象

花鼓灯是集歌、舞、乐、戏为一体的综合艺术，舞者表演边舞边歌，演唱部分称灯歌。灯歌演唱，贯穿始终，从灯歌的歌词及曲调结构中，都能领略花鼓灯艺术蕴含的农耕文化的原始生态之美。例如《五姑娘送粮》，是五位姑娘不畏艰难，推着小车送爱国粮的花鼓灯剧目。当时农村大都是羊肠小道，运送工具是独轮车，道路坑洼不平，坡陡难行，故而送粮途中力尽艰难。这里巧妙地运用了传统花鼓灯锣鼓的伴奏，为了表现推车上坡的艰难，采用以下锣鼓点：

‖: 匡的个丁 | 匡的个丁 | 匡匡 一冬 | 匡 0 :‖

这是一句组合式节奏，前两小节是把压槌锣进行了变化，配合舞蹈动作表现艰难、沉重地用力前推。后两小节是加槌锣，表现向前艰难地挪了一步。这样的节奏，恰当地表现出推车上坡、一步步艰难往前行走的生产生活场景。再如在花鼓灯音乐的唱词里，形象地流露出质朴的农耕生活气息：

月亮一出(你就)白纱纱(嘛)，抱着我的孩子(来)纺棉花，大院扫得光堂堂，纺棉花的车子放当央，左手纺来右手摇，纺出个线子(你就)赛银条(节选自花鼓灯后场小戏《王小楼卖线》)；燕子穿梭柳丝长，布谷声声(嘛)来插秧。哥抬水车前头走，妹担秧苗紧跟上，绿油油的秧苗(嘛)田中长[3]。

透过以上几例看出，无论是姑娘运粮送肥中在小路上推车、田间里劳作，还是卖线人庭院中纺线活，即便是情歌，无一不是一幅愉快的劳作景象，展示了农耕生活里原生态之美的点点滴滴。

表演中舞者的道具简洁明了，特别是“兰花”，仅手持一扇一绢，语汇却丰富多彩。“兰花”持绢方法有满把扣、三指提、二指拎、一指挑等，扇花表演手法有砍、抖、颠、扔、揉、换、抛、遮、别、云、贴、翻、飘等40余种。“兰花”的舞步有端针匾、簸簸箕、手搭荫蓬、扑蝶、单挎篮、双挎篮、割麦花、踏车步、野鸡溜子、风摆柳、碎步、垄上走、小拐弯、大拐弯等。“鼓架子”动作有蛤蟆跳、蛇行、劈叉、蝎子倒爬墙、俚语大挺脊、扶犁大拐弯等。为舞者伴奏的锣鼓曲牌的命名方式有喘气锣、扒锣、长趟锣、鸡叼米、老鸦洗澡、长流水、小放牛、蛤蟆跳井、老鹰叼小鸡、凤凰三点头等，均与农耕生活息息相关，体现了朴素而自然的生态美。可以说农耕社会里田间、场院里劳动生活的幕幕场景，淳朴挚厚的民风民俗，通过花鼓灯的表演与音乐元素的命名，就在我们的视线里有了一番全新的艺术想象空间。

3 结语

以农耕文化为背景的地理环境,对艺术风格的影响及审美心理的生成,有着异常重要的作用。花鼓灯"北歌南灯"的独特之美。正是居于南北地理过渡地带的淮河两岸的山水、气候,以及生命主体独特体验和与之相应的艺术表现形式,花鼓灯逐渐塑造了独特的表现样态,而这种历史遗产也就反过来影响着当地人的行为方式。可以说,通过特定生产方式下的农业劳作及由生存环境与生产方式制约下的长期集体无意识的生活习俗(物质生活习俗和精神生活习俗等)等诸多缘由构成的一个合力系统,才是成就花鼓灯艺术形态的主客观条件。

参考文献

[1]中国艺术研究音乐研究所,《中国音乐词典》编辑部.中国音乐词典[M].北京:人民音乐出版社,1985:169—170.

[2]钱茸.试论中国音乐中散节拍的文化内涵[J].音乐研究,1996(4):98.

[3]汤兆麟.花鼓灯音乐概论[M].合肥:黄山书社,2005:172.

花鼓灯抗战灯歌宣传功能浅探

——基于演艺类遗产社会价值的视角①

陈德琥②

演艺类非物质文化遗产是指人类在历史上创造的、并以活态方式传承至今的各种表演艺术形式。它集中地体现了人类表演艺术的精华，具有推进社会发展、调节人际关系等特殊社会价值。其敬神娱人、祛恶扬善、融洽社会关系、凝聚民族精神等方面的社会功能不可小视。③ 当然，在不同的历史时期，演艺类遗产能够根据时代需要凸显其某个方面的社会功能，如抗日战争时期，不同种类的抗战民歌唱响了祖国大江南北；在民族危难的关键时期，它发挥了唤醒民族意识、争取民族解放的社会功能。特别是分布在淮河流域的花鼓灯灯歌艺术，其显著特征是积极呼应社会生活需求和时代审美品味变化而与时俱进地改变题材内容、调整表演机制、变革艺术风格。虽然抗战灯歌④采取的是望风采柳、即景（人、事、物）抒怀的传统抒情方式，但它能够紧密联系抗战形势发展需要，为淮畔民众创作出大量表现强烈的爱国热情和坚定的必胜信念的作品，因而起到了宣传抗战、教育人民、鼓舞斗志的巨大作用，成为充分彰显演艺类遗产抗敌救国宣传功能的典范。

1

“七七事变”后，淮河人和全国人民一样，抗战热情十分高涨。从宣传抗战的角度看，沿淮各县不仅成立了类似凤台县“淮上民众抗敌宣传队”等知识分子自愿、自费宣传抗战的组织，而且另一支抗战宣传队伍也非常活跃——大多不识文墨的花鼓灯艺人成了淮河流域宣传、教育、鼓舞军民积极抗战的重要力量。许多灯班利用花鼓灯艺术喜闻乐见的优势，把这种播布区广、互动性强、文化认同度高的民族民间艺术作为大力鼓舞全民抗战的工具。据著名花鼓灯表演艺术家陈敬芝⑤回忆，八年抗战期间，他所在的花鼓灯灯班围绕宣传团结抗战、欢送新兵入伍、慰问部队和庆祝胜利等主题举办过不计其数的艺术展演活动。这位 93 岁老人对当年宣传抗战的经历仍记忆犹新。他给我们讲述了以下几

---

① 本文系安徽省教育厅 2009 年人文社会科学课题［2009sk424］的阶段性成果。

② 作者简介：陈德琥，安徽凤阳人，安徽省蚌埠学院副教授。

③ 王文章：《非物质文化遗产概论》文化艺术出版社 2006 年版第 103—107、89—95 页。

④ 抗战灯歌指描写八年抗战生活的花鼓灯灯歌。

⑤ 陈敬芝，艺名“一条线”，凤台县人，花鼓灯陈派艺术创始人，国家级非物质文化遗产项目（民间舞蹈）代表性传承人。

件事:

1.1 《贤良女劝夫参军》演出的情形

1938 年 6 月至 1940 年 5 月,凤台县连续五次沦陷。陈敬芝、宋廷香[①]组班到六安地区"跑反"[②],在霍邱县恰遇地主范雅臣家的教书先生张华渊。张华渊对陈、宋的演技非常推崇,赠送对联一副"花鼓场中可称绝技,红灯班里能占全球",横批"盖世无双",并主动为这个灯班编写灯歌《贤良女劝夫参军》。由于陈敬芝等人多不识字,张华渊就不厌其烦地教,直到艺人们全部背诵歌词为止。《贤良女劝夫参军》的演出非常成功,演出时观者如云,灯班离开也恋恋不舍。其中杨湖镇欢送灯班就人头攒动,锣鼓唢呐鞭炮齐鸣,并送给宋廷香一副"唤醒群众"锦旗,送给陈敬芝"移风易俗,抗战建国"的锦旗。

1.2 参加侦察敌情的经历

宋廷香、陈敬芝的花鼓灯灯班从六安地区回到凤台县后曾为国民革命军十二路军演出过。演出结束时,部队希望灯班能以花鼓灯表演做掩护,到日伪军据点淮南市田家庵侦察敌情。宋廷香等人欣然接受。为了更好地完成这次侦察任务,十二路军选派几名士兵装扮成花鼓灯艺人与灯班一起生活、演出。这个灯班一共在田家庵演了 8 天,基本上摸清了日伪重兵把守的田家庵据点兵力分布、武器装备等相关情况以及维持会会长郑家坤的活动规律。期间,宋廷香返回十二路军把相关情况做了详细汇报,演出结束时又活捉了一个日本兵。这次巧妙利用花鼓灯演出的侦察活动,为十二路军收集到了重要的军事情报。

1.3 庆祝抗战胜利的盛况

1945 年日寇投降的消息传来,田振起[③]、陈敬芝、宋廷香等著名艺人闻讯赶到凤台县城。他们以"玩灯"的方式庆祝抗战胜利。当时,除了花鼓灯,还有马灯、小黑驴灯和戏曲班社参加演出。陈敬芝等人当天"踩街"过后,晚上接着为县常备自卫大队演出。演员率性而舞、即兴放歌,观众激情飞扬、掌声雷动。特别是士兵人手一个篾缆做成的火把,把县城照得如同白昼,伴着响彻夜空的歌声、锣鼓声和欢呼声,把人们郁积的愁苦、愤恨连同突然降临的喜悦之情一起释放在这胜利的时刻。白天人山人海,夜晚照样比肩接踵。时人以"一线原细缕,却扣住万千抗敌军人"(对联的下联,和赞美清末戏人焦九演技的上联"交九本严寒,还热坏多少青年浪子"而作)来纪念当时演出盛况。演出轰动一时,吸引了怀远县、颍上县等周边地区许多灯班前来助演,一直持续了三天三夜,欢庆新时代的到来。上面主要以凤台县为例讨论了花鼓灯宣传抗战的情状,实际上,在当时的淮河流域,花鼓灯服务抗战是较为自觉而普遍的现象。

---

① 宋廷香,艺名"宋瞎子",凤台县著名花鼓灯表演艺人。

② 跑反,方言,意为因天灾人祸而离家出逃。这里是"跑鬼子反",指老百姓为躲避日本鬼子烧杀抢掠而离家出逃。

③ 田振起,艺名"田小银子",凤台县著名花鼓灯表演艺人。

2

然而,受活态传承的影响加上时处战争年代,抗战灯歌流传下来的并不是很多。从笔者收集到的60多首灯歌来看,这些作品再现了淮河两岸的抗战风云,表现了淮畔民众的爱恨情仇,成为中国人民同舟共济、共御外侮的火热斗争生活的形象写照。

2.1 揭露敌人罪行

敌人是疯狂的,他们犯下的罪恶罄竹难书。抗战灯歌痛斥敌人犯下的滔天罪行:"提起民国二十六年,日本鬼子进中原。房屋被鬼子都烧尽,男女老少都跑反。俺夫妻挑着孩子奔西南,一下子跑到大河湾,日头落了坠西山,上不巴山下不巴店①,干沟头子②里避风寒。下铺地,上盖天,头底下枕块半截砖……""不对脆③,不对脆,怀远来了'大褂队'④,偷人家的衣裳抱人家被,拉人家女人胡乱睡,小锅子摔得稀巴碎,还嫌小鸡子炒得没有味。"灯歌以纪实的方法,描述了日寇、汉奸奸杀焚掠的罪行和百姓有家难回甚至无家可归的悲惨境遇。其中后一首是怀远县著名花鼓灯艺人汲新河⑤创作的抗战灯歌系列中的选作,但更多灯歌因为即兴创作、口口相传等原因,其作者已无从稽考。

2.2 拥戴国共合作

日本帝国主义的侵略行径激起举国上下的抗战热潮,促使国共两党联合抗战为基础的抗日民族统一战线的形成。抗战灯歌应时而作,唱出人民对国共两党第二次合作的拥戴之情和最终夺取胜利的坚定信念,如"新四军,真能战,唐、宋国军⑥守要关,冯玉祥指挥在中间,鬼子要从北边攻,朱毛二路山西拦。偶出奇兵弓上弦,势如破竹不费难。我们今天假败让他先,只等倭寇火药消耗完,一鼓作气打到奉天,夺回澎湖列岛和台湾,我们的飞机飞到东京地盘,直叫小鬼子拿手服降⑦到我们中央政府前。那时候汉奸长了脸⑧,最后胜利属于咱"!这段节选自组歌《贤良女劝夫参军》的灯歌,字里行间流露出对国共两党联合抗战的称赞、拥戴之情。国共合作是全面抗战的重要基础,"从前只是一块沃土,一大盘散沙的死中国,现在是有血有肉的活中国了"⑨。

2.3 激励民众抗战

抗日战争是人民战争。面对日寇轧轹、侵陵和汉奸的卖国求荣,充分发挥民众的才智,积极依靠民众的力量是反侵略战争夺取最后胜利的根本,如"我夫参加新四军,我喜在眉头笑在心,为妻送你上前线,年迈的母亲我照应,全家生活我承担,你要勇敢杀敌人,

---

① 上不巴山下不巴店,方言,指身处荒凉之所。
② 干沟头子,方言,指干了的浅沟。
③ 不对脆,方言,意思是不对劲,主要是为了合辙押韵。
④ 大褂队,是只发枪支、不发军饷的地方汉奸武装。
⑤ 汲新河,艺名"汲瞎子",怀远县花鼓灯著名表演艺人。
⑥ 唐、宋国军,指唐生智、宋哲元的部队。
⑦ 拿手服降,方言,是拱手称臣,投降的意思。
⑧ 长了脸,方言,"长"读 chang,第四声,指事出所料露出愕然的表情。
⑨ 朱自清:《朱自清全集》第4卷,江苏教育出版社1990年版,第405页。

哎哟我的哥,打败日本鬼子兵,我们才能享太平"。灯歌舍小家顾大家的精神境界感人至深。《贤良女劝夫参军》深情唱道:"苦苦劝你把兵当,不是为妻狠心肠。哪家人愿意分两下,哪有贤妻不恋郎?亡国奴哪里还有家?不灭鬼子难安康。离家打仗为保国,国强才能幸福长,男儿汉为救民族出水火,就是为国尽忠也美名万古扬!"抗战灯歌抗敌救国宣传功能是对反侵略文化思潮的积极呼应——"想要彻底打击武器兵力优势的敌人,唯有广大的激励人民的敌忾,发动大众的潜力"①。在这些劝夫、送夫出征的"贤良女"身上,我们看到了人民的力量和民族的希望。

3

德国人于尔根·韦尔克说过,20 世纪是宣传的世纪。日本的佐藤卓己也谈到,世界大战让普通人与学者都发现了宣传。的确,"在战时状态下,文学艺术不得不放弃自律性诉求,无条件地服务于战时宣传鼓动的要求"②。显然,抗战灯歌顺应了时代发展需要。以静态观之,我们只能领略其中的反侵略文化内涵。然而,抗战灯歌是为听众演唱的。绝大多数作品是艺人与听众思想、情感直接交流的产物。因此,结合动态的"艺人——观众"互动过程来解读,不能不正视它的抗敌救国宣传功能。何况,演艺类遗产的社会价值都是在面对面的互动、交流中,通过最后达成视域融合来完成的。而互动性强、文化认同度高的花鼓灯灯歌更是如此。

3.1 唤醒民族意识

日寇入侵之时,也正是中华民族意识的觉醒之日。抗战灯歌一直以宣传民族精神为主导。《贤良女劝夫参军》唱得好:"中国历史五千年,同胞就有四万万五千万,自古哪受过日本鬼子侵占?!"字里行间是难以言传的沉痛之情,更表明了凛然不可侵犯的民族自尊。正是基于民族自豪感,花鼓灯抗战灯歌一贯以诙谐的语气和渺视的态度来叙写敌人:"别看他东洋鬼子黄军装,身上背着大盖子枪,一听说来了新四军,就屁滚尿流逃荒忙。只有一个他不跑,腿断骨折倒路旁;还有一个他不跑,脑门子开花见了阎王。"语气诙谐、畅达,抒情率直、自然,绚烂之极归于平淡的美学追求中高扬的是革命的乐观主义精神以及对"小鬼子"的极端蔑视。这样的灯歌在唤醒民族意识、激发民族斗志方面的作用非常显著。人们难以忘记:抗战之初,逃难的男女老幼和着大海的波涛齐唱《义勇军进行曲》,每个人都坚信"中国是不可征服的"!③ 民族解放斗争中,民族情绪是一种看不见、挡不住的力量。民族尊严和民族精神成为共御外侮的不竭动力。抗战灯歌抗敌救国宣传功能较为明显,抗战伊始的淮河之滨,灯歌成为催发民族意识觉醒,争取民族解放,增强民族自尊心、自信心,提高民族向心力、凝聚力的重要宣传工具。它与全国迅速崛起的

① 中华全国文艺界抗敌协会:《中华全国文艺界抗敌协会发起旨趣》,《文艺月刊》1938 年第 9 期。

② 谢纳:《空间生产与文化表征——空间转向视阈下的文学研究》,中国人民大学出版社 2010 年版,第 128 页。

③ 田本相:《曹禺传》,十月文艺出版社 1988 年,第 222 页。

反侵略文化艺术[①],构筑了一座坚不可摧的民族精神长城。

3.2 分清敌我阵营

正是基于民族解放和民族精神的标尺,抗战灯歌对敌我阵营分得非常清楚。团结在以国共合作为基础的抗日民族统一战线周围的一切力量都是我们的战友、朋友,而日本帝国主义及其走狗则是我们的敌人。抗战灯歌将批判矛头直指日伪、顽固派:"他(日寇——笔者注)放的毒瓦斯最可惨,坦克车,重轰舰,连珠大炮响震天,奸杀焚掠样样全。"日寇罪孽深重,激起民众极大的仇恨。而汉奸的助纣为虐、祸国殃民也让人痛恨万分:"汪精卫、倪道烺[②],受人利用当汉奸,这些龟孙眼皮浅,卖国求荣不要脸!"老百姓的憎恶之情溢于言表。批评国民党顽固派时,灯歌直接点了蒋介石的名:"我国的土地失去一大半,'亡国'二字就挂嘴边。蒋介石卖国不抵抗,逃到四川峨眉山。"抗战灯歌对日伪、顽固派在情感态度上是有分寸、有区别的。从抗敌救国宣传功能角度讲,抗战灯歌对于日本军国主义和民族败类表达出来的是阶级仇、民族恨,演出中采用了无情谴责、辛辣批判的态度。对于国民党顽固派,采用的是与之斗争并积极争取的策略。一次,艺人林风肖[③]为当地名宿表演,这些人的老婆都坐在前排。林风肖脱口而出:"上了场子把头抬,看见几位官太太。望着太太们拜三拜,祝人人们增福、增寿、增男孩。玉皇爷恩赐你们没发国难财!"表面恭维、内含劝诫。像这样的灯歌就有争取团结抗战、反对为虎作伥的宣传效果。因此,抗战灯歌分清敌我、团结抗战的宣传主题和宣传策略是非常明确的。

3.3 预言胜利在握

在敌人最为疯狂猖獗之时,人民看到的是星火燎原的发展趋势。抗战灯歌以无可争辩的语气断言:"最后胜利属于咱!"花鼓灯艺人宣传抗战始终坚持这样的信念,即敌人必然会葬送在人民战争的汪洋大海之中。抗战灯歌注重宣传舍小家顾大家的精神气节,并明确预言胜利终将属于人民:"小郎子,一十九,快快跟上队伍走,国家急难正用人,建功立业是时候。学放枪,学放炮,扛起长矛和大刀,鬼子来一个杀一个,鬼子来一窝捅一窝。不管他什么武士道,叫他跪地打哆嗦。有朝一日胜利了,俺给你烙韭菜合[④]。"实际上,在持久战战略思想指导下,共产党人对抗战灯歌宣传教育功能非常关注,有意识地引导艺人们发挥灯歌教育群众、发动群众、鼓舞士气等方面的宣传作用,有力地配合、支持了中国共产党倡导、促成、维护的抗日民族统一战线工作。《贤良女劝夫参军》演出时,国民军一赖姓师长问:"你怎么知道新四军真能战的?"(灯歌里有"新四军,真能战"句)灯班一时手足无措。是地下共产党员王光宇[⑤]以联合抗日是大局据理力争才获准继续演出的。

---

① 据田汉对抗战时期120多部戏剧创作所作的分析,直接歌颂联合抗战、宣传民族解放的作品占的比例最大。田汉《抗战八年来的戏剧创作》,《新华日报》1946年1月16日。

② 倪道烺,安徽省阜南县人,抗日战争时期汪伪安徽省首届省政府主席,汪伪国民政府委员。1951年5月10日,在安徽省蚌埠市被判处死刑。

③ 林风肖,凤台县花鼓灯表演艺人。

④ 韭菜合,方言,以韭菜为馅烙的饼子。

⑤ 王光宇,安徽省霍邱县人,抗战时为地下党员,解放后任安徽省委书记、人大主任等职。中共八大、十一大、十二大代表,中共第十一、第十二届中央委员,第四、第七届全国人大代表。

连日军也承认,日军占领区“几乎都有共军活动,民心多倾向共产党”“八路军的斗志极为旺盛,共产党地区的所有民众,连妇女、儿童也用竹篓帮助运送手榴弹,我方有的部队因无戒备而突进,被手执大刀的敌人奇袭、包围而陷于苦战”。[①] 在“人人皆兵,物物成械”全民抗敌背景下,敌人灭亡是必然的。抗战灯歌以民间艺术的方式,诠释了人心向背和人民战争思想的伟大、正确,并预言正义终将战胜邪恶,胜利永远属于人民!

4

联合国教科文组织《保护非物质文化遗产公约》指出:“非物质文化遗产是密切人与人之间的关系以及他们之间进行交流和了解的要素。”作为演艺类遗产,花鼓灯艺术尽管在抗日战争这一争取民族解放的年代有其社会价值方面的特殊性,凸显了唤醒民族意识、凝聚民族精神的宣传功能。但不能不看到,它“密切人与人之间的关系”、增进相互交流、相互了解的作用一点也没有减弱。实际上,正是因为互动性强、参与面广、文化认同度高等特点,抗战灯歌才能成为宣传抗战、动员民众,增强民族自尊心、自信心、凝聚力的有效宣传工具。从这个意义上讲,抗战灯歌维系社会公德、融洽社会关系、维持社会秩序、凝聚民族精神等方面的社会价值与功能是相辅相成、互为促进的。值得我们警觉的是,1930 年代初,日本占领军就暗地里支持开展了对中国民俗的全面调查活动;1943 年日伪合作的“华北综合调查研究所”也下设有专门研究中国民俗文化的机构。[②] 可见,文化是与国家安全密切相关的问题。特别是像花鼓灯这种民众参与面广、文化认同度高的演艺类遗产,一旦宣传导向发生偏差或掌控在日伪手中,后果将不堪设想。值得肯定的是,抗战灯歌把中华民族同舟共济、共御外侮、反侵略的传统文化与人民战争思想有机结合,与日伪、顽固派打起了持久的宣传战、文化战,积极配合全国抗战文艺宣传工作,切实发挥了动员人民、鼓舞人民,增强民族自尊心、自信心,提高民族向心力、凝聚力的重要作用。因此,抗战灯歌充分彰显了抗敌救国宣传功能,成为我们今天进行爱国主义教育不可多得的鲜活教材。

---

① 日本防卫厅战史室编:《战史丛书 18——华北的治安战 2》,东京朝日新闻社,1968 年,第 375 页。

② 马兴国、宫田宝:《中日文化交流史大系(5)·民俗卷》,浙江人民出版社 1996 年版,第 76 页。

花鼓灯与道家文化[①]

陈德琥[②]

摘　要：花鼓灯主要播布在道家思想十分活跃的淮河中、上游地区。它的文化传承场既受到道家思想理论的长期影响与滋养，也保留着淮畔民众对道家思想践行者如大禹"疏川导滞"顺应水性治国理事的集体记忆和历史记忆，呈现出鲜明的道质道性特征。同时，作为这一特定文化传承场滋生、发展、成熟的汉民族歌舞艺术，花鼓灯以歌舞语汇的原生特点、望风采柳的抒情方式和自然天成的艺术之美等等充分凸显了本真和谐的道家审美文化特质。花鼓灯所弘扬的道家思想文化对消解当今"人类中心主义"主客体二元对立窘境有十分重要的作用。

关键词：花鼓灯；文化传承场；审美特质；道质道性；本真和谐；道家文化

作为汉民族民间歌舞艺术的典型代表，花鼓灯主要播布在道家思想十分活跃的淮河中、上游地区。这一区域曾出现老子、庄子等道家思想大家以及《道德经》《淮南子》等道家（或以道家文化为主）理论著述；在实践层面，大禹开山浚川消除水患的顺应水性的治水策略，成为运用原始道家思想治国理事的典范，而践行道家思想的名人雅士更是不胜枚举[③]。因此，花鼓灯艺术在孕育、发展、成熟过程中受到道家思想文化的浸润、滋养是不言而喻的。实际上，道家文化对中国艺术包括民间艺术的影响深远——与儒家在政治上占据主导地位、释家在宗教上较有优势不同，道家审美文化始终是中国审美文化的主流。只不过像花鼓灯这样的淮河地缘文化艺术折射出的道家思想文化格外丰富、系统，而具备的道质道性特征则更加鲜明、突出。下面，我们对"花鼓灯与道家文化"做些探索，摭言琐谈聊作引玉之砖。

1　文化传承场的道质道性特征

张福三认为，民间艺术文化传承场由"自然传承场""社会传承场"和"思维传承场"

① 基金项目：安徽省教育厅2011年度人文社会科学重点课题"花鼓灯与道家文化研究"（2011sk488zd）阶段性成果。

② 作者简介：陈德琥，安徽凤阳人，安徽省蚌埠学院副教授。

③ 李霞．论楚淮文化对道家生命哲学形成的影响［J］．安徽大学学报：哲学社会科学版，2005年第4期。

组成[①]。花鼓灯自然传承场推重“物我一也”的道家自然观,社会传承场承续道家(教)“贵己重生”的生命哲学思想,思维传承场关涉大禹“疏川导滞”顺应水性等运用道家思想治国理事的集体记忆和历史记忆,从而使得花鼓灯文化传承场具有鲜明的道质道性特征。

1.1 自然传承场“物我一也”的自然观

花鼓灯是中华农耕文明的产物。它的自然传承场沉淀着农耕文化背景下人对于自然界的观念、信仰等。其中道家“物我一也”的自然观在花鼓灯自然传承场表现得尤为充分。道家“天人合一”思想中人与自然是不分的。道家把“人”看作只是与“道”“天”“地”并列的“域中四大”之一,不但没有多少优越之处,而且还要以“自然”为法。正因为如此,庄子认为“天地与我并生,万物与我为一。天地万物,物我一也”。花鼓灯艺人们未必能够像庄子那样,总结出“物我一也”的道家自然观,但是他们以艺术的方式诠释了尊重自然、融于自然的道家思想文化。像著名花鼓灯表演艺术家、冯派艺术创始人冯国佩的舞蹈代表作《新游春》就很典型。作品主要描写一位农村姑娘在明媚春光中踏青情状。其中她捕捉蝴蝶时捉了放、放了捉,最后望着它飞向蓝天的情景就体现出人与自然之间的共生关系,蕴含着“物我一也”的道家文化内涵。当然,这仅仅是道家自然观在艺术层面的体现。实际上,花鼓灯播布区有很强的自然生态保护意识。我们从文化部命名的“花鼓灯文化生态保护村”冯嘴村的自然生态和文化生态保护可见一斑。冯嘴村地处涂山南麓、天河(淮河分支)之滨,是冯派花鼓灯艺术的集中播布区域。这个村的民居村落文化带有典型的淮河流域的聚落风格特征——近水筑台而居(相传由管子发明)。在文化和自然生态保护上,冯嘴村建构了自成体系的圈态系统,将其分为艺术核心区、次核心区和外围保护区。核心区和次核心区是文化展示区,保留打谷场、凉亭、水井、牛棚、门楼、土地庙、祭祀场等农耕自然环境,营造了浓郁的玩灯氛围。外围保护区不同于艺人的传统居住区,是带有现代气息的民居新村,作为花鼓灯文化对外延伸的过渡带(也是自身文化和自然生态圈态系统的保护屏障)。可以看出,文化展示区具备了与玩灯人日常生活、劳作情况和现场即兴表演活动密切关联的自然环境,这样的环境能够激发人们的玩灯欲望。相反,失去“世外桃源”般的自然生态,原生态花鼓灯就失去了传承与保护的“自然场”基础。虽然历史是不能逆转的:回到自给自足的农耕时代这绝不可能。但是,通过文化传承场来继承和发扬传统观念包括道家自然观是完全可行的,对于花鼓灯自然传承场也是十分必要的。特别是信息时代,文化涵化的速度不断加快、力度空前增强,其结果是文明板块急速更替而人们重构精神家园渴求十分强烈。从这个角度看,冯嘴村花鼓灯自然传承场对“物我一也”道家自然观的固守是难能可贵的。

1.2 社会传承场“贵己重生”的生命哲学

作为自娱娱人的民间歌舞艺术,花鼓灯重在一个“玩”字。“你好玩,我好玩,采朵莲花做舟船,金锣玉鼓船头站,好像乾隆下江南,一递一个接着玩。”就个体而言,花鼓灯真纯不羁、率性而为的自由展演状态,表现出很强的自娱特征和个性特征。玩友对花鼓灯

① 张福三.论民间文化传承场[M].民族艺术研究,2004(2):27-34.

的痴迷让人感佩不已:“不叫玩灯偏玩灯,玩得亲家不上门,丈母娘不把女婿叫,大舅子不把妹婿称,老丈人提出要罢亲,罢亲罢亲就罢亲,你不罢亲是龟孙,罢亲也要去玩灯。”《庄子》外篇《田子方》中那个旁若无人、无待无累、由意纵笔(“解衣盘礴”)的画家风采也不过如此。就群体性而言,花鼓灯重在民众广泛参与。“豌豆开花水红心,韭菜开花白粉粉,弯弯扭扭豆芽菜,扯扯拉拉扁豆藤,大家都是好玩的人。”原生态的花鼓灯表演空间“是一个观众与演员共有的空间、共享的空间,是一个表演与观赏在心里上融合无间、在成分上相互随时转化(如观众即兴而舞、演员退而观赏)的空间”①。民众参与度高,艺术的娱人功能强。显然,花鼓灯社会传承场这种由自娱到娱人的创作态度关涉道家“贵己”“重生”“乐生”等养生长生文化内涵。“全性保真,不以物累形”是《淮南子》对道家杨朱派“贵己重生”思想的光大,主要提倡的是不为外物所累,尊重个体生命,活出自己真性情。这在花鼓灯文化中多有体现。细观冯嘴村核心区和次核心区的民众,至今仍保持超然的生活态度和容与的生活方式,与道家(教)“贵己”“乐生”等生命哲学一脉相承。因此,花鼓灯社会传承场从文化展演的空间特征、社会功能特别是展演主体的生命意识、艺术追求、人生态度等方面充分凸显了道家文化特质。老子认为,只有“道法自然”才真正符合道德,即高尚的道德在于繁生万物而不据为已有,帮助万物而不自恃有功,引导万物而不宰制它们。宇宙具有了这种本质,世间事物才持续平衡发展。花鼓灯自娱娱人的审美态度和贵己乐生的人生观念与老子“道法自然”是不矛盾的。同时还促使了花鼓灯艺术的亲社会行为②模式得以全方位地展现、传播,共荣特征得到彰显。这在以血缘为纽带的花鼓灯灯班内部表现得很充分。即便是对外竞演如“抵灯”(灯班演艺水平的比赛),也是一种良性竞争。其结果是一切都在笑声中结束。显然,花鼓灯文化并不推崇你死我活的恶性竞争。相反,共生共荣才是它文化的根本特征。因此,花鼓灯社会传承场与《淮南子》的“全性保真”以及老子“道法自然”观念有内在的必然的联系。

1.3 思维传承场“疏川导滞”的历史记忆

自花鼓灯诞生以来③,它便与大禹文化产生了千丝万缕的联系。每年农历三月二十八的蚌埠涂山庙会即朝禹会,是纪念大禹会诸侯于涂山地区的祭祀活动。十里长淮,人山人海,其间常有千班锣鼓万班灯的表演盛况。以至于在涂山庙会这一文化空间④中,花鼓灯已成为周期性民俗表演的叙事行为。从民间文化传承思维场的角度看,叙事行为关涉播布区民众的历史记忆和集体记忆包括图腾现象。这对解读花鼓灯与大禹文化密切联系很有意义。大禹治水“疏川导滞”不仅是对鲧用“湮”法的变革,而且这种顺应水性的治水策略已成为运用原始道家思想治国理事的典范。这是道教视大禹为远祖,尊奉大禹为“三官”(天官、地官、水官)中的“水官”原因所在。为此,“禹步”成为道士在祈神仪礼中独特步法,是道教重要法术。涂山庙会禹王殿神龛供奉的是大禹塑像。可见,大禹治水事迹早已融入了淮畔民众的集体记忆与历史记忆之中。作为涂山庙会艺术叙事行

① 冯双白.中国现当代舞蹈史纲[M].北京:文化艺术出版社,1999:307.

② [美]加里.D.鲍里奇.有效教学方法[M].易东平,译.南京:江苏教育出版社,2004:273.

③ 谢克林.中国花鼓灯艺术[M].合肥:安徽人民出版社,2006:14-23.

④ 李玉臻.非物质文化遗产视角下的文化空间研究[J].学术论坛,2008(9):178-181.

为,花鼓灯展演与大禹文化有紧密联系且历时久远。朝禹会上,原生态花鼓灯必须在灯班班主的带领下先来到禹王大殿前,焚上高香,唱一段灯歌,击一通锣鼓,叩拜过禹王后,方可出庙门到山下演出。同时,花鼓灯艺人与涂山禹王庙道士、住持之间关系密切、交往情深的也不乏其例。当然,大禹文化是丰富的,其中有“三过其门而不入”的大公无私精神、“执耒锸以为民先”的以德垂范精神、“恶衣服卑宫室”的艰苦创业精神、“左准绳右规矩”的科学创新精神、“疏川导滞辟阙”的开拓进取精神、“为纲纪作禹刑”的依法治国精神等。值得注意的是,“疏川导滞辟阙”的开拓进取精神中还包括顺应水性的治水策略。这种顺其而为、积极而为的思想对淮河地缘文化影响很多。《淮南子》云:“所谓无为者,不先物为也;所谓无不为者,因物之所为也。”前者指事物自身发展没有表现出来不要妄动;后者是说事物自身发展一旦表现出来了就要顺其而为。《淮南子》赋予“无为”更加鲜明的实践意义和积极内涵。这是哲学上对大禹文化的存续。而花鼓灯敬拜禹神而又执着人生,艺术的阴柔灵动之美中不乏内在的超拔之气(如涂山庙会灯歌《他玩的鲤鱼跳龙门》《禹王庙前热闹得很》等),可以说是淮畔的民间艺术对顺其而为、积极而为思想的光大。所以,大禹“疏川导滞”运用原始道家思想治国理事方略和积极进取精神始终保留在花鼓灯播布区民众的集体记忆与历史记忆中,成为花鼓灯艺术思维传承场的文化源头,并逐渐萃取、沉淀为花鼓灯艺术的核心价值。

2 审美文化的本真和谐特质

在道家文化如此浓郁的文化传承场孕育、成长、成熟的汉民族歌舞艺术——花鼓灯具有十分明显的道家审美文化特征。其中本真、和谐等审美追求在花鼓灯艺术中占据重要地位。“本”,元气,“真”,真气。道家(教)从阴阳五行的运行和宇宙万物的根性来解读“本真”,“本真”便有了源始存在的意蕴。“谐,和也”(《尔雅》),指事物各组成部分协调地相互统一,“和谐”则具备浑然一体的特质。花鼓灯主要通过歌舞语汇的原生特点、望风采柳的抒情方式和自然天成的艺术之美等凸显了系统而丰富的道家审美文化思想及其本真、和谐的道家审美文化特质①。

2.1 歌舞语汇的原生特点

“原生”态在当前学界中是使用频率颇高的词语。按《说文解字》的释义,“原生”即为从本源深处自然地产生出来,有自由存在、未加雕饰的特征。从花鼓灯艺术来看,它的歌舞语汇多来自于自然景物和田园生活的模拟,有很强的农耕文化特点和原生特征。首先,音乐语汇有较为明显的原生性。花鼓灯灯歌的曲调受土里土气的“清音”等滋养,往往是春种秋收季节犁田、耙地、打场、运粮时脱口而出的民歌小调。特别是叙事性灯歌,大多似说非说、似唱非唱,旋律只是地方性语言在吐字时字音高低而已,修饰的成分很少,类同草生泉涌般的自然。锣鼓点也注重对农村自然景物的模拟,像常春利的《蛤蟆跳井》这套锣鼓,创新了十多个很有特色的锣鼓点,其中运用鼓面的闷、压、挑、滚等多种手

① 陈德琥.道家审美文化视阈中的花鼓灯艺术[J].福建师范大学学报:哲学社会科学版,2010(6):84-88.

法模仿雨季中蛤蟆在土井里跳上蹦下、追逐嬉戏、“咕哇咕哇”尽情“歌唱”的生动形象，如天籁自鸣。其次，舞蹈语汇的原生性特征也很强。如“簸簸箕”以扇子来模拟簸箕，再配合步伐和身段来表现簸粮食的劳动动作；“双扯线”是以扇花、手巾和步伐的配合，模拟纺棉线的动作；再如冯国佩的出场定型动作是对左手扶犁、右手扬鞭，在田间猛一回转瞬间的模仿，其气息、身姿、节奏和韵律均为当地农民耳熟能详、心领神会的舞蹈语汇，似芙蓉之出清水。花鼓灯舞蹈的四百多个语汇、五十多种基本步伐，虽然整体上看它们有超常度高、时间差大、舞姿瞬间复杂多变等特点，但细究没有哪个动作不是来自原汁原味的农耕生活。从上面的分析可见，花鼓灯歌舞语汇大多来自受众群体充分体认、普遍接受的农耕环境、劳作过程和农闲生活，歌舞艺术表演则充满了泥土气息和原始活力，是典型的农耕文明产物。花鼓灯歌舞语汇的原生特点与道家审美文化滋养不无关系。道家对艺术有其独特的理解，如对音乐持“丝不如竹，竹不如肉”观点。“丝”（弦乐）、“竹”（管乐）、“肉”（声乐）分别以手指拨弹、气息吹奏和嗓子诵唱的不同形式来完成。在比较中可以看出，这种对天生乐器——嗓子的推崇充分显现了中国音乐对自然本真之美的追求。师法自然是道家审美文化的重要内涵。花鼓灯舞蹈语汇和音乐语言具有的原生特点，是它受到道家审美文化的深刻影响的典型例证。

2.2 望风采柳的抒情方式

艺术抒情方式的不同对审美风格的形成影响很大。李白勃发的激情如果采用“缩笔吞咽”抒情手段是不可思议的，只有“放笔呼号”，才能充分表现出他诗歌强烈的主体意识和主观色彩。花鼓灯以望风采柳的抒情方式凸显其艺术表演非同寻常的即兴特点、率性特点和本真之美。郭铁的一段回忆对理解花鼓灯艺术望风采柳的抒情方式很有启发：“1959年安徽会演期间，我们将几位著名的花鼓灯艺人集中一起编排节目，取名《五姐妹赶会》。根据他们各自的特长分配了角色，排练几天后发现每个人的动作一天一个样，固定不下来。最后只好严格要求在规定情景内，根据人物性格进行表演。经过数日努力，终于演出了。……几位高手千姿百态、满台飞舞，有条有理、配合默契、表演逼真，赢得台下观众掌声、欢笑声不止，让人们欣赏了花鼓灯艺术的精湛表演，是一次美好的艺术享受。可却出了大问题，演出时间比排练长了一倍，累得鼓手“老蛤蟆”常春利满头大汗，透不过气来。事后询问他们时间延长一倍添了哪些动作时，答曰：“不知道！”如此说来岂不是在台上乱跳一阵吗？非也！他们又补充了一句：“只要知道演啥角、干啥事，情绪一来，动作也就来了。”[①]这里有几个方面值得我们认真揣味。首先，花鼓灯表演是即兴的：“只要知道演啥角”，兴至即舞（歌）、兴尽辄止；其次，花鼓灯表演是率性（带有艺术个性）的：艺人各自“满台飞舞”“千姿百态”；再次，花鼓灯表演有其规定性：受口传心授传承方式影响，只要确定了情景、人物，不过是几天训练便“表演逼真”、“有条有理”；最后，花鼓灯表演是互助的：艺人“精湛表演”关键还在于“配合默契”。以上几个方面特别是即兴、率性特点有助于我们进一步认识花鼓灯望风采柳的抒情方式。上文提及，花鼓灯是民间广场艺术，有表演空间共享、角色可以转换、互动程度高等特点。实际上，在表演时间上它

① 郭铁.关于花鼓灯的继承传统与发展[J].安徽舞坛，1983(1).

又是随时演出、可长可短的;而在表演题材方面,往往能够即兴发挥、即景(事、物、人)抒怀。因此,望风采柳的抒情方式是花鼓灯艺术表演即兴特点、率性特点等方面有机结合的产物,是道家审美文化在民间艺术中的充分体现。

2.3 自然天成的艺术之美

花鼓灯艺术有其独特的艺术风格。歌能望风采柳、即景抒怀、出口成章;舞则兴至即动、兴尽辄止、顺其自然。它的率性而作、质朴淳美、乡土气息浓郁等是艺术上追求自然天成之美的集中体现。自然之美是中国文化艺术的审美理想之一。它迥异于儒家温柔敦厚的审美韵味而受到道家的特别推崇。庄子在《天道》中直言:“朴素而天下莫能与之争美。”深受道家思想文化影响的李白对自然风格特点充分体认后一语道出其精魂:“清水出芙蓉,天然去雕饰。”(李白《经乱离后天恩流夜郎忆旧游书怀赠江夏韦太守良宰》)扎根于淮畔、自然风格特征突出的花鼓灯艺术舞如出水芙蓉、歌似天籁自鸣,这在上文已有所论述。一般而言,艺术作品的本真自然之美主要通过原始真实性、情感真诚性和艺术天然性几方面得以体现。花鼓灯歌舞语汇的原生特点、望风采柳的抒情方式、清淳质朴的语言特征等等都是它艺术上的自然天成之美的一种表现。当然,道家审美文化本真自然之美与其宁静和谐的精神追求是一致的。实际上,花鼓灯不仅在它的文化传承场继承了道家宁静率真的精神美,如自然传承场“物我一也”的道家自然观,社会传承场“重生乐生”的生命哲学,以及老子“道法自然”思想等,而且在艺术展演中也弘扬了道家和谐共荣的文化特质,如《五姐妹赶会》中艺人们的“配合默契”,灯歌“大家都是好玩的人”等。应当说民间艺术大都有任其自然、回归本真的原始真实性,凸显生命、精神本源的情感真诚性和造化之妙、浑然天成的艺术天然性。但是,像花鼓灯这样能够望风采柳、即兴放歌、率性而舞的是不多见的。因此,花鼓灯艺术有两个方面的价值不可忽视:一方面,它的自然天成之美是对中国审美文化绚烂之极归于平淡的极好诠释;另一方面,它的乐生共荣的审美内涵则充分彰显了中华农耕文化不同于西方殖民文化的相互融合、和而不同、共济共生的生存型文明①特质。作为沿淮劳动人民自发创造、自己享用的文化艺术形式或称之为该地域生命共同体的精神产品,花鼓灯形象直观地显现了淮河儿女率直、乐观性格,成为充分体现道家自然、本真、和谐审美文化的汉民族民间艺术的典范。

3 结语

以上从文化传承场与审美文化二维向度论述了花鼓灯与道家文化的联系。花鼓灯文化传承场承续了道家文化,决定着花鼓灯自然衍生的文化生态及其道质道性特征;而作为艺术叙事行为,花鼓灯的艺术展演过程又是对道家文化的现实展开,充分凸显了道家审美文化的本真和谐特质。因此,花鼓灯艺术浑朴天然、贵己重生、顺其而为、积极而为的文化传承场与望风采柳、自娱娱人、乐生共荣、自然本真的艺术展演方式是一个问题的两个方面,统合在道家思想文化的视闭合中。必须指出,道家思想对西方当代存在论

---

① 汪国风.中华文明的起源与特质——创生与融合的文明[J].天津师范大学学报:社会科学版,2005(1):34-40.

哲学—美学和深层生态学的影响是深远的。特别是海德格尔于1959年提出“天地神人四方游戏说”①,标志着海氏对“人类中心主义”的突破,使其理论成为名副其实的当代生态存在论审美观。实际上,海氏的观点带有老庄“域中有四大,人居其一”的明显印记。花鼓灯充分彰显了道家自然本真和谐的文化风尚,对消解“人类中心主义”人与整个对象界的二元对立窘境起到十分重要的作用,为当今研究生态哲学、生态美学提供了鲜活的艺术文本和不可多得的文化资源。

① [德]海德格尔.荷尔德林诗的阐释[M].孙周兴,译.北京:商务印书馆,2000:210.

敬神·崇道·娱人:花鼓灯文化功能摭论[①]

陈德琥[②]

摘　要:花鼓灯经历了大多数民间艺术"咒语多变成颂歌"的发展历程,带有较为明显的敬神文化遗存;而娱人精神又十分显沛,娱人功能也特别突出。从娱神到娱人的转向,道家(教)思想文化起到一定作用。崇道即成为花鼓灯艺术非常鲜明的宗教文化特点。当然,作为农耕文化广场艺术的典型,淮畔民众精神上的共同需求是它自然衍生的根本动力,同时赋予道教"贵己""乐生"等娱人功能以显著的共荣性特征。

关键词:花鼓灯艺术;敬神;崇道;娱人;文化功能

花鼓灯主要播布在淮河中、上游地带,这一地区在新中国成立前素有"无庙不成村"之称。它的文化传承场有浓郁娱神敬神文化氛围。敬神成为原生态花鼓灯的重要文化功能。值得注意的是,花鼓灯所敬之神多为道教诸神,崇道是花鼓灯文化的显著特点。道教视大禹为远祖,大禹"疏川导滞"顺应水性成功治国理事方略蕴含原始道家思想,其顺势而为、积极而为的思想文化精髓对淮河地缘文化艺术影响至深,花鼓灯也不断从淮畔民众关于禹神等道教诸神的集体记忆和历史记忆中萃取、沉淀其核心价值,其中道家(教)"贵己""重生""乐生"等生命哲学的滋养尤为重要[③],使执着人生、关注审美主体当下的生活情状和感情世界成为艺术表现的中心,从而实现了娱神向娱人的功能转向。当然,作为农耕文化民间广场艺术,花鼓灯展演成为地地道道的淮畔民众的集体狂欢,它自然衍生的根本动力是淮畔民众精神上的共同需求。为此,花鼓灯显沛的娱人精神中凸显了鲜明的和谐性与共荣性特征。

1　敬神:文化传承场的历史记忆

民间艺术文化传承场与民众的集体记忆和历史记忆联系紧密,特别是"思维传承场"还关涉图腾文化现象,带有更多的原始宗教印记。关于花鼓灯的起源,目前还没有达成共识,但大多数人认为,与城隍神敬拜有关。据老艺人回忆,最早形态的花鼓灯是与当地其他民间艺术形式汇集在一起表演的。一般的情况是:最前面抬着城隍神像,像上罩着

---

① 基金项目:安徽省教育厅 2011 年度人文社会科学重点课题《花鼓灯与道家文化研究》(2011sk488zd)。

② 作者简介:陈德琥,安徽省蚌埠学院副教授。

③ 谢克林.中国花鼓灯艺术[M].合肥:安徽人民出版社,2006:29.

黄罗伞,后面接着龙灯、狮子灯、马灯,最后是花鼓灯表演。显然,原始形态的花鼓灯表演敬神特征非常明显。后来,花鼓灯尽管单独演出,但娱神敬神观念没有彻底改变。有人对花鼓灯做深入考察后认为,新中国成立以前,“当地的祭祀祖先、庆祝典礼、祭天地鬼神等宗教民俗活动,灯班子都必须参加,并且作为这些活动中一项重要内容,成为几百年来人们共同遵守的规矩和传统”[①]。这是符合事实的。实际上,新中国成立前的花鼓灯,灯班每次表演都要举行神圣的祭神仪式,拜求神灵庇护。每到一地外出演出,也必须首先到当地庙宇、道场去上供,表示不触犯神灵,并祈求神灵保佑。

当然,花鼓灯艺人对神灵虔诚的敬拜方式表现得规模盛大而仪式隆重还是在蚌埠涂山庙会上。一般情况下,花鼓灯灯班在每年的农历三月二十八日都要“赶庙会”。程序大体如下:灯头带着艺人先到山上燃放爆竹,再到禹王庙进香,叩几个头,唱几首敬神的灯歌,在大殿前打几番锣鼓。然后,边打锣鼓边下山准备玩灯。如果在山路上两个灯班相遇了,下山的灯班要先煞住锣鼓,让出道路,请上山的灯班先走。这里姑且不说花鼓灯艺人祭拜禹神仪式包含了丰富的敬神文化,非同寻常的是,花鼓灯这种礼让现象在平时并不多见。若在平常,灯班或锣鼓班狭路相逢,一场竞演即“抵灯”是不可避免的。显然,涂山庙会下山灯班让道一旁的做法不是一般意义的前客让后客,个中蕴含着自己已敬过神而让别人上山前去朝拜禹神的虔诚的敬神观念。由此可见,涂山庙会的花鼓灯表演不仅使敬神文化仪式得到原始性、整体性承续,而且敬神文化功能和文化内涵得以集中而形象地体现。

正是受传统的敬神观念浸染,花鼓灯至今仍有许多敬神文化遗存。大多数艺人认为,花鼓灯的表演道具岔伞就是由与当地其他民间艺术一起汇合表演时的排在队伍最前面敬拜城隍神的黄罗伞演变而来的[②]。此外,目前关涉敬神文化的灯歌作品也不少。比如,清代一个叫“二老标”的花鼓灯艺人在一个叫郑郢子的地方参加演出,到当地的庙会参拜,当看到当地庙宇破烂不堪时,他虔诚的敬神之心被触动了,即用灯歌抒发感慨:“我顺着庙门往里溜,二面廊房无人修,庙顶上还剩下两块琉璃瓦,大殿上还剩神仙的头,难怪你村上没有好会首[③]。”[④]一曲灯歌使当地人感到庙宇不整有犯神灵,脸面也无光,很快自动集资翻修了庙宇。

花鼓灯带有明显的敬神文化遗存的灯歌文本至少有以下几种类别:一类是直接描绘神仙的,如《八仙庆寿歌》:“清茶端你喝,众位你入座,听我唱一个八仙庆寿歌……玉皇大帝、王母娘娘他俩坐上座,张果老、吕洞宾还有铁拐李,韩湘子吹箫紧跟着,何仙姑挎着一个花篮子。那一旁,汉钟离、曹国舅和蓝采和,太上老君献寿桃,众家神仙齐欢乐。”另一类是不少情歌涉及敬神文化,如《我想情人咯尖尖》:“我想情人咯尖尖(心似刀割),城隍庙里去许愿。手拿竹筒晃三晃,神仙老爷可听见。只要我与郎见面,四盘大香一挂鞭(爆竹),整猪整羊来还愿。”还有男女对唱涉及敬神内容,如男角(鼓架子)唱:“一见干妹子

---

① 谢克林. 中国花鼓灯艺术[M]. 合肥:安徽人民出版社,2006:29.

② 安徽省文化局花鼓灯研究班编. 安徽民间舞蹈花鼓灯[M]. 上海:上海文艺出版社,1980:1.

③ 会首,方言,指优秀的花鼓灯艺人。

④ 谢克林. 中国花鼓灯艺术[M]. 合肥:安徽人民出版社,2006:29-30.

楼前站,好像织女在云端。你可知牛郎楼下等,两双眼睛早望穿!只盼七·七这一天。”女角(兰花)唱:“小二哥把我织女比,牛郎盼望七月七。只怨王母娘心肠狠。爹妈好似天河水,隔断情人各东西。”再一类是表现庙会玩灯盛况的,这类灯歌数量较多,有《禹王庙前把锣鼓敲》《他玩的鲤鱼跳龙门》《禹王庙前热闹得很》等。

以上三类灯歌可以明显看出花鼓灯播布区民众对八仙、牛郎织女、禹神等神灵的敬拜。所以,原生态花鼓灯敬神文化特点是非常鲜明的。当然,从汇集其他民间文化艺术于一体的敬神仪式活动到独立出来的表演,花鼓灯的娱神文化功能呈明显地退减趋向,直到娱神功能消解而娱人功能确立。这已是不争的事实。当然,由娱神到娱人的文化功能转变,原动力是不可或缺的。这是我们下一步需要探究的问题。

2 崇道:氛围崇拜的功能转向

按照原始形态向前延伸、发展,花鼓灯完全可能成为宗教文化的附庸比如宗教歌舞等。然而,花鼓灯却是人的主体性特征鲜明的汉民族民间歌舞艺术,其从娱神到娱人文化功能转变的原动力何在?这当然有多方面原因。比如,禹神“疏川导滞”顺其而为、积极而为思想文化的影响;地域文化的滋养——黄河夺淮入海后淮河流域十年九涝,大水一冲,家徒四壁甚至房屋常被卷走的情况时常发生,淮河人更关心当下生活与心境;儒家文化、佛教文化的浸润,等等。但是,我们认为,道家(教)文化是促成花鼓灯娱神到娱人文化功能转向的最主要动力源。

庄清华认为:“氛围的崇拜来自于原始生活经验的积累”;“在相似律的巫术思维作用下,人们在潜意识里相信,热闹的氛围一定能带来喜庆的事情。所以,人为制造出的喜庆氛围,一定会驱赶走许多‘不利’,并预示着未来的愉悦与幸福。因为氛围本身也是一种‘顺势巫术’,它能带来好的运气和最终的好结果”;“由于道教继承了许多原始崇拜和巫术思维,所以,道教科仪中的许多仪式表演极具观赏价值”。而“民间节庆活动尽管大多与各种宗教祭祀联系在一起,但人们在这样的活动中释放出那源自生命本真的激情和欲望,却使节日变成了实实在在的集体狂欢”①。庄文对我们探索花鼓灯文化功能转变有以下几点启示。第一,“氛围崇拜”在道教许多仪式中多有体现,能增强观赏性进而起到揽众作用。第二,“氛围崇拜”是一种“顺势巫术”,借助“相似律的巫术思维”可以把“热闹的氛围”与“未来的愉悦与幸福”相联系。第三,“氛围崇拜”使得民间节庆活动成为“集体狂欢”。以上三点都与娱人功能息息相关,并在花鼓灯的“氛围崇拜”得到多方面体现。比如,花鼓灯表演时演员头饰、着装以及岔伞等道具的色彩以暖色调为主,音乐上推重炎乐(即欢快喧闹的音响效果),锣鼓即被称为花鼓灯音乐的灵魂。这种色彩和音响便于渲染温暖、热烈的表演氛围,创造动感强烈、振奋人心的艺术效果。而涂山庙会的花鼓灯展演则更为集中地体现了“氛围崇拜”的娱人功能,“千班锣鼓万班灯”的涂山庙会既是花鼓灯盛会,更是淮畔民众的集体狂欢。由此可见,花鼓灯“氛围崇拜”中的娱人功能非常明显。

---

① 庄清华.娱神,还是娱人——福建沿海地区“酬神戏”定位再思考[J].戏曲研究.2008 年第 3 期。

值得注意的是,这种“氛围崇拜”与道家(教)文化关系密切。就涂山庙会来说,庙会本身是为了纪念禹神治水的盖世功绩。然而,大禹“疏川导滞辟阙”顺应水性的治水策略,不仅是对鲧用“湮”法的变革,而且是运用原始道家思想治国理事取得成功的典范。因此,涂山庙会格外推重禹神为代表的道教诸神。大禹即被道教视为远祖,尊奉为“三官”(天官、地官、水官)中的“水官”。至今,涂山庙会禹王殿神龛供奉的也是大禹塑像,同时立有道教著名人物吕洞宾、丘处机等神位。

显然,“氛围崇拜”的崇道倾向为花鼓灯艺术由娱神到娱人功能转向提供了动力。庄清华认为,佛教与道教在争夺信徒时都采用了伎艺化、世俗化、娱乐性等娱人揽众方式,其中道教便吸纳了杂技、武术等表演技艺使其仪式活动具有很强的表演性和观赏性。①我们追问功能转向的原动力时发现,花鼓灯就具备了这样的娱人揽众方式。原始形态的花鼓灯汇聚其他民间艺术一同表演,主要是对道教护城之神城隍神的敬奉之举。但是,演出本身已经不在于演绎宗教故事、宣传宗教教义,其娱人揽众功能不可忽视;而独立演出的花鼓灯,如“盘鼓”即为舞蹈、武术、杂技等多种技艺相结合的表演,其娱人功能则比一般的道教科仪活动表现得格外充分、突出。实际上,花鼓灯是一种重在“玩”的民间艺术,这和道教的世俗精神一脉相承:“你好玩,我好玩,采朵莲花做舟船,金锣玉鼓船头站,好像乾隆下江南,一递一个接着玩。”在花鼓灯的核心价值中,道家(教)“贵己”“重生”“乐生”等生命观具有举足轻重地位,特别是大禹运用原始道家思想的治水方略已铭刻在淮畔民众的集体记忆中,顺其而为、积极而为的思想文化精髓对淮河地缘文化的影响也非常深远,《淮南子》就赋予“无为”更加鲜明的实践意义和积极的思想内涵②。而花鼓灯艺术的阴柔灵动之美中不乏内在的超拔之气,敬神的艺术文本也始终高扬人本精神,这不能不与顺其而为又积极进取的大禹文化存在某种程度的内在联系。可见,道家(教)文化是花鼓灯娱神到娱人功能转向直至跨越的主要动力。

必须指出,花鼓灯所赶庙会不仅仅只有涂山的朝禹会,它同样是淮南的茅仙洞庙会、凤台的四顶奶奶等庙会的周期性艺术叙事行为。而且,在这些以道家文化为主的庙会上,花鼓灯的娱人性质是它在参与以佛教文化为主庙会上难以企及的。如淮南洞山庙会上的花鼓灯灯歌:“跟我来,跟我来,观音抱个小红孩。请问观音哪里去?专给东家送子来。”这里虽能显现出一定的娱人倾向,但我们不难发现,在观音殿旁有王母娘娘晒麦子的麦仁滩印迹、铁拐李的拐杖印迹和张果老的驴蹄印迹等道教神仙的文化遗迹,更何况洞山庙会的花鼓灯表演不是这一特定文化空间叙事行为的主角(送子观音膜拜以抢到泥塑、木雕“小人”送与求子心切之家为目的;花鼓灯参不参与展演则无关宏旨)。而涂山庙会则定位不同,花鼓灯已成为涂山朝禹会的周期性艺术叙事行为,“千班锣鼓万班灯”本身就是花鼓灯的盛会。可见,佛教文化对花鼓灯娱神到娱人功能转向有一定影响,但作为内驱力则明显不及道家文化。

---

① 庄清华《娱神,还是娱人——福建沿海地区“酬神戏”定位再思考》[J],《戏曲研究》2008 年第 3 期。

② 王国良《从清静无为到奋发进取——<淮南子>思想研究》[J],《安徽史学》2006 第 6 期。

3 共荣:文化叙事的价值定位

文化叙事是文化主体对意义世界的现实展开,是叙事者意识形态的体现。花鼓灯望风采柳的叙事方式,"重生""乐生"等叙事内容,自然天成的叙事风格,带有明显的道家审美文化特质。在文化叙事的价值取向上,"玩"字已充分凸显了道家(教)文化世俗精神对花鼓灯的娱人功能催生作用。当然,花鼓灯娱人功能重点不在自娱上,尽管它即兴而为、真纯不羁的自由展演方式表现出的自娱特征还是很明显的。玩友对花鼓灯的痴迷让人感佩不已:"不叫玩灯偏玩灯,玩得亲家不上门。丈母娘不把女婿叫,大舅子不把妹婿称,老丈人提出要罢亲。罢亲罢亲就罢亲,你不罢亲是龟孙,罢亲也要去玩灯。"

但是,花鼓灯在本质上是汉民族民间集体文化。灯歌《禹王庙前热闹得很》唱得好:"玩灯玩到东山顶,禹王庙前热闹得很,来往人群千千万,锣鼓打得赛雷声,山上山下花鼓灯。"在"东山顶上""禹王庙前"的"氛围崇拜"中,祈求神灵佑护并未成为关注的焦点,而来往人群"玩"得热闹、"玩"得尽兴才是文中主旨。可见,花鼓灯不仅突破娱神功能而充满了显沛的娱人精神,而且超越了自娱性质,带有十分鲜明的共荣特征。这显然不是道家(教)文化所能涵盖的。

实际上,民族民间艺术大多在农耕文化滋养中成熟。不管是狩猎时代萌生的还是到了农耕时代才孕育的,只要它能够成为民族民间艺术,一般而言,都要经过"咒语多变成颂歌"①的发展、成长历程。究其根本动力所在,与该种民间艺术满足了中华民族共同的精神需要息息相关,从而使得中华民间艺术带有鲜明的共荣性特征,花鼓灯文化叙事的价值取向也不例外。

拿叙事空间来说,与其他农耕文明民间广场艺术一样,花鼓灯的表演场所是可以自由而灵活选择的。打麦场、操场、田间地头、庙前屋后等地方都可以作为表演场所,选定了场地即拉圈而演、围圈而观。因此,花鼓灯叙事空间不像祭祀仪式、迎神赛社等民俗活动的叙事空间那么固定。从这个角度看,花鼓灯显然不同于宗教歌舞文化。更重要的是,花鼓灯文化叙事空间的表演区域与观众区域界限模糊。如冯双白所言:"广场民间舞的空间,是一个观众与演员共有的空间、共享的空间,是一个表演与观赏在心理上融合无间、在成分上相互随时转化(如观众即兴而舞、演员退而观赏)的空间。"②可见,在实实在在的淮畔民众"集体狂欢"中,花鼓灯农耕文明集体文化的和谐性、共荣性得到充分彰显。因此,花鼓灯体现了相互融合、和而不同、共济共生的生存型文明"和"的特征,而迥异于西方的相互竞争、优胜劣败、你死我活的竞争型文明特质。③

不可回避,花鼓灯展演存在着竞争。一种类型是观众参与的竞演。民间广场歌舞表演观众即兴而歌(舞)、演员退而观赏是很常见的。另一种类型是灯班或锣鼓班之间的比赛即上面提及的"抵灯"。尽管"抵灯"在涂山庙会上不多见,但在平常,竞争还是很激烈

① 钟敬文. 民俗文化学:梗概与兴起[M]. 北京:中华书局,1996:175-176.

② 冯双白. 中国现当代舞蹈史纲[M]. 文化艺术出版社,1999:307.

③ 国风. 中华文明的起源与特质——创生与融合的文明[J]. 天津师范大学学报:社会科学版,2005年第1期。

的。这分两种情况。一种情况是多路灯班的“抵灯”,场面宏大,胜负以吸引观众的多少来决定;另一种情况是小规模“抵灯”,以锣鼓较量为主:获胜的一方是锣鼓点越敲越稳、锣鼓声越打越响,而失败者则乱了锣鼓的节奏,直至偃旗息鼓。但是,不管是怎样的竞演,其结果是:一切都在笑声中结束。这种良性竞争明显区别于殖民文化你死我活的恶性竞争,体现了中华农耕集体文化共荣性特点。更进一步看,良性竞争也便于形成一种“文化迫力”,推动演员努力提高表演的技能性、观赏性、娱乐性,促使灯班之间相互取长补短、协同进化,从而大大增强了花鼓灯艺术表演的娱人功能、娱人效果与和谐共荣特征。

据上可知,共荣是花鼓灯文化叙事最根本的价值取向。花鼓灯的发展过程即是认同并不断强化其娱人精神与和谐共荣的过程。所以,娱神发展到娱人、自娱更强调共荣是花鼓灯文化功能的根本价值所在。正是因为这种娱人性特别是和谐性和共荣性,花鼓灯才会呼应时代审美品味变化而不断改变题材内容、调整表演机制以及变革艺术风格。从目前的花鼓灯来看,经过新中国成立后这么多年的文化洗礼,有些旧俗已得到程度不等的改变,如男扮女装表演不复多见,表演前先行祭拜神灵业已不再重现,等等。与此同时,花鼓灯又与时俱进地融入时代的生活内容和审美风尚,使得花鼓灯成为淮河儿女乐此不疲、乐亦在其中的地域共同艺术或称之为生命共同体的精神产品。

4 结语

从娱神到娱人、由自娱到共荣,花鼓灯文化功能的演替过程与钟敬文先生所言“咒语多变成颂歌”的民族民间艺术普遍发展历程是一致的。尽管这一发展进程受到地域文化、佛教文化和儒家文化等多方面影响,但是,道家文化在艺术功能转向方面所起的关键性作用是十分明显的。在此,有两个问题必要提及。其一,花鼓灯已成为涂山朝禹会等文化空间的周期性艺术叙事行为,而历史上禹庙、茅仙洞等大多数情况下由道教人士管理。花鼓灯文化与道家(教)文化的历史渊源由此可见一斑。其二,与上述情况相关联,花鼓灯灯头(灯班的组织者)因为灯班赶庙会与道士交涉、交往的过程以及平时艺人与道士交游的过程有不少逸闻轶事,这对花鼓灯崇道倾向的强化也是确定无疑的。因此,花鼓灯与道家(教)文化的关系仍有许多问题值得进一步探讨。

五河民歌过渡性的时空特征辨析①

朱家席②

摘　要:作为明清民歌的现代传承之一,五河民歌与明清民歌二者间具有很强的艺术关联性。同时,由于五河民歌所处的特殊地域,它既受到中原文化的浸润,也受到吴楚文化的渗透,体现出明显的地域过渡特征。因而,从审美风格上看,五河民歌兼有北方粗犷豪迈之壮美气韵与南方细腻缠绵之优美风韵。

关键词:五河民歌;过渡性;时间;空间;地域

安徽省五河县地处淮北平原与安徽中部丘陵地带之交汇处,因淮、浍、漴、潼、沱五条河流穿境而过得名,且紧邻京杭大运河,东西、南北交通可借舟船之利,十分方便,其文化过渡、交融现象十分明显。五河域内无高山大川,因此少有山歌流传,而以其独具特色的民歌小调享誉国内,20 世纪 80 年代,一曲《摘石榴》红遍大江南北,老幼妇孺皆能哼唱。2001 年,在广西南宁市举办的国际民歌艺术节上,来自安徽省五河县的民歌《摘石榴》《打菜苔》双获金奖。本文基于对具有中国古代民歌代表性的《明清民歌时调集》与五河民歌的对比分析,探讨五河民歌因其独特的地域性展示出来的典型的过渡性时空特征。

1　历史过渡性特征

中国古代民歌的起源为《诗经》中记载的古歌谣,其后绵延经历了楚辞、古今乐府、古代戏曲以及唐诗、宋词、元曲、明清俗曲的影响等流变过程,其名称与形式也在不断变迁演化。明清民歌时调是明清时期诞生的一种音乐性文学新样式,向上溯源,早在宋元时期就已经出现了这些市井俗调,它产生于特定的时代背景之下,有着充分的缘由,并以特定的人文思想意识和社会背景为衍生条件[1]。一般认为,明代民歌在初始时期对南方民歌具有很明显的导引作用,从李梦阳“真诗乃在民间”论断来看,冯梦龙等编辑整理的《挂枝儿》《山歌》等受到北方民歌的影响不容忽视。沈德符《野获编》之卷二十五《时尚小令》,其记有:

自宣正至成弘后,中原又行《锁南枝》《傍妆台》《山坡羊》之属。……今所传《泥捏

---

①　基金项目:蚌埠学院淮河文化研究中心项目“明清时调与五河民歌渊源考述”(BBXYHHWH2011B05)。

②　作者简介:朱家席(1972-),男,安徽灵璧人,文学硕士,编辑,讲师,研究方向为古代文学。

人》及《鞋打卦》《熬䯼髻》三阕，为三牌名之冠，故不虚也。自兹以后，又有《耍孩儿》《驻云飞》《醉太平》诸曲，然不如三曲之盛。嘉隆间乃兴《闹五更》《寄生草》《罗江怨》《哭皇天》《干荷叶》《粉红莲》《桐城歌》《银纽丝》之属。自两淮以至江南，渐与词曲相远，不过写淫媟情态，略具抑扬而已。比年以来，又有《打枣杆》《桂枝儿》二曲，其腔调约略相似，则不问南北，不问男女，不问老幼良贱，人人习之，亦人人喜听之，以至刊布成帙，举世传诵，沁入心腑。其谱不知从何来，真可骇叹。

由此可见宣德至弘治年间，《锁南枝》《傍妆台》《山坡羊》等民间小调已经开始在中原地区广为流传，而赫赫有名的《挂枝儿》等吴地民歌本是“北人长技”。五河县建制于南宋咸淳七年(1271 年)，追溯其民歌源头，最早可见于明代天顺二年(1458 年)所修的《五河县志》。其“风俗”编记载：

除夕前二三日，小儿打腰鼓、唱山歌来往各村，谓之迎年。

三月建辰……清明，民间祭祀、扫墓，官祭历坛，请城隍出巡，百戏竞作，举国若狂，歌舞灯彩三日而毕。

第二条记载与如今安徽省五河县城每年 4 月 5 日起举办的清明庙会情况相吻合，足见当今的五河民歌有着深远的历史渊源。在民歌的融合过程中，五河因地理位置的原因无可替代地扮演着过渡性角色。明代洪武三年(1370 年)，五河民歌逐步形成并开始走向成熟，加上明清、民国时期的快速发展，至 20 世纪七八十年代左右，以安徽五河、蚌埠等地为中心，遍及皖、苏两省十几个县市的广大地区。这种情况与明代宣德至弘治以后，民歌的中心逐渐南移并实现南北合流不谋而合。

元代是中国古代戏曲走向成熟的阶段，但戏曲艺术与民歌的发展却是并行不悖，民间广泛流传的俗曲俚调在大量的元杂剧作品中也时见一斑。燕南芝庵在《唱论》曾经提及过“街市小令”：“成文章曰‘乐府’；有尾声名‘套数’；时行小令唤‘叶儿’。套数当有乐府气味，乐府不可似套数。街市小令，唱尖歌倩意。”[2] 足见俗调时曲已经不是新鲜事物，在当时还是十分盛行、广受大众欢迎的。宣德、正统至成化、弘治时期，《锁南枝》《傍妆台》等民间小调已经在中原地区广为传唱，直至嘉靖、万历以后时调民歌形成铺天盖地之势，中间已经过了一个漫长阶段的酝酿，终成喷薄之势[3]。

应该指出的是，明清民歌时调关于时间的界定从字面上看是专指明清时期，但其实际内容所涉及的绝非明、清这样两个时代，之前之后的民歌小调也因为其强大的惯性而被纳入，最终成为一个集合，或称为一个总称。

根据李开先《词谑》中对明代民歌的分期，在第二阶段即庆时期，民歌趋于南北合流，而沈德符《万历野获编》卷二十五《时尚小令》：“嘉隆间乃兴《闹五更》《寄生草》……之属”，则以《闹五更》小调的风靡一时为合流的标志。而在更早一些时候，刘半农先生从法国国家图书馆抄录的敦煌曲子里，已经发现了“闹五更”的影子。无独有偶，正如傅芸子先生指出的那样：以“闹五更”为主题的歌曲在众多明代民歌选集里面都不同程度地存在着，如《词林一枝》中的《哭皇天歌闹五更》；《金瓶梅》之七十三回《潘金莲不慎忆吹箫，郁大姐夜唱〈闹五更〉》，就明确表明《闹五更》之存在。可见这一时期《闹五更》在民歌中已经广泛被应用，成为标题的一个常见的范式[4]，只不过沈德符《万历野获编》所言的《闹五更》是民间更加广为流传的小调。

延至今日,五河民歌中仍保存了大量以“闹五更”为题材的小调,如《五更疼郎》《五更情》《五更盼情郎》《五更盼郎归》等。其内容有劳动号子、秧歌(田歌)、小调等,以小调类的民歌较多,也最具五河地方特色特色。兹举几例,与上述内容比较,以示其渊源承递关系:

一更初,夜坐调琴,欲奏相思伤妾心。每恨狂夫薄行迹,一过挽人年月深。君自去来经几春,不传书信绝知闻。愿妾变作天边雁,万里悲鸣寻访君。……(敦煌曲子《五更调》)

一更里,教奴泪满腮,我好伤怀,呀!我好伤怀。斜倚帏屏呆答孩,手托腮,盼多才,不见他来,呀!不见他来。痴心只恐他忘旧,我好疑猜,呀!我好疑猜。想是冤家恋章台,恋花街,伴裙钗,把奴丢开,呀!把奴丢开。……(万历刊本《万曲长春》卷五之《汇选苏州歌叠叠锦闹五更》)

一更鼓儿敲,我的心里似(那个)猫爪子挠,思念我(那个)情哥哥(哩)不时朝那窗外瞧哇,只见树影摇摇依得了喂,不见你那个细高挑。……(《五河民歌选》之《五更情》)

一(呀)更子里,月亮照花台,小奴家巧打扮,等我的情郎来。脸上就搽香粉,发间插金钗,对镜子上下照像,仙女下凡来,呀么哎嗨哟。……(《五河民歌选》之《五更盼情郎》)

由此可知,《闹五更》自始至终都是以表现男女主人公约会前的焦急等待、渴盼长相厮守为主旋律,充溢其中的是强烈地对爱的追求。周玉波先生将中国民歌的发展、进化分别以《诗经》、南北朝乐府和《挂枝儿》等为代表划分为这样三个阶段[5],从时间概念上看跨度大,艺术形式跳跃性强,但其关于人类真爱、真情的表述却是高度一致的,仍然属于“元叙事”范畴。不同时代诗人在追求内容和形式在高度统一基础上形成的和谐是一致的,“对于人类来说,生命是自由的前提,而自由是生命的意义”,主体性的人的本质是自由,所以审美的快乐是一种体验自由的快乐,审美的经验是一种体验自由的经验,换言之,无论是什么样的时代,人们对于爱情自由的追求总是高度耦合的,用歌声传递、表达内心世界的方式不同而其实质则一。

中国古代民歌的文字表达形式和音乐风格是在不断演进、发生变化的,不同时空背景下的民歌艺术形式存在着的千丝万缕的关联。五河地处淮北、淮南、苏北、苏南交界之处,其语言、文化等方面既受到北方中原文化的影响,也受到南方吴楚文化的渗透,其音乐风格中表现出来的过渡性、融合性自然不难理解。

2 地域过渡性特征

民歌属于一种地地道道的口传文化,口传文化的最大缺陷在于在传播过程中容易遗失,这是古今中外很多国家的口头文学没有得以保存和继承的主要原因[6]。同时,人们对民歌的欣赏与需求也是多元化的、动态变化着的,单一的样式必然会使人们产生审美疲劳和厌倦,在传播过程中容易遗失。近年来,对于文化融合的研究中人们越来越重视人口迁移因素的影响。因为,在人口迁移中文化总是随之迁移,并与当地文化逐步融合,产生新的、更具生命力的样式。这从中国古代戏曲的变迁中可见一斑。

明初,朱元璋在定都于南京、凤阳、北京三地的选择上曾经出现激烈地争议,最终形成了三都并存的历史现象。凤阳作为龙兴之地的陪都之一,在统治者的政策倾斜下,经济社会得到很大的发展。政府采取了一系列移民措施:“均浙直之民于江淮齐鲁”,洪武二十二年(1389 年),“迁杭、湖、温、台、苏、松等民人往淮河以南滁、和等地耕种”;“夏四月己亥,徙江南民田淮南,赐钞备农具”。[7]大规模移民政策的实施,使南至苏吴、北达山东,大批移民的涌入并和原居民形成了有机的融合。移民先后带来了各地的方言,与当地语言融合积淀,最终形成皖中江淮官话。社会环境的相对稳定、文化空间的全新构成下,五河民歌在不同文化基因中不断汲取倔强地生长,在文化的碰撞与交融中日趋成熟丰满。同时,凭借特殊的地理位置,四通八达的水路,五河民歌也得以传播和发扬,实现南北过渡与融合。

民歌与方言、地理位置有着密切的关联。江淮方言区由于地理位置南北分界的特殊性,也是南北文化交融的地区,江淮方言声调介于二者之间,民歌也同样呈现出南北兼具的旋律音调特色,简洁中有着婉转,爽朗中有着细腻。五河民歌的这种地域性过渡特征首先强烈表现在语言方面。明清民歌时调是纯粹的市民文学,口语化程度极高,包括俗语、谚语、成语、惯用语、歇后语、俚语等,与当时的文言化色彩极浓的书面语有着显著区别。例如,“俏”和“冤家”形成一个复合词,作为独立词根组合在一起,“俏冤家”并没有简单地将两个词根的表面意义相加,而是另外赋予了这个新词另外一层含义。“俏”是“峭”的省改,有貌美、俊俏、风度翩翩之意。“冤家”本意指仇人,在明清民歌中则是较多地表现为对情人的昵称,甚至是“爱之至极”的反语。这种情况在通俗文学作品诸如戏曲、小说中极为常见。在《民歌时调》中,频频出现“俏冤家”一词,据学者统计,共有53 例[8]。

俏冤家,家去了,便无音信。你去后,我何曾放下心,那一日不着人在你家门前问。愁只愁你大娘子狠,怕又怕令堂与令尊。担惊受怕的冤家也,怎么来得这等艰难得紧[9](P49)。(《挂枝儿·私部·问信》)

俏冤家,约定你三更时候。临行时,切不可被那人勾,访着实决不与你轻将就。非是我提防得你紧,怎奈你是个薄幸的囚,我若略放些的宽松也,你就别寻条路儿走[9](P53)。(《挂枝儿·私部·紧防》)

此外,与之相近的还有“俏冤家进门来,我和你从长计较”(《挂枝儿·欢部·愿嫁》),“想冤家,想得我恹恹憔瘦”(《挂枝儿·想部·相思》)等。这种对情郎的特殊称谓在五河民歌也是十分常见的,如风靡大江南北的《摘石榴》中女主人公深情的表白:“昨个天我为你挨了一顿打,今个天我为你挨了一顿骂,挨打受骂都为你小冤家哟!”在似嗔非嗔的倾诉中,将自己忠于爱情、不怕受苦的决心表露无遗[10](P26)。

在当代歌谣中,大量使用带有文言色彩的“奴”“小奴家”“小奴奴”等词汇的情况除五河民歌以外是很少见的,如“三更天奴在房中来祷告,可怜奴四脚无力实实难熬”(《正反十字》)[10](P42)、“忽听门外情郎哥哥来哟,小奴干哥哥我双手把门打开呀”(《打牙牌》)[10](P51)、“姐在南园摘石榴,哪一个讨债鬼隔墙砸砖头,刚刚轻巧砸在小奴家头哟”(《摘石榴》)[10](P26)。这种“非贬义”色彩的自我称呼,集中地体现了五河民歌对明清民歌时调的继承,被打上了深深的历史印记。

综上所述,五河作为皖北的门户,水陆交通便利,毗邻洪泽湖、高邮湖、大运河,南来北往可借舟楫之利。因其处南北交汇,五河在明清时期的地理沿革上情况错综复杂,语言、文化既受到中原文化的影响,也受到吴楚文化的渗透,其民歌风格既有着淮北的粗犷豪迈、壮美大气,又有着明显的吴侬软语之风韵,过渡性特征十分明显。这种本土的民歌多源于乡野百姓的日常生活,凭借着独特的地域、民族风情和不可替代的乡土魅力而顽强地一代又一代延续生存下来,它凝聚了人们对本土文化的一种情感上的认同,也包含了当地最大多数的人群音乐审美兴趣相互碰撞后的融合。

五河民歌以淮河流域民风流俗为根,兼容并蓄而独树一帜。它虽然深深打上了南北文化碰撞、融合的印记,但最终形成了自己独有的风格,以其独特魅力赢得人们的喜爱。它是五河人民真实生活的写照、五河风俗民情的再现,也是中国民歌文化的重要构成,自古以来始终扮演着民间文化传承桥梁的角色。

参考文献

[1]杨荫浏.中国古代音乐史稿(下)[M].北京:人民音乐出版社,1981:760-761.

[2]燕南芝庵.唱论[M]//傅惜华.古典戏曲声乐论著丛编.北京:人民音乐出版社,1957:10.

[3]郑振铎.中国俗文学史[M].北京:商务印书馆,2005:485-488.

[4]周玉波.明代民歌研究[M].南京:凤凰出版传媒集团·凤凰出版社,2005:53-54.

[5]周玉波.老情歌·老童谣·老民谣[M].南京:江苏古籍出版社,2001:5.

[6]王爱红,周红.从文化角度谈原生态民歌的兴起[J].科技信息,2009(15):8-9.

[7]张廷玉.明史[M].北京:中华书局,1974:46.

[8]王丽坤.《明清民歌时调集》俗语词释例[J].文化学刊,2009(4):96-102.

[9]冯梦龙.明清民歌时调集[M].上海:上海古籍出版社,1987.

[10]安徽省五河县文化体育局.五河民歌选[M].合肥:安徽文艺出版社,2007.

五河民歌旋律与方言①

王 敬②

摘 要:民歌的旋律线与方言音调关系密切,在影响民歌旋律的各种因素中,语言是最重要的因素。对五河方言的调类、调值和调型归纳,通过对五河民歌中各字调的单字行腔情况进行分析,认为五河方言各字调总的来说遵循了“依字行腔”的原则,并且在音乐运动中机动灵活地适应语言,必要时突破歌词字调对旋律发挥的制约,以获取表现的自由,创造出比语言更美更动人的艺术境界。

关键词:五河民歌;方言;行腔

1 方言与旋律的关系

民歌旋律受多种因素的影响,最重要的是语言因素,有些甚至是直接源自方言音调,二者关系可概为“在统一范围内,唱腔自行规律与唱词自行规律的结合关系”。杨荫浏先生认为,是否符合字调,作曲家负有主要责任。关于这一点,清徐大椿在他的《乐府传声》中说的相当透彻。他说:“故曲之工不工,唱者居其半,而作曲者居其半也。曲尽合调,而唱者违之,其咎在唱者;曲不合调,则使唱者依调则非其字,依字则非其调,势必改读字音,迁就其声以合调,则调虽是而字面不真,曲之不工,作曲者不能辞其责也。”从早期的《诗经》来看,它的旋律完全依附于语言音调,基本上是在四声音调的基础上进行的夸张,不能脱离语言音调而独立的存在,尤其是汉族民歌,因为单声部的特性决定了其旋律是汉族民歌中最主要的表现成分,方言音调对民歌旋律的形成具有特殊的意义。

但是,歌声是人们“矢口寄兴”“放情长言”之唱,是人民社会生活和思想感情的最直接、最真切的反映。南朝乐府中记载:“丝竹发歌响,假器扬清音;不知歌谣妙,声势由口心。”民歌的旋律虽受方言音调的影响,但绝不是纯粹的模仿。早在明代,骚隐居士就在《衡曲尘谭》中指出:“谱法之妙,专在平仄间究心,乃学之而陋焉者。”他把那些只会机械地按四声谱曲的人讥讽为“止还其头面手足,而心灵变动毫弗之有”的“土偶人”;他认为旋律是在运动中灵活地适应语言,并突破语言的制约,获取表现的自由。

① 基金项目:安徽省 2011 年高校省级优秀青年人才基金项目“五河民歌艺术特征及其保护现状研究(2011SQRW157)”;蚌埠学院 2010 年人文社会科学研究项目“五河民歌研究”(2010sk13)。

② 作者简介:王敬(1978—),女,安徽蚌埠人,硕士,蚌埠学院音乐与舞蹈系讲师。

对原生态的五河民歌的旋律与方言结合情况进行分析,是尤为重要的。杨荫浏先生也曾在《语言与音乐》一书中提出:“现实生活中人的语言音调,是音乐艺术的一个相当重要的因素。在学习中国民族音乐的时候,先对与中国汉族的语言有关的一些因素,做一番研究,应该说,是非常必要的。”因此,了解五河方言的特点成了研究五河民歌必要的第一步。

2 五河方言的调类、调值和调型

调类是指语音中字调的类别,在古汉语中一般分为平、上、入、去四种。字调指的是汉语中每一个音节所固有的、能以此区别意义声音的高低和升降,如吻和闻,创和闯等。五河方言隶属于北方官话,有四种调——阴平、阳平、上声和去声,入声消失,归读去声或平声,以浍南、浍北区分,与普通话相同,但二者的调值不同,比较如下:

地区	阴平	阳平	上声	去声
北京	55	35	215	51
五河	31	55	24	52

五河方言的调型:

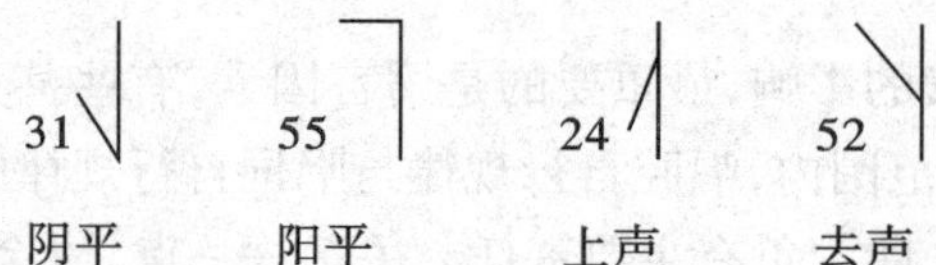

我们从以上调值不难看出,北京话较高,起伏也较大,四声,有曲折调;而五河方言各字声调音高起伏的对比度较小,四声,没有曲折调,这些因素很明显会影响到它们音乐旋律结构的特征。因此,北方民歌旋律音程跳进和大跳较多,而五河民歌旋律音程平稳进行较多,大跳较少。由五河往南,由于声调区分更为细小,各自声调音高起伏的对比度也更小(如广州九声、苏州七声等),再加上发音部位与北方有别,如吴语尖音较多,嘴唇开合度小,所以,风格也显得柔丽婉转,如民歌《茉莉花》、评弹、苏剧、锡剧等。

五河方言的阴平和去声为降调,阳平为平调,上声为升调。通过前文论述,其所对应的旋律不可能也不应该完全按照字调。阴平字对应的旋律调型可以是降调或者平调;阳平字可以是平调、降调,并且经常位于相对高音区;上声字一般是升调或者平调,并且起音在中低音区,而且上跳音程以级进或小跳较多;去声字可以是降调或平调。四声的高低升降变化不大,除了去声相差三度,阴平和上声只差二度,阳平是同度,因此四声调类基本都适合单字对应单音的平字调旋律,并且五河民歌里较多的是对单音进行级进、小跳进的上行或下行润色。由于单音所呈现的外在旋律(内在旋律指的是音腔)只是一个点,没有音高变化,只有与其前后单字所对应的音相比较才能显示其音调,因此,在以下的旋律分析中,四声的平字调旋律就不再分析了。

3 五河民歌中各字调的单字行腔情况

3.1 阴平字调

其字调调值是 31,尾音呈下降趋势。

如五河民歌《绣麒麟》中,“姐在房中(sol—mi)呀绣呀麒你个麟呀,忽然泪儿落纷纷(sol—mi—re)那,常想心中(do—la)人那”;再如民歌《花赞》中,“荷花出(la—sol)水朵呀朵鲜(la—sol—mi—re)哪”。以上例子中的“中、纷、出、鲜”字都是五河方言的阴平字,其各自的单字行腔与五河方言中阴平字(31)的调形相同,每一个字对应的旋律都是直接下行,充分地表明字调。这是该字调的第一种行腔规律。

第二种行腔规律,倒字后补正。如五河民歌《五更盼情郎》中,“脸上就搽香(si—la)粉,发间(si)插金(si—sol)钗(la—si—la—sol—mi)”。又如《打石歌》:“家(mi)住南山(re—dol)坡呀(si—re—la),一片石头窝呀(dol—re—la)。”在这两首五河民歌中,“香、间、金、钗、坡、窝”字是五河方言中的阴平字,“香、间、金、家、山”字对应旋律都是单字对单音或旋律下行,符合字调;“钗”字虽然出字时已经“倒字”,但是,由于是级进上行,并紧其随后出现级进和小跳进的连续降调处理,在后面用了符合字调的旋律来进行补正,表明字调。《打石歌》中的“坡和窝”和“钗”的出字相同,也是旋律与字调反向的“倒字”,所不同的是没有在本字上的补正,而是延续到了下一个相邻的字上,由于相邻字是虚词“呀”,并且用了大降(此曲最大四度跳进)旋法,因此,和降调型字调还是相吻合的。这是五河方言中平声字的又一种行腔规律。

3.2 阳平字调

其字调调值是 55,首音和尾音的音高要求保持相对一致。

如《摘石榴》(《安徽民间音乐》第三集,第 206 页):

1=A $\frac{2}{4}$

中速稍快

5 6 5 3 2 | 5 6 5 3 2 | 5 3 3 2 | 1 | 5 3 5 | 7 2 2 3 | 2 2 7 6 | 6 5· | …

姐 在 (南) (园) 摘 (石) (榴), 哪一 个 讨债鬼 (隔)(墙)(砸)砖 (头)

谱例中的“南、园、石、隔”代表五河方言中阳平字的两种行腔规律:第一种,单字对单音,单音时的值多为一拍或者半拍,完全表明字调,如“南、隔”字。第二种,简单的上行或下行,大多为双音腔,三音腔以上比较少见,如“石、园”字,其目的也是给平淡的旋律增添动感,使之在字调的基础上更加优美。

在上例中,“榴和头”读轻声,在五河方言里,平声字后面的轻声变为前一字附带的尾音。由谱例可以看出,“榴和头”的旋律都级进顺延了“石和砖”的音调,符合轻声的旋法。“隔、墙、砸”三个连续阳平字已经产生变调,后两个字在第一个高平调的基础上逐次降低变调,由此看出,谱例上的旋法与变调后的调线也相一致的。

3.3 上声字调

其字调调值是 24,是五河方言四声音调中唯一升调型的字调。

如五河民歌《正反十字》,“两(re—mi)行珠泪往(re—sol)下飘,三更天奴在房中祷(sol—la)告,可怜奴四脚(la—dol)无力实实难熬,奴有(re—mi)心一路之上将郎找(dol—mi—sol),怕只(sol—la)怕天涯海角(la—dol)路远(re—mi)山遥”。其中“两、往、祷、可、脚、有、找、只、海、角、远”都是五河方言中的上声字,除了“找”字的对应旋律,其他都是上行,直接表明字调,这就是五河方言中上声字的第一种行腔规律。“找”在一出字便形成“倒字”,虽其后小三度上行补正,但与出字时小六度的下行相比,作用微乎其微。这里的旋律是五段歌词后的结束句,是对前面旋律的完全重复,由此看出,这里的字调“让位”给旋律,声调线明显地被旋律的模式“扭弯”了。这是五河方言中上声字的第二种行腔规律,此种情况较少。

3.4 去声字调

其字调调值是 52,属于降调型字调。

如五河民歌《正反十字》中,“一轮明月(sol—mi—re—sol)当空照(mi—re—dol—la—re)”,每一个去声字对应的旋律都是下行,直接表明字调,这是这是五河方言中去声字的惯用的行腔规律。“月和照”虽然都是下行后又转而上行,但是,由于下行所占时值较长(各是 2 拍),并且分别是三音腔和四音腔,所以仍然属于降调型旋律,符合字调。另因“字调对旋律的要求仅在出字时的一、二音上,此后的旋律可以不受字调的任何限制”。另外,在去声字调的旋律中也会偶尔出现“倒字”现象,如《月亮渐渐高》。

1=bB 2/4

3 3 2 1 6 5 3 | 2. 3 2 | 1 2 3 2 1 6 3 | 5 - | 6 1 5 6 1 6 1 |

(月 亮)(渐)(渐) 高 (挂)(在) 杨 柳 稍, 小奴家个人 那个

(在)(绣) 房,

此例中,除了“在”是“倒字”,“亮、泪、下、渐渐、挂、在、绣”是五河方言中的去声字,所有字的对应旋律都是下行,直接表明字调。“在”的倒字现象在五河的去声字调旋律里是比较少见的。而且,由于歌词的简洁、旋律的级进,“倒字”现象并没有影响对歌曲的理解,反而为歌曲增添了几分凄楚、悲凉。因此,只要“在地位不明显、不重要,周围环境较有利(不是接连许多倒字)等情况下,倒字不至于引起误解,常是允许的”[2]。

通过以上我们的分析并总结,五河方言各字调基本遵循了“依字行腔”的原则,在此基础上为突出风格、美化韵味,旋律在运动中机动灵活地适应语言,并突破语言的制约,有些甚至是作曲技术所不允许的,从而获取表现的自由。这样的五河民歌既尽可能准确地表达歌词的字义,又能充分挖掘和升华语言固有的音乐美,使其和自身的规律有机地结合,创造比语言更美更动人的艺术境界。

参考文献

[1]张来敏.临清民歌旋律研究[D].山西大学硕士学位论文,2008.
[2]江明惇.汉族民歌概论[M].上海:上海音乐出版社,2004:275.

民间美术篇

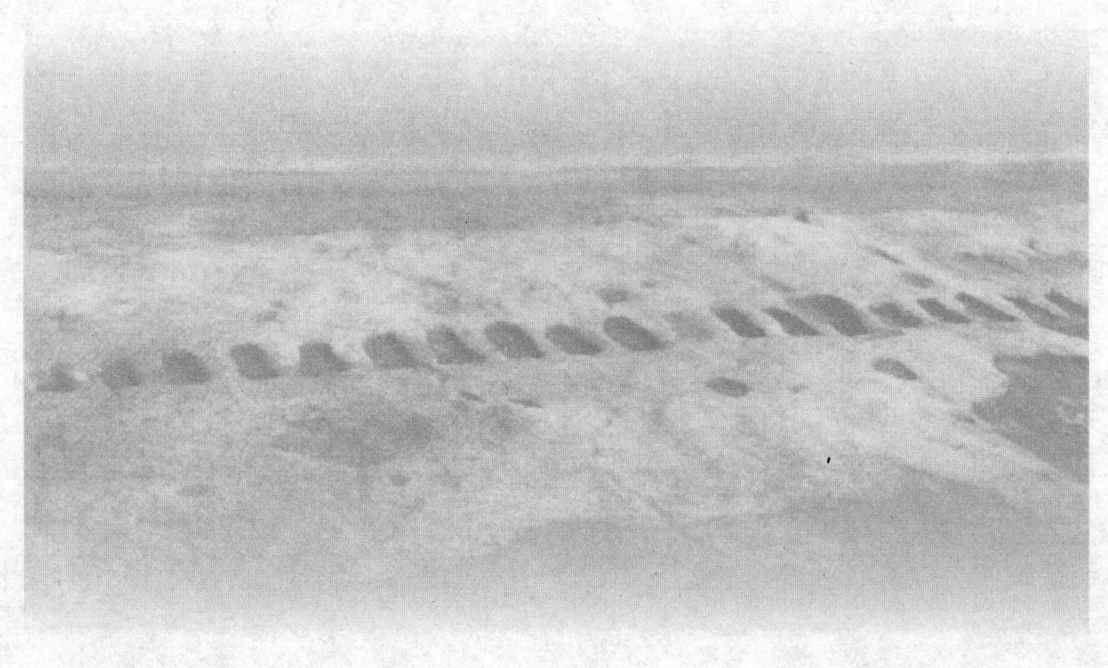

安徽淮北地区民俗剪纸艺术探析①

胡　飞②

摘　要:安徽淮北地区的悠久历史和民俗文化为该地区剪纸艺术的传承和发展奠定了雄厚的基础。同时,民俗剪纸艺术又是纯朴的淮河流域民风民俗的艺术再现。作为一种艺术形式,剪纸带给了人们美的享受,丰富了地方文化;而作为一种民俗文化的艺术再现,它又是我们研究淮河流域民风民俗发展的一个"活化石"。

关键词:淮北地区;民俗剪纸;淮河流域;民俗文化

中国是剪纸艺术的故乡。安徽淮北地区文化历史悠久,民风淳朴,民俗文化积淀深厚,为该地区剪纸艺术的传承和发展奠定了雄厚的基础。剪纸艺术在淮北地区十分流行,各地都有不少剪纸名家,从风格上看,虽存在着一定的地域差异,但总体上讲,淮北地区的剪纸艺术还是明显地体现出一个共同的特征:具有我国南北剪纸艺术风格的兼容性。这一地区的剪纸艺术题材多样,构思新颖,既有北方粗犷豪放的特征,又有南方精巧秀丽的风格。由于淮北地区的剪纸艺术主要流行于民间,作者也多为地方农民,所以作品不仅具有浓厚的生活气息,而且与其他造型艺术相比更具有民俗性。淮北地区的民俗剪纸题材主要有富贵吉祥、五谷丰登、六畜兴旺、尊老爱幼、家庭和睦、花鸟鱼虫、田园风光、神话传说、历史人物等。

剪纸艺术作为民俗美术的重要组成部分能够在淮北地区广泛流行,究其原因主要有以下几个方面:首先,从该地区考古发掘看,淮河流域的艺术主要是以绢、帛、纸质绘画、木雕、泥塑、金属雕刻、墓室壁画等形式出现。其次,纸张价格低廉、容易获取是该地区剪纸艺术能够广泛流行的必要前提。淮河流域土地肥沃,植被丰茂,这为造纸业的发展提供了充足的原料。除上述两个原因外,还有一个更重要的原因,就是淮河流域历史上一直都是洪水泛滥的地区,水灾连年不断。每当洪水来临,人们不得不背井离乡,流浪乞讨。而以大型石雕等形式存在的艺术形式价格昂贵、不便携带,很难成为该地区广泛流行的艺术形式。剪纸、绘画不仅可以就地取材,价格便宜,而且便于携带,因此能够成为淮北地区广泛流传的艺术形式。另外,剪纸具有作为绣花纹样装饰居室,烘托喜庆气氛

① 基金项目:安徽省教育厅2005年度人文社会科学科研立项项目《关于淮北地区的民俗美术发展状况研究》的研究成果之一。

② 作者简介:胡飞,蚌埠学院艺术设计系。

等实用功能,并且价格低廉,创作方便,不需要特殊的场地和工具,这也是民俗剪纸艺术历尽千年仍能充满勃勃生机的重要原因之一。

从全国各地的剪纸艺术现状看,民俗剪纸占据了相当大的比例;从民俗剪纸艺术的传播途径看,存在着一定的地域差异。与陕西等地的剪纸艺术所不同的是,淮北地区的民俗剪纸艺术更多地关注使用价值。陕西等地的剪纸艺术多用于喜庆场面的装饰,而淮北地区的剪纸艺术则更多地是作为枕头、衣帽、鞋子等绣花纹样,直接用于窗花等喜庆装饰的虽有但并不十分流行。究其原因,可能有两个方面:一是陕西等地气候干燥,雨水少,作为窗花等装饰的剪纸可以长期存在,不会受潮变色。而广大淮北地区雨水丰沛,气候潮湿,剪纸艺术如作为窗花等装饰,则会因暴露在潮湿的环境中很快变色。二是由于该地区历史上长期遭受洪涝灾害,人们不断迁徙,家园反复被毁,剪纸艺术作为窗花装饰存在的意义也就相对减弱了,作为枕头、衣帽、鞋子等绣花纹样,夹在书报纸中不仅可以做鞋、帽的绣花底样,其颜色也可以长时间保持。

作为一种民俗美术的主要形式,剪纸艺术被广泛应用于年节、婚庆丧葬、老人祝寿、小孩满月等民俗活动中,在过去一些传统的枕头、衣帽等绣花纹样中也常用剪纸作为底样。

剪纸主要是以纸张为材料,采用剪、刻、染等方法,通过镂空产生虚实对比的效果,创作出各种形象。从内蒙古、陕西等地出土的镂金箔刻花等文物看,剪镂技艺发端时期并不限于纸质材料。目前,广大淮北地区可见到的民俗剪纸形式主要有单色剪纸、染色剪纸、套色剪纸等,其中较为流行的是单色剪纸。单色剪纸通常是用象征吉利、能够烘托喜庆气氛的大红纸剪成,剪纸造型的外轮廓简练,与细部镂空的点、线、月牙纹、锯齿纹形成对比,能够产生一种和谐的韵律美,造型朴素大方,有很强的地域特征。染色剪纸是用白粉纸或宣纸剪出形象后,用不同颜色浸染而成。套色(或称斗色)剪纸是用不同颜色的纸根据形象装饰部位的需要,剪制套色而成。

由于受工具材料的限制,淮北地区的民俗剪纸艺术以平面化、图案化的造型手法为主,人物造型无论是正面还是侧面,眼睛都剪刻成正面的形象,画面结构处理多采用对称构图,通常是主体形象周围以日常生活中常见的花草鱼虫等形象进行装饰,不仅使画面构图饱满,主次分明,同时也更具有生活气息。在形象内部结构处理上,由于剪纸艺术很难像其他艺术形式那样对形象进行细部的精细描绘,因此,淮北地区的民俗剪纸艺术往往会在形象内部饰以各种花卉图案,不仅避免了物象内部因缺少细部表现而显得单调,使画面更加丰富饱满,也加强了剪纸艺术的装饰性特征。

为了强调表现主题,一些作品在表现手法上采用夸大主体的办法,如"猴子吃桃"这一民间剪纸艺术常用的题材,在构图上通常是把众多的猴子对称放在一棵大树中或放到一个巨大的桃子中。为了使观众容易理解画面内容,作者往往会舍弃现实物象的相互遮掩,而采用意象的手法把物象内部的情况展现出来。在表现笼屉里的蒸馍时,画面上会直接出现笼屉内部一层一层的馒头。在一些表现身怀有孕的动物如牛、虎、羊、猪等,通常会在动物的肚子里直接剪出幼仔形象。这种朴素的观察方法和表现方法,使淮北地区的民俗剪纸艺术朴实大方、稚拙天真,充满了生活气息。

淮北地区民俗剪纸中有很多能够反映古人生殖崇拜的观念。这类关于生殖崇拜题材的剪纸作品往往在人物造型上会呈正面，双手上举做青蛙状，使人很容易想起远古时期的岩画和陶器中的人物形象。蛙纹造型历来被认为是生殖崇拜的主要命题，因此可以推断，淮北地区剪纸艺术中的“生命树”“喜娃娃”“荷花仙子”“抓髻娃娃”（如图1）等题材中的人物形象做蛙状，也同样是延续了远古时期的生殖崇拜的习俗。这类作品的人物造型很多都是以对称的形式出现，这种对称的形式不仅呈现出一种外在的形式美；更重要的是，我们从民俗学的角度去解读就会发现，对称的形式实质上反映了民间的一种偶数观念，一种几千年来生生不息的生殖崇拜的主题，一阴一阳，一正一负，成双成对。这一方面是中国道家阴阳哲学思想的具体体现；另一方面也反映了根植于广大农村的对民俗文化关于生殖繁衍的朴素认知。

图1　抓髻娃娃

在一些与生殖崇拜无关的具有日常生活情趣的题材中，往往也会出现对称的人或物的造型，如“猴子抽烟”（如图2）“老鼠娶亲”等，这种对称性虽然不是对阴阳交合、化生万物思想的暗示，但仍然可以认为是中国民间习俗中所谓“好事成双”的偶数观念的体现，这种偶数观念与远古先民生殖崇拜观念有着千丝万缕的联系。从化生万物的阴阳偶数对称形式中，人们发现了美的规律，一旦这种美的规律被掌握，人们自然会把它运用到日常生活的方方面面。

图2　猴子抽烟

有关“猴子抽烟”“老鼠娶亲”等题材的剪纸在广大淮北地区比较流行，这类将动物拟人化的处理手法常见于一些民间年画、木刻、泥塑、面塑等艺术形式中。这类题材的出现，一方面是由于这些动物是人们日常生活中常见的形象，与人们的日常生活有着直接或间接的联系；另一方面可能与远古人类对图腾崇拜以及神话意识有关。我们知道，中华民族的始祖神伏羲、女娲的形象是人首蛇身，从考古出土的原始陶器上的人面鱼纹、鲵鱼纹、蛙纹等大量拟人化的造型都可以看出，远古时期的先民认为动物与人类是具有共同灵性的。从民俗学上讲，今天淮北地区动物拟人化的剪纸题材的出现，尽管不能等同于远古先民的生命崇拜意识以及万物有灵的观念，但仍然或多或少地体现出历史民俗文化的传承性。

总之，根植于淮北农村的民俗剪纸艺术是淮河流域纯朴的民风民俗的艺术再现，每一件作品的背后都隐含着深厚的文化内涵。随着我国对区域文化开发力度的不断加大，作为淮河流域民俗美术的重要组成部分，作为淮河文化的一颗明珠——民俗剪纸艺术，它带给了人们美的享受，丰富了地方文化；同时，作为一种民俗文化的艺术再现，它又是我们研究淮河流域民风民俗发展的一个“活化石”。尤其是在区域经济文化飞速发展的今天，从民俗学的角度对淮北地区的剪纸艺术进行研究具有一定的现实意义。

凤阳中都皇陵石像生的艺术特色

王　磊

摘　要:石像生是帝王陵与贵族墓茔域中设置的神道石雕像,意为"象征生命",这是古代帝王向往生命永恒的传统墓葬观念的产物。本文通过对凤阳明中都皇陵神道石像生雕塑风格的介绍,进而为学术界整理和研究淮河流域文化遗产起到参考作用。

关键词:明中都皇陵;石像生;雕刻艺术

在我国古代雕塑艺术中,表现人的现实生活的雕塑非常少,而以反映墓主生活的陵墓雕塑和表现宗教故事的宗教雕塑居多。神道石像生雕刻即是一种陵墓雕塑。石像生是帝王陵与贵族墓茔域中设置的神道石雕像,意为"象征生命",这是古代帝王向往生命永恒的传统墓葬观念的产物。它们通常摆放在陵墓神道的两侧,其造型高大坚实,排列整齐有序,象征着上天所赋予墓主的"仁德睿智"以及"天纵上圣之尊,文治武功之业",有力地强化并丰富它的政治主题。透过石像生雕艺术表象,可以看到中华民族几千年积淀下来的对墓葬形式的认识、创造和追求。石像生凝聚着复杂观念,成为物质生活中不可缺少的构成实体。关于神道石刻的产生时间历来众说纷纭,但专家大多持"东汉起始"论。石像生附属于陵墓建筑,随着朝代的更迭其艺术风格也会烙下不同的时代印记,所以它对我们研究和整理不同时期的雕塑艺术,有着重要的研究价值。学者朱国容认为:"很可能是因为陵墓雕刻是从墓葬俑发展演化而成,具有一种殉葬的意义,所以绝对不能出现墓主人的形象。"由此形成了中国以象征手法来表现墓主人的纪念雕塑,这与欧洲以写实的手法来塑造英雄和帝王的纪念雕塑是两种不同的创作思路。西方写实雕塑传统很重视物象形体的客观表现,中国传统雕塑则更强调对物象神韵的塑造。

本文介绍的明中都皇陵神道石像生,以其特有的艺术特色吸引着我们去研究和保护它。位于淮河流域的明中都皇陵是明朝第一座帝王规模的陵墓,位于安徽凤阳县城西南7公里处,距明中都城西南5公里,是明太祖朱元璋父母的陵墓。中都皇陵规模宏大,共建筑布局既继承了唐宋帝陵的规划特点,又有创新。特别是陵前神道两旁的石像生雕刻,其雄浑厚重的雕塑风格继承了汉唐两宋的传统,同时又开创了明清时期的面貌,且石雕数量多、形体大、造型生动、形象精美,是中国石雕造型艺术史上璀璨的文物瑰宝,散发出中华民族传统艺术的独特神韵。传说古时南来北往的马匹路过此地,都会挣脱缰绳奔向石马之前跳跃嘶叫,足见其雕刻技巧之高超,能以假乱真,且这些石像生雕工精细,比例适中,人物造型从头到脚逐渐缩短比例,近看头大腿短,而远看却逼真、匀称,充满了艺术的魅力。朱元璋在明王朝初始就表明了要"受上天之成命,正中夏文明之统"(明成祖朱棣所撰“大明孝陵神功圣德碑”碑文）的决心，明中都皇陵神道石像生集历代精华于一处，正是这种思想的反映，力图说明明王朝是继承中华正统的朝代，并有超越唐、宋之意。

1 明中都皇陵神道石像生的特色

1976年明中都皇陵被列为安徽省文物保护单位，1982年皇陵石刻连同明中都故城被列为全国重点文物保护单位。皇陵神道位于陵前以北的金水桥北部，即陵墓的正北方，总长257 m，宽6.3 m，两旁对称地排列着32对精美的石像生，相邻两排的石像生间距8米左右，从北向南排列依次为：麒麟2对、石狮8对、石华表2对、石马及两位马官合为一组共6对、石虎4对、石羊4对、文官2对、武将2对、内侍2对。整个神道石刻雕塑的艺术风格带有强烈的装饰性，吸收了唐陵石雕神态生动、气势雄伟的艺术风格，又结合了宋陵石雕造型表现手法的细腻写实，着力体现动物、人物身体各部分的比例结构和肌肉质感，造型朴实凝重、圆润丰满。注重轮廓线与身体衣纹线条的节奏和韵律，这些线条像绘画线条一样，经过高度推敲概括加工而成，整体艺术风格浑厚豪迈。其艺术构思和雕刻技巧与前朝历代相比进入了一个更加成熟的发展阶段，进而在艺术表现方面更显自由。通过大小体块的组合变化，创造出的那些形态各异、体态丰满的神兽、文武臣像，给人以强烈的节奏感和韵律感，同时也充满着生命的张力。由于上述原因，明中都神道石刻雕塑对整个明清陵寝石雕艺术的风格起到了深远的影响。明中都陵神道石像生的特点为：

（1）帝王陵前石像生数量的多少，历代都有一定的制度。宋代帝王陵寝的石像生仅有10余对；明代时，祖陵有21对，孝陵17对，长陵18对；到清代形成了18对的规格，清东、西两陵的主神道石像生数目均为18对。现发现带有石像生的帝陵共31处。若以规模和数量来衡量，明中都皇陵拥有32对之多，可称之为“最”。

（2）明中都皇陵每件石像生连同其底座都是由整块巨大的石料雕刻成，造型完整，雕工精细。这些石料质地坚硬，虽经几百年来风雨侵蚀，战火洗礼，至今石面上的各种纹理清晰可见，在坚硬、巨大的石头上雕刻出如此复杂的图案叫人对其雕刻工艺叹为观止。

（3）笔者考察研究发现，唐、宋以前的南方帝陵，神道上多以石麒麟来象征威严，而北方唐、宋诸陵改用石狮作为帝陵的象征，麒麟不在其中。而明中都皇陵突破了唐、宋以来的风格，将麒麟、狮子共置其中，而且在雕刻手法上也兼有北方的浑厚雄壮与南方的健美潇洒。笔者分析这可能是由于明王朝建都于南京，而中都皇陵所在地凤阳地处中原，正好位于中国地理的南北分界线附近，所以兼取南、北诸陵的特色，以显示明代帝王无上的尊贵和威严。

2 明中都皇陵神道石像生详考

中都皇陵神道石像生从刻画题材上可分为：动物、人物和望柱三大类。动物有：麒麟、狮子、马、虎、羊等。人物包括：文武大臣、内侍、马官。麒麟是人世间并不存在的动物。它是融鹿、虎、牛、马等形象于一体，是人们想象出来的一种祥瑞之兽。将麒麟置于帝陵神道之中，始于南北朝时期南朝诸陵。帝王陵前有麒麟，大臣墓前置辟邪，以示君臣间的严格区别。中都皇陵神道上的麒麟（图1），体长3.27米，宽0.83米，其具体形象是鹿身、马足、牛尾、圆蹄,通体鳞甲。古代帝王把麒麟说成是“王者至仁则出”(《尔雅·释兽》),因而将麒麟列在离陵寝最近处,以示“仁得于天下”之意。在帝陵前列置石狮是从唐代才成为定制的。此后,帝陵前均用石狮护卫,以示帝王拥有至高无上的权力和尊严,并作为与人臣墓相区别的主要标志。陵前列置石狮,其用意如《封氏闻见记》中所说,是为了“表饰坟垄,如生前之象仪卫耳”。《风俗通义》中说:“周礼方相氏葬日入扩驱罔象,好食亡者释脑,人家不能常令方相立于侧,而罔象畏虎与柏,故墓前立虎与柏。”陵前立百兽之王——狮子,起辟邪镇墓的作用。石狮(图2)与台座组成一体,风化比较严重,但仍可见工匠借石坯取势,借方取圆,强调体块与线条纹饰之间有机照应的艺术追求。狮子圆目平视,闭口竖耳,安详静坐,腿肌隆起,躯身浑圆,雄健威严,配合石料的肌理显露出一种浑厚的气魄。两对望柱柱身呈八面棱状,棱与棱间又刻有细槽,柱础为四方座上加圆盘,绘线刻圆形覆莲花纹。南面一对柱身每个棱面通刻团花,以两个棱面分组组成单元纹样,每个对面浅刻式样相同的图花,柱头为八棱座上覆盖莲花托起的宝珠;北面一对柱础,柱身皆无纹饰,柱头为八棱座上莲花托着火珠,两对望柱虽然是断裂后重新架起,但由上至下仍浑然一体,不失唐宋帝陵前华表之遗风。石马及两位马官(图3)合为一组共6对,对于马匹的数量笔者认为是取自《易经》“大明终始,六位时成,时乘六龙以御天”,以显示帝王天子的地位。石马分为雄雌,雄马高头巨身,颈系响铃,马鬣如缕,鞍排齐备,四蹄蹬开,欲挣不脱;雌马身躯较为矮小,显得温驯可爱,口含悬勒,青伏锦鞍,栩栩如生。马官也有老、中、青年之别,身着宽袖大袍,双手举于胸前,紧握马鞭,神态不尽相同。其中年轻的马官眉目楚楚、气宇轩昂;中年马官两目下视,身躯健壮;老年马官双目微闭,嘴角下垂、须髯飘胸,深入刻画了驭马者不同年龄层次。人、石虎与石羊,造型浑实,通身末饰花纹装饰。石羊(图4)两角弯于耳下,半跪半卧,取“羊有跪乳之恩”,以示朱元璋不忘父母的养育之恩。这两种石兽无论造型、比例和技法犷都与宋帝陵前所置的相似。文臣与武将各两对,东侧无须,西侧有须,分别代表年青和年老的大臣。文臣(图5)身穿宽袖大袍,方心曲领,头戴朝冠,足穿云头靴,手捧朝笏,神情肃穆;武将(图6)的服饰雕琢得相当精细,头戴战盔,身着盔甲,甲身做山纹状,披膊肩部为虎头形。下有腿裙、鹊尾,脚蹬云头靴,双手拄剑,挺胸待立,威武自不言说。内侍头戴高冠,身着圆领长袍,双手拢袖于胸前,颧骨平缓。《中国雕塑史》作者陈少丰说:“明代陵墓雕刻是缺乏生气和力量的,反映了统治阶级的日趋委靡的精神面貌。”笔者却认为明代初期陵墓雕刻是承前启后的,它的现实性与理想性的统一,写实性与装饰性的结合,整体感与局部刻画的协调,造型结构与露天放置的永久性的相适应,以及对不同距离、不同角度的艺术效果的考虑等,都不同程度地取得成功。明代雕塑对人体结构做了夸张处理,没有固守民间画诀里的“立七坐五”的比例规则,我们从明初陵墓石雕中更能清楚地看到这种故意缩短人体比例的做法。有些雕像上肢和躯干的比例结构都很准,但在本应是膝的地方却是脚,显然是故意去掉两个头的高度。这只有在中国传统服装的掩盖下才可以做到。这种粗肥简略的比例和造型,一方面可以使其稳立千年而不倒,另一方面又体现了其纪念碑式的庄严和气势。因而我们不能用现在的、西洋的造型准则来衡量古人的作品,并简单地评之为比例结构不对。

3 结束语

中国古代的神道石刻雕塑艺术整体风格带有强烈的装饰性。由于我国古代重视绘画的缘故,雕塑风格也具有平面绘画的特点,其绘画性表现在不注重雕塑的体积和空间,而是注重轮廓线与装饰线条的节奏和韵律,雕刻语言简练朴实。这些线条像绘画线条一样,经过高度推敲概括加工而成,和西方古典雕塑以块面和空间的丰富变化来体现艺术魅力是不同的。就明中都陵神道石像生艺术在陵墓雕刻史上的历史性意义分析:首先,创作者注重整体的王权等级观念,虽然表现对象众多但安排有序。其次,整体雕塑风格吸收了前代的风格,兼容并蓄。再次,对于每件雕塑个体的刻画生动、鲜明,各具特色。所以,明中都陵神道石像生其设置内容、组合形式、雕刻技巧被明、清陵墓雕刻广泛沿用,应该说它是陵墓雕刻艺术的一个转折点,闪烁着中华民族传统文化的光辉,显示了中国古代石刻艺术的杰出成就。同时,这支使我们充满神秘感,自身又散发出艺术魅力的队伍,几百年来伫立在这里守护着他们的主人,也记录着往昔的历史,看尽风霜雪雨,读尽岁月沧桑。

参考文献

[1]孙振华.走向荒原[M].南宁:广西美术出版社,1999.
[2]朱国荣.中国雕塑史话[M].上海:上海书画出版社,2002.
[3]杨宽.中国古代陵寝制度史研究[M].上海:上海人民出版社,2003.

论安徽凤画的艺术特征及其吉祥符号表现[①]

肖 淮[②]

摘 要:“凤画”是安徽凤阳地区广为流传的一种民间传统绘画艺术。据《凤阳县志》记载,凤画起源于明朝初年,距今已有600年的历史,2006年被列入安徽省第一批非物质文化遗产。对安徽凤画的解读,不仅是对淮河流域民间艺术的传承与发展,也是对于树立我们的民族自信心的一种有益补充,两者相得益彰。

关键词:凤画艺术;吉祥符号;民间绘画

《凤阳府志》记载,江北有“三绝”,“凤阳凤画,灵璧灵判,天长天官司”。安徽凤阳凤画以其600余年传承发展的历史、独具特色的造型程式以及内涵丰富的艺术特征,展现了淮河流域传统民间绘画艺术的地方特色和深厚的文化底蕴,人们依托对凤凰的描绘传达了追求幸福美好、祈望吉祥平安的内心情感。谐音、象征、比拟、表号等传统吉祥符号的形制手法及其吉祥寓意,都在凤画昭美卓殊的造型语言中得以体现。

安徽凤画诞生于明初,兴盛于清代,毁于战火,新中国成立以后经过政府的挖掘整理,至今仍开放于长野。对凤画[③]的研究起步较晚,不过近十年。随着政府的积极介入、“非遗”工程的实施以及淮河文化研究及讨论的展开,目前已经具备了一定的研究基础。其中,何大海、马克云等撰写的《论凤阳凤画的特征及文化内涵》,是目前对凤画较全面地描述和记载。一些设计师、艺术家也将凤画艺术中的优良因素收容到自己的作品中去,开拓了凤画新的发展空间。但从搜集到的文献资料来看,对于凤画研究尚处于起步阶段,缺乏完整、系统的研究成果。譬如以“安徽、凤画”为关键词在知网资源总库进行跨库检索,所得到的文献资料数量不足10篇。因此对凤画展开多维度的讨论研究,让更多的人了解凤画,不只是一种单纯的怀旧,不只是为了记录一种文化形态,更不是盲目的认同,而是为了传承一种充满情感的美,见证祖先赋予我们的民族精神,领悟民间艺术的精髓,感受传统文化的博大精深。这不仅是对淮河流域民间艺术的传承与发展,也是对于

① 基金项目:安徽省教育厅人文社会科学研究一般项目“艺术民俗学视角下的安徽传统村落女红文化研究”(编号:SK2013B298);蚌埠学院淮河文化研究社科项目“皖北地区老虎鞋造型工艺及民俗现象研究”(编号:BBXYHHWH2011C03)。

② 作者简介:肖淮(1978—),女,江苏扬州人,蚌埠学院设计艺术学讲师,硕士,研究方向为艺术设计与民俗艺术。

③ 如无特别说明,文中“凤画”皆是安徽凤阳凤画的简称。

树立我们的民族自信和建立具有中国本土特色的现代设计语言的一种有益补充,两者相得益彰。

1 凤画凤凰造型的本体阐释

凤,指凤与凰,是中国古老传说中的“四灵”之一。凤凰造型的起源可追溯至新石器时代,据考古专家鉴定,距今约 7 400 年的湖南洪江高庙文化遗址中,出土的“东方神鸟”图案即“凤凰”。历史上,凤凰这一先民因灵物崇拜而创造出的神鸟,因人们的想象而众说纷纭,形貌因时间、地域和作者的不同而存在着个体差异,经过漫长的衍变发展至今,“其形象大多是华冠高耸,曲颈修腿,尾羽硕大美丽,英姿伟岸,气宇非凡。展现给人们的是一种鸟中之王的高贵气质”[1]。

凤画作为中华龙凤文化的支脉,经过六百余年的传承发展形成了严谨的程式化造型,其“凤凰”必须具备“蛇头、龟背、鹰嘴、鹤腿、鸡爪、如意冠、九尾十八翅”的基本形体特点,绘画时缺一不可。凤画技法有画骨、披毛、勾线、头道墨、二道墨、三道墨、上彩、描粉、构黄、点金 10 道工序;因表现手法的不同,凤画又分为“墨凤”“素凤”和“彩凤”,三者都是运用了工笔花鸟画的勾线技法,以单线勾勒出轮廓。其中,“墨凤”是以墨色晕染出画面深浅浓淡的变化,“素凤”是在“墨凤”的基础上以少许青、绿、金加以点缀,而最能展现凤画色彩魅力的则是“彩凤”。“彩凤”也称“五彩凤画”,凤画艺人在勾线完成之后,以工笔重彩画颜料结合民间年画设色技巧,层层赋彩,细致描绘,营造出了一种富丽与典雅并重、鲜艳浓重而不落俗套的色彩华章。那些生动且富有情趣的凤禽和花草,在色彩的托举下充满着勃勃生机,极富装饰韵味。

与其他传统艺术中凤凰的造型相比较,不难发现,凤画中的凤凰不同于传统剪纸中的凤凰造型。剪纸凤凰,造型简略概括,浑朴自然,以大红色为主,常出现在婚庆嫁娶之时。相较之下,凤画凤凰与刺绣凤凰较接近,“尤其是苏绣、南京云锦中的凤凰”[2],两者同样绚丽多姿,灿若云霞,鳞羽细致入微、整体塑造层次分明,气韵生动,呈现出强健饱满的写实特征。这是有历史原因的。明朝初年,朱元璋在家乡建中都城,他不仅下令把江南富庶地方一带的有钱人家 14 万户迁移到此,还在洪武二年(1369 年),召集天下百工云集凤阳,大量凤凰浮雕用于建城,许多艺术精湛的画师和雕刻家定居凤阳,由此可见,这种相似性与明初移民及其后裔参与的结果有关。随着历史的演变,凤画不再是对王公贵族的歌功颂德,更多的是表达平安富贵、子孙绵延、夫妻和美等朴素的民俗观念,成为百姓堂前的座上客。所以,较之剪纸,凤画凤凰少了些乡土气息,多了些灵巧精细和富丽之气;相对于刺绣,凤画不再刻意强调装饰性,而是以民间吉祥寓意为表现的主题。

除此之外,凤画中“九尾十八翅”的塑形手法带有明显的地方特色。“九尾”指凤凰的尾羽,左中右共画有九根,其中六根短羽左右对称展开,衬托中间三根悠长飘逸的主羽,这不同于其他凤凰造型中常见的三根尾羽。“龙在头上变,凤在尾上分”,“九尾”的造型运用使凤画中的凤凰更加的饱满丰腴,灵动俊逸。“十八翅”是指凤凰两翼上各覆盖有九根飞羽,特意加大,向外伸张,共十八根。“九尾十八翅”喻指明朝时期凤阳府所管辖的九州十八县[3]。

传统的凤画作品流传至今的主要有《带子还巢》《百鸟朝凤》《飞凤赶麒麟》《五凤图》

《龙凤阁》《丹凤朝阳》《百鸟献寿》《四条屏》。现代展出的凤画艺术品,在师古人技的基础上,结合了现实生活的题材,为凤画拓展了新的空间。

2 凤画的吉祥符号表现

《易经·系辞》:"吉,无不利。"《周书·武顺》:"礼义顺祥曰吉。"古今中外,"吉祥"是人类社会普遍存在的一种群体意识,中华吉祥文化更是源远流长,先民们通过丰富的想象力、创造力创立了蔚为壮观的吉祥符号系统。吉祥符号的表现丰富了凤画艺术的典型形象,实现了其精神内涵和情感价值。

2.1 凤画主体形象的吉祥符号表现

符号,应具有"能指"和"所指"两大特性。能指,指通过造型、色彩、肌理等感官感受获得直观印象;所指,指通过外在的直观印象得出的抽象结论,如情感、意蕴、概念等。能指和所指之间的关系,大多数是约定俗成的,是历史因素的产物,是既定的系统。凤画艺人们以主体凤凰的外在塑形,传递出具有各种吉祥寓意的视觉代码,具备能指和所指的特性。通过对凤画造型程式的分解,可以说,凤画凤凰的造型是有象征功能事物的混合体。"蛇、龟、鹰"寓意延年益寿、老当益壮;鹤、鸡与一鸣惊人、金鸡报晓有关;"如意冠"更是直白明了。颔下的"山羊胡"是由"羊羔跪而吃奶喻为孝"赞引而来。"九尾十八翅"是指明朝凤阳府管辖的九州十八县,象征中国古代皇室身份与权力的龙凤形象,能被一个府的辖区附会,可见当年朱元璋对家乡福泽天佑、人杰地灵的美好期望。

2.2 凤画图式的吉祥符号表现

2.2.1 谐音性符号表现

音意相通、音同形异是谐音性形质结构的特点,俗称"口彩",用谐音表达吉祥的愿望是吉祥文化的一大特点。如传统凤画题材《百鸟朝凤》(图1),画面正中绘凤盘屈做圆形,珍禽环绕四周,昂首相望,彩焕明发,有"团圆美满""一团和气"之意。凤不同于一般珍禽,凤居处称作"丹穴",但《带子还巢》中却将"丹穴"称作巢,表层上是雚凤与鸾凤相携归来,实质是利用"巢"与"朝"的谐音,暗示了父子同朝,子佐父政的传统富贵情结;又如《四条屏》中荷花、鸳鸯的配景也有表达"合欢(荷花)"鸳鸯的用意。谐音形制的运用为凤凰脱去了超凡脱俗的外衣,增添了平和美好、生趣盎然美学趣味。

图1 安徽凤画《百鸟朝凤》

2.2.2 象征性符号表现

用有形的形态表达抽象的意思,在特定的图形中赋予人的追求,象征手法在凤画中的运用比比皆是。安徽凤画最常见的构图元素有凤凰、珍禽、火轮、祥云、牡丹等,同凤凰本身形象一样,这些元素在中华传统文化中已经成为具有相应文化内涵的物象象征。因其内容多杂散匿，笔者就此文不想做过多延伸，以凤画常见的象征表述为主，概括如下表：

安徽凤画常见吉祥元素汇表

分类		名称	象征寓意
动物形象	灵兽	龙	瑞气吉兆、至贵至善、国运昌隆、万民归心、子孙繁荣、物华天宝
		凤	
		麒麟	
	珍禽	喜鹊	喜事临门、好事成双
		锦鸡	风调雨顺、财源滚滚、地位高贵
		仙鹤、寿带	延年益寿、忠贞、福运长久
		鸳鸯、紫燕	爱情、夫妻、忠贞、白头偕老
植物形象	花卉	牡丹	繁荣昌盛、富丽堂皇、美好爱情
		荷花	品德高尚、超凡脱俗、子孙繁衍
		腊梅、菊花	坚韧不拔、高风亮节、自强不息
	林木	松、竹	长寿、品格高洁
		梧桐燕	品格美好、爱情忠贞
自然物形象		红日	永恒、光明、繁盛、希望、君王
		祥云、海波	和谐共融、财气

2.2.3 比拟性符号表现

指以某些具体实在的形象喻指某种特定的意向观念，具有通俗易懂的特点，这类题材多与风俗习惯和传说典故有关。以凤凰譬喻才德之人，龙凤比拟恩爱夫妻，凤凰牡丹比喻美好爱情，不胜枚举，传统凤画作品多为此类。以《五凤图》为例，山石上伫立一大凤，四只凤雏分别以飞、鸣、宿、食的姿态环绕周围，这无疑就是一幅其乐融融的亲子嬉戏图。大凤喻意长辈，凤雏象征子女，父慈子孝，尽享天伦，这不正是每个人期望的美满生活吗？比拟形制手法使凤画造型形象更加通俗易懂，亲近大众。

2.2.4 表号性符号表现

就是以化繁为简的手法将某种纹样作为特定的符号，万字纹、八结纹、盘长纹、方胜纹等都是此类符号的代表，凤画中的“九尾十八翅”亦属此类，将凤凰的两翼与尾羽的造型定势化、符号化，使得凤画“凤凰”的内涵具有高度的开放性、持久性、普及性和可解读性。

3 结语

当一种视觉形象，因其具有的意蕴引起人们内心的共鸣与认同时，这个形象便与普遍的人类情感扭结在一起，成为约定俗成的一种心灵渴求的表达。从这种意义上而言，凤画包含着民族的智慧、朴素的道德伦理、真挚的情感信念和默契的群体共识，它是带给人们精神的抚慰、心灵的慰藉、审美的愉悦的一味良药。正如沈从文先生所说:"只要是深深扎根于广大人民群众情感中的事物,有时会被遗落在一旁,但总有一天人民的情感会被重新唤醒,那么这些事物也必将发扬光大……"[4]

参考文献

[1]陈勤建.尹关非.点击中国吉祥艺术[M].上海,上海人民美术出版社,2006.
[2]涂维良.中国凤阳凤画之探讨[J].安徽工艺美术协会.http://www.ahaca.cn.
[3]何大海等.论凤阳凤画的特征及艺术内涵[J].安徽科技学院学报,2006,26(4).
[4]沈从文.龙凤艺术[M].北京:十月文艺出版社,2010.

论安徽凤阳凤画的装饰符号特点[①]

马　彦[②]

摘　要:作为民间美术,凤阳的凤画是淮河流域独特的一种民间美术形式,它的产生和发展与这里的风土人情、文化传承有密切联系,它在实用性、审美性、程式感、工艺性、象征性等方面具有较强的装饰性符号特点。

关键词:民间美术;凤画;装饰符号

凤画也称龙凤画,是安徽凤阳本地特有的一种民间绘画形式,是当地历代相传的独特画种,主要以传说中的凤凰作为描绘的主题对象来抒发对美好生活的向往。据县志记载,凤画源于明初,距今已有600多年的历史了。凤画作为民间艺术,是人类本能的艺术创造欲望、创造思维在民间的体现和升华,体现了淮河流域地区民间美术的装饰特征。

1　凤画作为凤阳特有的民间美术形式形成的原因

不同的习俗、不同的喜好和审美意识造就了形态各异、趣味无穷的民间艺术形式。堪称宝地的凤阳,之所以盛行和流传凤画艺术和这里的地理环境、风土人情、历史文化传承有着密切的关系。首先,淮河流经安徽的北部,是皖北地区的母亲河。淮河给这里的人民带来了肥沃的泥土,所谓"走千走万不如淮河两岸"。但一遇水涝年成,颗粒不受,一片汪洋,甚至到嘴的庄稼也会付诸东流。凤阳地处淮河南岸,位于中国南北交界处,由于地理位置的重要性,自古是兵家必争之地,再加上淮河的经常泛滥,常年的天灾人祸使得这里的民间艺术以绘画、剪纸等易于携带的艺术品种为主,而房屋建筑、木雕石刻等不易搬移的艺术种类则不被重视。另外,凤阳历史悠久,文化底蕴深厚。凤阳远古时代是在东部鸟夷部落的势力影响之内,认为部落的祖先是鸟,崇拜鸟为图腾。春秋时此地建钟离国,西周以后,崛起于江汉平原的楚国向东推进,最终占领了安徽全境。周景王七年(前538年)楚国占领了钟离国。随着楚人的东进,楚文化也从汉水传播到淮水,并成为这里的文化主基调。楚人喜凤,自认为是凤凰的后代,与凤有着神秘之缘,所以鸟图腾和凤文化自古就在这里结下了深厚的历史渊源。抽象的造型程式,仿佛先天存在一种文化

①　基金项目:2010年蚌埠学院人文社会科学项目"江淮地区民间美术的装饰因素研究"(编号:2010sk09)。

②　作者简介:马彦(1971-),女,安徽阜阳人,讲师,硕士,从事美术学研究。

心理上的结构吻合和"形式"对应,如果恰好对应双方在艺术构思的联想之下不期而遇,便扭结为和谐稳固的象征联系,这种和谐关系的溶液将观念与造型双方融合,凝为一个完美自足的形象。由于凤凰具有吉祥如意的美好含义,更易于引起经常生活在流亡颠沛环境中的凤阳人民的共鸣和向往。当地流传着许多与凤凰有关的民间传说,在当地人的精神世界中有着重要地位。明朝初年,朱元璋在家乡建中都,并于洪武七年(1374 年)取凤画《丹凤朝阳》之意,把中都府改名凤阳,此后,凤画逐渐形成凤阳一种独特的传统民间艺术,流传至今。

2 凤画的装饰符号特点及表现

2.1 凤画具有装饰的实用性和审美性特征

装饰艺术是实用性和审美性相结合的艺术,装饰艺术与人的日常生活联系广泛,结合紧密,使被装饰的主体得到合乎其功利要求的美化。一方面它必须从属于主体,即装饰是从美感的角度来标明主体的特征、性质、功用以及价值。另一方面装饰艺术亦可从主体当中独立而出,显示出自己的审美价值,具备了纯欣赏性的因素。

凤画作为一种民间美术与民俗活动关系极为密切,如民间的节日庆典、婚丧嫁娶、生子祝寿、迎神赛会等活动中都会用到凤画,具有实用价值与审美价值统一的特点。凤画艺术贯穿于凤阳人民生活和精神世界的各个领域,直接反映当地人民的思想感情和审美趣味,显示出他们的聪明智慧和艺术才能。凤画颜色丰富多彩,制作技巧高超、构思巧妙,擅长大胆想象、夸张,想象的空间很大,富有浪漫主义色彩。凤画不同于西方艺术和中国文人画艺术强调的作者个人的创造,而是群体的一种创造,是在沿袭古人的同时表露出作者对生活的体验和艺术审美,其生动的个人造型表现又不断丰富着这种传统,使这门艺术生生不息地被人们所继承、所喜爱。纯真质朴,富有诗意和教益,它释放着一种力量,可以净化人的心灵。凤画的审美性是直接的,用简单的形式表现出古老的民族风俗,演绎了古老的民间传说,是"原生态"的艺术,表述人们最美好的愿望。

2.2 凤画具有装饰的夸张性、概括性和程式化特征

装饰的夸张性、概括性和程式化特征非常明显,是装饰常用的手段。夸张,是将自然物象中有代表性的典型部分进行强化处理,使其特征更加突出,更具装饰性和趣味性,更具艺术感染力。夸张和概括同步进行,它们之间是相辅相成、互为补充的。装饰的程式化表现方法和原则,也就是图案化的法则,这种规律性与形式美是人类千百年来通过观察自然界客观存在的美的形象,总结归纳提炼而成的。

民间美术反映了普通人民的一种审美需求和生活愿望。简单的材料、日常用的工具,通过娴熟的手工艺技术,把作者所感知的造型和想象表现出来,艺人的学习方式多是自学或师传,或是从前人那里模拟而来。民间美术概括性表现在程式化造型。从艺术表现上看,乡土民间艺术造型简洁、夸张、概括、平面化,表现内容常常跨越时空,将不同属性的事物巧妙地结合在一起,具有较强的灵活性与超现实性。其造型明确、构思大胆、线条流畅、用笔凝练概括,使用添加、变形与夸张的表现手法。在民间有"十斤狮子九斤头,一斤尾巴掉后头"的画诀,表现出大胆取舍,夸张、提炼其本质,舍弃、弱化细枝末节,它是

为生活而创造的艺术，有着自己独特的艺术体系和造型体系。

凤画作为凤阳本地民间文化的视觉图像及符号系统的文化载体，装饰的夸张性、概括性，表述的符号化，构图的程式化等特征，留下了深深的传统烙印。600 余年以来，凤阳的凤画经历民间艺人的不断改革和创造，代代相传又代代发展，逐渐形成了独特的程式和风格：头似蛇，背似龟，嘴似鹰，爪似鸡，头顶如意冠等。俗话说："龙在头上变，凤在尾上分。"凤尾是凤凰最美丽的部位，也是体现凤凰高贵秀美的一个主要特征。它比其他部位更丰富多彩，更富有表现力，具有一种节奏感和韵律感和动态的美感，而其样式也更缤纷多姿。凤阳的凤画虽和一般的凤凰形象有相同之处，但也有某些特别的规定：凤的尾羽有九条，中间三条是主尾羽，长而飘逸，色彩绚丽美观，卷曲自如。两旁各三条次尾羽，样式和中间的主尾羽一致，只不过显得短小一些，色彩和主尾羽可相似，也可不相似，但两旁次尾羽的色彩则一定要统一。凤翅也有严格的规定，每只翅膀由九根硬羽翅组成，左右一对，一共十八根，称为"十八翅"。凤凰的颈背部是竖立的颈项，组成既有规律而又参差不齐的四束。嘴颌下是一束山羊胡子样的细毛，细致而又独特。以心写形、以形写神，集构成、写真与装饰于一身。既古老又现代，直觉审美意识的凸现，构成了凤画这一民间美术的审美特点。

2.3 凤画具有装饰的工艺性特征

凤画由于所处的特殊的地理位置兼有北方民间艺术的粗犷豪放和南方民间艺术的精致细巧，透露出质朴、纯真、丰富的内涵。凤凰的造型生动自然，或亭亭玉立，或凌空展翅，或动或静，或仰或俯，形态各异。配以各种背景，寓意深刻，造型独特，画工精细。手法上，借鉴工笔画的设色方法，凤画的色彩以民间工艺色彩为主，并吸取了工笔花鸟画的勾线敷色技法，又兼蓄年画通俗画风；用色上，颜色以朱砂、藤黄、石青、石绿等色为主，并用色金装饰，兼有北方杨柳青年画和南方苏州桃花坞年画所长，吸收了杨柳青年画浓重、艳丽和桃花坞年画点缀金银的特点，独创出"五彩、素彩、水墨"三种色彩表现手法，把工笔画重彩、写意、水墨等技法集于一身。色彩讲究鲜艳，而不俗套，极富装饰味浓厚的民间色彩，受到当地人们普遍而持久的欢迎，做到雅俗共赏。凤有三种：一是墨凤，即全身以黑墨浓淡深浅画成；二是素凤，即在墨凤基础上，仅用少许绿色或青色蓝色并外加金泥，勾勒和圈点凤身的局部花纹、翎眼等；三是彩凤，即涂染大红大绿大青大紫，交织形成鲜丽耀目、五彩缤纷的图案。在色彩的表现上既注重丰富又不失调和，透明的"软色"和浓烈的"硬色"形成对比，达到鲜明、悦目的艺术效果。

2.4 凤画具有装饰的象征性特征

所谓"象征"，就是用具体的事物表示某种特殊的抽象的意义。民间美术是最自由、最有生命的艺术，是没有雕琢、不做作，用简单的形式表现出古老的民族风俗的艺术。技巧高超、构思奇巧、每一个图案都有美好的寓意，久而久之，一些美好的寓意用固定的图案所保留，牡丹、菊花、梅花等都寓意着富贵，象征着美好、快乐、幸福的生活。凤画较充分地运用了民间美术的象征手段，凤凰作为百鸟之王本身就具有较强的象征意义，它集各种生灵的特点于一身，自古就是祥瑞的神鸟，再加上同其他具有象征意义的物体如象征上天的龙、象征富贵的牡丹、象征吉利的瑞兽麒麟等一起组合画面，具有欢乐、喜庆、吉利、祥和之意。凤画以凤凰为主体,再加上不同的题材,构成丰富的画面内容。在色彩上,与传统文化的金、木、水、火、土相联系。金色代表金、绿色代表木、黑色代表水、红色代表火、黄色代表土。对比色,给人以浓郁、厚重、艳丽的感觉。凤画的题材很多,其中有《丹凤朝阳》《百鸟朝凤》《带子还巢》《五凤楼》《龙凤图》《飞凤撵麒麟》《百鸟献寿》《四阁屏》等传统佳作,善于大胆想象和夸张以表现强烈的感情,又常用人们熟悉的寓意谐音的手法通过优美的形象表达他们对美好生活的憧憬,具有积极乐观的态度,艺术上刚健清新活泼淳朴,带有鲜明的浪漫主义色彩,深为广大群众喜欢。

总之,凤画作为凤阳特有的民间美术形式,有着鲜明的个性,它的色彩响亮明快,造型夸张舒展,构图丰富稳定,具有很强的装饰效果,一直是当地人们喜闻乐见的形式。民间美术资源不是弧立、表面的艺术形式,它贯穿着中国文化独特的几千年的连续性。而如今,随着市场经济的冲击,许多民间艺术面临灭绝的境地,凤阳的凤画也不例外,面临着后继无人的窘迫局面。关注民间美术,挖掘民间美术的艺术特点并发扬光大,是我们每个美术工作者的职责,应当引起政府和学术界的重视。

参考文献

[1]邓福星. 中国民间美术全集装饰编年画卷[M]. 山东:山东教育出版社,1995.

[2]徐颖婷. 审视社会变迁中的民间艺术[J]. 南京艺术学院学报:艺术与设计版,2009(3):175-176.

[3]炅伟. 装饰画对中国民族民间美术造型与色彩的借鉴[J]. 艺术教育,2009(9):122-122.

[4]陈伟. 解构与重建—传统民间美术与当代艺术设计[J]. 美与时代,2004(4):59-61.

[5]马克云. 凤阳民间凤画艺术浅析[J]. 铜陵学院学报,2005(3):3.

略论民间生殖信仰主题剪纸的艺术形式与文化内涵

胡 飞[①]

1 引言

在我国民间剪纸艺术中,生殖信仰主题剪纸的历史传承最为久远,所反映的民俗文化内涵也最为丰富。它不同于单纯以装饰居室、美化生活为目的的剪纸艺术,它在体现审美功能的同时还兼有传承民俗文化的特殊功能,是我们研究民俗艺术不可多得的艺术题材。民间生殖信仰主题剪纸发展主要有以下特征:一是地域分布广;二是艺术形式多样;三是题材丰富;四是拥有深厚的民俗文化基础;五是内涵呈多元化发展。民间生殖信仰主题剪纸的表现形式与其所反映的文化内涵有着非常密切的关系,不同题材的剪纸都有一个相对固定的表现形式,这种特殊的题材与形式关系是通过象征性的图像符号建立起来的。因此,通过把握象征性艺术语言来理解民间剪纸艺术的形式与文化内涵是我们解读生殖信仰主题剪纸的必要手段。

2 生殖信仰主题剪纸的表现内容及形式

民间剪纸最常见的生殖信仰题材主要有:“生命树”“抓髻娃娃”“葫芦生子”“鱼戏莲”“扣碗”“鲤鱼童子”“老鼠吃葡萄”“凤戏牡丹”“蛇盘兔”“金鸡踏鲤鱼”“瓜瓞连绵”“虎娃”“蝴蝶石榴”“麒麟送子”等。这类题材所表现的内容均与民间的生殖信仰文化有关。不过,由于民俗文化在传承过程中会因历史变迁、社会生活环境改变,使得文化的功能呈现出多元性、转换性发展,所以民间生殖信仰主题剪纸的功能以及表现内容也会随之不断转化,呈现出多元化特点。陶思炎先生认为:“(文化)功能的多元性来自自然世界和社会生活的丰富性,以及不同地域和民族间的永动不息的文化触染”;“功能的转换性来自社会生活的渐进性,它随物质世界与人类社会的发展而相应变化,也体现了主体在文化创造中的需要转移和功能的自由”。[②] 例如民间流行的“蛇盘兔,必定富”观念,实际上就是阴阳相合孕育生命的生殖信仰文化演变为祈福求富的俗信文化。由于远古时期人类的生活环境极为恶劣,生存与繁衍是首要关心的问题,图腾崇拜、原始信仰必定会建立在人类的生殖生产上,随着生存环境的改善,生殖信仰会逐步向驱邪避祸、求福纳祥观

---

① 作者简介:胡飞,蚌埠学院艺术设计系。

② 陶思炎:《中国鱼文化》,东南大学出版社,2008 年版,第 17 页,第 97-98 页。

念上转变,这一点可以从社会经济相对发达的汉唐时代普遍存在"多子多福"思想得到证实。21 世纪的今天,我国国家富强,人们生活幸福安康。发展经济、提高生活质量成为民众普遍追求的目标,传统的民俗信仰自然会转向平安、和谐、富足的精神诉求。

由衍生到祈福,再到求富,只是俗信功能发生了变化,而俗信文化的本原特征并未发生改变。尽管民间生殖信仰主题剪纸表现的内容多种多样,题材的寓意也随着时代发展在不断变化,但能够引起人们情感共鸣的仍然是对生命的特别关注。

民间生殖信仰主题剪纸的表现形式主要有直接表现、隐喻表现和象征表现等。调查发现,多数剪纸作品使用的是隐喻和象征的表现形式,或者是将隐喻与象征相结合的表现手法,直接表现形式运用并不多见,这可能是民间艺术家出于艺术审美的考虑,避免作品成为图解说明。民俗艺术是社会群体创造的艺术,具有鲜明的传承性特征,并非是某个艺术家个体的创作行为。因此,民间生殖信仰主题剪纸具有一个相对固定的、程式化的、在民间受到普遍认可的艺术表现形式,尽管这种艺术形式语言在民间艺术家创作过程中会因时代变迁、地域差异、艺术家的创作风格相异等原因而发生某些局部变化,但总体来说,基本的造型特征是一致的。民间生殖信仰主题剪纸的形式特征主要表现在以下几个方面:

(1)大量使用象征性符号。"中国民间美术的创作观念是集体意识与个体意识的统一,集体意识是一种传承已久的集体的心智,它使那些与人的切身利益相关的客观对象逐渐固化为观念的替代物,形成了民间美术中的符号。"①这些象征性符号与中国几千年来的民俗信仰有着千丝万缕的联系,在中国传统民俗信仰中,自然界的许多物体都成了解释文化现象的象征符号,如象征阳物的有太阳、鸟、鸡、虎、蛇、鱼、鹿等,象征阴物的有月亮、蛙、兔、花等,象征多籽(子)的有石榴、鱼、蛙、葡萄、瓜等。从造型上看,无论是蛇、兔、鹿、猴,还是花、鸟、鱼、虫,基本上都是以侧面或剖面的形象出现,以突出这些物象的符号性特征。而作为作品表现的主体"娃娃",却几乎都是以正面形象出现,尤其是在"生命树""抓髻娃娃"(如图 1)等有人物造型(如娃娃)存在的题材中,娃娃的造型是双手上举,双手均握着一只鸟或鸡或植物的芽苗;也有的是一只手握着鸟或鸡,另一只手握着兔子。娃娃的双腿左右弯曲分开,整个人物呈"蛙"形。画面充满了一种虔诚的仪式感。

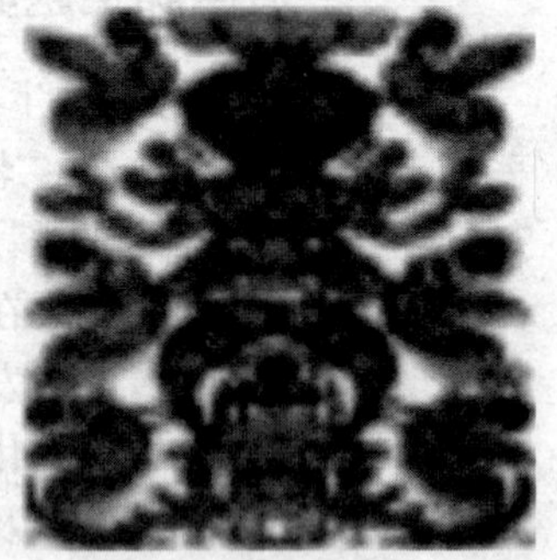

图 1　庆阳剪纸
抓髻娃娃

(2)从画面构图上看,"生命树"题材的剪纸作品(如图 2)多采用传统的满幅式构图,主体形象占据中心位置,并且形体往往较大,各类象征性附属形象往往形体较小,处于次要位置,呈星状分布于树冠的周围。从画面的局部看,每个象征性符号都是各自独立的图像单元,相互之间很少有遮挡重叠。而画面的整体布局则又呈现出完整的、饱满的、一气呵成的艺术美感,这种独特的艺术效果是民间艺术家通过打破现实空间的限制,以自由的线条变化将神树的枝叶任意延伸到

① 左汉中:《中国民间美术造型》,湖南美术出版社,1992 年版,第 265 页。

画面的每个角落而实现的。“抓髻娃娃”的构图简繁不一,地域特征明显。构图复杂的作品里面的象征性符号运用相对较多,传递的文化信息也较丰富;构图简单一点的作品象征性符号较少,往往只有对鸟(鸡)或兔,画面主题表达也比较直观。但总体来看,“抓髻娃娃”的构图不如“生命树”气势大。单体的剪纸作品如鱼、葫芦、鸡、石榴、莲花等通常有两种构图形式:一是以单独纹样形式出现;二是以适合纹样形式出现。以适合纹样形式出现的作品,风格相对工整严谨,不如单独纹样形式的作品形象自由、生动。

图2 山西剪纸生命树

(3)生殖信仰主题剪纸造型运用了灵活多变的、非现实的视觉空间表现,这种视觉空间的运用非但没有给人一种失真的感觉,反而使得稚拙的形式更加突出了作品的精神内涵。由于生殖信仰主题剪纸所关注的是人类生殖繁衍文化内涵的体现,至于画面形象塑造是不是写实并不重要。因此,这也就给作品的创作预留了无限想象的空间,我们不仅可以直观地看到树木、花草、人物、动物的表面特征,甚至还能够“理解”出树上结满了人形或动物形象的“果实”;娃娃的肚子里装着更小的娃娃,或者装着花朵,或者装着动物;树干里包裹着娃娃、花朵;老虎、猴子、狮子、鹿、鸡、兔子等站在树冠边缘的叶子上;等等。所以事物的时空都出现了虚幻而又可信的重新组合,民间艺术家使作品主题的表现达到了极致。“劳动者艺术家特殊的认识、思维方式,与完整圆满、对称偶数、硕大为美的原始审美理想相得益彰,产生出重于表意的造型规律和自由灵活的表现手法,使民间剪纸艺术的特色与众不同、独具一格。”①

3 生殖信仰主题剪纸的民俗文化内涵

生殖信仰主题的民间剪纸在我国广大农村地区普遍存在,尤其是黄、淮流域的中原地区,几千年的农耕文明使得人们历来关注生殖繁衍问题。崇尚人丁兴旺、祈求多子多福思想在当地的剪纸、年画、泥塑等民俗艺术中均有明显体现。特别是剪纸,由于材料便宜,容易获取,创作技术难度不大,画面喜庆,可以随心所欲表达俗信观念,已成为当地最具民俗文化特征的艺术形式之一。

3.1 “抓髻娃娃”

“抓髻娃娃”是民间剪纸中最常见的生殖信仰主题。其衍生功能是通过使用隐喻和象征性的图像符号来表现的,最常用的象征物有鸡、鸟、兔、鱼、虎、蛇、蛙、牡丹、莲花、蝴蝶、老鼠等。前文我们已提到,在我国民间俗信中,象征性符号主要代表了阴阳两性,寓意阴阳相合孕育生命的思想。《礼记·郊特牲》说:“阴阳和而万物得。”②显然,以阴性、阳性交合孕育生命观念来表现“抓髻娃娃”是受到我国古代阴阳哲学思想的影响。不过,

① 吕胜中:《中国民间剪纸》(上卷),湖南美术出版社,1994年版,第26页。

② [汉]郑玄(注)、[唐]孔颖达(疏):《礼记·郊特牲第一十》,北京大学出版社,1999年版。

当我们对民间俗信中那些能够反映阴阳观念的象征性图像符号进行逐个分析后，就会看出这些象征物的选择与远古人类的生殖崇拜有着很深的渊源关系。由于原始社会的生活环境恶劣，生存繁衍是社会生活的头等大事，自然界的动物、植物，甚至水、火、风、雨等自然现象，只要能够给人类某种生殖暗示都有可能成为生殖崇拜的对象。尤其是鱼、蛙、鸟、猪等这些能够传递强烈生殖信息的动物形象在原始社会生殖崇拜表现中最为常见，形式也最为丰富。如陕西西安半坡出土的“人面鱼纹彩陶盆”(如图3)，盆的内壁绘有人、鱼合体的图形符号；人的头部左右对称绘有两条鱼形，嘴两边也是对称的类似胡须的鱼形。如果我们将此图与民间剪纸“抓髻娃娃”的头部造型加以比较，就会发现二者有着惊人的相似：娃娃的头部两边是对称的两只鸟或鸡或鱼，头顶多有饰物，而彩陶盆中的人面鱼纹形象的头部也有一个三角形的符号，并且，类似的人面鱼纹造型在西安半坡、临潼姜寨、宝鸡北首岭、汉水南郑等地出土的彩陶中均有发现；而“蛙”造型的“抓髻娃娃”在甘肃、陕西、山西、河南、山东、安徽等地也是普遍存在。关于“抓髻娃娃”类似于“蛙”的造型，郭沫若先生认为与金文中“黿”字造型相似，是黄帝氏族的族徽标志，作“天黿”解；也有学者持不同意见，认为是商代族徽，作“天黽”解，金文族徽的“黽”字就是俯视的“蛙”状；也有学者认为是夏族的族徽。[①] 但无论是哪个氏族的族徽，“抓髻娃娃”的蛙形特征源于远古人类蛙图腾崇拜应该是无可争议的。由此我们认为“抓髻娃娃”造型与原始彩陶的蛙纹装饰以及与远古氏族族徽类似绝非偶然，“抓髻娃娃”造型应是远古时期生殖信仰传承的结果。

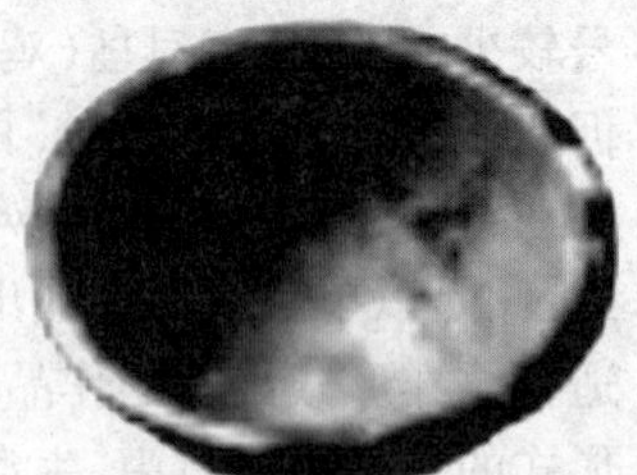

图3　西安半坡人面鱼纹彩陶盆

那么，原始时期的彩陶器装饰为什么会出现人、鱼合体的形象呢？这种合体思维对今天的民间剪纸艺术形式的表现又会产生哪些影响呢？要回答上述问题，我们还需要对原始时期人类的思维逻辑进行分析。研究发现，远古先民很早就有了出于巫术目的的模拟自然现象的行为，他们认为通过行使特定的仪式就可以建立起人类与自然界的某种联系，从而获取特殊的能力。英国人类学家弗雷泽将这种巫术行为称为“顺势巫术”或“模拟巫术”。[②] 鱼是早期人类的主要食物来源之一，其超强繁殖能力很早就为人类所认识。为了能把鱼的生殖繁衍能力附加于人类自身，合体被认为是最理想的表现形式。人面鱼图形的出现应当是先民为了获取鱼的繁殖能力所行使的巫术印迹。“人、鱼间有了合体、同源、混血、互感的内聚动力，才派生出祖先、恩主、护神及灵物的认识，于是繁殖、丰收、驱邪、护身等信仰观念才因之而出。”[③]

一些与鸟、鱼纹相关的图腾所反映的生殖崇拜信息较人、鱼合体更进一步关注“性”与生殖的关系，如河南省临汝县阎村出土的“鹳鱼石斧图彩陶缸”，陶缸外壁绘有一只白

---

① 刘桓：《商周金文族徽“天黽”新释》，《历史研究》2010 年第 1 期。

② ［英］詹·乔·弗雷泽：《金枝》(上)，徐育新、汪培基、张泽石译，中国民间文艺出版社，1987 年版，第 215-270 页。

③ 陶思炎：《中国鱼文化》，东南大学出版社，2008 年版，第 17 页，第 97-98 页。

鹳,嘴边是一条大鱼,鹳嘴与鱼嘴相对;陕西宝鸡北首岭出土的"水鸟啄鱼纹彩陶壶",壶上腹面以黑彩绘有一只鸟在啄一条绕壶肩盘曲的大鱼。赵国华在《生殖崇拜文化略论》一文中认为:"原始先民以鱼为神,象征着以女阴为神,实质是生殖崇拜,以祈求人口繁盛";"远古先民遂将鸟作为男根的象征,实行崇拜,以祈求生殖繁盛"。[①] 另外,还有陶器上的蛙纹、双体鱼纹,陶塑或石雕的女阴、男根形象,石器或岩壁上刻绘的各种象征生殖的符号等,都说明远古人类在"性"与生殖关系认识上的进步。

由于秦汉时期,阴阳学说流行,原始生殖崇拜与阴阳观念逐渐结合在一起,自然界具有生殖象征性的事物被划分为阳性物和阴性物。在生殖信仰主题的艺术表现上,阴性形象与阳性形象共同存在以寓意阴阳合而孕育万物成为当时社会较为流行的造型艺术表现形式。考古发现,汉代画像石中有关伏羲、女娲的题材,基本上都会出现象征阳性与阴性的符号,如三足乌、玉兔、蟾蜍、青龙、白虎等。我们知道,伏羲、女娲作为华夏民族的生殖大神,自古以来就是生殖崇拜的对象。在上古神话中,伏羲主日、女娲掌月,日为阳、月为阴,《说文解字》:"日,实也,太阳之精不亏。"[②]"月,阙也,大阴之精。"[③]《淮南子·精神训》:"日中有踆乌,而月中有蟾蜍。"《淮南子:注释本》:"踆乌,(高诱本)传说中太阳里的一只三足乌鸦。"[④]说明踆乌是太阳的象征,是阳物;换言之,"鸟"在民间俗信中为阳物。玉兔、蟾蜍是月亮的象征,是阴物,所以在民间俗信中,兔、蛙代表阴。有的学者甚至从鸟的形象上分析,认为鸟的形状像男根,因此属阳性;兔、蛙多子,与女性生殖相通,固属阴性。也有学者从动物属性方面分析,认为鸟的习性是日出而觅食,日落而栖息,因此属阳性;兔随月相产子,蛙生水中,因此均属阴性。尽管分析角度不同,但鸟属阳性,兔、蛙属阴性在民间俗信中是得到普遍认同的。由此,我们也就不难理解汉代画像石中有关伏羲、女娲的题材常常会有日、月、三足乌、兔、蟾蜍等形象出现了。

通过以上分析可以看出,"抓髻娃娃"的造型呈"蛙"状,鱼、兔、鸟形符号的运用都与远古先民的生殖信仰有一定联系,体现的是衍生功能。当然,随着民间信仰在传承过程中的不断演化,民间剪纸的"抓髻娃娃"的功能也在不断延伸,题材已不单是衍生功能,还具有驱邪避祸、祈福纳祥功能,如"招魂娃娃""五道娃娃""疗疳娃娃""送钱娃娃"等。奇怪的是这类剪纸名称为什么都称为"娃娃"呢?我想这可能是因为这类题材所表现的人物就是娃娃,是民间艺人借助娃娃的形象来表达阴阳相合而生产出娃娃的传统衍生民俗思想,这也许是一般性的表面理解。如果我们将娃娃的造型与蛙的形状以及原始社会的蛙纹崇拜进行比较就会发现,"娃娃"的称呼同样与远古先民的生殖信仰有关。蛙是远古先民生殖崇拜的对象,这一点可以从原始时期的蛙纹彩陶、岩画、雕塑等遗迹上得到证实,也为学术界普遍认可;同时,相关研究进一步证实:人类始祖神"女娲"的"娲"的原型是"蛙","娃"的哭声与"蛙"的叫声相同,而女娲又是生育人类的原始祖母,因此,"娲"

---

① 赵国华:《生殖崇拜文化略论》,《中国社会科学》1988 年第 11 期。

② [汉]许慎:《说文解字》,九州出版社,2006 年版,第 553 页,第 550 页。

③ [汉]许慎:《说文解字》,九州出版社,2006 年版,第 553 页,第 550 页。

④ 阮青(注释):《淮南子:注释本》,华夏出版社,2000 年版,第 121 页,第 70 页。

"蛙"与"娃"存在着内在联系。[①] 民间有关生殖信仰主题的剪纸以"娃娃"命名显然是传承了"女娲""蛙"的生殖崇拜观念,其本原仍然是强调生殖功能。

3.2 "生命树"

如果说"抓髻娃娃"反映的是人类自身的生殖繁衍信仰,那么"生命树"所关注的就是以人为主体的自然界万物的衍生现象。调查发现,全国各地有关"生命树"题材剪纸作品表现的内容绝大多数都是一棵象征着孕育生命的大树,树的上端或中部有一个造型与"抓髻娃娃"类似的娃娃形象,硕大的树冠上对称分布着娃娃、猴形人、蟾蜍、鸟、鸡、狗、兔、鱼、老虎、鹿、猪、石榴、葫芦或者花朵等形象,整个画面呈现的是一个包罗万象的奇异世界。从题材的命名到大量象征性符号的应用再到画面意境的表现都传递出与生殖崇拜有关的信息。

那么为什么生殖信仰的艺术表现会以"树"的形式出现呢?树与人类的生殖崇拜又是怎样建立起联系的呢?

树能够提供果实、遮风避雨、御寒取暖、建筑房屋、制作生活工具,是人类生存的重要资源,自古以来就是人类崇拜的对象。这种崇拜现象在历史上各个时代、各类艺术遗迹中均有体现,如仰韶文化时期庙底沟、马家窑类型彩陶器物的植物纹装饰;连云港将军崖的人面、植物合体岩画;四川广汉三星堆遗址出土的铜质"神树";汉代画像石中大量"神树"形象;等等。在古代文献中,树作为沟通天地、承载日月、哺育万物、驱邪镇恶的"神物"也有诸多记载。如关于树具有通天达地的神性记载,《太平御览》引《玄中记》云:"天下之高者,扶桑,无枝木焉。上至天,盘蜒而下,屈通三泉。"[②]《淮南子·墬形训》:"扶木在阳州,日之所曊。建木在都广,众帝所自上下……。若木在建木西,末有十日,其华照地下。"[③]不仅如此,树还是太阳出生的地方,《山海经·海外东经》:"汤谷上犹扶桑,十日所浴。"郭璞云:"扶桑,木也。"[④]关于树的果实能够促进食用者生殖繁衍的神性记载,《山海经·西山经》:"崇吾之山,在河之南……有木焉,员叶而白柎,赤华而黑理,其实如枳,食之宜子孙。"[⑤]关于树具有驱凶避鬼神性的记载:《山海经·中山经》:"有木焉,名曰帝屋,叶状如椒,反伤赤实,可以御凶。"[⑥]《论衡·订鬼》:"《山海经》又曰:'沧海之中,有度朔之山,上有大桃木,其屈蟠三千里,其枝间东北曰鬼门,万鬼所出入也。上有二神人,一曰神荼,一曰郁垒,主阅领万鬼。恶害之鬼,执以苇索,而以食虎。'"[⑦]

可见,与太阳出生有关的扶桑树、食之得宜子孙的树、可以避凶的树、天神出入的树、镇鬼魂的树,凡此种种都说明在古人的观念中,"树"具有衍生、护生功能。这种特异功能的演绎可能是由于树从破土发芽的小苗能够长成参天大树,秋天落叶、春天复苏,几十

---

① 刘范弟、何惠:《蛙(蟾蜍)与女娲》,《湖南城市学院学报》2010 年第 2 期。

② [宋]李昉:《太平御览.木部四》,中华书局,1998 年版,第 7908 页。

③ 阮青(注释):《淮南子:注释本》,华夏出版社,2000 年版,第 121 页,第 70 页。

④ 袁珂(校注):《山海经校注》,巴蜀书社,1993 年版,第 308 页,第 45 页,第 178 页。

⑤ 袁珂(校注):《山海经校注》,巴蜀书社,1993 年版,第 308 页,第 45 页,第 178 页。

⑥ 袁珂(校注):《山海经校注》,巴蜀书社,1993 年版,第 308 页,第 45 页,第 178 页。

⑦ [东汉]王充:《论衡全译》(上),袁华忠、方家常译注,贵州人民出版社,1993 年版,第 1389 页。

年、上百年甚至千年仍然枝繁叶茂，在远古人类看来具有不死能力，也因此成为生殖崇拜的对象。随着历史的发展，“树”崇拜的内容与形式也不断发生变化，秦汉时期阴阳观念的融入使得“树”的功能得到扩展，广泛影响到后世生殖俗信的传承，即使是今天的广大农村地区仍然流行着祭拜古树的习俗。

3.3 寓意多子的象征符号

寓意多子的象征符号是民间美术作品中最为常用的造型元素，尤其是平面类民间造型艺术如剪纸、年画等，以多籽(子)的植物、动物现象隐喻人类生殖繁衍已成为一种深受老百姓喜爱的、约定俗成的艺术形式。正如“抓髻娃娃”“生命树”题材一样，以多籽(子)象征符号隐喻人类生殖繁衍的主题剪纸是民间传统生殖俗信的具体体现。“她们的作品中为什么那么多的葫芦、南瓜、葡萄等，并不是由于这是她们熟悉的事物，而是她们把这些多籽的瓜果都视为生命繁衍内涵的符号密码，不是‘艺术反映生活’的生活自然属性，而是其多籽的功能属性。”①值得注意的是，这类题材的艺术表现形式较“抓髻娃娃”“生命树”更加抽象，画面没有“娃娃”等暗示人类生殖的形象，作品的思想主要是借助象征、寓意的方法来展现，仅从画面形象是很难理解作品的真实含义的。如“瓜瓞连绵”(如图4)，画面形象只有对称或不对称表现的大大小小的西瓜，表面上看就是 幅简单的装饰剪纸作品。然而，它的寓意却是子子孙孙绵延不断，多子多福思想一目了然。再如“老鼠吃葡萄”或“老鼠吃南瓜”(如图5)，画面是一只老鼠在吃葡萄或南瓜，造型简单甚至给人一种单调的感觉。但是，这简洁的艺术语言背后传递的却是以多籽的南瓜、葡萄和繁衍能力超强的老鼠来寓意人类的生殖文化信息。

图4 陕西剪纸
瓜瓞连绵

图5 陕西剪纸
老鼠吃南瓜

研究发现，早在远古时期人类就有了对鱼、青蛙这些多产动物生殖崇拜的现象，西周时期开始出现多子多福观念，②到两汉时期，由于社会俗信文化是集原始宗教、阴阳五行观念、神仙方术于一体，并融入了儒家思想而建立起来的，所以建立在“孝道”基础上的多

① 靳之林：《中国民间剪纸与民族本原文化》，《中国美术馆》2005 年第5 期。

② 叶正渤：《略论汉字与古代生育文化》，《徐州师范大学学报》(哲学社会科学版)1999 年第3 期。

子多福观念比较流行。孟子曰:“不孝有三,无后为大。”①可见多子多福、人丁兴旺是对祖宗的孝敬。对于面朝黄土背朝天的农民来说,多子不仅意味着“延续香火”“孝敬祖先”,而且也意味着能够保持足够的家庭劳动力。汉代是中华民族基本俗信思想的形成期,这种俗信思想一经形成就对中华民族的社会发展产生深远的影响,包括文化、艺术、生活、生产,乃至政治、经济、军事等。多子信仰虽历经千年的传承发生了某些功能的转变,但其基本的文化内涵在今天的民间艺术中依然能够反映出来。

4 结语

综上所述,民间生殖信仰主题剪纸的艺术形式与内容存在着特殊的对应关系,这种关系的建立是以民俗文化为基础、以满足功能需求为目的、以象征为手段来实现的。由于社会不断进步,人们的审美需求不断变化,生殖信仰已由最初的巫术性、宗教性逐步转化为世俗性,生殖信仰主题剪纸在满足衍生、辟邪、祈福、求富等诸多功能需求同时,审美功能也在不断得到加强。世俗化和审美功能的加强使得象征符号表现呈现出祥和化,凶猛、怪异形象减少而温顺、柔和形象增多。同时,由于新中国成立以来广大农村地区的文化教育水平有了较大提高,民间艺术家的审美能力和创作能力得到了加强,所以生殖信仰主题剪纸创作的内容较以往更加含蓄、深刻,艺术形式夸张、朴实而富于美感,象征性符号的应用使得民间剪纸艺术与民俗文化实现了完美结合。

---

① [汉]赵岐(注)、[宋]孙奭(疏):《孟子注疏 · 离娄章句上》,北京大学出版社,1999 年版,第 206 页。

农耕文化视阈下的阜阳民间剪纸艺术[①]

胡　飞[②]

安徽阜阳地区是我国著名的“剪纸之乡”，剪纸是当地比较流行的一种民间艺术，每逢年节庆典、婚丧嫁娶、婴儿满月、老人寿庆等活动，人们都喜欢悬挂张贴剪纸作品来烘托气氛。阜阳民间剪纸题材丰富，形式多样，风格淳朴古拙而不失精巧，热烈而不失典雅，蕴含着丰富而独特的农耕文化内涵。这种丰富而独特的农耕文化的形成主要来自三个方面：其一，阜阳地区地处淮河中游，有着悠久的农耕历史，考古发现8 000多年前淮河流域先民就已开始种植稻米等作物，因此很早就形成了基于农业的“天人合一，物我合一”的原始自然观；其二，阜阳地区历史上曾是儒、道、墨、法、农本等思想汇集地区，以道德伦理规范为核心的儒家思想、以阴阳五行为核心的道家思想以及管仲的农本思想等都极大丰富了农耕文化内容；其三，阜阳地区历史上是一个政权更迭频繁，中原、吴、楚文化不断渗透、融合的地区，长期的渗透、融合使本已底蕴深厚、内涵丰富的农耕文化更具兼容并蓄的特征，也正因此使得阜阳民间剪纸艺术呈现出郭沫若先生所说的“其味天真而浑厚”与“玲珑剔透得未有”的南北风格融合的面貌。

1　阜阳民间剪纸艺术的农耕文化背景

1.1　以天、地为本的自然观

《黄帝四经》曰：“人之本在地。”《管子・乘马》曰：“地者，政之本也。”固守土地、崇拜自然是阜阳乃至整个中原地区农耕文化的核心思想，日月星辰的运行，四季的更替，植物的枯荣，土地的肥沃与贫瘠等，不仅会影响到人们的生活，也会影响到人们的思想情感。庄子说：“天地有大美而不言。”[③]天地自然不仅是“本”，而且还拥有“大美”，故民间艺术自从产生之日起便表现出强烈的亲土地、亲自然的特性。余达忠先生认为：“自然作为一种背景性存在影响和决定着人们的生活与思想，对于自然的崇拜是自然而然的，尤其是农耕社会的早期，自然崇拜是一种普遍的思想观念，社会的神话、信仰、习俗、仪式、歌谣等就在这种自然崇拜中形成和奠基下来。”[④]刘继成先生也认为：“人对自然的高度依附

---

① 基金项目：安徽省教育厅人文社科重点项目（编号2011sk488zd）；蚌埠学院淮河文化研究专项资助基金成果。

② 作者简介：蚌埠学院艺术设计系/东南大学艺术学院）

③ [清]郭庆藩撰，王孝鱼点校：《庄子集解・知北游第二十二》，中华书局，1985年版，第735页。

④ 余达忠：《农耕社会与原生态文化的特征》，《农业考古》2010年第4期，第2页。

性,决定了观念领域对自然价值的全面肯定。正是因此,在中国古代思想中,天道自然,不管是对儒道还是墨名法,都是哲学认知的起点,‘天人合一’则是共同的价值选择。”通过对甲骨文中“艺”“乐”和“美”字的分析,他认为这些能够反映精神特征的文字均与自然、农业有关,“后世‘艺’由农业种植发展成为雅化的技能,即‘六艺’,进而发展成精神性的‘艺术’;‘乐’由对谷物丰收的礼赞发展为普遍性的快,进而发展为表达快乐的艺术形式‘音乐’;‘美’则由视觉的胖大和味觉上的鲜,发展成为一般性的审美。这种词义的演进,一方面体现出人类从物质向精神、从实用向审美、从快感向美感进化的趋势,另一方面也说明了农耕文明对于中国美学和艺术的奠基性”①。

从对土地的关注到对田间劳动力的需求,生殖繁衍便成了农耕文化中一个重要的命题,有趣的是,原本是人类生殖繁衍的问题在中国的文化传统中却与创造天地万物的阴阳观念紧紧缚在一起。天地、日月、昼夜、男女等,在阴阳家看来世间万物皆归阴阳,即所谓“阴阳和而万物得”②。阴阳观念关于事物发生、发展及相互关系的解释对古代农耕社会人们认识自然、安排农事具有重要意义,它深刻影响到民间习俗、信仰、文化、艺术的形成发展。尤其是“抓髻娃娃”“生命树”“葫芦娃娃”“蛇盘兔”等这类关于生命主题的剪纸,刻意使用了许多象征阴阳两性的图像符号来表达阴阳相合孕育万物的观念,所以作品内容的释义性往往超过了审美性。对于农民来说,通过直观欣赏剪纸图像理解一种文化观念远比阅读文字来得容易,从这一方面讲,阜阳民间剪纸艺术也反过来促进了阴阳观念在民间的传播。

1.2　忠义孝悌,安土重迁的儒、道思想

阜阳地区民风朴厚,安土重迁,生活追求平淡、节俭、安稳。显然,这是与老子所倡导的“使民重死而不远徙。虽有舟舆,无所乘之,虽有甲兵,无所陈之。使民复结绳而用之。甘其食,美其服,安其居,乐其俗。邻国相望,鸡犬之声相闻,民至老死,不相往来”③的理想社会分不开的。封闭的社会生活造就了本分、知足、勤俭、朴实的农民性格,影响到民间剪纸艺术上则呈现出朴素、内敛、稳定、简约的风格。

儒家所倡导的建立在家庭血缘关系基础之上的道德伦理观念是阜阳地区农耕文化的又一核心要素。受其影响,阜阳民间剪纸艺术在以视觉形式播布审美文化的同时,还承担着宣传道德伦理规范的任务。唐家路先生在详细分析了传统道德伦理规范对民间艺术的题材选择、创作观念、艺术样式等方面产生的影响后,认为:“是民众普遍的道德伦理及情感要求,创造、选择了这些形象化的题材和内容,使其成为道德教化的工具和伦理情感的符号。与此相应,民间艺术健康、质朴、圆满、完美的艺术风格也常常遵循和追求美与善的统一,体现了民众广泛深沉的情感观念和道德伦理要求。”④

---

① 刘成纪:《中国美学与农耕文明》,《郑州大学学报》(哲学社会科学版)2010 年第 5 期,第 8 页。

② [清]孙希旦撰,沈啸寰、王星贤点校:《礼记集解 · 郊特牲第十一》,中华书局,1989 年版,第 674 页。

③ 朱谦之:《老子校释 · 八十章》,中华书局,2000 年版,第 309 页。

④ 唐家路:《民间造物艺术的伦理观念》,《山东社会科学》2006 年第 12 期,第 132 页。

1.3 兼容并蓄的多元文化

除上述农耕文化的本原哲学观念以及儒、道诸家思想以外，南北自然地理的分界、南北文化的交汇也是阜阳农耕文化保持鲜明特征的原因之一。作物上稻麦同植，交通上舟车同行，甚至在民风上“北方人的强悍和南方人的柔和也交融于淮河流域人民的习性之中”①。从文化地理分布看，阜阳地区地处中原文化圈的东南部边缘，东北是齐鲁文化，西南是荆楚文化，东南是吴越文化。历史上由于战争、人口迁徙、商贸往来等原因，各种文化在此不断渗透、融合，形成兼容南北、承接东西的多元文化特征，反映在民间剪纸艺术上则呈现出“既有北方的简练和粗壮有力，又有南方的精巧和秀丽多姿、粗细相间、刚媚兼备、节奏协调”②的独特风格。

2 阜阳民间剪纸的题材与内容

吕胜中先生说：“（民间剪纸是）劳动人民为满足自身精神生活的需要而创造，并在他们自己当中应用和流传的一种艺术样式。”③以农耕为主的农村社会生活是阜阳民间剪纸艺术的创作源泉，农事以及与农事相关的民俗现象是民间剪纸艺术最常表现的题材。《管子·牧民第一》说：“仓廪食而则知礼节，衣食足则知荣辱。”④《汉书·郦食其传》云：“王者以民为天，而民以食为天。”⑤面朝黄土背朝天的农民一生辛勤劳作，期盼的就是天下太平、仓有余粮、衣食无忧、少病少灾，因此，土地、自然对他们来说具有特殊的感情，用朴实的艺术语言将田间劳作、养鸭放牧、扬场晒粮、家禽家畜、花草鱼虫等这些生活中最熟悉的形象再现出来，是表达他们思想情感的一种理想方式。利用谐音将自然界不同事物结合起来体现喜庆吉祥寓意是广大农民对土地、自然及农耕生活情感的升华和提炼，民间艺术的创作主体及欣赏主体均为土生土长的农民，共同的生活理想和审美追求使得利用谐音表达喜庆吉祥寓意题材成为民间艺术最流行、最通俗的题材。这类题材主要有连（莲）年有余（鱼）、五谷丰登、喜鹊报春、大吉（鸡）大利（如图1）、福（蝠）禄（鹿）寿喜（鹊）等。一些具有喜庆、富贵、吉祥寓意的喜字、福字、牡丹、荷花、桃、鹤、狮子、麒麟等也是剪纸常表现的题材。

---

① 水利部淮河水利委员会，淮河志编纂委员会编：《淮河第七卷：人文志》，科学出版社，2007年版，第153页，第199页。

② 水利部淮河水利委员会，淮河志编纂委员会编：《淮河第七卷：人文志》，科学出版社，2007年版，第153页，第199页。

③ 吕胜中：《中国民间剪纸》，湖南美术出版社，1994年版，第6页。

④ 黎翔凤撰，梁运华整理：《管子校注》，中华书局，2004年版，第2页。

⑤ ［汉］班固：《汉书·郦陆朱刘叔孙传第十三》，中华书局，1999年版，第1627页。

图1　阜阳剪纸:大吉大利(管珏提供)

阜阳地区农耕文化的形成发展受儒家的道德伦理思想影响较深,几千年来,以仁、义、礼、智、信、恕、忠、孝、悌为核心的儒家道德伦理规范已深深植入农耕文化的土壤之中,成为人们社会生活的行为准则。从艺术方面讲,以表现忠孝、正义、善良等内容的艺术题材反映了人们对道德伦理和情感的需求,实现了艺术审美功能与教化功能的完美统一,这类题材通常来源于民间故事、神话传说,阜阳民间剪纸中最常见的题材有三娘教子、岳母刺字、钟馗捉鬼、嫦娥奔月、牛郎织女、白蛇传(如图2)、木兰从军、夸父追日、关公、梁山伯与祝英台等。

图2　阜阳剪纸:白蛇传(郭艳提供)

淮河流域是华夏民族的发祥地之一,所以古老的生命信仰对阜阳地区的农耕文化传承具有深远影响,这类剪纸题材最具神秘感,蕴含着丰富的民俗文化内涵,涉及到婚丧嫁娶、祭祖崇拜、求子纳福、驱邪避祸等诸多方面，常见的有关生命信仰内容的题材主要有抓髻娃娃、疗痞娃娃、生命树、扫天婆、牵马小、奈何桥、瓜瓞连绵、老鼠吃南瓜、葫芦、石榴、鱼钻莲花、双鱼、对猴、对马、五毒等。一般来说，剪纸的功能是与题材相一致的，各个时代在剪纸功能的追求上不尽相同，所表现的题材也会有所不同，如剪纸起源时期的原始社会，先民们出于生殖崇拜的需要以雕、镂、剔、刻之法在石壁、树叶、皮革等材料上留下影像。由于剪刻的影像与原物酷似，以至于在古人看来剪纸能够摄取人或物灵魂，所以剪纸才会有了"招魂"功能，这一点可以从一些历史文献中得到证实，如《汉书·外戚传》《搜神记》《论衡·自然篇》《汉书·郊祀志》等均记载有汉武帝因思念亡故的李夫人，命方士齐人李少翁以剪刻李夫人影像为其招魂之事。唐代诗人杜甫的《彭衙行》中也有"暖汤濯我足，剪纸招我魂"之句。由招魂发展到祈福纳祥，是剪纸功能的一大进步，也使得剪纸的题材得以大大拓展。唐代的剪纸在沿袭古人剪纸招魂习俗的同时，开始走入普通百姓的生活，成为节庆习俗的装饰品。如当时流行的"人日戴胜""镂金作胜""剪纸宜春"等习俗，《酉阳杂俎》记述有："立春日，士大夫之家，剪纸为小蟠，或悬于佳人之首，或缀于花下，又剪为春蝶，春胜以戏之。"[①]李商隐的《人日即事》中有："镂金作胜传荆俗，剪彩为人起晋风。"崔道融的《春闺二首》中有："欲剪宜春字，春寒入剪刀。"唐代李远《剪彩》中有："剪彩赠相亲，银钗缀凤真，双双衔绶鸟，两两度桥人，叶逐金刀出，花随玉指新，愿君千万岁，无岁不逢春。"可以看出，唐代的剪纸功能已由传统的招魂祭祀扩大到生活装饰，并且这种功能变化在经过宋、元、明、清等时期逐步呈现出多样化发展趋势，与此相适应，民间剪纸的题材也得到极大丰富和发展。"民间剪纸不仅体现民间艺人的审美理想与动机，是作者和欣赏者内心情感的宣泄与寄托，更重要的是在现实生活中有着功能上的实用性。"[②]剪纸艺术发展到今天，由于社会经济的发展，科技的进步，人们的生活质量有了极大提高，已无须再借助剪纸等形式从事驱邪避凶、衍生护生、招魂祭祀等活动，所以美化生活、祈福纳祥成为现代民间剪纸的主要功能，传统的驱邪避凶、衍生护生、招魂祭祀等仅作为一种民俗文化现象成为剪纸艺术表现的题材之一。

3 阜阳民间剪纸的艺术特征与文化内涵

3.1 阜阳民间剪纸的艺术特征

"农耕文明是深植于泥土的文明。土地不仅决定着中国的经济、政治和国家形态，而且很大程度上决定着美和艺术的属性。"[③]阜阳民间剪纸所追求的朴实率真、火热喜庆的艺术风格以及驱邪避祸、祈子纳福的永恒主题，是当地劳动人民追求美好生活的强烈愿望的具体体现，是农耕文明催生的审美情感的具体体现。因此在表现形式上呈现出繁复与简约、喜庆与肃穆、张扬与抒情并存的特征，是与剪纸的内容以及思想情感要求相一致的。

民间剪纸艺术是群体性艺术，创作和欣赏的主体均是民间百姓，共同的价值观、审美

① 《唐五代笔记小说大观》，上海古籍出版社，2000 年版，第 549 页。

② 徐贤如，凌继尧：《中国民俗剪纸艺术文化功能内涵变迁》，《西北民族大学学报》（哲学社会科学版）2009 年第 6 期，第 82 页。

③ 刘成纪：《中国美学与农耕文明》，《郑州大学学报》（哲学社会科学版）2010 年第 5 期，第 8 页。

观造就了其特有的艺术形式。求大、求全、求满、求美是淮河两岸人民在长期生产劳动中形成的朴素的审美观,是美与善的统一。所谓"圆圆满满""和和美美""大大方方""实实在在",不仅是艺术审美的标准,更是生活的标准、做人做事的标准,而建立这些标准的基础就是融儒、道、墨、法等思想于一体的农耕文化。受其影响,阜阳民间剪纸的形式多样而活泼,构图追求饱满而完整,造型粗犷而朴实,达到了内容与形式的和谐统一。例如,取材于现实生活的剪纸,其剪刻的刀功较为轻快洒脱,画面布局自由灵活,人或物的造型姿态悠闲,体现出农村地区恬淡宁静、幸福祥和的生活面貌;取材于喜庆吉祥寓意的题材则是采用满幅式构图,多使用牡丹、仙鹤、喜鹊、鹿、仙桃、鲤鱼、麒麟等农耕文化中的祥瑞动物、植物,画面物象造型活泼、喜庆,线条柔和多变,充满动感;(如图3)而信仰类题材的剪纸,由于其特殊的表现对象和使用功能,多使用严谨的对称性构图,人物、动物的神态或威严或凝重,姿势动作夸张,具有强烈的仪式感,符号性特征明显。剪刻技法上也多使用简括的刀法,注重物象的外部轮廓特征,不做局部的精细刻画。当然,对于诸如花、蝶、仕女等一些柔美的题材也不失有细腻精巧的表现,但在人物动态处理、线条粗细变化、画面主次经营上仍不作过多修饰,以体现朴素大方的一面。

图3　阜阳剪纸:麒麟送子(刘原提供)

3.2　阜阳民间剪纸艺术的农耕文化内涵

黄淮地区是中华民族文化思想的发祥地,历史上儒、道、法、释交汇融合,形成了以农耕为基础的多元文化特征,这种多元文化作用下产生的道德观念、价值观念、审美习惯、思想情感、行为方式等也直接影响到民间艺术的创作活动,从而使得"这种道德伦理及情感观念与民间艺术的审美观念一起,对民众的精神意识产生重要的影响,体现了民间艺术丰富深刻的文化内涵"①。特别是一些表现忠孝、仁义、先贤、烈女的题材能够为广大民众所传诵,说明渗透了儒、道、等精神的农耕文化所建立起来的道德观念、审美观念不仅成为人们待人处事的行为标准,也成为人们表达自己思想情感,追求理想生活的文化基础,艺术形式的圆满、大度、完美正是这种文化基础的具体体现。从文化传承的本原看,

① 唐家路:《民间造物艺术的伦理观念》,《山东社会科学》2006年第12期,第132页。

阜阳民间剪纸追求喜庆、吉祥、圆满,除了受儒、道诸家的道德观念、审美观念影响外,实质上也是驱邪避祸、求子纳福、祭祀崇拜等实用功能的延续,是对远古先民生命崇拜的继承和发展。

孟子说:"不孝有三,无后为大。"①对于面朝黄土背朝天的农民来说,多子不仅意味着"延续香火""孝敬祖先",而且也意味着能够保持足够的家庭劳动力。从上古时代女娲造人神话到今天的遍布淮河两岸的生殖泥偶崇拜,生殖繁衍历来是民间文化传承的主题。民间剪纸中常出现的"生命树""喜娃娃""荷花仙子""抓髻娃娃"(如图4)等题材,人物造型往往是呈正面,双手上举做蛙状,使人很容易想起远古时期的岩画和陶器中的人物形象。蛙纹造型在图像学中被认为是生殖崇拜的主要命题,反映了远古先民祈求子孙繁衍的强烈愿望。赵国华先生认为:"女娲本为蛙,蛙原是女性生殖器的象征,又发展为女性的象征,尔后再演为生殖女神。"②可见,民间剪纸中出现的蛙人形象是延续了远古时期的生殖崇拜的习俗。这类作品的人物造型很多都是以对称的形式出现,这种对称的形式不仅呈现出一种外在的形式美,更重要的是对称的造型形式反映了民间的一种偶数观念,一阴一阳,一正一负,成双成对,所谓"一阴一阳之谓道"③。左汉中先生说:"中国人的'偶'数观念中,反映着很强的生殖崇拜、生命繁衍意识。民间美术的造型体系中,形成了一系列的具有对应关系,潜藏着生命、生殖意识的造型规则。"④这种以偶数的观念来反映几千年来生生不息的生殖崇拜命题,一方面是中国道家阴阳哲学思想的具体体现;另一方面也反映了根植于广大农村的关于生殖繁衍的朴素认知。

图4　阜阳剪纸:抓髻娃娃(出自吕胜中《中国民间剪纸》)

---

① [汉]赵岐注,[宋]孙奭疏:《孟子注疏·离娄章句上》,北京大学出版社,1999年版,第206页。

② 赵国华:《生殖崇拜文化论》,中国社会科学出版社,1990年版,第371页。

③ [魏]王弼、[晋]韩康伯注,[唐]孔颖达疏:《周易正义·系辞上卷七》,北京大学出版社,1999年版,第232页。

④ 左汉中:《中国民间美术造型》,湖南美术出版社,1992年版,第154页。

对称手法并非只用于生殖崇拜命题的作品中,一些与生殖崇拜无关的日常生活情趣的题材中,往往也会出现左右或上下对称的人或物的造型。我们虽然不能将所有对称的造型形式都判定为阴阳交合化生万物思想的暗示,但仍然可以认为这是中国民间习俗中所谓"好事成双"的偶数观念的体现,这种偶数观念同样与远古先民生殖崇拜观念有着千丝万缕的联系。人们从化生万物的阴阳偶数对称形式中发现了美的规律,一旦这种美的规律被掌握,人们自然会把它运用到日常生活的方方面面。

阜阳民间剪纸中还有一些将动物拟人化的题材,如猴子抽烟、老鼠娶亲、猴子拉车、老鼠点灯、蛇盘兔、大鸡送子等。这类题材的出现,一方面是由于这些动物形象较为常见,与人们的日常生活有着直接或间接的联系;另一方面可能要与远古人类的图腾崇拜以及神话意识有关。从考古出土的原始陶器上的人面鱼纹、鲵鱼纹、蛙纹等大量拟人化的造型可以看出,远古时期的先民认同了动物与人类具有某种共同的灵性,或者说远古先民之所以将人类自身与一些动物建立联系,是看中了它们的某种超常的能力,从而加以崇拜。从民俗学上讲,阜阳地区动物拟人化剪纸题材的出现是远古先民的生命崇拜意识以及万物有灵观念不断演化发展的结果。

4 结语

综上所述,阜阳民间剪纸蕴含着丰富的农耕文化内涵,圆满、美善、大全、喜庆、实在的审美追求是阜阳地区农耕文化精神传承的结果。象征性符号应用及程式化的艺术造型不仅满足了文化精神表达的需要,也是农耕文化长期积淀的结果。今天的广大农村地区生活富裕,精神面貌有了很大改变,农耕文化的传统意义已发生较大变化,驱邪避祸、求子纳福、祭祀崇拜观念仅作为一种传统民俗文化现象为人们所认识、研究,民间剪纸的审美功能取代了传统驱邪避祸、求子纳福、祭祀崇拜功能,民间剪纸艺术已成为人们表达节庆祝福、烘托喜庆气氛、美化生活环境的大众艺术品。

参考文献

[1]《中国民间剪纸》,湖南美术出版社,1999 年.

汤和墓石像生的艺术特色和审美意蕴[①]

王　磊[②]

石像生作为王公大臣陵墓前的仪卫性雕刻，是中国古代雕刻艺术特有的一种表现形式。及至明代，朱元璋通过数十年的鞍马征战，在南京建立了明王朝，石像生作为皇权的象征，成为此时陵寝制度中的主流形态，石像生艺术也因此达到了最为鼎盛的时期，产生了众多优秀的石雕作品。其中汤和墓石像生以其独特的艺术魅力和审美追求，反映了明初的政治经济与文化生活，作为涓涓细流汇入到中国雕刻艺术的长河之中。由于地域因素的制约，对汤和墓石像生的研究并不多，仅有的数篇文章对汤和墓石像生的种类、数量加以记录，鲜有对其艺术风格进行深入地探讨，但正因如此也为本文提供了研究的空间。

1　汤和与汤和墓

汤和（1326—1395），字鼎臣，濠州（今安徽蚌埠）人，是朱元璋儿时的伙伴“与太祖同里闬”[③]。青壮之年追随太祖，守常州、攻福建、入蜀地转战南北，为大明王朝的建立立下赫赫战功。在明王朝统一中国后，又被朱元璋委派至东南沿海治理倭患，“国初汤信公经理海防，北起乍浦，南迄浦门，萦纡二千余里，设九卫及诸所、诸巡司，总百城，又有营寨、烽堠，彼此联络，援应接济，血脉贯通”[④]，确保了海防无虞，守住了国都的东大门。时至今日，温州地区民间百姓仍在每年农历七月十五举办“汤和节”来纪念汤和，“汤和节”作为民俗活动于2008年入选国家级非物质文化遗产名录。

洪武三年（1370年），朱元璋分封功臣，“御史大夫汤和，与朕同里闬，结发相从，屡建功劳”[⑤]。汤和被封为中山侯，位居封侯者之首。洪武十一年（1378年），朱元璋再封汤和为信国公“尔和虽居旧将之行……授以信国公之爵”[⑥]，进一步显示了汤和在朱明王朝中的地位。汤和虽有赫赫战功但并不骄纵淫逸，六十岁时向朱元璋请辞还乡。洪武二十八

---

① 基金项目：2012年安徽省教育厅青年基金项目“皖北明代石像生艺术的保护与开发”（项目编号：2012SQEW199）；2010年蚌埠学院人文社科项目“皖北明代石像生艺术研究”（项目编号：2010SK06）。

② 作者简介：蚌埠学院艺术设计系/东南大学艺术学院。

③ ［清］张廷玉：《明史·汤和传》，中华书局，1989年版，第239页。

④ ［明］郑若曾：《筹海图编》，卷十二，中华书局，2007年版，第321页。

⑤ 孙正荣：《朱元璋系年要录》，浙江人民出版社，1983版，第27页。

⑥ 《明太祖实录》，台湾中央研究院历史语言研究所校印本，卷二百四十，第673页。

年(1395 年)八月,寿终正寝,死后被追封东瓯王,谥号襄武,葬于曹山(今蚌埠东郊龙子湖畔),并建神道石像生于墓前,神道两侧设置望柱、石马与牵马人、石羊、石虎、甲士、文官各一对,以再现墓主人生前之威仪。

2　汤和墓石像生的艺术特色

皖北地区明代王公陵墓中,除较为知名的凤阳明皇陵石像生外,汤和墓石像生也是同时期陵墓雕刻艺术的代表。虽然汤和墓石像生在题材、种类、体量以及表现手法上无法与皇陵石像生媲美,但就个体的艺术表现形式而言并不逊色,它也是雕刻艺术的精品之作。汤和墓石像生所具有的抒情写意与装饰意味,不但反映了封建王朝的礼制观念,而且还显现出明朝初期的文化思想和艺术旨趣。

2.1　雕刻手法的抒情写意

抒情写意不仅是中国传统视觉艺术的审美追求,更是中国古典美学的文脉,深深渗透于古代艺术家的思想感情之中,受此影响,虽然绘画与雕塑艺术创作者的身份大相径庭,但它们所表现出来的抒情与写意却异曲同工,均强调作品的“气韵生动”。“气韵”不是简单地描摹能达到的,而是“澄怀观道”后的个人体验,这种体验是朦胧的、暧昧的,这种“气韵”既不是客观对象的翻版,也不是感性的无意识的组合,它是具有多义性的意象造型。意象造型不局限于客观对象,创作自由度大大增强,可以适当地概括、变形、夸张,但又兼顾现实,雕刻作品在自我与世界的融合过程中具有了写意性。

中国的传统造型艺术追求目所绸缪的空间景象,如绘画中的“三远法”,观察对象不会固定焦点,雕塑同样如此,因此与中西方雕塑形成了鲜明的对比。宗白华先生认为:“中西绘画和雕塑截然不同。希腊的绘画立体感强,注重凹凸形体,讲究明暗,好像把雕塑搬到画面上去,而中国则是绘画意象占主导地位,以线条为主,雕塑却有了画意。”①汤和墓石像生中这一点体现得尤为明显,例如在对石虎的表现上,有意削弱石虎外形轮廓的起伏变化,而追求雕塑的整体性,石虎外部轮廓被归纳为几条弧线,用具有张力的弧线来表现石虎内在的威猛精神,使石虎显得庄重、雄浑,体现了陵墓镇兽的森然肃穆;再如对石人衣纹的处理上,削弱了衣服褶皱形成的空间体块关系,运用阴刻线条来表现衣服的纹理,这些线条虽不具备强烈的立体效果,但有丰富的节奏与韵律的变化,像绘画中的线条一样精炼、流畅,表现出高度的写意性。这种不求形似的写意性,传达出的是创作者的自我体验,这种体验使得雕塑作品充满了内在的精神力量。

2.2　造型纹样的装饰意味

中国的雕塑原属工艺美术范畴,又与绘画相近,因此在装饰性上为雕塑提供了种种变化的可能。汤和墓石像生雕刻对称式的站姿和图案化的雕刻手法,使其显示出极强的装饰意味,从而增强了石像生的威严与神秘。

首先,通过对石像生整体造型的概括、夸张、变形来达到装饰效果,增加仪卫功能。工匠在雕刻石像生时,利用整块石料的自然形态,切割出弧面、平面、方体、球体,在圆雕、

---

①　宗白华:《艺境》,北京大学出版社,1999 年版,第 372 页。

浮雕、线刻等多种表现手法的相互结合中将雕刻工艺淋漓精致地展现出来，气贯长虹。如文官身着宽袖大袍，方心曲领，神情宁静；甲士身披紧身盔甲，挺胸站立，神情威严；望柱下粗上细，逐渐收分，柱顶部有莲花座，座上托有一枚宝珠，种种表现无不体现了造型上的装饰意味。

其次，通过对石像生线条的精心安排以达到装饰的效果。比如石虎的外形轮廓因动势的起伏，形成了具有变化的线条，而在胡须等细节上的雕刻，匠人刻意控制线条，用阴刻的线条雕刻，每根线条的弧度、深浅一致，弧线间的距离平均，显然与现实老虎的胡须不同，但刻意控制的线条和石虎外在奔放的轮廓线产生了静与动的对比，这种对比不单让石雕局部结构具有装饰性，而且使得石虎犹如青铜礼器上的图腾，威严神秘自不可说，具有装饰意味。

再次，石像生表面运用了云纹、回纹、植物纹样等多种装饰纹样，这些纹样形象、生动，富有感染力，不但对客体有装饰美化的功用，而且具有象征意味，从而传达出丰富的意识形态与社会文化信息。

2.3 题材、形制的礼制观念

《洪武圣政记》记载："昔帝王之治天下，必定礼制，以辨贵贱、明国威。是以汉高初兴，即有衣锦绮、操兵乘马之禁。历代皆然。近世风俗相承，流于奢侈，闾里之民服食居住与公卿无异。贵贱无等，僭礼败度，此元之所以失败也。"①朱元璋认为礼制规范，是决定国家兴衰的大事，因此必须严控。在陵寝制度上体现为："坟茔之制，亦洪武三年定……五年重定，功臣殁后封王，茔地周围一百步，坟高二丈四，围坟墙高一丈，石人四，文武各二，石虎羊马、石望柱各二……一品二品石人二，文武各一，虎、羊、马、望石各二。三品四品无石人，五品无石虎，六品以下无。"②将汤和墓石像生与同为皖北地区的明皇陵石像生比较，最明显的特点就是森严的礼制观念，具体体现在以下几个方面：

第一，皇陵石像生种类、数量大大超过汤和墓石像生。皇陵石像生有 16 对，分别为麒麟、狮子、望柱、石虎、石羊、石马与牵马人、文臣、武将；汤和墓石像生只有 6 对，分别是望柱、石马与牵马人、石羊、石虎、甲士、文官，象征皇家威严的麒麟、狮子不在其列。

第二，皇陵石像生和汤和墓石像生中均设有石马与牵马者，但两处却存在差别。皇陵石马左右两侧各有一个牵马者，汤和墓中只有一个牵马者。

第三，石像生大小不同。皇陵文臣、武将身高都在 3.3 米左右；汤和墓中的文官、武将身高均在 3 米以内，与皇陵相比石人矮了许多，体量缩小。

第四，纹样不同。例如，皇陵设有武将，头顶护颈盔、身披山字甲，以浮雕雕刻甲片，层层交叠，结构繁杂，虽为石质却有金属之感；汤和墓只有甲士，甲士头戴战盔，身着战袍，甲带束腰，肩系披巾。再以石马为例，皇陵石马马鞍泥障上刻有的龙凤图案，五爪夔龙居中，双凤左右围绕，泥障四周有二方连续的植物纹样；汤和墓的石马的障泥上浮雕海

① ［明］宋濂：《洪武圣政记·严祀事》，上海古籍出版社，1986 年影印文渊阁四库全书版，第 1989 册、第 56 页。

② ［清］张廷玉：《明史》卷六十《丧葬之制》，中华书局，1989 年版，第 1876 页。

棠如意云龙纹,而龙为四爪,有龙无凤,四周饰如意云纹,由此可见,等级制度决定了纹样的繁复程度。皇陵与汤和墓石像生在数量、种类、体量、纹饰上的区别,无疑体现了森严的封建礼制观念,也反映了明初严谨质朴的立国风尚。

3 汤和墓石像生的审美意蕴

3.1 质朴之美

经过近 20 年的战乱,朱元璋称帝后,明初社会百废待兴。由于元朝政体荒疏,典章未备,“明太祖初定天下,他务未遑,首开礼、乐二局,广征耆儒,分曹究讨”①,整理制定各项制度。汤和墓的营建就是在这样的大背景下开始的,因此石像生的雕凿制作明显体现出明代雕刻的初创特征,即遵循礼制、质朴浑厚。

缔建不久的明王朝政体的核心是“收天下之权于一人”②,君尊臣卑,皇权至高无上,中央集权达到了前所未有的高度。在这种制度之下,石雕的题材、造型与装饰纹样都受到皇家礼制的制约,讲究等级制度,不能僭越,因此和皇家陵寝里的石像生比较,汤和墓石像生雕刻在雕刻题材、雕刻手法、雕刻纹样以及石雕体量上是相对简单、质朴的。

中国古代雕塑与绘画,塑绘相补,紧密结合,两者的审美要求、空间观念具有一致性。因创作者阶层的不同,绘画的地位凌驾于雕塑之上,因此雕塑具有明显的绘画性。中国绘画一笔如千里之阵云,追求简练明快的效果,雕塑也深受这种造型观念的影响。汤和墓石像生以民间工匠为主要创作者,他们在中国传统绘画审美意识的影响下,运用纯朴的思维方式,使用简单的雕刻工具,表达质朴的创作情感,在他们的刀下,石人、石兽造型生动,形象纯朴,显现出凝重浑厚的美感。在创作过程中工匠们追求“意象造型”的抒情写意性,这种“意象造型”概括、夸张、省略细节、注重整体,既保留了唐代石像生的大气与质朴,又融合了宋元时期民间绘本的图案化的表现手法,体现了雕刻者兼容并蓄、创新求变的创作思想。

3.2 和谐之美

汤和墓石像生的审美追求,除了体现在个体造型、纹饰的质朴之美以外,还体现在石像生整体的多样统一性。多样统一是形式美法则的终极要求,它包含了对称、均衡、对比、调和等因素。“形式美的规律,基本上可以归纳为两条:(一)整齐划一;(二)多样统一。两条规律,一是单纯的美,二是繁复的美。实际上是变化与统一的关系,为辩证法在美学上的应用。”③

汤和墓以神道为中轴线,全长 225 米,从入口开始纵向依次排列着望柱、石马与牵马人、石羊、石虎、甲士、文官,直至献殿,这种排列顺序,符合封建集权统治者在礼仪制度上的需要,是君权神授思想的再现。每件石雕气贯意连,庄重大气。纵向观察,石人、石马站立,石羊、石虎卧下,石雕个体高低错落有致,个体间距均是 6.6 米;横向上同种石雕两

---

① [清]张廷玉:《明史》卷四十七《礼志一·吉礼一·序》,中华书局,1989 年版,第 976 页。

② [明]王世贞:《弇州史料》明刊本前集卷十一,上海古籍出版社,1986 年版,第 693 页。

③ 张道一:《造物的艺术论》,福建美术出版社,1989 版,第 205 页。

两相对，伫立于神道两侧，间距13米。纵横布局既有高低错落的对比，又体现中轴线式的对称与均衡，行走其间，能明显感到一种仪式感。此外，汤和墓的选址体现了古人对风水的理解与认识，背靠曹山，面朝龙子湖，应了"前有照、后有靠"的吉地之说，石像生坐落其中与周围的青山绿水相互映衬，色调统一和谐，呈现出一气呵成的视觉画面，具有陵寝特有的庄严、静谧之感。

汤和墓石像生所追求的质朴之美与和谐之美，具有鲜明的明初雕刻风格，展现了陵寝雕刻独特的审美追求。

4 结束语

汤和墓之所以能成为皖北地区规模最大的明初功臣墓葬，并且在神道上具备雕刻精美的石像生，显然是有深刻的政治目的的，"欲使功臣之后，世世相踵，非徒子孙，乃关苗裔，报德明功，勤勤恳恳，如此之至，欲以劝戒后人，用命之臣，死而无悔也"①。朱元璋厚葬功臣，以此来换取人心，从而达到巩固皇位和家天下的目的。在强调君主专制的明王朝前期，社会环境相对安定，中华文化逐步复兴、生产技术进一步的发展、改良，使得在当时出现了大批优秀的雕刻艺术作品。汤和墓石像生艺术以其丰富的内容、精湛的手法、质朴庄严的审美追求，在明代雕刻艺术中占有一席之地，其生动的造型语言与深厚的文化内涵相互结合，使它们在历尽了数百年的沧桑岁月后仍伫立在世人面前，成为不可多得的文化遗产，散发出熠熠生辉的光芒。

① [明]吕毖，《明朝小史》卷三《洪武记》，上海古籍出版社，1986年影印文渊阁四库全书版，第2031册，第12页。

“五河民歌”特色声乐教学的实践认知[①]

张永芳[②]

摘　要:本土民歌与民族声乐教学是根和叶的关系,民歌是传统音乐文化的瑰宝,是民族音乐文化的根基。五河民歌是江淮地区民歌的一朵奇葩,其种类丰富,艺术手法多样,地方风格鲜明,2008 年被列入国家非物质文化遗产名录,利用五河民歌资源,在声乐教学中开展特色教育,对于五河民歌的传承与发展和培养具有个性的声乐人才具有重大的意义。

关键词:五河民歌;特色声乐教学;传承;发展

1　五河民歌引入声乐教学的背景及意义

随着社会的发展和人们生活环境及方式的改变,很多传统民间歌曲的文化生态发生了很大的变化,有的民歌面临着失传的危险。2005 年 12 月,国家发出《国务院关于加强文化遗产保护的通知》,在文件中,中央政府对非物质文化遗产提出 16 字方针:“保护为主,抢救第一,合理利用,传承发展。”匈牙利民族音乐学家柯达伊认为:“民族传统的有机的继承,唯有从我们的民间音乐中才能找到。”中国传统民歌是我国民族音乐文化的一种,也就是说,民歌作为民族音乐文化具有一定的继承的价值,他是民族音乐文化的根基。五河民歌是传统民歌家族的一员,在与其他民族及世界各民族民歌对等交流中,我们可以保持个性鲜明的“文化身份”,因为各地的民歌所表现的内容,涉及当地人民生活的各个方面,反映了各个时代各个地方的政治、经济、文化以及民俗、语言、美学观点等状况。

五河民歌作为我国非物质文化遗产中传统音乐的代表性乐种,有着悠久的历史。据考证 3 万年以前先民们就在这块土地上繁衍生息,传承文明,创造灿烂的历史文化。五河民歌在明代洪武三年(1370 年)就已形成,经过明清、民国时期的发展,至 20 世纪七八十年代,以五河、蚌埠为核心,播布淮河流域的广大地区。随着五河民歌被列入国家非物质文化遗产名录,越来越受到国家及当地政府的重视,很多的专家学者也加入对它的研

①　基金项目:蚌埠学院 2008 年人文社科重点课题“蚌埠地区民间歌曲研究”(2008sk001);蚌埠学院 2009 年学院重点课程(“声乐”)建设项目(ZDKC0802)。

②　作者简介:张永芳(1972—),女,安徽寿县人,安徽省蚌埠学院音乐系讲师,主要从事声乐教学及民间音乐研究。

究行列。作为该地区一所高等本科院校的一名声乐教师,在传统民歌遭受冷遇的当今,研究地方民歌,并把它引入声乐教学中加以传承与创新,是我们义不容辞的责任。在现代社会语境中,探索一条保护、传承与发展民歌的途径。把五河民歌作为特色进行声乐教学,不论是对我院地方性特色课程建设,还是对民族文化的传承与发展都具有深刻的意义。

2 地方高校应是地方民歌传承与发展的主要阵地

1998 年 10 月 5 日至 9 日联合国教科文组织召开"世界高等教育会议",发出了《21 世纪的高等教育:展望和行动世界宣言》,其中第一条第三、四款分别是:"通过研究去发展、创造和传播知识,作为其社会服务的一部分,提供有关的专门知识,帮助社会的文化、社会的经济发展,促进和发展科技研究和社会科学与创造性艺术方面的研究。"帮助在文化多元化和多样性的环境中理解、体现、保护、增强、促进和传播民族文化和地区文化,以及国际文化和历史文化[1]。

现代社会的文化生态环境已经改变,地方民歌赖以生存的农业文明时代已经过去,在当今,学校教育已经成为文化传承的重要领域,因此学校的教育模式,在很大程度上决定了社会文化发展的模式。江泽民同志在谈到一流大学的建设时说:大学应该成为继承传播民族优秀文化的重要场所和交流借鉴世界进步文化的窗口。我院设有音乐教师教育专业,是培养中小学及幼儿园音乐教师的摇篮,过去在教学上基本是沿袭"以西方音乐为中心"的教育体制。从这些"摇篮"输送出来的教师对西方音乐"情有独钟",甚至有人认为家乡民歌"土气",不能登大雅之堂。要彻底消除这一状况,教育管理者应当树立本土文化的观念,从改变"摇篮"设置课程的教学内容入手,把优秀的民族音乐文化引入音乐课程建设中,使这些未来的音乐教师具有传授本土民族音乐文化的本领。这是在学校音乐教育中实施传承民族音乐文化战略的重要一环。

把地方高校作为民族文化遗产的传习的阵地,因为,这里汇集了大批民族文化遗产传承与创造发展的主体——青年学生。地方高校作为学者云集之地,又是培养人才的场所,随着高校学科越来越齐全,无论是本专科教育,还是研究生教育,其培养格局已经形成,这就为抢救、保护非物质文化培养了后备力量。因此,培育专门人才,创造一流大学,非物质文化遗产纳入高等教育体系势所必然。地方高校往往是一个地方的文化遗产中心,有着独特的区域文化背景,承担着地方社会服务功能,正确认识区域非物质文化遗产的价值,充分利用区域非物质文化遗产资源,努力发挥区域非物质文化遗产的社会功能,构建特色鲜明的非物质文化遗产教育体系,应该是地方高校非物质文化遗产教育工作首先面对的定性、定位问题。

3 音乐教师是地方民歌研究、传承与发展的最佳人选

地方高校教育培养人才的目标主要定位于为地方政治经济文化服务,培养实用性人才。这种特殊的教育职能,决定了其所传授的知识,应当具有相当的持续性。因为地方高校音乐专业的教育职能,着重于为当地培养音乐教师,它能通过教师对学生的集中传授,将知识以网络的形式,迅速传播开去。因此,在地方高校音乐教育基础上增加相应的

本土音乐内容,进行本土音乐文化的继承与发展的传播性教学,很容易形成气候。所以,利用地方高校的音乐系科进行本土音乐文化的继承、发展,不仅很有必要,而且是完全可以非常有效地规模化进行。再说,在现在的许多地方高校中,音乐专业之外的其他专业的学生,也都可以选修学校开设的音乐方面的公共选修课,进行音乐知识的基础性普及教育。这就给那些音乐专业之外其他系科的学生了解和掌握当地乡土的音乐常识,创造了良好的条件。

从全国的民族声乐教育来看,20世纪末,民族声乐教学中"千人一声""万人同腔"的现象,成为人们对学院派声乐模式异口同声的批评,许多专家学者呼唤学院派声乐教育者在成功的基础上进行反思。另一方面中国各地本地民歌的现状不容乐观,"就像我们的母亲河每年断流一样,本地民歌也正在逐步走向衰亡。如果本土民歌在自身音乐文化内部得不到系统的传递,自己的过去、现在和未来的发展势必面临断裂的危机"[2]。面对这种局面,声乐教师以教育者与研究者的双重身份参与到地方民歌研究中,可以实现地方民歌教学与科研的结合,一方面可以加强民歌教学与研究的份量,为声乐教学提供丰富的养分,另一方面可以探索民歌传承与发展的途径,回归民族声乐教学多元化生态,以实现声乐文化"百花齐放,多元共融"的局面。

4　探索"五河民歌特色声乐教学"的有效途径

4.1　提高师生的本土意识

这里的本土意识,主要是一种基于自身地域、历史、文化传统以及思维方式独特性的理性自觉,其核心是民族文化意识[3]。由于长期受西方音乐观念的影响,很多学生以本土民歌为落后的象征,教师可以引导学生走出民歌落后观念的误区,认识本地民歌的特色与价值。我们在对待民间音乐的态度上,切记不可以民间艺术为"土气","土气"可视其具有浓郁的"乡土气息",这正是地方民歌可贵之处。那种认为祖先留给后代的"非物质文化遗产"与所谓当代"先进文化"格格不入,已成为历史的"负担"和"包袱",可以漠视其存在的观点和作为,实质上是对"中华民族母源文化"先进内涵的一种肤浅认知和无知抛弃[4]。本地音乐专业的师生学习民歌,具有"天时、地利、人和"的优势。首先语言上(方言)的优势,地方民歌用当地的方言演唱才会具有浓郁的地方风味,其次有一定的音乐专业知识与技能,再次有一定的地方文化底蕴。人们常说"一方水土养一方人",本土民歌所产生的社会文化环境与师生的成长环境一脉相承,较之其他地区的民歌更容易引起他们情感上的共鸣,更容易让他们领会其深厚的思想精髓。

4.2　创设本土民歌的教育环境,激发学生学习兴趣

笔者在教学的过程中发现:大学生并不是不喜欢本土民歌,而是很少有人听过它,当我们把这种乡土音乐的文化内涵,优美的唱腔介绍给学生后,立刻引发了极大的热情,这给了我们很多的欣慰。我们可以通过各种手段,加大对五河民歌的宣传力度。可以举办专场地方民歌演出活动,引导学生了解民族文化,培养和提高感知、鉴赏艺术的能力。让学生直观、形象地感知本土民族文化,发现并珍视传统艺术的美质,积极建构当代民歌文化生态,传承与弘扬中华民族优秀文化传统,激发了广大大学生对民族文化遗产保护的

责任感、使命感,引导大学生走进文化遗产、亲近文化遗产、保护文化遗产、宣传文化遗产,做文化遗产的传承者,做"精神家园"的守望者。

4.3 开设地方民俗文化课程,建设地方特色的声乐教材

结合地域文化——淮河文化搞好学科交融。可以通过开设淮河文化为中心的课程,其内容应涉及地理、历史、音乐与舞蹈等领域,在民族民间音乐课程中也可适当加入本地的民歌教学,为特色声乐教学营造一定的氛围。在声乐教学中,选取具有浓郁的五河地方特色的号子、秧歌、小调,编入院本声乐教材。同时,精选《摘石榴》《打菜苔》《五只小船》《大米好吃要把秧栽》等一批经典五河民歌的 VCD、MTV,建立地方民歌音乐声像资料库。利用音像资料做成精良的多媒体课件,给学生带来全新的试听体验。

4.4 重视艺术实践,灵活多样展开教学活动

声乐教学课堂应该丰富多样,不仅要教唱歌、讲音乐知识,还要讲音乐文化以及音乐和生活的关系。要在对五河民歌音乐本体研究的基础上,利用音乐人类学的方法,"介入并深入到文化背景内层,以获得该音乐参与者和该文化资料提供者的自我体验的证据、体验潜在的音乐和文化的组合"[4]。通过"走出去、请进来"的办法开辟声乐课堂。师生走进民间采风,进行田野考察,通过采访、录音、录像、记谱、学唱等手段,较全面地了解本土民歌,写出专业的采风报告。把优秀的民歌艺人请进课堂教唱民歌,请民歌专家做专题讲座,组织师生参加每年的农民歌会等,这些活动使师生有机会进入民歌的生存环境,广泛地接触民间艺人,切身感受民歌艺术。

4.5 汲取传统民歌营养,在创新中求发展

当然我们强调继承与发展本土音乐文化,并不是拒绝多元音乐文化成果。2010 年 3 月张红艳把家乡的当涂民歌,唱响维也纳金色大厅,给了我们不少的启示。五河民歌的特色教学,不能满足于教会学生唱几首原汁原味的家乡民歌,还要进一步要求学生在保持原有风格神韵不变的基础上,创新民歌、改编民歌,教师在教学中坚持个性与共性的基本原则。用现代人的审美观和演唱习惯,去演唱表演民歌,吸引更多的人去学习。通过这种方式,其演唱在发声和共鸣方面借鉴西洋唱法,充分发挥人声潜能的科学性,同时更好地继承地方民歌在用声、运气、运腔,以及咬字、吐字、收声、归韵等方面的优秀传统,从而使发声训练和地方语言紧密结合。从而在传统与现代的结合中创新与发展地方民歌。利用学生暑期"三下乡""进社区"社会实践活动的机会,把家乡的民歌进行互动交流与传播。社会文化人类学将传统民族民间音乐文化赖以存在的社会空间称为"社区",认为其具有三个特点:人们之间的共同利益,共生的生态环境和地理环境、共同的社会体系和结构[5]。人类学家列那耶(Reynar. R)曾说过:"一旦将本土知识从他们所赖以生存的自然和人文环境中孤立出来,他们就不能够再得到发展。因此,要想使他们继续得到发展,只有使他们继续参与自然和社区生活。"

5 结束语

民歌是"中华民族的母源文化",如果说民族意识土壤是音乐赖以生存的根基,那么本地民歌就应该是国民音乐教育的本源。高校音乐教育和本土民歌传承与发展如何获

得双向共生?培养青年学生作为社会本土一员,对本地民歌的认同、接纳和归属感,强化他们与本地音乐文化难以割断的文化心理,培养他们与世界音乐文化交流与沟通的能力。“让每个学生都会唱自己家乡的歌”,为它注入新的时代气息,得到健康的发展,并与国际音乐文化接轨,仍需要我们音乐工作者不懈的努力!作为地方院校音乐教育,要加强办学体系,强调地方特色,与地方民族、民间音乐紧密结合,培养地方型音乐教育人才,为地方音乐教育和经济建设服务,也是我们地方高校生存和发展的立足点!

参考文献

[1]赵明奇.地方高校与非物质文化遗产传承——徐州高校“非遗”特色教育探讨[J].徐州工程学院学报,2009(6):62.

[2]管建华.母语音乐教育[J].转引自杨美爱.立足本地民歌因地制宜提高大学生人文素养[D].首都师范大学,2006.

[3]潘新民.确立具有本土意识的课程与教学观[J].教育与教学研究,2009(2):7.

[4]管建华.音乐人类学导引[M].西安:陕西师范大学出版社,2006:4-93.

[5]伍国栋.非物质文化遗产保护思考[J].人民音乐,2006(1):35.

经济文化篇

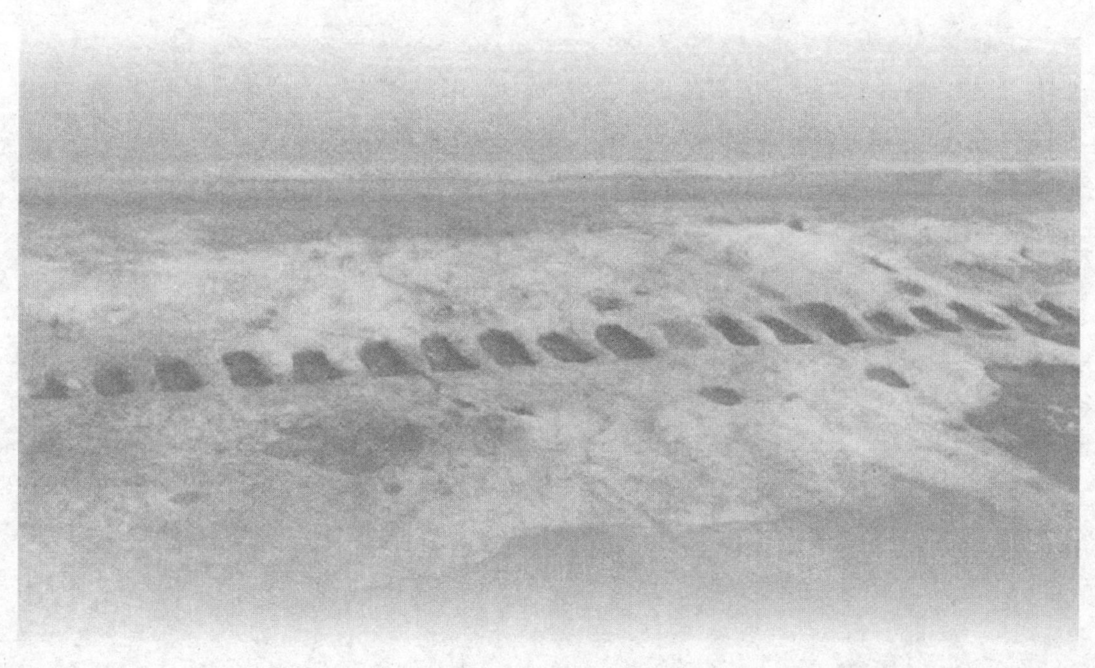

安徽农村专业合作经济组织发展实证研究[①]

张 娜 王晶晶

摘 要:安徽是一个农业大省,近年来农村专业合作组织数量增长很快,但其发展还处在较低的水平。本文在分析安徽农村专业合作组织发展现状和原因的基础上,提出相关的政策和对策建议。

关键词:农村专业合作经济组织;发展现状;政策;对策

安徽是一个农业大省,近年来农村专业合作经济组织(以下简称专合组织)的数量增长很快。截至2007年底,全省专合组织已达5 000个,会员137万个,占全省总农户的10.5%。专合组织的发展在推进安徽农业产业化,增加农民收入,提高农民和农业组织化程度等方面发挥了重要作用,但是安徽省专合组织的发展还处在较低的水平,仅从农户参加比例来看,10.5%这一比例低于同期全国13.8%的总体水平,同发达国家大都在80%~90%的水平相比,更是差距巨大。

1 安徽专合组织发展现状

据统计,目前安徽专合组织已达5 000个,其中按《登记条例》在工商部门注册登记的已达1 134个。从产业分布看,以种植业和畜牧业为主,种植业合作社973个,其中粮食产业占21%;畜牧业合作社510个,其中生猪产业占38%;渔业196个;服务业117个,其中农机服务业占48%。从经营服务内容看,以产加销一体化服务为主,占专业合作社的51%,运销和加工服务各占6%左右,信息技术服务占20%,而购买和仓储服务只占3.5%和1%。这说明安徽专合组织的服务能力还处在一个相对较低的水平。此外,还存在以下突出问题:

(1)专合组织规模较小,带动作用有限。从目前已登记的专合组织的情况看,大多是由一个经济组织(企业法人、事业法人或自然人)牵头组成,整体规模较小,自身经济实力不强,专合组织与农民之间联系不够紧密,没有形成真正的利益共同体,服务功能有待增强。个别专合组织虽然登记较早,领取了专合组织法人营业执照,但至今尚未正常运作,而是等待国家优惠政策或资金上的支持。

---

① 基金项目:安徽省高校优秀青年人才基金项目(编号:2009SQRS098);蚌埠学院人文社科项目(编号:2008SK12)

(2)专合组织的发展资金有限,发展后劲不足。虽然专合组织在登记时不受资金的限制,但仍需一定的资金规模才能从事业务活动,从目前登记情况来看,平均每个专合组织出资25.52万元,平均每个成员出资11 350元,最少的每个成员出资仅50元。同时,专合组织经营活动的区域空间较小,其服务功能难以充分发挥。

(3)专合组织自身定位不准确。专合组织本是农民自愿加入、自我管理、自我服务的经济组织,应体现"民办、民管"的独立性特征。但目前许多专合组织官办色彩较浓,并没有成为真正意义上的相对独立的合作组织。一些组织的创办由政府部门牵头发起,组织的管理与运作缺乏自主性,相关负责人由政府部门指定或者直接指派,无论是组织章程的制定、日常事务的决策,还是组织内部的激励、监督,都处于政府的严格控制之下。专合组织在组织定位上不准确,难以以独立的社会角色进入市场,发挥其应有的作用。

(4)专合组织内部管理不规范,运行机制存在缺陷。大部分组织没有按合作制的原则建立起规范的组织机构,有的组织虽然设立了会员大会、理事会、监事会等机构,但在实际运行中却形同虚设。多数组织是由当地"能人"或村干部发起,依靠家族或村落的亲缘关系,一人或少数人控制组织的经营决策,没有形成合理的决策机制和利益分配机制。在对安徽2 029个专合组织的调查中,提取公积金、公益金、风险金的只占37%,可分配盈余按交易量(额)返还的只占32%。

2 原因分析

(1)市场经济体制不健全,政府工作"缺位"。首先,市场发育程度低,市场分割和封锁依然存在,成为阻碍专合组织发展的外部因素;其次,农民的小农生产意识较浓,驾驭市场经济的能力弱,是影响专合组织发展的内部因素;同时,当前以家庭联产承包责任制为核心的超小型生产规模,难以适应专合组织发展的需要。

在行政色彩浓厚的同时,政府对专合组织的工作"缺位"并存。政府和相关部门缺乏对专合组织实际的政策支持,在财政、金融、税收等方面,不能满足专合组织的政策需求。

(2)农民的合作能力较弱,难以担当主体地位。调研结果显示,农户的合作意愿普遍较高,但是合作能力较低,依据调研设计的判断标准,被调查农户有67%具有较高的合作意愿,但只有21%有较强的合作能力,大部分农户不善与他人合作,缺乏基本的市场经济和经营管理知识,对专合组织的组建方法、治理结构、管理原则和运作方式缺乏了解和认识。通过统计软件SPSS对调查数据进行的Logistic回归处理结果显示,对农户合作能力影响最为显著的因素是对专合组织的认知程度、教育程度、经济发达程度以及兼业化程度。

(3)缺乏合作经济知识的宣传和教育。国际合作社联盟制度的合作社原则中有一条关于教育培训和宣传合作社知识的原则;合作社要为社员、选出的代表、经理和雇员提供教育和培训,以便更好地推动合作社的发展。但在调查中发现,安徽大部分地区的政府和专合组织忽略了对农户在合作经济知识方面的教育与培训,导致了农户对专合组织普遍缺乏了解和正确的认识,影响了农户的合作行为,不利于专合组织的运行与发展。

(4)缺乏专合组织的企业家和管理者。专合组织的企业家和管理者是专合组织发展的关键。具有创新精神的企业家往往内生于农村经济社会系统中,是一些具有合作意识和合作知识的"农村精英",但安徽作为一个农村剩余劳动力的输出大省,具有较高文化水平和经营能力的农村劳动力或已流向发达省份务工,或已流向城镇成为私营企业家。同时,由于外部人才引进机制缺乏,导致专合组织极度缺乏专业技术人才和经济管理人才,大大限制了农村合作经济组织的发展。

3 政策及对策建议

3.1 对作为外部政策供给者的政府提供的政策建议

第一,依法对专合组织进行规范管理。2007 年 7 月 1 日,《中华人民共和国农民专业合作社法》正式实施,我国的专合组织有了合法的法律地位。基于目前安徽专合组织发展不规范的现状,迫切需要依法加强对专合组织的规范管理。首先,要认真宣传和贯彻《中华人民共和国农民专业合作社法》,引导专合组织按照合作社原则组建和管理;其次,各地要因地制宜,加快制定推动专合组织发展的实施细则,有关部门要出台可行的财务审计制度和配套支持措施,建立和完善内部民主管理制度,建立健全公积金、公益金和风险保障金制度,保障专合组织持续、健康地发展。

第二,充分了解和尊重农民的意愿和选择,激励农户的合作意愿。农户参与专合组织的行为受到农户自身因素和外部条件的共同影响,有其发展的内在规律性。政府在制定专合组织的政策时,应该综合考虑各地的经济状况和具体条件,制定有针对性的政策,充分了解和尊重农民的愿意和选择,让他们建立自己需要的组织,而不是搞形式主义或者是政绩工程,真正地发挥农民的主体地位。

第三,以培养和提高农户合作能力为目的,重视农村人力资本建设。农户的合作能力直接关系到合作的程度以及组织发展的规范性。调研结果表明:农户的文化程度、合作经济组织教育以及与外界的交流程度(兼业化程度)是影响合作能力的重要因素。这就要求政府增加对农民的教育投资,进一步提高农民的文化程度和组织经营能力,改进农村人力资本状况,使农户真正成为专业合作经济的主体,从而促进专业合作经济组织的健康发展。

第四,加大政府支持力度,加快专合组织健康发展。

(1)财税支持:当地政府应积极争取各相关部门对专合组织的资金支持,财政经费可在建设厂房、采购设备、引进技术等方面提供一定比例的帮助。专合组织是一种非盈利性组织,是一个社会效益更强于经济效益的组织,它不同于以利润为行动取向的工商企业,因而在税收方面也应获得不同于工商企业的优惠政策,如规定交纳低于工商企业多少个点的所得税率和营业税率,这也是国际上的通行做法。

(2)信贷支持:当前,我国农村地区金融资源严重不足,极大地制约了农村各项社会事务活动的开展。应充分发挥商业性金融、政策性金融和合作性金融的作用,积极培育多种形式的小额信贷组织,加大对农村金融的政策支持。具体说来:①要降低专合组织获取信贷的门槛、简化信贷手续,在获取信贷和偿还信贷方面优于一般工商企业;②改革现有农村信用合作社,使它成为真正为农民服务的信用合作社;③允许鼓励农民成立自己的合作银行,用于支持农民合作组织的发展。

3.2 对作为内部治理者的专合组织提供的对策建议

第一,建立以社员为主体的、明晰的产权制度。新制度经济学理论认为,一个有效率的组织需要在制度上做出安排并确立产权,以形成激励。专合组织的本质是由其成员共同所有、共同出资和共同管理的经济组织,社员股金应占绝对比例,政府部门、龙头企业和其他经济实体持股比例不应超过总股金的20%,以防止政府扶持政策和合作组织盈余过分向少数人集中。对于由多个单位共同投资建立的合作组织,必须明确各个单位之间的产权关系。

第二,实行多种利益联结和分配方式。农民组建或参加专合组织,希望从中获得多种利益,主要有:获得市场进入渠道、在生产资料采购和农产品销售中获得更有利的价格、获得技术和信息上的服务等。总之,社员加入专合组织是为了克服家庭分散经营的各种困难,获得比分散经营更大的社会经济收益。但目前大部分组织的盈余返还机制不健全,极大地影响了农户的参与热情。因此,专合组织要完善利益机制,采取多形式、多层次、多环节的利益联结和分配方式,使组织成员得到多种实惠。

具体可采用:①资金入股,保息分红;②按交易额返还盈余。对于统一购销或加工型合作组织,应坚持大部分盈余按交易额返还社员;③服务优惠。以优惠的价格提供各种服务,如产品销售或物资供应实行价格优惠,免费提供信息、技术和其他服务等;④建立风险保障机制。建立风险保障机制,有利于化解农户的风险、保护农户的利益、保持专合组织发展的连续性和稳定性。可以采取保护价收购社员产品、制定最低保证价和提取风险保证金等。

第三,建立健全科学合理的治理结构和民主管理制度。健全的专合组织的治理结构应由三部分组成,即社员(代表)大会、理事会和监事会,这三个机构既相互联系又相对独立,构成相互不可分割的有机整体。

具体可采用:①完善社员民主管理制度。社员大会是决定组织经营方针和各项重大事项的最高权力机构,是实行一人一票,还是对于股金比例和交易额较大的社员赋予更多的投票权,应视各合作组织的具体情况而定,但合作组织只有建立社员民主选举和决策制度,才能保障组织成员的主体地位和经济利益;②完善监督机制。要充分发挥监事会和农民社员的监督作用,实行社务公开、财务公开,加强对经营管理情况特别是财务上的监督、检查;③逐步建立科学的委托代理机制。专合组织可以根据自身条件和业务需要,实行理事会和经理层分工治理的模式,聘用职业经理经营管理专合组织。

第四,增加宣传教育投入和人力资源建设。除了政府部门要加强合作经济的宣传和教育之外,现有的专合组织也应增加宣传和教育投入,重点面向已参合的农户,带动其他未参合的农户。既要注重通过宣传调动农户的参合积极性,更要把提高农户的合作能力作为教育和培训的重点。合作组织要培养一批具有市场经济观念,具有合作意识的骨干社员,也可采取聘用制,从外部引进懂合作经济管理和市场运作的高素质管理人员。

参考文献

[1]黄祖辉.新型农民专业合作组织现状、机制和发展对策[M].北京:中国农业出版社,2003.

[2]孙亚范.新型农民专业合作组织发展研究[M].北京:社会科学出版社,2006.
[3]万江红,许小霞.我国农村合作经济组织研究评述[J].农村经济,2006(4):125-127.

蚌埠市 IT 小企业创业成长的影响因素研究①

崔晓峰　欧海燕②

摘　要:通过科学合理的评价指标体系设计调查问卷,对蚌埠市 IT 小企业进行了相关调查,对其创业成长的影响因素进行了研究。利用 SPSS 软件,选取样本数据进行了因子分析,从实证角度分析蚌埠市 IT 小企业创业成长的影响因素,并从中提取了关键影响因素,将对 IT 小企业的可持续成长起到有益作用。

关键词:信息技术产业;小企业;创业成长;影响因素

任何企业的创业成长都会受到内外部因素的影响,从而表现出不同的成长路径和成长速度。IT(信息技术)小企业作为企业的一部分,究竟是哪些因素决定了这些小企业的竞争力,制约着它们的成长与发展?

企业的创业成长是一个动态演化的复杂过程,影响企业成长的因素是多方面的,既有企业内部因素,又涉及企业外部因素,是企业内外部多种因素相互作用的结果。B. M. Law 和 I. C. MacMillan 把创业定义为新企业的创建[1];Jeffry A. Fimmons 指出:"创业是一个发现和捕获机会并由此创造出新颖的产品、服务或实现其潜在价值的过程。"[2]; R. A. Baron 在这一定义的基础上提出,创业不仅仅是创建一个新企业,还包括在新企业创立以后能够不断成长[3]。"成长"指的是事物生长、发展的形态、状况、趋势和过程. 在管理学视角中,企业创业成长是一个"通过创新、变革和强化管理等手段积蓄、整合并促使资源增值进而追求企业持续发展过程"[4]。

在创业和成长影响因素研究方面,Storey D J 从企业家、企业和战略的角度对以往的研究成果进行了梳理。他认为,作为影响小企业成长的因素,是这三方面共同作用的结果,只有它们恰当地结合在一起时,企业才能实现快速、健康的成长,而当某类因素不能起作用或者配合不佳时,企业成长就会较慢,甚至不成长或者衰退[5]。Sahlman W A 提出人、机会、外部环境以及创业者交易行为 4 个关键要素作用于企业创业和成长过程[6]。梁琴、刘素坤等通过对科技型小企业成长影响因素的实证分析,得出企业内部因素对企业的影响度比较大,在前六位中 5 个因素是企业内部因素,其中企业家能力、财务能力、市场开拓能力、技术创新能力、融资环境和人力资源管理是影响科技型小企业的主要

① 基金项目:蚌埠学院 2010-2012 年度人文社会科学重点项目(编号 2010sk02zd)。

② 作者简介:崔晓峰(1972-),男,安徽蚌埠人,实验师,硕士。

因素[7]。

近年来,蚌埠市的 IT 市场在不断发展壮大、增长迅速,一批具有开拓创新意识的小企业开始了基于 IT 领域的创业活动。企业创业成长是经济增长的重要驱动力,对国民经济发展有巨大的促进作用。创业活动不仅有利于实现先进技术的产业化、商业化,还是经济发展强有力的动力,区域、国家之间竞争力的源泉,对增加就业、提高人均收入水平等方面有着巨大的促进作用。IT 小企业创业成长除需具备资本、创业环境等外部条件以外,更需要创业者具备一定的行业经验、心理素质、个性特征等相关因素.

1 调查问卷设计

1.1 指标体系构建

蚌埠市 IT 小企业创业成长影响因素的各指标选取,既要科学、客观,又要具有可操作性和针对性。因此,在充分借鉴参考国内外研究的基础上,设计了评估指标体系.设计企业成长影响因素的调查问卷必须从企业的实际出发,全面分析企业成长过程中的各种因素的影响。

1.2 成长影响因素评价指标

企业成长影响因素评价指标如表 1 所示.

表 1 成长影响因素评价指标

一级指标	指标来源	二级评价指标
企业家能力	Storey(1994);Sandberg(1986);MacM illan(1985);Zutshi(1999);李乾文(2005)	教育程度;行业经验;经营管理经验;社会关系网络;专业技能培训;创新能力
技术创新能力	Keizert and Dijkstra (2002); Cooper (1984);Buzzell and Gale(1987);Lapierre (2000)	创新意识;研发投资;预测技术发展趋势;激励创新制度;企业技术人员素质
财务能力	MacM illan(1985);Ardisshvili and Delmar (1997);Gadenne(1996)	营业收入;效的融资渠道;融资能力;财务管理机制;是否有好的财务状况
市场营销能力	Prahalad and Hamel (1990); Meyer and Utterback (1994); Paul et al (1994); Vorhies et al(2000)	市场研究水平;能否建立完善有效的营销渠道;良好的营销队伍;有效的产品推广和促销方式
人力资源管理	Walker J W(1992);赵曙明(1995);徐纪良(1996)	招聘到合格的员工;完善绩效评估体系;员工能力培养
战略管理	Storey (1994); Kakati (2003); Garys (1999);	战略计划制订;对环境和行业的认知;对竞争对手的认知;战略实施的效果
外部环境	李 霞(2003);林 汉 川(2003);邬爱其等(2004);李柏洲、李海超(2005)	政府财政和税收支持;政府政策支持;行业成长性;技术积累

1.3　问卷的设计

影响小企业成长的因素包括技术创新能力、财务能力、市场营销能力、人力资源管理、战略管理、企业家能力、外部环境因素 7 个方面.将归纳总结出的影响因素设计成调查问卷,问卷采用的是李克特五点量表记分,用 1、2、3、4、5 分别表示重要程度方面的“很不重要”“不太重要”“重要”“比较重要”“很重要”,让被调查者根据自己实际经验做出判断。

2　问卷调查情况与样本说明

此次调查在蚌埠市 IT 业内发放问卷 70 份,收回有效问卷 36 份,回收率为 51.43%。有效问卷的基本情况如下。

2.1　创业者基本情况

(1)创业者年龄。在 IT 创业者中,年富力强的中青年(26 ~40 岁)占很大比重,达到 80.56%。

(2)创业者学历。本科学历创业者有 12 位,占 33.33%;专科学历有 11 位,占 30.56%;硕士和博士学历有 4 位,占 11.11%;大专以上学历创业者人数占到有效回收问卷的 75%。

2.2　创业企业基本情况

(1)样本企业成立时间。创立时间 3 年内的有 11 家,占 30.56%;成立时间在 3 ~5 年内的有 14 家,占 38.89%;成立时间在 5 ~ 10 年内的有 8 家,占 22.22%;成立时间在 10 年以上的有 3 家,占 8.33%。根据 GEM(全球创业观察)的界定,本次调查的大多数创业企业处于创业初期和创业成长期。

(2)样本企业规模。年销售收入 100 万元以下的有 10 家,占 27.78%;100 ~ 500 万元的有 13 家,占 36.11%;500 ~ 1 000 万元的有 9 家,占 25%;1 000 万元以上的有 4 家,占 11.11%。可见大部分 IT 创业企业属于小型企业。

(3)样本企业主营业务分类.硬件供应商有 12 家,占 33.33%;软件供应商有 5 家,占 13.89%;电子商务服务商有 5 家,占 13.89%;系统集成商有 4 家,占 11.11%;软件外包服务商有 3 家,占 8.33%;软硬件维护服务商有 3 家,占 8.33%;IT 培训有 2 家,占 5.56%;互联网服务商有 2 家,占 5.56%。

3　问卷调查结果因子分析

本文的问卷调查共获得 36 份样本数据,变量共有 68 个。在这种情况下,首先考虑在梳理专家学者成长理论的基础上,对变量进行分类,共分为企业家能力、技术创新能力、财务能力、市场营销、人力资源管理、战略管理、外部因素 7 类,每一类包含相关二级评价指标(变量),然后通过问卷获取样本数据。采用的数据分析方法是使用 SPSS13.0 建立 7 个数据库,分别进行因子分析。

首先对企业家能力的分类数据库进行因子分析。

3.1　变量和样本的选取

企业家能力的数据库最初设定了 17 个观测变量,这些变量从教育程度、行业经验、管理经验、社会关系网络获取、企业家个人能力等方面反映了企业家能力的最主要特征。然后根据分析结果对变量进行了筛选，筛选的原则是剔除在旋转因子矩阵中每个因子载荷都很小的变量。被剔除的变量是教育程度、与政府机构保持密切联系、管理信息系统、人际关系、创业者持续学习能力。

最后选取了 12 个变量：创业前拥有 IT 行业工作经验（X1）、创业前拥有相关的管理经验（X2）、与金融机构保持密切联系（X3）、与顾客、供应商保持密切联系（X4）、与大学、科研机构保持密切联系（X5）、与中介机构保持密切联系（X6）、激励员工的能力（X7）、分析与解决问题的能力（X8）、写作能力（X9）、口头表达能力（X10）、谈判能力（X11）、创业者技术能力与企业专业技术的匹配性（X12）。

3.2 因子分析的条件检验

在因子分析之前，首先对数据是否适合做因子分析进行检验。根据已经得到的数据，利用 SPSS13.0 软件，选取主菜单分析选项下的数值缩减，选择因子分析，选好变量。在描述选项下选择初解、KMO 和球形 Bartlett 检验；在抽取选项下选择主成分分析法；在旋转选项下选择方差最大法并显示旋转结果。分析结果如表 2 所示。

表 2 KMO 检验和巴特利特球度检验

Kaiser-Meyer-Olkin Measure of Sampling Adequacy.		0.725
Bartlett's T est of Sphericity	Approx. Chi-Square	153.520
	df	66
	Sig.	0.000

KMO 统计量是用于比较变量之间简单相关系数和偏相关系数的一个指标。KMO 值越接近 1，则越适合做因子分析，KMO 值越小，则越不适合做因子分析。根据 Kaiser 给出的 KMO 的度量标准：蚌埠市 IT 小企业成长影响因素企业家能力分类条款的样本充分性 KMO（Kaiser-Meyer-Olkin Measure）测试系数为 0.725> 0.5，样本分布的球形 Bartlett 卡方检验值 P= 0.000 00< 0.001，可以对它做因子分析。输出结果如表 3 所示。

表 3 变量共同度

Variable	Initial	Extraction
X1	1.000	0.836
X2	1.000	0.785
X3	1.000	0.808
X4	1.000	0.726
X5	1.000	0.806
X6	1.000	0.735
X7	1.000	0.926
X8	1.000	0.913
X9	1.000	0.616
X10	1.000	0.719
X11	1.000	0.546
X12	1.000	0.787

Extraction Method：Principal Component Analysis.

变量共同度的含义:第一列是企业家能力的 12 个变量名;第二列是根据因子分析初始解计算出的变量共同度,利用主成分分析方法得到 12 个特征值,它们是因子分析的初始解,利用这 12 个特征值和对应的特征向量计算出因子载荷矩阵。这时,每个原始变量的所有方差都能够被因子变量解释掉,于是,每个原有变量的共同度都是 1;第三列是根据因子分析最终解计算出的变量共同度。根据最终提取的 n 个特征值和对应的特征向量计算出因子载荷矩阵。这时,由于因子变量个数少于原有变量个数,于是每个变量的共同度必然小于 1。

3.3 因子提取结果

运用 SPSS13.0 的因子分析法提取因子,提取了 5 个新的因子,这 5 个因子的总解释率为 76.686%,接近 80%,说明提取的 2 个因子包含了问卷原始观察数据的足够信息,如表 4 所示。

表 4 解释方差总和

Component	Initial Eigenvalues			Extraction Sums of Squared Loadings		
	Total	% of Variance	Cumulative /%	Total	% of Variance	Cumulative /%
1	3.157	26.311	26.311	3.157	26.311	26.311
2	2.200	18.331	44.641	2.200	18.331	44.641
3	1.522	12.686	57.328	1.522	12.686	57.328
4	1.280	10.670	67.998	1.280	10.670	67.998
5	1.043	8.688	76.686	1.043	8.688	76.686
6	0.820	6.832	83.518			
7	0.649	5.407	88.925			
8	0.408	3.401	92.326			
9	0.363	3.022	95.348			
10	0.256	2.132	97.480			
11	0.186	1.546	99.026			
12	0.117	0.974	100.000			

Extraction Method: Principal Component Analysis.

表 4 中各列数据的含义是:第一列至第四列描述了因子分析的初始解对原有变量总体的刻画情况。第一列是因子分析的 12 个初始解的序号;第二列是因子变量的方差贡献(特征值),它是衡量因子重要程度的指标,第一行的 3.157 表示第一个因子变量刻画了原有变量总方差 12 中的 3.157,它刻画的方差最大,下面各因子刻画的方差依次减少;

第三列是各因子变量的方差贡献率,表示该因子刻画的方差占原有变量总方差的比例;第四列是因子变量的累计方差贡献率,表示前 m 个因子刻画的总方差占原有变量总方差的比例;第五列至第七列是从初始解中提取了 5 个公共因子后对原变量总体的刻画情况。这是由于分析过程中指定了提取 5 个公共因子,各列数据的含义与第二至第四列的含义相同。可见,如果提取 5 个公共因子,那么我们可以描述原变量总方差的 76.686%,接近 80%,可以认为这 5 个因子基本上反映了原变量的绝大部分信息。

3.4 提取因子的载荷矩阵

提取因子的载荷距阵如表 5 所示。

表 5 旋转因子载荷矩阵

Variable	Component				
	1	2	3	4	5
X1	-0.009	0.634	0.512	0.407	0.076
X2	0.018	0.621	0.608	0.164	0.050
X3	0.603	0.479	-0.195	-0.158	0.391
X4	0.103	-0.433	0.270	0.615	0.277
X5	0.685	0.435	-0.309	-0.067	0.216
X6	0.708	0.346	-0.302	0.115	0.098
X7	0.486	-0.318	0.587	-0.437	0.230
X8	0.635	-0.306	0.474	-0.432	-0.074
X9	0.594	0.058	0.078	0.287	-0.414
X10	0.496	-0.551	-0.116	0.381	0.103
X11	0.553	-0.420	-0.035	0.249	0.030
X12	0.518	0.096	-0.048	-0.018	-0.712

Extraction Method:Principal Component Analysis.

为了便于解释每个因子的含义,对因子载荷矩阵进行旋转,这里选取方差最大化(VARIMAX)旋转方法。因子载荷矩阵解释了各个变量在公共因子上的相对重要性,根据相对重要性可以识别出各个因子的含义. 根据旋转因子载荷矩阵,X3、X5、X6、X8 在因子 1 上具有较高的载荷,分别为 0.603、0.685、0.708、0.635,根据变量的含义及相关性,用社会关系网络获取为因子 1 命名;因子 2 主要包含变量 X1、X2 的信息,因子载荷分别为 0.634、0.621,将因子 2 命名为行业经验和管理经验;X7 在因子 3 上的载荷为 0.587,将因子命名为激励员工的能力;因子 4 主要包含 X4 的信息,载荷为 0.615,所以可将因子 4 命名为与顾客、供应商的密切联系能力;X12 在因子 5 上的载荷为-0.712,命名为创业者专业技术与企业技术的匹配性。

3.5 企业创业成长影响因素的重要性分析

由表4 可知,因子 1 到因子 5 的方差贡献率依次为 26.311%、18.331%、12.686%、10.670%、8.688%,因子重要性呈降序排列,可见因子 1 即社会关系网络获取与其他 4 个因子相比是比较重要的。按照以上的步骤分别对其他 6 个数据库即技术创新能力、财务能力、市场营销能力、人力资源管理、战略管理、外部因素进行因子分析,可以得到在本分类里比较重要的 6 个评价指标,分别为企业技术人员素质、有效的融资渠道、有效的产品推广和促销方式、招聘到合格的员工、战略计划制定、政府支持,如表6 所示。

表6 关键评价指标

一级指标	二级关键评价指标
企业家能力	社会关系网络获取
技术创新能力	企业技术人员素质
财务能力	有效的融资渠道
市场营销能力	有效的产品推广和促销方式
人力资源管理	招聘到合格的员工
战略管理	战略计划制定
外部因素	政府政策支持

4 结语

本文主要依据企业成长理论和蚌埠市 IT 小企业的特征,在理论文献研究的基础上,设计出蚌埠市 IT 小企业创业成长影响因素评价指标,然后依据影响因素评价指标设计调查问卷,针对蚌埠市 IT 小企业的创业者、中高层管理人员或技术人员进行调查。利用因子分析法对调查结果进行分析,提取了对蚌埠市 IT 小企业创业成长影响比较关键的因素。根据调查结果为政府营造良好创业成长环境、IT 小企业的健康发展提供参考意见。

参考文献

[1] Low M B, M acM illan I C. Entrepreneurship: Past Research and Future Challenge [J]. Journal of Management 1988, (14): 139-161.
[2] Timmons Jeffry A. T he Founders[M]. New York: Irwin McGraw-Hill, 2002: 66.
[3] Baron R A. 创业管理:基于过程的观点[M]. 张玉利,谭新生,陈立新,译. 北京:机械工业出版社,2005:5-13.
[4] 张玉利,陈寒松. 创业管理[M]. 北京:机械工业出版社,2009:22-35.
[5] Storey D J. U nderstanding the Small Business Sector[J]. New York: Routledge. 1994, 12(2): 415.

[6]Sahlman W A. Some T houghts on Business Plan. T he Entrepreneurial Venture[M]. Boston:HBS Publication,1999:77-86.

[7]梁琴,刘素坤.科技型中小企业成长影响因素的实证分析[J].商场现代化,2009(5):25-27.

皖北地区村民自治面临的困境及其化解路径①

吕效华②

摘　要:文章在对皖北地区村民自治面临的困境进行梳理的同时,也对村民自治的理想化模式与现实效果的反差进行了深层次的探究,提出了解决皖北地区在进行新农村建设过程中提高村民自治程度的路径选择,以期为经济欠发达地区的村民自治提供借鉴。

关键词:皖北;村民自治;自治组织

皖北包括淮北、亳州、宿州、蚌埠、阜阳、淮南六市市域和六安寿县、霍邱县两县,国土面积 4.57 万平方千米,占安徽省面积的 33%,2005 年末总人口 3 184 万人,占安徽省人口的 49%,是安徽省重要的能源基地和粮食主产区,经济发展从全省范围来看相对滞后。按照安徽省"十一五"发展规划,皖北地区以发展农业为主,选取该地区村民自治与新农村建设的研究对象,着重考察该地区在建设社会主义新农村过程中村民自治的基本状况、存在问题及解决的路径,对经济欠发达地区的村民自治建设和社会主义新农村建设都具有一定的现实借鉴意义。

为了使结论具有一定的可信度和科学性,课题组选取了淮北平原上的三个村庄,做了四个月的经验性研究,大量的调查是通过访谈的形式进行的。因为深入农户交心式的恳谈往往更加符合农村的熟人社会交往模式,同时所得资料往往比村委会或村党支部提供的信息和资料更加接近客观事实。现就研究结果逐一进行分析。

1　皖北地区村民自治的困境

课题组通过深入调查发现目前皖北地区的村民自治至少面临以下三重困境。

1.1　村委会自治功能不突出

从理论上讲,大队作为人民公社的派出机构,其权力直接来源是人民公社,其工作性质是行政性的,村委会是自治性的工作机构,工作性质是村民的自我管理与服务,其权力来源于村民,由大队改为村委会,这是一种体制和管理方式上的转变。从功能上讲,一方

①　基金项目:安徽省教育厅 2008 年度人文社科项目"促进皖北地区和谐村民自治的对策研究"(编号:2008sk457)。

②　作者简介:吕效华,蚌埠学院人文社科部副教授,法学硕士。

面村民委员会组织法规定村委会是代表村民的利益向政府提出要求,即"向人民政府反映村民的意见、要求和提出建议";另一方面,也规定村委会应积极配合乡镇行政工作的开展,即"村民委员会协助乡、镇、民族乡的人民政府开展工作"。考虑到政府在村级并未设立派出机构这一现实,村委会听从乡政府的指导、维护乡政府权威是可理解的。但目前一些地方基层权力瘫痪,农村为了维护社会治安的需要自发成立了各种组织形式,村民对村委会维护自己利益的要求和乡镇行政对村委会维护自己行政权威的要求目的往往不一致,甚至会尖锐对立。村委会在代表两种不同层次利益的选择中间,处于两难境地,由于习惯于传统的行政领导,就仅向或主要向行政指令方向发展自己的行为,并在实际运作中牺牲另一方面的功能目标,这样村民便成为受害者。当课题组在安徽G县L村调查时问到"大队改为村委会有何不同"时,90% 的村民回答"改与不改一样,换汤不换药",在与村干部交谈中得知,大队与村委会前后的变化只是换了一个牌子,是同一套人员编制、同样的工作方式。

1.2　权力机构与常设机构关系的非正常化

在村民自治的组织体系中,由村民组成的村民大会或村民代表会议属于权力机构,村委会属于常设机构,在村民会议与村委会的关系上,村民委员会组织法规定,村委会向村民会议负责并报告工作,涉及全体村民利益的问题,由村民会议决定。课题组在安徽省H县和G县农村调查中发现,村民会议权力机构的地位并不突出,甚至可有可无,村民会议不经常召开;在安徽H县M村当问到村民"您参加过村民会议吗?"51% 的人表示从未参加过,而45% 的人表示参加过一两次。村委会成员并非按照民主选举程序,由村民直接选举产生,而是上面定调调,下面画圈圈。当问到"您是怎样投票选村委会成员的?"63% 的人回答"由村党支部选出的代表挨家挨户抬着选票箱,选票上已有候选人名字,我只需勾画就行"。村民大会和村民代表会议对村委会监督和制约乏力,甚至无所谓监督和制约。可见,在当地村委会的权力来源于村民会议的原则并不明确。

1.3　基层政府与中央政府的"拉锯式"博弈

改革开放以来,基层民主建设的推行,一方面是中央政府基于顺乎民意、减轻财政负担等因素而做出的制度选择,同时以村民自治制约监督基层政府,以免基层政府滥用权力。而在村民自治得不到中央政府更多关注的地方,村乡干部的违法乱纪、贪污腐败、胡作非为显然就有更多的便利性与可能性,也难怪"上有政策、下有对策"已成为村民们评价当地政府的口头禅,当问到怎样看待国家推行的村民自治政策时,村民回答"中央的政策是好的,可一到地方就变了样,只希望把中央电视台所宣传的政策贯彻到底,贯彻到我们身边"。地方政府与中央政府这种无形的、遥远的博弈,实际上给基层民主建设带来严重障碍,降低了中央的威信,损害了农民的利益。同时,在村党支部和村委会的关系方面,当地村党支部和村委会普遍存在矛盾和摩擦,党支部坚持党领导一切,村委会坚持依法治村、依制治村,双方各执一端。

由上可知,从村民自治的实际运行状况来看,皖北地区很少一部分农村从形式到内容都达到了村民委员会组织法的要求,许多只是仅仅具有一种形式,虽然建立了村民委员会,但是村民自治并没有真正产生。

2 村民自治理想化模式与现实效果的反差分析

在农村实施村民自治的这一伟大的实践进程中,课题组调查发现,由于设计者的初衷理想化与现实操作的复杂化,在运行过程中产生了一些反差,突出表现在以下几个方面。

2.1 从农民对自治的需求看,有三种主要因素制约着农民对自治的需求

2.1.1 情感满足决定着参与自治的积极性

在计划经济时代,农民的生存状态主要依赖于集体组织,生活虽然贫困,但心理还能平衡。改革开放以后,特别是在把农民推向市场的时候,农民面临着自然和市场的双重风险,心理失衡了,于是就需要有一种精神依托、情感安慰。谁在这时候满足了农民的这种诉求,农民就会积极参与这个组织的活动,谁的号召力就强。比如 L 村李姓家族修祠堂,农民集资十几万元却心甘情愿、积极响应,而要说建学校、搞村内公益事业,农民却表现冷漠。

2.1.2 利益决定着参与自治的主动性

推动农村自治进程,如果离开了农民自身现实利益的实现,农民就没有参与的主动性。在皖北地区村委换届选举过程中,一些村出现各种形式的争选票事件,参与竞选的人都有一个明确的条件,就是保证选举他的人在当选之后满足其某些方面的利益,这样就调动了一些农民参与选举的主动性。如在 M 村,原支部书记有些违纪问题,且工作作风粗暴,导致一大部分群众的反对。村内 G 某主动站了出来说,我一定能告倒他,结果村民就把 G 某推上了村委会主任的岗位。G 某上任后不断上访告状,原支部书记被撤职并受到了开除党籍的处分。而 G 某因身体、能力的原因,很多会他不能参加,公益事业不能搞,为村民增收也尽不了多少力,无法保证农民更多的经济利益的实现。因而很多群众认为选他选错了。

2.1.3 素质决定农民参与自治的组织性

农民参与自治仅有积极性和主动性是远远不够的,还必须有组织性。缺乏组织性的参与是一种无序的参与。因此,提高农民的民主意识和民主素质是一个十分迫切的问题。从乡镇村民自治的情况看,受其素质制约,有相当一部分农民对"参与什么?怎么参与?参与要达到什么目的?"等问题并不十分清楚,在参与过程表现出了冷漠、盲动、无序等问题,使农村自治的质量大打折扣。因此,提高农民的民主素质也是一个十分重要的问题。

2.2 从政府对村民自治的供给看,也存在着三个问题

2.2.1 制度供给的双重性

在农村,具体实体性质的组织有两个:一个是党组织;一个是村民自治组织。

(1)两个组织所依据的制度规则不同,一是依据《党章》和《中国共产党基层组织选举条例》;另一个是依据村民委员会组织法。

(2)两个组织产生的合法基础不同。一个是党员选举;一个是村民直选。

(3)两个组织的权力不对等。村民自治是党支部领导下的村民自治。党支部领导什

么？怎样去实现领导？村委会自治什么？怎样去自治？这样就导致理论上的合理性与操作中的违法性，两种组织相互争权、矛盾重重、冲突不断。

2.2.2 机制供给的单一性

在民主自治的机制中，民主选举、民主决策、民主管理、民主监督是一个相互联系、相互依存、相互制约的有机链条。任何一个环节的薄弱，都可能导致民主自治机制链条的中断。而我们现在推行的自治中，政府只重民主选举这一环节，以为只要完成了村委换届，就等于实现了村民自治，而对其他三个环节重视不够、供给不足。

2.2.3 供给主体的主导性

在推进村民自治的过程中，特别是在其民主成长的初始阶段，离不开政府的主导作用来启动这一进程。村民自治步入轨道之后，政府的作用就应倾注在对农民自治要求的全方位、深层次把握之上，不断体察和反映农民的利益诉求并加以综合，然后从制度、机制等方面予以创新，来适应和满足这种需求。如果忽视了农民的需求，而一味地扩大供给，就会使政府的愿望难以实现，难以进一步刺激农民对自治的新的需求，也就难以产生新的参与动力，从而延缓了村民自治的进程。

3 化解村民自治困境的路径选择

3.1 因地制宜发展多种自治组织

村里除存在村民会议、村民代表会议、村民委员会、村民选举委员会、村民小组以及村民委员会下设的各种专门委员会等基层群众自治组织以外，每个村庄都可以根据本村的实际情况因地制宜，方便群众需求创新成立自己的组织。比如，农村社区理事会、农会、红白喜事理事会、民兵连、妇代会、老人协会、村集体经济组织等。在广西农村诞生的村民委员会这一农村自治组织，就是为了解决当时政府无法解决的问题，是广大人民群众的创造。其目的是实现群众的自我管理和自我服务。农村要实行自治，自治组织发挥着关键的作用。一个结构设置合理、功能充分发挥的自治组织能将村民自治落到实处。要建立有利于村落自立发展的社会组织，首先要改善目前农民组织的形式与方式，推动农村组织建设的创新。按照这样的思路，村民自治就要寻求最能够增进农民之间友谊、增加农民与乡村组织互动能力的组织形式，诸如老人协会，各种趣缘、业缘团体都可以建立起来。这些组织一方面有自己的各种活动，另一方面其组织活动产生功能外溢，推动社会福利的改进。其实，在村庄这样的熟人社会里，我们很有必要依靠传统伦理建立自治组织。依靠伦理来维持的自治组织，运行成本非常低，这对缓解目前经济欠发达地区自治组织运行成本过高的困境，或许不失为一种好办法。

3.2 提高农民素质，内化精神信仰

农民是村民自治的主体。没有民主意识、民主素质、民主能力的提高，推进基层民主就是一句空话。振兴农民首先就是要振奋农民的精神，强化其对民主的信仰；其次是要采取多种手段提高农民的素质。课题组认为，一要致力培养广大农民的主人意识、平等意识、法治观念，从而动员、组织他们积极参与政治，敢于竞争和竞选，敢于参政议政。从来都没有什么“救世主”，包括农民在内的广大劳动人民就是国家的主人，更是所在村、乡

的主人。二要大力发展农村文化教育和科技事业,提高全体农民的科学文化素质,从而直接或间接地培育和提高农民民主素质和民主能力。一定的文化水平是强化民主素质、实现民主权利的重要条件。在民主政治事务中,一切活动诸如选举、竞选、提议、审议等都离不开一定的文化条件。

3.3 政府提供必要制度供给,农村壮大集体经济

课题组在调查中发现,经济条件相对好的村庄,村民自治搞得就比较好。美国政治学家欧博文(Kevin. J. O Brien)教授也发现,村民自治制度的实施情况与经济发展状况密切相关,经济相对富裕的村要比经济贫穷的村更能成功地实行村民自治。H 县 M 村的村支书就和课题组谈到他的苦衷,自从他挂职到该村,经过大量的调查走访,发现该村的治安情况比较差,于是就推行联防制度,由于每晚派人巡查,要付一定的费用(每人每晚 5 元),因为费用不能落实,结果无法施行。村里没有资金办一点小事都困难,上级规定村里向村民收取费用每人每年不能超过 15 元。村里想解决村民最关心又急于解决的问题,比如修路,村党支部和村委会成员只好分任务去化缘,好不容易才修通一条水泥路。现在村里债务还多,村支书给笔者看了一下欠债近 20 多万元的详细清单。另外,课题组在 G 县 L 村调查时也发现了这一情况,该村欠款有 30 余万元,主要是为了完成上级下达的达标任务而负债。例如建村小学,该村的干部谈到以前欠债不怕,村里每年都有收入,现在农村取消了一切税费,村里财路断了,遗留的这些债务村里也急于想还清,但村里没有经济收入,现在想搞一些项目,搞一点创收,正在起步阶段,能否盈利,还是未知数。

从上面的调查情况看,现在经济欠发达地区村民自治要想有所为,当下要下力气解决经济发展问题。

(1)政府必须为农民提供廉价高效的村级组织及其服务,其前提是解决目前村的财政危机,尤其是债务危机。目前乡村财政状况极糟,村级债务普遍超过警戒线。面对天文数字的村级债务,乡村干部只能抱着混日子的态度,过一天算一天。农民也对化解村级债务失去了信心。尤其糟糕的是,目前一些地方自上而下为了化解村级债务,而借“四荒拍卖”的名义,将村庄未来可能用作发展的集体资源拍卖得一干二净。这种短视的无远见的行为正在严重窒息中国农村未来的发展可能性和农村本来具有的弹性应对危机的空间。

(2)必须通过国家财政转移支付来为农民提供必要的公共设施和公共服务,尤其是水、电、路等设施和社会治安、弱势群体的福利,天灾人祸的最低保障等。但目前国家投资于农村公共设施的资金中间环节截留甚多,设施投资效率极低,典型如农业开发资金的使用。

(3)政府应该积极实施“工业返哺农业”政策,为农村提供必要的经济项目资金、技术、人才支持,重要的是要给农村以政策,帮助农民发展集体经济。要解决农村基层组织财力薄弱、无钱办事的问题,根本的出路在于发展农村经济。加强对经济发展的领导是农村基层组织的重要任务,必须以提高农民收入为中心,找准增收的途径,开辟新的财源,积极促进区域经济的发展。一是在稳定农民家庭经营的基础上采取有效措施,促进农民分工分业。农村基层组织要抓住农村中的能人、大户、专业户,充分发挥他们的带头致富作用,培育扶持他们与一般农户拉开差距,鼓励他们雇工扩大再生产,使农民之间分

工发生变化，使优势农户通过各种形式扩大经营规模，在更大的范围内配置资源，弱势农户或出租土地，与优势农户联营，这样就在农村内部增加了农民增收的机会。二是以市场为导向，发展农业产业化。农村资源丰富，农产品具有多功能特性，可以形成不同优势，向各个领域扩展，如可以形成以粮食、畜产品、果菜为主的生产、加工、销售一条龙的农业食品产业体系，也可以形成以园艺、花卉、农业景点为主的观赏、旅游、休闲、娱乐的农业文化体系等等。各村要从实际出发，发展产业化经营，寻找农民增收的新途径。

皖北地区农村居民购买行为调查

职　亮　尹文莉[①]

摘　要:近几年来,越来越多的企业将目光投入到了农村这一广阔的市场,然而取得的效果却不甚理想,其中很重要的原因是企业没有很好地了解农村居民的消费特点,不能把握农村市场营销规律,因此农村居民消费行为的研究对企业越来越重要。我们通过对于皖北地区农村居民购买行为的问卷调查,在对数据分析的基础上,从购买行为的五个阶段入手,找出该地区农村居民中不同群体在确认需求、信息收集、选择评价、购买决策、购后评价阶段购买行为的特点,希望对企业开拓这一市场有所帮助。

关键词:皖北农村;购买行为;特点

安徽省教育厅社科课题"皖北农村居民消费行为研究"(2008SK454)。

1　调查概述

这次调查选择蚌埠市的李楼乡、怀远县、固镇县以及淮北市的农村居民为调研对象,在上述地区发放了230份问卷,取得有效样本210份,对不同年龄段、不同性别的消费者购买行为的影响因素进行问卷调查,探索传统文化、相关群体、家庭、个人年龄、职业、受教育程度、兴趣爱好、收入水平对不同类型消费者购买行为的影响关系。研究皖北农村居民的消费心理、购买决策、购买行为的影响因素,揭示皖北农村居民的购买行为特点。

2　调查问卷分析

问卷主要内容共19题:主要针对上述地区农村居民的品牌意识、售后服务、对信息渠道(广告媒体)偏好、对终端促销反应、新产品接受度等。对不同类型消费者购买行为的影响因素进行问卷调查。

根据问卷中的3、5、12等题来调查消费者的品牌意识。第3题和第12题用以调查消费者购买耐用消费品时终端形象对选择的影响,第5题调查消费者选择耐用消费品时品牌的名气对购买的影响。

通过第2题和第5题调查消费者对售后服务的重视情况。第2题询问"维修不方便

---

① 作者简介:职亮,男,安徽蚌埠学院教师;尹文莉,女,管理学硕士,蚌埠学院高级讲师,研究方向为市场营销方向。

是否是消费者近期没有添置耐用消费品计划的主要原因”,第5题询问“维修方便是否是消费者选购耐用品牌最先考虑的因素”,来调查消费者对售后服务的要求。

通过第7题、第8题和第12题反映消费者在购买过程中对信息渠道的偏好。第7题调查电视出现广告片时,消费者如何对待,第8题调查消费者购买耐用消费品的主要依据。

第4题、第12题和第17题调查终端促销对购买行为的影响。第12题“经济条件允许的情况下,电视宣传是否是消费者选择商品时的最大影响因素”来调查消费者对信息渠道(广告媒体)偏好;通过第4题“消费者认为最合适购买商品的机会”,第17题“在购物时得到了售货员的热情接待会怎样对待”等题调查消费者对终端促销反应。

第9题“农村居民对城市里流行的商品的态度”,第19题“购买电脑等新潮新产品主要的原因”等题,调查消费者对新产品接受度。

通过第1题“促使购买耐用消费品的主要原因”,第6题“积蓄的钱达到什么程度时,产生购买耐用消费品的念头”,第10题“决定消费者选择服装款式的最主要因素”,第11题“在家庭中购买价值较大的商品时,做决定的主要角色”,第13题“购买过某种商品后有没有后悔的情况”,第14题“在朋友聚会时对花钱的态度”,第15题“对红白喜事大操大办甚至不惜钱操办的原因”,第16题“与人交往的过程中得到别人的礼金会怎样还礼”,第18题“热衷建房的主要原因”等调查皖北农村消费者的生活态度和消费意识。根据调查结果我们对皖北农村居民的购买行为进行分析。

3 购买行为分析

我们根据年龄(以35岁为界,分为年轻者和年长者)、收入(以家庭年收入的平均值25 000元为界,分为高收入者和低收入者)、性别三个因素,将皖北农村居民进行分类,依次分为年轻高收入女性、年轻低收入女性、年长高收入女性、年长低收入女性、年轻高收入男性、年轻低收入男性、年长高收入男性、年长低收入男性,共八类。从这八类人着手对皖北地区农村居民的购买行为进行分析。

消费者购买行为的一般模式分为循序渐进的五个阶段:确认需求、信息收集、选择评价、购买决策、购后评价。皖北农村居民在五个阶段中呈现以下特点。

3.1 需求确认阶段

这是消费者决策的初始阶段,根据马斯洛的需求理论,迫使消费者确认消费的因素可以分为五个层次:生理需要(饥饿、口渴);安全需要(保护、保障);社会需要(归属感、爱情);尊重需要(自尊、认同、身份);自我实现需要(成就感、发展)。皖北农村居民虽然受经济条件的制约总体需求处于生理和安全低层次的需求上,但很渴望社会需要和尊重需要的满足。这一方面决定了他们对产品的购买在重视基本功能和实用的同时还希望得到他人的尊重,社会的认同,满足自己的自尊心和虚荣心。所以,终端服务态对他们购买影响很大,65%的人会为回报售货员的热情而购买。同时对于社交场合的消费很重视,舍得花费。平时自已精打细算,但接待客人、与朋友交往中的消费则义气豪爽。调研中,“对朋友聚会时你花很多钱你会怎样”,这个问题的回答55% 表示不计较,26% 比较乐意,两项加起来有81% 的人对人际交往中多花费持积极态度。另外在产品的选择中绝大多数消费群体属于理性消费者,但是我们也应该注意三种人群,一类是年轻低收入男性,他们对新产品有一定的好奇心和冒险心理,想尝试,对高阶层的消费有较强的模仿心理。另一类是年长高收入男性,他们对城市里流行的商品的态度,有40% 的人认为羡慕,并很想拥有,他们重视消费的象征性,有较强的"仰城"心理,属于追求时尚族。还有就是年轻高收入女性,他们对新产品接受不太受别人的影响,有更多的自主意识。

3.2 信息收集阶段

消费者的信息来源有四个方面:经验来源;商业来源;个人来源;社会来源。这些信息来源对消费者的作用强弱不同。皖北地区农村居民在收集信息中表现的突出特点是"崇拜权威,相信熟人"。他们对权威人物、权威媒体、权威机构的信息信任度高,购买产品前喜欢向邻居、熟人打听,并且对他们深信不疑。调查中我们发现年轻低收入女性、年轻高收入男性、年长高收入男性这三类人群在购买时最喜欢听取朋友的意见,比例分别为38%,37%和40%,而年长高收入女性这一选项的比例仅有8%。广告作为信息渠道的影响力对年长高收入女性影响最大,她们更多的相信广告信息,购买商品的主要依据是通过电视广告的宣传的占33%。而年轻高收入女性受广告的影响最小。

3.3 评估选择阶段

在这个阶段,皖北地区农村居民的特点是理性与感性并重。一方面他们会认真比较分析产品的功能、用途、可靠性、价格(注意:价格并不是第一因素),表现为理性的实用主义者,同时还会把购买过程中的情感体验穿插其中,有时甚至感情大于理智,表现出感情用事的一面。比如被终端营销人员的热情而感动。调研中,对问及购物时得到商场售货员热情接待你会怎么样时,有43%的人回答会感激对方而购买或宣传对方的好。这里还有一个现象值得注意,往往收人低的(年龄大的)人群更容易受到终端营销人员服务态度的影响,调查中59%的年长低收入女性因为会感激对方而购买或宣传对方的好,而年轻低收入女性、年轻低收入男性的这一数据则分别为48%、45%。

3.4 购买决策阶段

购买决策主要包括何人、何时、何地、为何购买、以及买什么等五方面的问题。在这个阶段活动中,皖北地区农村居民的行为特点突出表现在:

(1)大件购买中夫妻共同决策的基础上男性更占主导。调研中,对问及家庭购买大件商品时做决定的主要是谁?回答夫妻共同决定的占54%,丈夫决定的占26%,妻子决定的占11%,可以看出在重要的购买中男性决策占主导。

(2)终端购物体验对决策有重要影响。在终端的购物氛围、售货员的友好态度、私人感情以及零售商的形象能让消费者体验到友好、尊重和信任,这对决策影响很大。调研显示,有52%的人表示买耐用品更愿意去大商场,因为可靠、服务态度好。

(3)对终端促销的反应,绝大多数消费者对价格还是比较敏感的,女性较男性在这方面反应得更强烈些,特别是年轻高收入女性。调查结果显示:认为购买的最佳时机为"降价期间"的比例年轻高收入女性最高为64%,而年长低收入男性最低为24%。

3.5 购后评价

消费者购买了商品并不意味着购买行为过程的结束,所购买的商品是否满意,以及会采取怎样的行为对企业的经营活动都会带来很大的影响,所以重视消费者购后的感觉和行为并采取相应的营销策略同样是很重要的。惠顾形成品牌忠诚。消费者对一个产品产生了信任和好感就会产生惠顾购买,从而形成对品牌的忠诚。调查显示:有62%的人表示对用得好的产品还会继续购买,不会因价格问题而改变。这里产品"用得好"主要包括产品质量好,用着方便,讲信誉。对这八类人群的分析我们发现,他们在选择品牌的时候无一例外地把"结实耐用"作为最优先考虑的因素。可见,在这里产品质量和企业商誉是提高品牌忠诚度的关键。另外在调查中我们还发现男性消费者对品牌的敏感度较女性的比例高,特别是低收入男性尤其具有"品牌情结",追求品牌的名气,具有较强的虚荣心。这里的品牌不仅包括商品本身也包括销售终端,如有69%的年长低收入男性愿意选择的商家类型为"大商场",选择品牌时的依据是品牌名气的占34%是所有人群中最高的。

总结上述情况可知,不同类型人群的购买行为既有共性又有个性特点。概括而言,共性方面具有既重视产品的基本功能又追求爱与自尊;注重人情,好面子,人际交往消费豪爽、大方;相信熟人,往往邻里间的交流和朋友的推荐是促成他们最终购买的最重要因素;终端购物体验对决策影响大;大项消费男性主导决策等特点。个性特点中比较突出的,如年轻高收入女性自信的实用主义者;年轻低收入男性好奇心强的追随者;年长高收入男性消费欲望强的时尚族;年长低收入男性虚荣心强的理性消费者。

参考文献

[1]朱捍华,季瑞国.试论中国当代消费文化的现状和发展态势[J].西南民族大学学报:人文社科版,2007(1).

[2]阳翼.中国区域消费差异的实证研究[J].管理科学,2007(5).

[3]卢泰宏,刘世雄.中国区域消费差异的二维研究[J].南开管理评论,2006(2).

[4]于春玲,王海忠,赵平,等.品牌忠诚驱动因素的区域差异分析[J].中国工业经济,2005(12).

皖北地区农村居民消费行为的研究
——基于淮河地缘文化背景下的探讨[①]

尹文莉　职　亮[②]

摘　要:消费者行为研究专家们的研究成果表明,不同地区有着不同的文化,作为文化内核的价值观、信念等将长久地影响本文化群体成员的态度和行为。同一地区的消费者在购买目标、购买动机、购买组织、购买渠道和时机等方面表现出共性,不同地区的消费行为模式则表现出很大的差异。中国消费者市场是一个地域广阔,且存在着区域差异的细分市场。所以研究中国不同地理区域的消费差异,对于更深刻地理解、更精确地预测消费者行为,制定差异化营销策略都有着重要意义。本文采用"心理学——营销管理"为主的研究路径,运用"消费者导向"的研究方法,研究淮河文化背景下,皖北地区农村居民的价值观、生活态度,以及由此决定的消费心理和购买决策过程的特点,并提出相应的营销对策,期望为企业开拓皖北农村市场提供借鉴。

关键词:皖北农村;文化;消费心理;购买行为

皖北地区包括淮北、亳州、宿州、蚌埠、阜阳和淮南六市,国土面积占全省近三成,人口占四成多,其中八成以上是农业人口,在安徽省经济发展中的地位举足轻重。从地理位置上看处于淮河中下游地区,是我国自然地理的南北过渡带。从文化特征看属于我国九大传统文化区中的淮河流域文化副区,深受淮河文化和北方文化的影响,形成独特的人文特征,从深层次上决定着当地人的消费态度、消费方式、消费行为。认识这些有利于企业把握该地区消费者的消费特点,更好地满足市场需求。

1　淮河文化的内涵及皖北农村居民的人文特征

淮河文化是指淮河流域人民在淮河为主体环境因素的自然条件下,生存与发展过程中所形成的生活方式、生活经验、观念、价值与思想的文化遗产。

淮河文化的形成与发展与淮河的自然环境及其变化息息相关。其发展史可以分为宋以前的繁荣昌盛时期和宋以后的衰微败落时期。前期由于该地区地处黄河、长江与汉

① 基金项目:安徽省教育厅社科课题"皖北农村居民消费行为研究"(2008SK454)。

② 作者简介:尹文莉,女,管理学硕士,蚌埠学院高级讲师,研究方向为市场营销方向;职亮,男,蚌埠学院教师。

水的中间地带，交通便利，与各大诸侯国交往密切，对发达国家文化甚具反省意识成就了本地区文化繁荣。而宋以后（尤其是南宋到民国时期）淮河自然环境不断恶化，导致水灾泛滥。淮河流域社会经济开始走下坡路。长期的灾难深重和过于贫困，使该地区文化创造力衰退，并逐渐形成影响后来发展的“贫困文化”。“贫困文化”是现代社会学名词，借以表达影响落后地区经济发展的人文因素。如重义轻利，安贫乐道，听天由命，得过且过，轻死易斗，知性不足质朴有余等观念。同时在恶劣环境下为了自身繁衍和群体生存，当地的人们在与自然的长期抗争中也形成了较强的反省意识、批判精神和艰苦奋斗的作风。他们追求质朴自然、道义为先、念慈守弱、崇尚平和。

我们研究的皖北地区的人文精神不仅包含淮河文化因子，而且深受儒家思想的影响。作为中国传统价值观的主流，儒家的核心思想构成当地人们价值观的基础内容。“仁、义、礼、智、信”是该地区人们的道德准则，表现为国家、宗族的集体观念，忠孝的崇拜观念，追求和谐圆满、见利思义、诚信知报等观念。

这些文化因素形成了皖北地区淳朴粗犷的人文精神特征，具体表现在重视家族利益、对权威崇拜服从、重义轻利、诚信知报、安贫乐道、不尚竞争、崇尚平和、崇尚勤俭质朴等价值观念。

2 淮河文化背景下皖北农村居民消费心理特点分析

价值观是关于理想的最终状态和行为方式的持久信念。文化价值观为社会成员提供了关于什么是重要的、什么是正确的，以及人们应追求一个什么最终状态的共同信念。它是人们用于指导其行为、态度和判断的标准，因而也必然决定人们的消费心理和消费行为。皖北地区人文价值观决定了当地人们消费心理特点主要表现在惠顾心理、攀比心理、求实心理、崇拜心理。同时由于皖北农村居民文化程度不高，信息交流不发达，传统文化的影响较之于城市居民更为深入。

2.1 惠顾心理

重义轻利、知恩回报的道德观，使皖北地区的农村居民很重视人与人之间的情感回报。由此在消费中的惠顾心理很明显。惠顾心理是指一旦接受了他人的恩惠，人们在心理上就产生了一种负债感，并希望通过回报卸掉这种负债感的心理倾向。在消费中一方面表现在重视人情消费和礼尚往来。另一方面表现在购买行为中人们愿意反复购买或者宣传自己有好感的产品、品牌或企业；会以购买行为报答热情友好的销售人员。调研显示，有 65% 的人会因感激售货员的热情服务而购买。

2.2 求实心理

安贫乐道、不尚竞争、崇尚平和、勤俭质朴的观念使皖北农村居民在消费中表现出明显的理性消费和求实心理。求实心理就是追求购买商品的基本使用效用，注重商品的功能。根据自己的实际需要选择适当的商品，在花钱、购物方面较为慎重，有计划，重视积累，不尚奢华。数据显示：90% 的人表示当积蓄达到 80% 以上购买力才会有购买念头，其中 58% 表示达到 100% 购买力时才有购买念头。对问及选购耐用品最先考虑的因素是什么？有 65% 的人先考虑产品的功能和实用性即基本功效。只有 6% 的人回答价格。

2.3 攀比心理

宗族的集体观念、忠孝的崇拜观念以及争强好斗,使皖北农村居民在消费中表现出明显的攀比心理。消费者的攀比心理是基于消费者对自己所处的阶层、身份以及地位的认同,从而选择所在的阶层人群为参照而表现出来的不甘落后的心理倾向。由于对家族(个人)社会形象的重视,以及对权力、地位的尊重与渴望,加上好斗的个性,当地人们表现出一些攀比消费行为。在皖北农村突出表现在婚丧嫁娶不惜代价,大操大办、冲动性建房等。这些消费活动的目的很大程度上是光宗耀祖,显示家族的威望。但皖北农村的攀比消费一部分是被迫的。调研中当被问及为什么对红白喜事大操大办不惜代价?有52%的人回答"别人都这样自己不能比别人差",12%的回答"为显示自己富有",36%的人回答对这件事情重视。可见有64%的人表明在此事上的攀比心理,而52%的人的攀比显得有些无奈。

2.4 崇拜心理

崇拜心理反映了人们对人、物和事件的尊重或敬畏地对待的态度,是一种发自内心的崇敬、钦佩和渴望。传统的忠孝的崇拜观念导致的崇拜心理表现在对权威的信任、服从和渴望。如对权威人物和权威机构的信任和服从、对名牌产品和大商场的高度认同。

上述消费心理对当地农村居民的购买过程有直接的影响,使他们的购买活动表现出相对应的特点。

3 皖北农村居民购买行为分析

消费者购买行为的一般模式分为循序渐进的五个阶段:确认需求—信息收集—选择评价—购买决策—购后评价。皖北农村居民在五个阶段中呈现以下特点。

3.1 需求确认阶段

这是消费者决策的第一阶段,即认识到需求并有解决问题的冲动。迫使消费者确认消费的因素根据马斯洛的需求理论可以有五层次的因素:生理需要(饥饿、口渴);安全需要(保护、保障);社会需要(归属感、爱情);尊重需要(自尊、认 同、身份);自我实现需要(成就感、发展)。皖北农村居民虽然受经济条件的制约总体需求处于生理和安全低层次的需求上,但很渴望社会需要和尊重需要的满足。这一方面决定了他们对产品的选择在重视基本功能和实用的同时还希望得到他人的尊重。调研中,65%的人会为回报售货员的热情而购买。另一方面对于社交消费很重视,舍得花费。平时自己精打细算,但接待客人、与朋友交往中的消费则义气豪爽。调研中,"对朋友聚会时你花很多钱你会怎样",这个问题的回答55%表示不计较,26%比较乐意,两项加起来有81%的人对人际交往中多花费持积极态度。

3.2 信息收集阶段

确认需求后消费者就进入信息收集过程。消费者信息来源有四个方面:经验来源;商业来源;个人来源;社会来源。这些信息来源对消费者的作用强弱不同。皖北地区农村居民在收集信息中表现的突出特点是"崇拜权威,相信熟人"。他们对权威人物、权威媒体、权威机构的信息信任度高,购买产品前喜欢向邻居、熟人打听,并且对他们深信不疑。调研结果显示有30%的人购买主要信息来源是朋友介绍,同时31%的人表示选购商品时邻居的购买影响最大。是广告、厂家直销、销售员推荐等选项中占比最高的。

3.3 评估选择阶段

在这个阶段,皖北地区农村居民的特点是理性与感性并重。一方面,他们会认真比较分析产品的功能、用途、可靠性、价格(注意:价格并不是第一因素),表现为理性的实用主义者;另一方面,会把购买过程中的情感体验穿插其中,有时甚至感情大于理智,表现出感情用事的一面。比如被终端营销人员的热情而感动。调研中,对问及购物时得到商场售货员热情接待你会怎么样时,有43%的人回答会感激对方而购买或宣传对方的好。

3.4 购买决策阶段

购买决策主要解决谁、为何、何时、何地、为何购买五方面的问题。在这个阶段活动中,皖北地区农村居民的行为特点突出表现在:

(1)大件购买中夫妻共同决策的基础上男性更占主导。调研中,对问及家庭购买大件商品时做决定的主要是谁?回答夫妻共同决定的占54%,丈夫决定的占26%,妻子决定的占11%,可以看出在重要的购买中男性决策占主导。

(2)终端购物体验对决策有重要影响。在终端的购物氛围、售货员的友好态度、私人感情以及零售商的形象能让消费者体验到友好、尊重和信任,这对决策影响很大。调研显示,有52%的人表示买耐用品更愿意去大商场,因为可靠、服务态度好。

3.5 购后评价——惠顾形成品牌忠诚

消费者对一个产品产生了信任和好感就会产生惠顾购买,从而形成对品牌的忠诚。调研显示,有62%的人表示对用得好的产品还会继续购买,不会因价格问题而改变。这里产品“用得好”主要包括产品质量好,用着方便,讲信誉。可见,在这里产品质量和企业商誉是提高品牌忠诚度的关键。

以上分析可以看出皖北农村居民具有既重视产品的基本功能又追求爱与自尊;注重人情,人际交往消费豪爽、大方;相信熟人;终端购物体验对决策影响大;大项消费男性主导决策等特点。

4 营销对策

针对皖北农村居民的购买特点,企业开拓皖北农村市场应重视以下几方面。

4.1 消除营销歧视

营销歧视是指在商业行为中厂商直接或间接的针对不同地区的客户有意无意地采取不同的营销标准或营销行为方式。一直以来,有些企业认为农村的消费者需求层次低,维权意识淡薄。于是将农村市场作为城市市场的“后院”,成为他们处理城市滞销品的场所。更有少数不法企业把农村市场作为假冒伪劣产品的滋生地,将残次过期的产品运到农村进行处理甩卖,危害消费者利益。同时服务意识也差,对于城市而言的基本服务在农村却不能保证。有的农民买了不合格的商品无法退换,有的买了产品因缺乏正确指导而不能正常使用,商品坏了无法及时修理。

“营销歧视”给企业甚至整个行业的发展都带来很大危害。2004年的“阜阳劣质奶粉案”的教训可见一斑。

从调研结果可以看出,皖北农村居民不仅很重视产品质量而且还要求得到尊重和重视,消费需求层次正在升级。为了更好地满足客户,企业必须消除营销歧视。这要求企业务必要改变“农村消费者低一等”的错误认识,认认真真为农村消费者提供质量可靠的产品和及时周到的服务,尤其针对皖北农村而言要重视关爱服务,通过有特色的促销活动来加强感情交流。

4.2 开展口碑营销

农村信息传播不发达,信息的来源与影响力多来自邻居、熟人。所以开展口碑营销是良策。

(1)以诚信为本做好基础工作是关键。产品要赢得农村客户必须实用、可靠。即在产品设计环节就开始考虑农民使用的具体条件,在保证性能质量的前提下,减少农民并不很需要的“多功能”,使产品适用、实用,而不是只强调低价。盲目的低价格向农村倾销或者简单地将城市产品复制到农村,两者的最终效果都只能是事倍功半。在服务上要重视售前引导,加强售后的维修、安装和承诺服务,解除农民后顾之忧,使农民觉得可靠、放心才是维系农村市场的根本。在广告宣传上决不能夸大其词,愚弄客户,伤害农民的感情。

(2)利用“意见领袖”让他们成为品牌的宣传和示范者。由于村民对权威的信任、服从以及爱攀比、好从众的心理,当地的村干部、村里的能人、德高望重的权威人士等会对村民有很大的影响力。开展“意见领袖”营销,设法将“意见领袖”培养成自己的客户,让他们起带头和号召作用,“以点带线”“以线带面”,能起到事半功倍的效果。

4.3 加强终端体验营销

零售终端对皖北农村居民购买决策有重要因素,加强终端体验营销是拉近客户情感的重要方法。体验是消费者花时间享受某一企业所提供的一系列值得记忆的事件的过程。在整个过程中,企业通过对消费者感官刺激,使其产生某种情感变化,引发深层次思考,引起他们情感的共鸣,以致震撼心灵。针对皖北农村体验营销可以从以下几方面入手:

(1)体验活动主题可以围绕“亲情、友情”等美好的情感体验设计,更容易引起当地消费者的共鸣。

(2)终端购物环境的设计应整合消费者感官资源以加强售点刺激。人的感觉主要来源:听、看、触、闻、味。售点环境建设要整合这五种感觉,从售点的货架陈列、店内广告信息展示、购物环境布置、商场音乐播放、空气气味调节的组合上为消费者创造有利于品牌价值的联想和想象,加强与品牌的沟通的空间。体验所涉及的感官越多就越容易成功,越令人难忘。

(3)用剧场元素(表演—角色—氛围—布景),以剧场模式改造售点,设计农民喜闻乐见的、易于参与的活动,让他们成为“剧本”中的“角色”参与“表演”,从中获得别样的体验。

不仅要注重体验的形式更要注重体验的内容。开展终端体验营销仍要以产品、服务质量为基础,坚持以产品、服务形式与内容的完美结合。

参考文献

[1]卢泰宏,刘世雄.区域差异的消费行为研究:路径与方法[J].中山大学学报:社会科学版,2004(2).

[2]李良玉.淮河文化的内涵及其技术层面的研究[J].安徽史学,2006(1).

[3]陈立柱,洪永平.浅谈淮河文化的概念[J].学术界,2006(4).

[4]车红.浅议文化对消费者购买行为的影响机制[J].山西高等学校社会科学学报,2007(3).

[5]沐年国.在华外资企业本土化营销五大败因[J].企业研究,2006(11).

皖北民俗旅游发展的几点对策①

谢政伟　胡　飞　王怀平　王　建②

摘　要:皖北地区历史文化厚重,民俗旅游资源较为丰富,发展空间广阔。要扭转皖北民俗旅游发展相对滞后的局面,各地各级政府及有关部门要科学规划、合理开发;要加大政策、资金扶持及宣传推介力度;要树立品牌意识、努力打造精品;要扩大游客的参与性,开发适销的民俗旅游商品;皖北地区间要加强交流合作;注重民俗旅游与其他旅游资源的适度融合等。

关键词:皖北;民俗旅游;问题;对策

为贯彻落实国务院《关于加快发展旅游业的意见》(国发[2009]41 号)精神,加快建设旅游经济强省,安徽省委、省政府出台《关于加快建设文化强省的若干意见》(皖发[2009]24 号),进一步明确要推动文化产业与旅游等相关产业的深度融合,并提出"没有皖北旅游的兴旺,就没有安徽旅游的崛起"这一口号[1]。从安徽旅游发展格局来看,皖北地区应该是一个重要的版块,但多年来存在的"南热、中温、北冷"的格局至今仍未打破。为扭转皖北旅游发展滞后的局面,2010 年 3 月 11 日,安徽省委、省政府召开加快皖北旅游发展座谈会,这为皖北旅游业发展提供了历史性的大好机遇。

皖北地区历史文化厚重,蕴含着丰富多彩的民俗旅游资源,开发利用空间广阔。目前民俗旅游在国内外方兴未艾,要真正实现皖北旅游突破发展,缩短与皖中、皖南的差距,将民俗文化与旅游有机结合、大力发展民俗旅游应该是其中一个重要的切入点与突破口。据了解,在今后五年安徽省将要实施的旅游项目"1318"行动计划中,皖北民俗旅游就是其中重要的组成部分。近年来,皖北各地认真贯彻《国务院办公厅关于加强我国非物质文化遗产保护工作的意见》(国办发[2005]18 号)制定的"保护为主、抢救第一、合理利用、传承发展"的工作方针,不断挖掘丰富的民俗旅游资源,积极发展民俗旅游,尽管取得了一些成效,但民俗旅游发展方面仍然存在诸多突出问题。要力促皖北民俗旅游的

---

① 基金项目:安徽省教育厅人文社科项目"皖北地区民俗旅游发展研究"(编号:2011SK485);淮河文化研究中心研究项目(编号:BBXYHHWH2010C05)。

② 作者简介:谢政伟(1975—),男,湖南衡阳人,讲师,硕士,主要从事民俗研究;胡飞(1969—),男,安徽蚌埠人,副教授,主要从事民俗美术、民俗集会等研究;王怀平(1968—),男,安徽巢湖人,安徽财经大学副教授,硕士,主要从事文艺理论及民俗文化研究;王建(1969—),男,安徽宿州人,讲师,硕士,主要从事民俗体育研究。

快速发展,进而实现皖北旅游的突破发展,就应该寻求一些符合本地区实际的发展对策。

1 科学规划、合理开发民俗旅游资源

科学规划、合理开发是发展皖北民俗旅游的前提和基础。就目前而言,皖北民俗旅游仍然缺乏科学长远的发展规划,盲目重复开发的居多,且开发水平不高,深层次挖掘不够,经济效益、社会效益等一时都难以得到有效体现。

要改变这一现状,皖北各地各级政府及有关部门应发挥主导作用,将民俗旅游作为旅游业甚至经济与社会发展的重要内容,要本着先规划后开发建设的发展原则,在制定民俗旅游发展规划之前要开展充分调研,缜密讨论,科学论证。就国内而言,民俗旅游发展虽有“印象·刘三姐”这样的成功范例,但不乏一些民俗旅游项目由于粗制滥造、竞相模仿、低水平重复建设等原因,而出现的亏损严重的现象[1]。皖北地区要深入研究国内外民俗旅游发展成功与失败的案例,既要借鉴民俗旅游发达地区的发展模式,又要立足本地实际,挖掘整合本地有效资源,要结合市场发展需求,为自身发展明确定位,注重差异性发展,避免同质化倾向,突出本地特色,注重挖掘内涵,力争将资源优势转化为发展优势。

开发是为了更好地保护和宣传民俗旅游资源,对民俗旅游资源进行科学、合理、适度地开发,从某种意义上来说,是对民俗旅游资源的最有效保护。皖北各地要吸取国内外发展民俗旅游的失败案例的教训,注重选择性、保护性开发。各地政府及有关部门要对民俗旅游资源开发加强管理,做到有制度约束、有措施落实、要严格奖惩、注重监管,使民俗旅游健康合理有序发展。

2 加大政策、资金支持力度

皖北民俗旅游资源尽管丰富,但由于地处经济欠发达地区,政策扶持不够、资金投入严重不足、基础设施及配套设施建设滞后等问题不同程度地存在,致使民俗旅游未能得到应有的发展。

要促使皖北民俗旅游大发展,就必须改变落后观念,将民俗旅游发展当作重要的经济增长点。皖北各地各级政府除了继续充分发挥组织主导作用外,还必须克服现有困难,千方百计在政策、资金等方面给予有效支持。各地要结合本地民俗旅游发展实际,借鉴民俗旅游发达地区的有益经验,锐意创新,打破陈规,出台相关的优惠措施,营造良好的发展环境。要积极招商引资,并在资金扶持、税收优惠、土地方面提供更好的保障,吸引外商投资民俗旅游,尤其要对引进的大的民俗旅游项目予以重点支持,做好跟踪服务,排除一切影响发展的消极因素。政府要多途径、多形式筹措发展资金,并设立一定数量的民俗旅游发展基金以扶持民俗旅游发展,同时要引导民间资金投入到民俗旅游发展中。

3 加大宣传推介力度

结合皖北民俗旅游宣传推介不到位、营销意识不强等问题,各地政府及有关部门、旅游企业要做好民俗旅游宣传文章,利用有利时机宣传,推介本地区的民俗旅游,为外商投

资民俗旅游营造健康有序的发展环境,树立良好的城市形象。

各地可以选择在举办大型展会、节庆等活动期间加大民俗旅游宣传力度,重点展示国家级、省级非物质文化遗产项目,介绍各自历史渊源、表现形式及特点,增强人们对本地非物质文化遗产的了解。例如淮南是豆腐的故乡,其传统豆腐制作工艺颇有名气,当地政府以此为契机,每年定期举办的中国豆腐文化节已成为淮南一张亮丽的名片,该文化节还荣膺"2010 年中国十大品牌旅游节庆"称号,值得其他城市借鉴。此外,蚌埠举行的中国花鼓灯艺术节、宿州砀山的梨花旅游暨民俗文化节、亳州的中国酒文化节、宿州的中国灵璧石国际文化节等均产生了不错的效应,对宣传本地的民俗旅游起到一定的作用。随着京沪高铁的即将开通,也可适当扩展到京沪高铁沿线地区,以便巩固既有客源市场,挖掘潜在客源市场,进一步扩大皖北民俗旅游的辐射面与影响力。除了传统媒体之外,要积极利用网络等新兴媒体的力量,建立皖北民俗旅游网,多角度、全方位宣传推荐本地区的民俗风情,并适当配以专家学者的文化解读,及时发布更新有关的民俗旅游动态,并提供在线服务,与各地游客建立交流平台,认真吸取民俗旅游发展的意见、建议等。

4　树立品牌意识,努力打造精品

皖北旅游目前尚处于"一流资源、二流服务、三流开发"的起步阶段[2],民俗旅游尤其如此。皖北民俗旅游发展历来缺乏重头戏,竞争力和影响力可想而知。要使皖北民俗旅游突破发展,就应该树立品牌意识和实施精品战略[3]。比如花鼓灯作为首批国家级非物质文化遗产名录,已被确定为中国民族民间文化保护工程国家中心 39 个试点项目之一,在国内外拥有较高的知名度,皖北要用好、用活、用足这张名片。以蚌埠而言,可以花鼓灯为龙头,将"中国花鼓灯第一村"冯嘴子村建成一个集花鼓灯保护、旅游观光于一体的民俗旅游新景点。

皖北地区不乏一些有影响力的民俗节会活动,如淮南的中国豆腐文化节、蚌埠的中国花鼓灯艺术节等都做得有声有色;蚌埠的涂山禹王庙会、清明庙会,阜阳的界首苗湖书会、大黄庙会等在皖北都是比较大型的民俗活动,可以结合相关资源打造民俗旅游名片。此外,皖北民间手工技艺内容丰富、形式多样,其中阜阳界首彩陶曾被学者称为"中国近现代四大彩陶之一",现已入选首批国家级非物质文化遗产名录;蚌埠作为全国闻名的玉器市场集散中心,建成的光彩玉器文化城日前被命名第四批"国家文化产业示范基地",各地要继续利用这些资源把民俗旅游做大做强,扩大旅游市场。总之,要选择资源较具优势、知名度较高、发展前景较广的项目进行重点培育,以便带动本地区民俗旅游的发展。

5　扩大游客的参与性,开发适销的民俗旅游商品

民俗文化只有贴近民众、深入人心,才能保持强盛的生命力。国务院《关于加快发展旅游业的意见》明确提出:"把提升文化内涵贯穿到吃、住、行、游、购、娱等各环节和旅游业发展全过程。""有讲头没看头,有看头没玩头"等问题在皖北民俗旅游发展中还不同程度地存在。

皖北要发展民俗旅游,就必须提升民俗旅游的文化内涵,在品位上下功夫,力戒低俗

乏味。要增加游客参与的互动游乐项目,让游客适当融入到民俗活动中去,加深对民俗文化的认知,获得深刻的印象。就皖北而言,可以在一些景区让游客学习演练华佗五禽戏,模仿花鼓灯、泗州戏等歌舞表演,其他诸如剪纸、绘画、石刻、盆景制作、皮影戏等民俗样式,都可以适当地积极融入到互动旅游环节中去,增强游客的参与度。

要充分挖掘民俗内涵,从民俗文化中开发具有市场发展前景、能满足不同需求的旅游商品。目前皖北民俗旅游商品开发尚处于起步阶段,开发水平不高,大有潜力可挖。皖北传统手工技艺诸如彩陶、紫金砚、乐石砚、剪纸、农民画、石刻、微雕、珍珠等都具有不错的观赏、馈赠、居家装饰或收藏价值,可以大力开发,在开发时既要注重高端人群的购买品位,更要满足大众的消费需求。同时要注重开发新品种,要注重文化内涵及科技含量,要考虑如何与现代消费习惯衔接、融合。对于其中富于地域特色的饮食,比如八公山豆制品、雪圆小吃、白根柱炒货、符离集烧鸡、临涣酱培包瓜等老字号,均可以进行产品延伸,尝试开发新品种及改变营销方式等。此外,还可以适量生产花鼓灯、泗州戏等道具,以满足民间艺术爱好者的需求。总之,开发出的民俗旅游商品要确保游客能吃得好、带得走、记得住,从而更好地推动本地区民俗旅游的发展。

6 皖北地区应加强交流合作,共谋民俗旅游大发展

所谓“十里不同风,百里不同俗”,皖北地区地缘相近、人缘相亲、文化相似,民俗旅游资源呈现出许多共性,但皖北民俗旅游发展至今仍然各自为战,以单打独斗居多、合作共谋发展不足,未能形成皖北民俗旅游发展“一盘棋”思想,难免会出现资源内耗、恶性竞争等局面。

“皖北旅游是个整体,做好区域合作这篇文章至关重要。”皖北民俗旅游尤其要树立统筹意识,做到协调发展。要积极利用有影响力的平台联合宣传推荐,提升核心竞争力,比如可以由各市轮流坐庄,举行皖北民俗文化节,借助央视等媒体集中宣传推介皖北民俗旅游精品项目。据了解,山东八个京沪高铁沿线及辐射城市已成立高铁旅游联盟。皖北各地可以利用京沪高铁、合蚌客运专线开通后给民俗旅游带来的机遇,打造类似“皖北民俗旅游三日游”的旅游模式,皖北各地只有通过交流协作,才能真正做到资源共享、客源共享、错位发展、优势互补、互利互赢。

最后值得一提的是,皖北地区蕴含着丰富多彩的旅游资源,拥有 3 个国家级风景名胜区、12 个省级风景名胜区、2 座国家级历史文化名城、15 处国家级重点文物保护单位、2 个国家级景点红色景区和 6 个 4A 级旅游景区。基于此,皖北在打造民俗旅游的同时,还要充分考虑本地区丰富的自然风光、历史文化、革命旧址等旅游资源,将民俗旅游与自然风光游、历史文化游、红色旅游、考古游等有机结合,以满足游客的不同需求。皖北各地要做好各种旅游资源的有效配置,努力打造互相交错、集民俗旅游、历史文化、红色旅游于一体的旅游产品。这样游客在领略本地区优秀民俗文化的同时,又可欣赏到优美的自然资源及独特的人文景观。

参考文献

[1]罗绍明,张震.现代性语境中民俗旅游发展道路的探索[J].广西民族研究,2009

(4):179.

[2]李跃波.皖北旅游.寻找腾飞的支点[N].安徽日报,2009-3-23(1).

[3]杨琼,陈建勤.我国民俗文化旅游产业化发展研究[J].江苏商论,2007(11):78.

皖北农民市民化的困境与出路

——基于 B 市的调查①

王昆仑②

摘　要:由于城乡分化的问题长期得不到解决,加上城市内部分化日益严重,皖北农民市民化的困境集中表现为以下四个方面:一是城市户口对农民工没有吸引力;二是本地企业留不住本地农民工;三是土地收入不足以保障生活;四是进城农民的“低收入”“低保障”遭遇了城市的“高房价”。要走出上述困境,从市场层面来看,要赋予农民平等的市场准入权,让进城农民能够公平地参与市场竞争;从社会层面来看,要开放城市公共生活,让进城农民在城市居有其所、享有与市民平等的各项社会保障。

关键词:农民市民化;困境;出路;政府责任;公民权利

由于以往城乡分化的问题长期得不到解决,加上当前城市内部分化日益严重,导致了皖北农民市民化进程缓慢,障碍重重。B 市是地处于安徽省北部的中等城市,经济发展总体水平不高。由于户籍制度等具体制度基础上形成的身份阻隔,使得流入 B 市的农民的城市融入过程艰难。目前,虽然 B 市的城乡户籍管制已经明显放松,但以往那种农民与市民相区别的社会保障措施,在改革中逐渐演变成了城市内部分化的社会保障措施。以往的市民特权基本上被单位特权所取代,没有单位依托的进城农民尤其是新生代农村流动人口同样被“边缘化”“村落化”。

1　皖北农民市民化的困境

1.1　城市户口对农民工没有吸引力

2010 年,B 市公安局制定了放宽户籍管理制度的 6 项措施,其中,有 3 项措施与农民工能否在城市落户直接相关。第一,对于获得高级工、技师、高级技师职称的农民工,以及获得市级以上劳动模范、先进工作者荣誉称号的农民工等,在城市就业居住的,本人及其家庭成员可根据自愿在城市落户。第二,农民工在购买了商品房(含住宅、商业用房和二手房),本人及其家庭成员可根据自愿在城市落户。第三,农民工在本市范围内有“合

① 基金项目:安徽省教育厅人文社科研究项目“迁移与融入:农民市民化问题研究——基于皖北进城农民家庭生活史的调查”(编号:SK2012B302)。

② 作者简介:王昆仑(1980-),女,硕士研究生,助教,研究方向为社会问题与社会发展。

法固定住所"①的,可自愿办理落户。[1]但是,由于多数农民工的文化、技术水平有限,他们在城市的社会关系网络也十分有限,因而难以进入城市主流劳动力市场。被排斥在城市主流劳动力市场之外的农民工,难以获得相应的职称、荣誉称号,难以取得"合法固定住所",也难以在城市购买商品房。可以说,农民工在B市落户的门槛依然很高。并且,由于城市内部分化的社会保障措施,农民即便在城市落户,落户之后可以享受到的福利与保障也十分有限。因此,B市所谓的"放宽户籍管理"主要还是以服务经济建设为目的,而对农民工的城市融入缺乏关注。过高的落户门槛,加上落户以后的社会保障需求依然得不到满足,导致了B市城市户口对农民工没有吸引力。

个案1:WJ,男,汉族,33岁,高中毕业。

开废品收购站的WJ,2009年在B市买了一套商品房。按照B市目前的户籍政策,只要购买了商品房或者有合法住处的农民工,可以将户口迁到城市。但WJ并不打算将户口迁到城市。

WJ:迁户口对我来说一点用没有,又没有保障,唯一的用处是小孩上学,小孩上小学时交了800元赞助费,那学校不好。其他像实验小学、慕远学校那样的好学校,即使是城市户口,没有关系的话,花钱也进不去。

个案2:WDJ,女,汉族,26岁,初中毕业。

WDJ进城之后,从事的都是营业员、服务员之类的工作,户口对她的求职曾经产生过影响,但后来影响越来越小了。

WDJ:一开始很想把户口迁过来,当时不管什么工作,都经常写"高中毕业、本市户口",当时想让我阿姨办户口时把我带过来,但是阿姨不愿意(2003年,WDJ的阿姨正在办户口迁入的事情,可以以收养的名义带一个孩子进城落户,阿姨的独生子因为上学,早前已经买了城市户口,所以WDJ请阿姨帮忙,想把户口转到城市),现在要户口也没太大用,主要看单位,我刚来的时候说是农村户口不给办"五险一金",实际上,还是看单位,单位要是愿意,农村户口也应该给办。

1.2 本地企业留不住本地农民工

2011年初,B市"关于农村外出务工人员和企业人力资源需求情况"调查显示,2010年全市共有外出农民工60.5万人。从流向看,主要集中在江苏、浙江、上海、广州等地;从行业分布看,主要集中在服装制鞋、电工电子、建筑材料等行业。全市60.5万外出农民工中,在省内就业的仅有5.3万人,而B市目前各类企业用工需求在2.7万人以上,需求较为集中的工种为普通操作工、服装纺织操作工和机械机电操作工,这三类工种的需求数占92.4%。通过座谈和走访,调查者认为农民工不愿在本地就业的原因主要在于本地企业工资低、生产生活条件差、社会保障问题无法解决、缺乏培训机会,等等。[2]结合B市的现实情况来看,本地企业留不住本地农民工的原因主要有三点:一是B市缺乏乡镇工业化基础,无法充分吸纳本地就业;二是B市城市规模有限,缺少外来投资;三是B市本地就业的保障水平偏低。

① "合法固定住所"包括拥有房屋所有权证、土地使用证等,以及党政机关、企事业单位提供或租赁给本单位员工常年(一年以上)使用的公有住房。

在笔者取得的调研样本中，B 市进城农民中，除了早期通过接班、退伍，或者后来通过接受高等教育而留城的少数人，得以享受市民待遇，通过其他方式进城的农民工几乎都被挤压到了第三产业部门，主要从事一些脏、险、累的工作。而且，绝大多数的进城农民都未曾享有企业办理的“五险一金”。

1.3 土地收入不足以保障生活

20 世纪 90 年代中后期，由于外出务工的收益远远高于土地收益，B 市各个村曾经出现过弃耕现象，但是，随着税费改革，农业税免除，种粮有补贴，所谓的弃耕现象已经很少。随着大型播种收割机械的进入，大部分种地农民选择将土地转包给亲友或者同乡，实行规模耕种。在家种田的村民，农闲时以做瓦工和做小生意为主，其中从事瓦工的居多数。外出务工人员的收入带动了农村的盖房热，年轻人结婚之前都会在家里盖两层或者三层小楼。在调查中，大多数受访者明确表示要保留“庄户地”（宅基地）。但是，也有部分村民认为本村的土地“没有价值”，表示如果有人出高价宁愿把地卖了，用卖地的钱给孩子出彩礼、盖房子，以后让孩子去城里打工、做生意。

个案 3：WZM，男，中共党员，汉族，56 岁，初中毕业。

WZM 来自 B 市 S 村，S 村位于 B 市远郊，目前，村里除了建房、修路之外，还没有涉及大规模征地、拆迁类的问题。进城以后，他已经将自家的土地给了自己的弟弟耕种，弟弟每年一次性付给他 1 000 元。赡养父母需要提供的粮食，也由弟弟代他提供。村里其他进城人员也多是将自己的土地流转给了亲友、同乡耕种，每年收取一定的费用或者提供一定的粮食。村民将自家土地流转出去以后，每亩每年会收取 200 ~ 300 元的报酬，至于土地补贴，既有跟人（土地所有者）走的，也有跟地走的，具体方式由土地流转双方自行敲定。但不管怎样，他们保留了在一定程度下追回土地的权利。

1.4 进城农民的“低收入”“低保障”遇上“高房价”

B 市的住房保障工作是以租金补贴为主，实物配租为辅。从租金补贴来看，自 2010 年 7 月份开始，B 市住房保障租金补贴政策方面，同时具备拥有本市城镇户口，且人均现住房建筑面积在 13 平方米以下（不含 13 平方米）、家庭人均年收入低于 5 000 元以下条件的家庭，均可申请廉租房租金补贴保障，补贴金额是每月每平方米 7 元钱。[3] 从实物配租来看，B 市在 2008 年启动住房保障项目，并已获批准建设项目 35 个，总计 11 210 套。但是，直到 2011 年初，首批 1 115 套廉租房才建成并交付使用。[4] 从以上两个方面可以看出：(1) B 市总体住房保障水平不高；(2) B 市的廉租房与租金补贴政策仅覆盖城市户口的低收入家庭，而不覆盖在城市定居的低收入农民工家庭。

个案 4：WDB，男，汉族，25 岁，初中毕业。

目前 WDB 已经到了谈婚论嫁的年龄，他现在的女友是公交公司的一位司机，两人相处了三年，已经到了谈婚论嫁的地步。在结婚的事情上，女方的最低要求是要按揭一套婚房。父母在生活上省吃俭用，希望能攒到足够的钱帮助他买一套房子，或者只是付清首付款。

WDB 去年在父亲和其他亲友的资助下贷款买了一辆货车，由于货运市场过于饱和，每月的收入勉强只够还贷款。

WDB:干货运竞争太激烈,生意你不做总是有别人做,老板把价格压得太低,经常是拉了一趟货都不赚钱。我干了一年,把货车卖掉了,除去新车的折旧,加上油费、车险,去年一年白干了。我现在给一家冷库开车,一个月只有1 500元,房价这几年一直在涨,普通地段的商品房价格在5 000元以上,照这个工资,买房子是遥遥无期了。前段时间,她爸爸给我联系了郊区的一套还原房,房价不高,但没有产权,不能做按揭,一次付清的话我拿不出那么多钱,市里的房价这么高,我连首付都付不起。

2 皖北农民市民化困境的原因分析

2.1 早期农村市场化改革的增长效益下降

从皖北地区经济体制的转变过程来看:第一阶段,从1975年的"全面整顿",到1978年召开的十一届三中全会明确指出党和国家的工作重心向经济建设转移,皖北地区率先开始了以经济建设为中心的初步尝试。第二阶段,从1978年至1984年,在农村"大包干"形式下,皖北农村率先出现了市场化的趋势。第三阶段,从1984年至1989年,皖北城市的工业生产开始逐步引入经济核算与市场调节的趋势。与此同时,新一轮改革浪潮在农村出现,各地的乡镇企业异军突起,逐渐摆脱了我国在乡镇企业发展中的"拾遗补缺三不争"①的限制。以B市为代表的皖北中小城市里,农民非农化的趋势日益增加。这一期间,我国自1953年实施"统购统销"以后,逐步形成的城乡身份壁垒逐渐开始动摇。在这样的背景下,皖北农民不仅在农村发展副业、从事个体经营,而且逐渐突破了在城乡流动方面的束缚,越来越多的农民商人开始流动于城乡之间,自发地寻找市场机遇。然而,自20世纪90年代中期以后,由于改革初期的农村市场化改革所带来的自由市场趋势与物价改革以后滋生的垄断机制产生了严重的摩擦,皖北农民商人在经商中的市场风险加大。到了20世纪90年代末,随着城市竞争日益激烈与农村市场日益萎缩的状况下,皖北农民商人几乎遭受了普遍的市场挫折。早期农村市场化改革的增长效益开始下降。

2.2 第二轮市场化改革导致市民与进城农民的分化加剧

1992年开始的第二轮市场化改革中,不乏一些进城较早,并靠自己的能力经商致富,属于进城农民中,城市融入较为成功的案例。但是,这种情况并不普遍。例如,在上述个案的描述中,CXL夫妇在进城之初获得了比普通进城打工者更多的社会支持:CXL的爷爷奶奶为他们提供了城市住房,她的丈夫在国企拥有正式工作,有机会学习专业技术,在创业之初,企业买断的钱又为他提供了启动资金……这些条件都是大多数进城农民无法具备的。可以说,城市所提供的社会支持和公共物品在更大程度上影响了农民工的城市适应。农民进城后的社会地位分化,与在起点公平和过程公正前提下,主要因个人才智、能力而产生的社会分化也并不相同。

20世纪90年代中期以来,一方面是皖北各个城市在城市基础设施建设方面不断地加大投入,令城市的面貌日新月异;另一方面却是基层的教育、医疗等公共物品的供应日

① "拾遗补缺三不争"是指乡镇企业"给国有大企业拾遗补缺"和"不与国企争资源、争市场、争人才"。

益短缺。这一时期,由于教育、文化、卫生、通讯、交通部门为了自身的特殊利益,进一步疏离了自身的公共职能,皖北地区的社会就业、社会保障、社会管理、社会公正等问题也越来越突出。公共物品短缺,并且公共物品缺少公共性的体制弊病,导致了部分公共服务部门服务责任意识缺失,甚至利用公共资源谋取私益。这种不合理的格局,进一步排挤了民间的自由的市场竞争,导致了城市中的教育、医疗、居住等方面费用呈现非理性增长的趋势。在这种趋势下,农民工的“低工资”“低保障”与城市中高涨的生活成本形成了巨大的反差,进城农民的城市融入愈发艰难。

3 摆脱困境,推进皖北农民市民化

在全球化的背景下,推进皖北农民市民化,更需要进一步倡导政府的责任意识,充分实现农民作为纳税人应当享有的公共福利。从市场层面来看,要实现农民在城市平等进入市场,并且公平参与市场竞争的权利;从社会层面来看,要开放城市公共生活,让农民进城后在居有其所、享有与市民平等的各项社会保障。具体来说,主要包括以下几个方面。

3.1 保障农民平等的市场准入权

对于进城农民而言,要转变为平等权利的市民,需要以自由(包括劳务市场的自由准入)为前提。是否拥有平等的市场准入权意味着农民工是否享有择业自由,这是决定他们能否融入城市的前提。实际上,一方面,由于农村土地流转机制尚不完善,农民尚不能以土地作为资本,充分参与市场竞争;另一方面,农民进城后,难以获得与市民平等的就业机会,而是大量流入到了一些脏、累、险的工作领域。在这种情况下,虽然市场经济的发展,已经使得农民进城务工的身份性的阻隔趋于减弱,但农民工在城市的平等的市场准入权利依然得不到保障。因此,皖北各城市,作为农民工的流入地,其各项社会政策,应当致力于促进城市中平等竞争的劳务市场的形成,以弥合进城农民转变为平等权利的市民的身份性鸿沟。

3.2 完善农民工的各项社会保障

对于进城农民工的社会保障,全国各地都有关于“三方统筹”账户的规定。但是,一些制度缺陷却往往使这些保障措施失效,甚至给农民工造成额外的损失。①

目前,虽然农业税费已经全免,但农业补贴提高的幅度并不高。在这种情况下,政府在对于农民工社会保障的制度设计中,就不能以农民工失业了可以回乡种田为前提,否则只会做出对农民工的不利的制度设计。[5]因此,皖北各城市,无论是作为农民工的流出地还是流入地,都必须全面完善农民工的各项社会保障。一方面,要保障农民的土地权益,避免强制性事件的不断发生,以保障农民自由返乡务农以及通过土地充分参与市场

---

① 由于以往的农民工社保账户难以实现异地接续,农民工失业以后,只能取回从自己的工资中扣除的那一部分。而农民工社保账户中由国家财政出的那一部分、尤其是企业为农民工出的那一部分都取不出来,而被留在了其工作地的社保基金中。由于相关手续十分烦琐,一些农民工在失业返乡之前,甚至无法取出自己被扣除的那一部分工资。

竞争的权利;另一方面,也要为失业但未返乡的城市农民工提供基本的社会保障。

3.3 保障农民工在城市的居住权

在以B市为代表的皖北各城市,廉租房建设的覆盖面小,而且完全将进城农民排除在外。其他城市,例如北京、上海、深圳等大城市,不仅把"合法固定住所"的门槛定得很高,而且出现了大量经济适用房优先提供给公务员、经济适用房被建成豪华住宅区的现象。公共福利政策本应具有帮助弱者、减少收入差距的再分配功能,因此,城市提供"廉租房""租房租金补贴"的举措应当首先从弱势群体开始。当前,随着农民大量进城,推进农民市民化,就需要进一步扩大城市的廉租房以及经济适用房建设的覆盖面,逐步将进城农民工纳入保障范围,以保障农民工在城市的居住权。

3.4 开放城市的公共生活

农民工与市民一样需要享有城市的教育、医疗等公共物品。在城市主流的社会公共空间尚未完全接纳农民工的情况下,政府的相关社会政策更应当帮助他们在法治的基础上建立自己的公共生活,而不能假设农民工会对城市产生危害而排斥包括农民工在内的外来人口。① 开放城市的公共生活不仅有利于包括农民工在内的外来人口融入城市社会,而且能够以民主、法制的原则维持主流社会与边缘群体间在公民权利意义上的平等。并且,这种体制还有利于形成化解主流社会与边缘群体之间矛盾的缓冲机制。[6] 因此,开放的体制对于农民工(尤其是新生代农民工)走出边缘状态、融入城市生活非常重要。

参考文献

[1]市公安局放宽户籍管理制度服务经济建设[EB/OL].(2009-10-19). http://www.bbr.cn/news/2009/10/19/193-720316.sht-ml.

[2]人力资源社会保障信息(2011年第9期)[EB/OL].(2011-03-24). http://www.ahbb.lss.gov.cn/show_info01.asp? id=535&iid=16.

[3]蚌埠市住房保障租金补贴政策再次扩面[EB/OL].(2010-08-12). http://bengbu.la/news/focus/2010081209424830226.sh-tml.

[4]蚌埠加快保障房建设 今年将有7518套廉租房开建[EB/OL].(2011-03-24). http://office.focus.cn/news/2011-03-24/12-40185.html.

[5]秦晖.什么是农民工的"退路"?[N].经济观察报,2009-02-23.

[6]秦晖.农民中国:历史反思与现实选择[M].郑州:河南人民出版社,2003:68.

① 2011年初,深圳警方在"治安高危人员排查清理百日行动"中将8万余名"治安高危人员"清出城市。所谓的"治安高危人员",就是"无正当理由长期滞留深圳、行踪可疑、对社会治安和人民群众生命财产安全构成现实威胁的人员"。具体包括:"流入深圳市、有刑事犯罪前科,长期滞留且无正当职业及合法经济来源的人员;没有正当职业,生活规律异常或经济来源可疑的人员,特别是经常昼伏夜出,有群众举报,具有现实威胁的人员。"政府部门这种公开的、没有法律依据的、损害外来人口的公民权利的做法,在社会上引发了极大的争议。

皖北新农村建设中文化对地区经济发展的影响[①]

郑晓奋[②]

摘　要：安徽作为农业大省，尤其是皖北地区，一直是中国农村改革的探路者，在当前建设社会主义新农村的新形势下，以皖北为研究原点进行新农村建设研究具有代表性意义。如何建设皖北新农村因此成为我国理论界亟待回答的一个问题。本文通过实证和理论分析，认为农村经济现代化的过程必然与其文化变革的过程相伴相随，相互作用，对特定区域环境中的经济研究，跨学科融合，文化解释与经济解释并重，将文化变迁作为社会发展的动力，可以成为破解皖北"三农"问题，实现新农村建设目标的一种途径选择。

关键词：淮河文化特性；新农村建设；价值重塑；均衡发展

作为农业大省的安徽，经济的崛起，工作重点是推动新农村建设。从文化方面考察，皖北农村的地域文化属于淮河文化范畴。尽管淮河流域是中国古文明的发祥地之一，但自魏晋之后，皖北地区战乱、灾荒、动荡、流民频现，缺乏名门望族、博学鸿儒，缺乏商帮和优势产业，致使区域文化缺少凝聚力和张力，凸显弱势文化特征。

虽然国内经济学者较以往给与文化现象以更多的关注，但主流社会较为关注发展中的得益群体，尤其在中国的社会转型时期，很多人将研究视角注视于在转型中出现的较为富裕的阶层群体和区域，而忽视对伴随发展而存在的贫困现象或弱势群体的研究。目前，整个经济学界仍然较少关注淮河文化问题；而国内文化界大多是从民俗角度而不是从经济学角度研究淮河文化。这无疑是两重的缺失。

本文通过文献综述和实证分析和理论分析，研究以下两个问题：一是淮河文化的特性是什么；二是淮河文化如何实现与皖北地区新农村建设均衡发展。

1　实证分析

本文所在课题组于 2006、2007 年两次到安徽省五河县沱湖乡调研。通过对该乡 100 户村民的走访、与乡干部的座谈，发现：

(1)乡村收入方面：2005 年财政收入 105 万元，年人均纯收入 2 066 元，低于全省平

---

① 基金项目：2007 年安徽省教育厅人文社会科学研究项目(2007sk235)。

② 作者简介：郑晓奋(1967—)，浙江杭州人，蚌埠学院经济与管理系副教授，研究方向为区域经济、企业创新。

均水平(同期安徽省农民人均纯收入 2 641 元。村民以纯务农居多,富裕劳动为多数外出务工。村民纯务农的收入,只能解决温饱问题,有关子女入学、结婚、家庭建房等大宗开支,费用主要来自于外出务工。村民迫切希望乡政府能投资办厂。

(2)村民文化程度方面:全乡平均受教育年限 7.61 年,外出劳务人员平均受教育年限 8.02 年。骨干劳动力"流失"较多,全乡外出劳务 2 650 人,占乡村劳动力资源约 26%,再加上渔业村散居于水面的人口,使得整个乡村缺少"人气";老人和儿童的活动范围和内容都是以家为中心发生;缺少娱乐活动项目和设施。留守人员表现出低整合、低组织现象。全乡没有受过大专以上教育返乡的村民子女。

(3)科技文化普及方面:在被调查的村民中,95%以上的人都认为要靠技术和勤劳致富,希望乡政府能对村民进行科技培训。可是反映"从没有参加过培训"的,占 50%以上;外出打工者对于技术培训觉得"无所谓""不需要"。少数有技术、有资金的家庭,对待致富项目,希望单干,不想与村里其他人合作。

(4)乡村传媒建设方面:电视的普及率较高,其中有彩色电视的家庭占 91%;固定和移动电话拥有率为 52%;台式或手提电脑拥有率为 0。由于停电、电视信号等原因,电视的正常收看不能得到持续保证。

(5)村民对村干部认可方面:一方面,干部基本是异地任职,干群相互信息沟通不够,约 62%的村民不关心或不知道乡干部的工作情况;另一方面,超过 70%的访谈对象赞成村务公开民主管理,对民主选举抱较高的热情。

实例表明了地域人文环境与经济发展要求非均衡。皖北农村问题的形成是一个长期的历史过程。为解决农村问题,政府已采取了许多措施,如取消农业税、实行新型合作医疗、"两免一补"等,现在更是提出建设社会主义新农村。但是,仅仅通过政府从再分配的渠道来彻底改变农村相对落后的面貌是不可能的;只有恢复农村的自我造血功能,才有根本性改变的可能。而一个自我发展进步的农村社会,是需要从文化层面建设的。

2 理论分析

(1)以"价值重塑"解释发展的理论流派,最早源于社会学家马克斯·韦伯与卡尔·马克思,认为进化的根本原因是物质生产方式的观点不同。韦伯认为,精神伦理是推动社会发展和进步的动力。这种重视"价值—规范"而轻忽社会物质利益结构的思考,曾经被帕森斯、Daniel Lerner、David C. Mccelland、Everrett E. Hagen 和 Alex Inkeles 等著名学者所继承,形成较具规模的"价值重塑论"流派。其基本研究立场是,现代化发展不应只从总体社会结构的层次来定义,而应从文化、社会个体成员的角度切入。他们关注的是哪些因素使得社会从传统进入现代,且这些影响因素必须存在于人们的价值取向而不是社会结构中。如,Lerner 在他的《传统社会的消逝》一书中认为,现代化不只是社会制度的变迁,同时也是人们观念态度的变迁和文化变迁。再如,经济学家 Hagen 经过反复思考后相信,经济增长理论忽视了社会和文化的因素,不同社会有不同的经济增长,其症结在于社会中人们有不同的人格特征和不同的生活方式。还有,Inkeles 有关"现代人"人格特质的研究,重申了必须先有现代化的国民,才会有现代化的国家。

本文认为,需要将文献中梳理、归纳的结论,借鉴到转型时期中国的发展实践中去,经济发展从表面看是经济规模、居民收入、消费水平等问题，但发展的根本动力在于人，是人致力于经济行为的结果：如何做？以什么态度与方式做？这就涉及人的知识、观念、习惯等问题，即人的文化素质问题。而文化因素又是一定时期一定地域内社会历史长期发展的结果。从文化规范的重构方面来理解发展，是将文化变迁作为社会发展的动力，展示社会发展的过程，规定我们的解释取向，并作为一种研究范型赋予我们以极大的启示。

(2)本文研究淮河文化的特性，目的是要在学术界已有成果的基础上，研究淮河文化的哪些因素左右着区域经济发展的走向，试图厘清其实质性主线，也就是精神文化层次，删繁就简，适宜运用于经济发展研究之中。本文认为，对这一文化特性的研究一方面要与水、水利活动联系起来，将人们在这一地区的活动、地理环境因素的影响揭示出来，淮河文明之形成与水密不可分；另一方面，对这一文化特性的研究还要与儒、道家思想联系起来，儒、道家生命哲学的形成与具有浓厚生命意蕴的楚淮文化的影响关系密切；历史上被统治阶级立为正统的思想，在流域内人民的宗教信仰、风俗习尚和文化特质中留下深入骨髓的印记。

①青木昌彦、柯武刚等提出将制度体系按照层级结构进行分解。本文将此运用到淮河文化特性研究中，认为任何文化都不可能是一种单纯文化，它具有自身的特质、核心、代表性文化，同时又糅杂了其他多种子文化的复杂文化，因而显示出这种文化的独特性质，以及对经济社会发展的特别作用。淮河文化的核心层文化：一是水利文化；二是儒、道家思想。其他如楚文化、中原文化、吴越文化等在流域内交融而生的子文化，则为淮河文化的派生文化层。淮河文化特性取决于其核心层文化，是水文化的多重特质与儒、道家思想融合而成的产物，在不同的发展环境中，表现出一些文化因素的强化和另一些文化因素的弱化，这些因素控制着流域内人们的思想，从而主宰着人们对社会发展的态度和行动。

淮河文化表现出不同的特性时，它对皖北地区新农村建设的影响：

第一，积极型。积极型文化特性是以内生变量为主的生存改变观念，需要以较高的文化素养、追求美好的信念、坚韧的意志力为支撑，表现出不屈服于恶劣的环境、甘于奉献、勇于抗争，不满足于现状、追求进步文明等。积极型淮河文化特性是皖北地区新农村建设的精神支柱和动力。

第二，矛盾型。矛盾型文化特性有Ⅰ、Ⅱ两类，对经济发展的影响各异。当表现为Ⅰ矛盾型时，特征是对美好未来的向往，愿意为实现希望努力，但怀疑自身能力，对生存环境失却信心，寄希望于外在力量来改变自身所处现状，即以外生变量为主的生存改变观念。这种文化特性能在一定程度上支持经济的发展，但不能实现经济与文化的均衡发展。若不能将此转向为以内生变量为主的生存改变观念，可能会因为人文因素导致经济发展趋缓。而这类文化特性的转型条件，关键在于重建信心。当表现为Ⅱ矛盾型时，特征是愿意抗争，不甘心贫困落后，但取得一些成效后，易小富即安，使经济发展缺乏后劲，导致发展趋缓甚至重回相对落后境地。此外，要重视的是，受儒、道思想深重影响的安贫乐道，使得人们有面对困苦、不公平的忍耐性。当忍耐到极限后，是愿意承受以生命为代价、不惜以死抗争。由Ⅱ矛盾型转为积极型的条件是区域内社会民间的行为准则和生活方式的根本变化。

第三,消极型。表现出不愿吃苦、希望不劳而获、不自信、懒散、好斗等,这是淮河文化中最落后的一面,是发展经济过程中应坚决消除的。

②诺斯(Davis North)强调外生参数的变化对制度变迁的影响,从而提出外生制度变迁理论。本文沿用这一理论到淮河文化与新农村建设均衡发展研究中,假设当皖北农村对新农村建设的预期收益大于成本时,就会对现有的淮河文化进行"价值重塑"。此假设从理论上解释应当是成立的,但实施困难:如何使得皖北农村相信其预期收益大于成本?如本文案例所示,皖北农村的现状大多与新农村建设目标存在很大差距,村民对目标的实现抱怀疑态度。因此,对于经济、文化基础较弱的地区,大多数人会因为目标难以实现,从而对此预期收益表示无奈,他们宁愿生活在旧有的文化圈中,却难以对现有的文化进行"价值重塑"。

③格雷夫(Greif)借鉴了利用重复博弈研究制度的相关成果,在诺斯的研究基础上,创造性地将制度变迁的内核置于博弈内部,提出自我强化的概念,形成内生制度变迁理论。本文沿用这一理论研究淮河文化的"价值重塑",认为其核心层文化的一些因素,会受现有文化影响而逐渐发生变化,成为内生变量。随着内生变量的变化,博弈的参与人将可以在一个比原先更大的状态集合内进行决策。这样,由于特定文化环境下的信念导致的行为状态集合,就成为了影响淮河文化价值重塑的关键因素。而且,这些内生变量的形成,是参与人在重复博弈中自我决策累积的结果。

④借鉴格雷夫的内生制度变迁理论形成的淮河文化"价值重塑",在应用上需要解决下列问题:

第一,从水利文化特质转变看,三方面内生变量的产生,仅凭皖北农村现有的经济水平,是难以实现的,需要国家在政策、财力、人力等方面给于倾斜、扶持。

第二,从儒、道思想特质转变看,国家的惠农政策,如取消农业税,能减轻广大农民的负担,但较难改变皖北农村中传统的来自儒家、道家思想的信仰,轻视商业,会抑制区域内许多农民的经商活动;若乡政府仅仅从经济的角度对待招商引资、乡村干部在任期内单纯注重经济指标,则不容易激发当地村民们内在的价值和能力;由于外出务工农民难以进入所在务工城市的主流社会,通过劳务输出实现与其他群体接触,文化融合,实现社会文化环境改变,难度很大。特定地区的文化底蕴在一定程度上决定了区域经济增长在一定时期内并不能趋同。只有从农民群众个人价值观和区域文化的角度才能深入解释竞争优势的源泉。

3 结论

(1)经济学家分析制度现象的基本框架是"约束条件下的最优选择"模型,即从行为者的约束条件入手,来解释作为众多行为者之行为模式及均衡结果的制度现象。皖北农村经济发展是由该区域内经济主体的行为决定的,而经济主体的行为选择受到特定的初始条件制约。在这一组初始约束条件中,区域的自然禀赋与历史禀赋是两个最主要的约束条件。自然禀赋主要包括农村人口、耕地面积等因素;历史禀赋主要应考察当地人们的行为特征和地域文化的特征,即淮河文化的特性。

(2)皖北新农村建设必然以经济为先锋,但传统文化的逐步转型及这一转型的日积月累同样起着极为重要的作用,亦即经济和文化的转型相辅相成;持久性的、可推进的皖北新农村建设,不仅包括区域内经济发展的阶段及水平,更包括区域内社会民间的行为准则和生活方式的变化,包括社会民间经济活力的不断增强和文化嬗变的趋向,从而获得经济与文化均衡发展。

(3)在经济发展的过程中,人们需要有一种文化改造的自觉,有与时俱进的意识,使自己的社会文化具有较强的调适能力,使经济发展在不同阶段都能获得有效的文化支撑。皖北农村在面对新机会、新变迁场景时,关键是迅速改变原有的行为模式,而这种行为模式的改变必须是内化的行为规范,并且这种内化必须是深入的而不是肤浅的。

(4)皖北农村发展缓慢的现状源于"没有选择";而"没有选择"的主要原因是该区域在市场竞争中缺乏必要的文化资本。在市场竞争中获得较优质机会的人往往是拥有较高人力资本的人,而原本贫缺文化教育程度的皖北农村,其后代的受教育程度亦难以快速提高,使得他们在市场竞争中只能无奈地适应低廉的机会,因而影响他们的生存心态、所能构建的文化及财产。义务教育固然有益于初级教育的普及,但建设新农村所急需的高级教育甚至英才教育,是皖北农民自身难以解决的。高等院校在小岗村等地建立大学生实习创业基地的举措,给我们以带动农民加入现代农业创业大军的启示。

参考文献

[1]周怡.解读社会——文化与结构的途径[M].北京:社会科学文献出版社,2004.

[2]乔晓楠.建设社会主义新农村的一种制度选择:社区型企业[J].管理世界,2007(01).

[3]戴锦华.隐形书写:90年代中国文化研究[M].南京:江苏人民出版社,1999.

[4]曹正汉.观念如何塑造制度[M].北京:上海人民出版社,2005.

[5]本迪克斯.韦伯:思想与学说[M].台北:桂冠图书股份有限公司,1998.

[6]青木昌彦.比较制度分析[M].周黎安译[M].上海:上海远东出版社,2001.

[7]柯武刚,史漫飞.制度经济学—社会秩序与公共政策[M].韩朝华,译.北京:商务印书馆,2004.

[8]胡必亮,陈吉元.当代中国的村庄经济与村落文化[M].太原:山西经济出版社,1996.

[9]诺斯.经济史中的结构与变迁[M].刘守英,译.上海:上海三联书店,上海人民出版社,1994.

[10]诺斯.制度、制度变迁与经济绩效.刘守英译[M].上海:上海三联书店、上海人民出版社,1994.

[11]史晋川,金祥荣等.温州模式研究[M].杭州:浙江大学出版社,2004.

[12] Greif A, D Laitin. 2004:《A Theroy of Endogenous Institutional Chang [M], American Political Science Reviev,98(4),pp. 633-52.

[13] Lerner Deniel. The passing of Traditional Society: Modernization the Middle East [M]. New York:The Free Press,1958.

[14] Hagen, Everett E. On the Theory of social Change, Homewood, IL: The Dorsey Press, 1962.

[15] Inkeles A, D Simith. Becoming Modern, Cambridge Mass [M]. MA: Harvard University Press, 1974.

发展皖北历史文化旅游产业的对策研究

陈传万　陈田田①

摘　要:皖北历史文化旅游资源十分丰富,且分布广、种类多、品味高、影响大,时间跨度长、地域特色明显,但目前皖北历史文化旅游产业仍没有得到长足发展,文化底蕴开发不够,特色旅游没有得到充分展示。笔者认为,发展皖北历史文化旅游产业,一是相关部门牵头,尽快出台皖北历史文化旅游产业发展规划;二是加大投入,进一步加强皖北历史文化旅游基础设施建设;三是要合理布局,促进皖北历史文化旅游产业协调发展;四是要突出重点,实施皖北历史文化旅游品牌战略;五是要创建优良环境,提升皖北历史文化旅游旅游服务质量;六是要加快人才培养,加大皖北历史文化旅游宣传力度;七是充分运用高新技术,推动皖北历史文化旅游产业升级。

关键词:皖北历史文化;旅游产业;对策

历史文化旅游是旅游发展到一定阶段的产物,直接反映区域历史文化资源的利用水平,也反映了社会文化取向和文明程度,在观光旅游基础上体验社会风俗,感悟历史痕迹,追寻文化时尚。历史文化旅游注重景点的文化内涵和人文内涵的挖掘,进一步提升游客在精神层面的体验和感受,强调游客对历史、文化、生活的体验,强调融入性和参与性。[1]

皖北是指新皖北,即包括蚌埠、淮南、亳州、阜阳、宿州、淮北六市以及毗邻的凤阳、寿县。皖北历史悠久,文化底蕴深厚,旅游资源十分丰富。相对皖南特色的"徽州山水游",皖北旅游必须突出"历史文化游"这一鲜明主题。皖北历史遗存星罗棋布,商汤、老子、庄子、曹操、华佗、朱元璋等众多人物留下了 100 多处历史遗迹。其中亳州是三朝古都、道教源地;寿县为楚文化的故乡;蚌埠地区创造出灿烂的淮河文化,流传着大禹治水的故事;凤阳是明朝开国皇帝朱元璋的发祥地,有"帝王之乡"美誉等。目前,皖北区域内拥有国家历史文化名城 2 座,国家、省级重点文物保护单位 100 余处。[2]

近年来,皖北各市、县政府部门虽然十分重视历史文化旅游产业开发,如淮南市成功举办了十七届中国豆腐文化节,宿州市成功举办了四届中国灵璧石国际文化节,凤阳县成功举办了三届中国·凤阳花鼓文化旅游节等。然而,皖北历史文化旅游产业仍没有得到发展,文化底蕴开发不够,特色旅游没有得到充分展示。

① 作者简介:陈传万(1965-),男,安徽科技学院教授,主要从事中国文学和地方文化研究。

文化产业,被誉为 21 世纪的“朝阳产业”,受到前所未有的关注。时下区域发展的竞争,既体现为经济、科技等“硬实力”的竞争,也体现为文化底蕴、人文精神、制度环境等“软实力”的竞争。文化是资本、资源,也是生产力、竞争力。众所周知,皖北历史文化旅游资源十分丰富,且分布广、种类多、品位高、影响大,时间跨度长、地域特色明显,显然具备了跨越发展的良好基础和条件,但距离文化强省、文化强市、文化强县还有不小差距,需要付出长期和艰苦的努力。

安徽省旅游发展“十一五”规划曾明确提出,要在全省打造三大旅游板块,其中之一就是以亳州为重点,“两淮一蚌”为主轴,历史文化为主题,构建新皖北区域性旅游区。2007 年,时任安徽省旅游局局长的江山在新皖北区域旅游协作会议上讲话就强调:“皖北各地都要善于聚集一切可以使用的力量,利用一切可以利用的资源,不断拓展新皖北旅游区的市场空间。”[3] 安徽省“十二五”规划,建设文化强省已经被列为重要一章。安徽省人民政府已发布《关于进一步加快发展旅游业的实施意见》,该意见明确提出:实施精品旅游战略,构建徽文化、皖江城市、淮河风情、皖北历史文化四大旅游带。[4] 那么,如何大力发展皖北历史文化旅游产业呢? 笔者以为,可从以下几方面着手。

1 相关部门牵头,尽快出台皖北历史文化旅游产业发展规划

文化是一个城市的根脉和灵魂,是可持续发展的不竭动力。目前,皖北六市两县基本上都能把文化旅游作为主导产业来培育。如亳州市,作为国家历史文化名城和全国首批优秀旅游城市,历史文化资源丰富。围绕文化旅游资源开发,该市启动实施了“中华药都·养生亳州”行动计划,成立了市文化旅游发展公司,建设了中医药文化博物馆、古井酒文化博览园、曹操纪念馆、陈抟庙、魏武广场、涡河景观带一期工程等一批重点项目,实施了总投资 12 亿元的历史文化街区改造工程和总投资 12 亿元的老子文化生态园项目。但是,六市两县重视程度不一样,各地历史文化旅游产业发展也不平衡,有的地方政府发展历史文化旅游产业意识不强,缺乏全局考虑。有的地方没有发展历史文化旅游产业的整体规划,甚至连本地的历史文化旅游资源的“家底”也没有摸清楚。因此,建议由省政府相关部门诸如旅游局牵头,皖北六市两县具体操作,科学编制皖北历史文化旅游产业发展规划。科学的规划是科学发展的基础,规划对皖北历史文化旅游产业发展来讲,不只是不可缺少,而且是迫切需要。皖北六市两县要树立大皖北意识,在皖北历史文化旅游总体规划的基础上,有序衔接,科学做好本地的发展规划。

2 加大投入,进一步加强皖北历史文化旅游基础设施建设

旅游是融“吃、住、行、游、购、娱”六要素为一体的综合消费方式,一个地区的旅游基础设施的发展既是该地区旅游业发展水平的标志,又是制约该地区旅游业发展的主要因素。因此,要根据科学编制的皖北历史文化旅游产业发展规划,分批次有重点地加强皖北历史文化旅游基础设施建设。在建设旅游道路、景区停车场、游客服务中心、旅游安全以及资源环境保护等基础设施时,应推进历史文化旅游重大项目建设,依托资源,突出创意,科学编制重大项目,以重大项目建设为支撑,着力打造皖北历史文化游等旅游产业集聚区。在加强基础设施的建设中,还要突出文化特色。特色是旅游资源的生命,只有地

方色彩浓厚、个性鲜明突出，为其他地方不能代替，人们才会乐游不倦。

3 合理布局，促进皖北历史文化旅游产业协调发展

由于皖北历史文化资源有诸多共性，彼此间的联系性较强，各市县的旅游景点常常不是孤立的。如与秦末农民战争相关的景点，大泽乡起义遗址在宿州市埇桥区，陈胜墓在砀山，刘邦军事失利避难处皇藏峪在萧县，垓下古战场在固镇，虞姬墓在灵璧，这样的旅游景点应共同开发，要打破行政区划的束缚。因此要构建区域协调、城乡互动的旅游发展格局，打造以文化创意为主打产品的皖北旅游区。[5](P120-123)

4 突出重点，实施皖北历史文化旅游品牌战略

由于皖北的历史文化旅游资源种类多、分布广，在开发时不能一哄而起，应分清主次，有重点、有步骤地进行。要对皖北的历史文化旅游资源开展全面的技术评估，进行开发利用的可行性研究。要围绕“绿色、红色、古色、特色”，重点打造“皖北历史文化体验之旅”精品旅游线路。依托丰厚的皖北历史文化资源，突出创意，科学编制旅游项目。旅游目的地是一个整体品牌，它的品牌构成不是某一个或几个景点，而是整体的景区形象，甚至是整个城市，整个地域的形象。要把打造旅游品牌作为发展历史文化旅游产业的着力点，挖掘、培育和打造一批具有皖北特色的历史文化旅游品牌，加强品牌地策划宣传、培育运行，积极实施品牌“走出去”，全面提升历史文化旅游的传播力、辐射力和影响力。

5 创建优良环境，提升皖北历史文化旅游服务质量

围绕吃、住、行、游、购、娱等要素，对皖北历史文化旅游资源进行多层次、综合性开发，为游客提供方方面面的服务，实现旅游产业由“门票经济”向“产业经济”的转变。建立健全皖北历史文化旅游服务标准体系，推进旅游标准化建设。建立健全旅游监管体系、旅游服务质量评价体系、旅游诚信体系和旅游投诉体系，完善旅游企业信誉等级评估、重大信息公告和违规记录公示制度。以信息化为主要途径，建立健全旅游信息服务平台，加快发展旅游电子商务，积极开展旅游在线服务，探索发行皖北历史文化旅游“一卡通”。

6 加快人才培养，加大皖北历史文化旅游宣传力度

要充分利用安徽财经大学、安徽科技学院、淮北师范大学、阜阳师范学院、淮南师范学院、亳州师范专科学校、亳州职业技术学院、阜阳职业技术学院、淮北职业技术学院、宿州职业技术学院等高校人才培养资源优势，建立、培养一支精干、稳定，且具有较高文化层次的人才队伍，以适应皖北历史文化旅游产业开发、管理等方面的需要。

要想真正吸引游客，还要在宣传上下工夫。因此要加大宣传力度，营造皖北历史文化资源浓厚的氛围。扩大这些历史文化旅游资源的知名度，让游客来有所望，游有所寻。在电台、电视台开辟专题节目，通过出版部门发行宣传画册，编辑出版《皖北历史文化》丛书等之外，还要充分利用网络进行宣传，建立皖北历史文化旅游专题网站，使全球各地的人都能够了解皖北的历史文化旅游资源。

7　充分运用高新技术,推动皖北历史文化旅游产业升级

《安徽省"十二五"时期动漫产业发展规划》中明确提出,依据各地的文化特色和产业优势,科学规划布局,在蚌埠、宿州、淮北、阜阳等地再形成 10 个左右省、市动漫产业基地和园区,改变目前安徽省动漫产业基地布局不够平衡现状,特别是在人文资源丰富的沿淮和皖北地区尽早实现突破。[6] 因此,皖北六市两县要抢抓机遇,在突出地区特色和资源优势的基础上,推动文化与创意、旅游、制造业、高新技术等产业的融合,提升传统历史文化旅游产业的文化价值,发展新兴历史文化旅游产业,提高历史文化资源的"保护、利用、再生"能力,不断把历史文化资源优势转化为历史文化旅游产业优势,文化竞争优势,促进皖北历史文化旅游产业升级。

参考文献

[1]王仲尧. 中国文化产业与管理[M]. 北京:中国书店,2006:294.
[2]安徽皖北旅游地区的旅游发展探讨[EB/OL].[2011-05-10]. http://bbs.tiexue.net/post_2609352_1.html.
[3]江山局长在新皖北区域旅游协作会议上的讲话[EB/OL].[2011-05-10]. http://www2.ahta.com.cn/develop/show.asp? id=162.
[4]安徽省人民政府关于进一步加快发展旅游业的实施意见[EB/OL].[2011-05-10]. http://www.ahzwgk.gov.cn/xxgkweb/showGKcontent.aspx? xxnr_id=78469.
[5]余敏辉,李磊. 皖北历史文化旅游资源开发利用刍议[J]. 阜阳师范学院学报:社会科学版,2006(1):120-123.
[6]关于印发安徽省"十二五"时期动漫产业发展规划的通知[EB/OL].[2011-05-10]. http://anhui.gogaonet.com.cn/whjy/73827.htm.